"十四五"国家重点出版物出版规划项目

中国经济转型历史与思想研究文库

上海财经大学创新团队支持计划资助项目

国家出版基金项目
NATIONAL PUBLICATION FOUNDATION

大萧条与战争背景下的中国经济

（1931－1949）

杜恂诚 ◎ 著

上海财经大学出版社
SHANGHAI UNIVERSITY OF FINANCE & ECONOMICS PRESS

图书在版编目(CIP)数据

大萧条与战争背景下的中国经济:1931—1949/杜恂诚著. —上海:
上海财经大学出版社,2023.8
（中国经济转型历史与思想研究文库）
ISBN 978-7-5642-4156-8/F·4156

Ⅰ.①大… Ⅱ.①杜… Ⅲ.①中国经济史-研究-1931-1949
Ⅳ.①F129.5

中国国家版本馆 CIP 数据核字(2023)第 064174 号

□ 策划编辑　江　玉
□ 责任编辑　胡　芸
□ 封面设计　贺加贝
□ 封面篆刻　林　健

大萧条与战争背景下的中国经济

(1931—1949)

杜恂诚　著

上海财经大学出版社出版发行
（上海市中山北一路 369 号　邮编 200083）
网　　址:http://www.sufep.com
电子邮箱:webmaster@sufep.com
全国新华书店经销
上海华业装璜印刷厂有限公司印刷装订
2023 年 8 月第 1 版　2023 年 8 月第 1 次印刷

787mm×1092mm　1/16　21.75 印张(插页:2)　367 千字
定价:98.00 元

中国经济转型历史与思想研究文库

主　编

程霖

副主编

王昉

燕红忠

总　序

当今世界正经历百年未有之大变局。中国经济也已经进入新发展阶段，正从高速增长阶段转向高质量发展阶段，经济发展方式正从规模速度型粗放增长转向质量效率型集约增长，经济发展结构正从增量扩能为主转向调整存量、做优增量并存的深度调整，经济发展动力正从传统增长点转向新的增长点。党的二十大报告指出，高质量发展是全面建设社会主义现代化国家的首要任务。立足新发展阶段，把握新发展理念，构建新发展格局，成为当前和今后一个时期我国经济发展的大逻辑。

"一切历史，都是当代史。"《中国经济转型历史与思想研究文库》正是顺应中国经济与世界经济的发展方向，以历史进程和思想演变为切入点，穿透纷繁的历史表象，对相关领域的学理脉络和思想线索进行梳理，对经济脉动的内在逻辑与规律进行总结，从而全方位、多视角地解析中国经济转型的路径与发展脉络。这对于当下正处在新的转型发展和中国式现代化伟大征程之上的中国经济的涅槃更生，无疑具有极强的启示意义与现实价值。

文库以经济史与经济思想史作为主要研究基质，依据问题导向，以11部原创学术著作展开相关专题的研究。选题内容广博丰富，时间横跨中国古代、近代和当代，涵盖中国传统经济思想与新时期中国经济学构建、前现代经济范式、大萧条与战争背景下的中国经济、土地经济思想、铁路经济思想、货币思想、公债思想、近现代经济社会转型、中国特色经济发展思想、国有经济与民营经济思想、创新与企业家精神、特定时期地方社会经济等方面的主题。每部专著的作者都在各自研究领域有着比较深厚的学术功底和研究积累。

在详尽搜集各领域相关经济思想和经济史料的基础上,学者们深入研究了中国经济相关领域制度变迁和转型升级的经验及教训,为在新时代实现中华优秀传统文化的创造性转化和创新性发展,构建中国经济学学科体系、学术体系和话语体系提供了可靠的立足点,同时有助于与现当代中国经济转型实践对接,为中国经济转型的未来方向提供经验借鉴,从而在全球化与"逆全球化"浪潮交织的时代背景下,为当下中国经济提供保持自身发展路径和"战略定力"的历史智慧与逻辑支持!

丛书主编　程　霖

前　言

　　本书以专题形式，研究了 20 世纪三四十年代复杂时局下的中国经济状况，对历史问题进行省思与总结。全书分五编，共 16 篇文章：第一编"大萧条与中国金融业"，分述大萧条阴影下的中国人寿保险业、1912—1937 年中国境内中外银行的倒闭与重组、民国时期银钱业规模估计需要注意的几个问题；第二编"抗战初期与中国经济"，分述上海在全面抗战前的经济结构变化、"九一八事变"后长江一带城市的煤荒、1931—1936 年大萧条背景下的华商棉纺织工业、近代中国的行业集中度与卡特尔组织；第三编"租界问题研究"，分述近代上海公共租界当局的财政收支、孤岛时期的上海租界生活；第四编"烽火遍地中的中国经济"，分述全面抗战前几年的地方建设，以及全面抗战时期的后方工业及上海的一度"孤岛"繁荣、各业状况和财政、货币与金融；第五编"恶性通胀下的中国经济"，分述恶性通胀时期国家垄断资本主义膨胀、美货倾销与各业状况、恶性通胀摧毁经济。

　　收入本书的 16 篇文章中，除了《民国时期银钱业规模估计需要注意的几个问题》外，其余都没有发表过。这些文章写的都是 20 世纪三四十年代的中国经济状况，所以冠以"大萧条与战争背景下的中国经济"之名。因为是写经济史，少不了要把事情的来龙去脉交代清楚，所以有的文章是从比 20 世纪三四十年代更早的时期写起的，甚至涉及 19 世纪晚期的情况，如上海公共租界财政等，但最后是以太平洋战争之后的 1942 年结尾的。

　　因为是文集，故为了方便读者阅读，这里把 10 篇专题文章的内容提要做一介绍，读者看了介绍后，若有兴趣，再去看全文。至于讲战时经济状况的 6 篇文章,多为叙述具体过程,在这里就不介绍提要了。

《大萧条阴影下的中国人寿保险业》:在世界经济大萧条波及中国的 20 世纪 30 年代前半期,中国的人寿保险业从业者对于在中国发展的人寿保险抱有憧憬。他们希望把美国的寿险模式以及日本的简易寿险做法搬到中国来,并获得成功。一些寿险公司增加了资本,还成立了几家新的规模较大的寿险公司。但中国的国情与美、日等西方国家大不相同,如中国人平均寿命短、服务年限短等。实践证明,长期人寿险在当时难有进展,团体险也因人员流动大、社会动荡不安而缺乏前景。大家族社会结构和人们的观念落后是阻遏寿险业发展的因素,而社会的不稳定和经济落后导致的中间阶层的弱小是寿险业难以发展的最根本的原因。

《1912—1937 年中国境内中外银行的倒闭与重组》:1912—1937 年间,中外银行的停业或倒闭可以有多种原因,有与政局变化相关的,有中外合办银行总行的"营业舞弊"引发的,有中国政府借款过多且不归还引发的,更多的则因经营不善而停业倒闭,以及因经济萧条或汇率问题而停业或改组。很多民营银行规模较小,抗风险能力较弱。中外合办银行停业后,由于对国外总行的信息不够了解,鞭长莫及,或由于中国政府欠款太多,不肯归还,一般很难挽救。一些较有影响的本国银行如果出现问题,政府或出手重组,或市场自行合并或重组,至于一般的小银行就只能自生自灭了。

《民国时期银钱业规模估计需要注意的几个问题》:在民国时期银钱业的规模估计中,在华外商银行分支机构的规模究竟有多大,是一个难题;对钱庄业总资本和钱庄业总资力的估计也十分不易。本文对这两个估计中所涉及的问题提出讨论,认为对外商银行在华分支机构规模的估计,要避免不加区别地想当然地估计,尽可能找到估计的依据,区分不同国别、不同银行的具体情况。本文从《钱业月报》《银行周报》《工商半月刊》等杂志中收集各地钱业的原始资料或统计资料,对 20 世纪 20 年代中期的钱业总资本做了估计,并认为各地钱业的存款情况很不相同,不宜采用过去沿用的钱业资力是资本 8 倍的估计,而应区分不同城市的情况,对倍数做不同的处理。由此得出的 20 世纪 20 年代中期中国钱庄业总资力的估计数远小于以往的研究结果。(原载于《民国研究》第 38

辑,2020 年秋季号,社会科学文献出版社 2022 年版。)

《从新设企业看上海在全面抗战前的经济结构变化》:本文依据作者编制的"历年所设本国工矿交运金融企业一览表,1928—1937 年"及《实业公报》等资料,从新设企业的视角分析上海在抗战前的经济结构变化,认为在工业方面,虽未完全转型为重化工业主导的产业结构,但已出现了若干转型升级的前期迹象;公司制商业服务类企业的设立有相对集中于上海的趋势,各类商业服务类企业与上海等城市的城市经济和居民生活紧密关联。在金融业方面,无论是银行、保险、信托,还是其他金融业,新设企业仍以上海为中心,但官办和官商合办银行已在新设银行中占据主导地位。

《"九一八"事变后长江一带城市的煤荒》:"九一八"事变后,由于供给和需求两方面的原因,上海等长江一带城市出现煤荒。在增加国产煤供应以补充缺额的过程中,暴露出煤矿税重、运输能力不足、运价高等阻碍国煤运销的问题。虽然采取了一些开发运力、降低运价的特别措施,但并没有能够从根本上改变运费高、税收重的问题。日、英等国家对中国重要煤矿的侵占或控制,国民政府的不作为或作为不力,煤炭销售制度的不能与时俱进,使得煤储藏量位居世界前列的中国,竟然遭遇煤荒和国煤被外煤(包括日占抚顺煤)压制之苦。

《大萧条背景下的华商棉纺织工业(1931—1936 年)》:从 1931 年秋季开始,华商棉纺织工业陷于困境。这有市场供需不平衡和竞争力弱两方面的原因。过去的研究成果多强调需求,认为世界经济危机波及中国出口领域及工农产品比价,导致中国农村经济萧条、农民购买力下降,是棉纺织工业遭遇困境的主要原因。其实,供给方面的原因同样应引起重视,产业扩张过快、产能过剩,也是供需不平衡的重要原因。同时,与在华日商纱厂相比,华商纱厂的技术和管理水平较为落后,劳动生产率较低,在竞争中处于不利局面。华商纱厂应对产能过剩的方法是压缩产能,即停工和减工;同时,通过企业重组、改进技术和管理、加强职工培训等方法提高劳动生产率。1936 年下半年,华商棉纺织工业开始摆脱困境,向较为平衡发展的趋势转化。

《近代中国的行业集中度与卡特尔组织》:本文考察 20 世纪二三十年代中国若干产业的行业集中度。由于历史统计资料不齐全,故只能视情形将能找到的项目进行测算。棉纺织、面粉、火柴、卷烟、煤矿等行业的前8位所占集中度比重都超过40%,水泥业前4位产量占92%。国民政府是支持卡特尔式联营组织的,当时在火柴、水泥、版纸、驼绒等行业中出现了华商联营组织,或以华商为主吸收一部分外商参加的联营组织,其宗旨是抵制外货;在外商石油销售组织中出现的联营,是为了分割中国市场,并排斥新入者;中外企业在航运业中的联营则是为了阻止恶性竞争、维护价格平稳。中国在产业尚且稚嫩的情况下出现联营,是近代产业组织的特色之一。

《近代上海公共租界当局的财政收支》:近代上海公共租界工部局的租界行政权,是对中国主权的攫夺。其中,租界财政是租界行政最重要的方面之一。上海公共租界的财政规模相当可观,远远超过江苏省地方财政的规模。财政收入主要有码头捐、房捐、地税、执照捐、公共事业收入、发行公债收入等;财政支出主要有工务、警务、卫生、教育、行政等方面的支出。研究近代上海公共租界财政和法租界财政,更完整地鸟瞰近代中国的地方财政,可以令我们客观地剖析租界财政在近代中国城市化过程中的地位和作用,使我们在抨击其侵略的前提下,总结若干历史的经验和教训。

《"孤岛"时期的上海租界生活》:"孤岛"前期上海租界流入大量人口,居住问题相当突出,租到房不易,"顶费"高涨,"代建"房屋之风盛行。战时最紧缺的生活资料是所谓"二白一黑",即粮食、棉纱棉布和煤炭。由于国产粮食很难从沦陷区运进上海,所以上海多进口洋米;由于流通环节的投机和囤积,"二白一黑"的价格节节上涨。上海的有钱人穷奢极欲,过着纸醉金迷的生活;而穷苦人则因物价高涨、失业等原因民不聊生,大批底层民众在多重压力下离开上海,返回老家。

《全面抗战前几年的地方建设》:在全面抗战前的几年中,一些省份提出了省本位的经济建设计划,似乎想要独立地提升一个省的经济;而另一些省份则并无这方面的追求。省经济的"独立性"是与国民政府中央政权控制力的有效性成反比的,即经济"独立性"强的省份,意味着中央政权对其的控制力弱;反之,经济"独立性"弱的省份,则意味着中央政权对其的控制力强。省本位经济建设的实施需要大量资金,而所有的省份都不是财政富裕的,有的省份甚至数度财政破产,过量发行的省纸币和省公债都需要反复整理。但就是这样一些省份,为了获取所谓建设经费,故伎重演,对百姓进行敲骨吸髓的搜刮:他们通过省银行发行大量不兑现纸币,滥征捐税,偷逃或截留中央税款,对国外和省外的输入产品高筑关税壁垒,把自己的省搞成一个独立王国。他们的省本位经济必然是封闭的。如果把国民政府在全国所搞的统制经济称为"大统制经济"、把一些省的统制经济称为"小统制经济"的话,那么,在"大统制经济"中出现"离心"的"小统制经济",是当时中国很奇特的一种经济现象。

感谢本辑丛书的主编程霖老师,感谢上海财经大学出版社以及董事长黄磊先生,感谢本书的责任编辑。他们的策划和辛苦工作促成了本书的出版。

作者写于 2023 年 5 月

目　录

第四编　烽火遍地中的中国经济

第五编　恶性通胀下的中国经济

第一编

大萧条与中国金融业

大萧条阴影下的中国人寿保险业

内容提要:在世界经济大萧条波及中国的 20 世纪 30 年代前半期,中国的人寿保险业从业者对于在中国发展的人寿保险抱有憧憬。他们希望把美国的寿险模式以及日本的简易寿险做法搬到中国来,并获得成功。一些寿险公司增加了资本,还成立了几家新的规模较大的寿险公司。但中国的国情与美、日等西方国家大不相同,如中国人平均寿命短、服务年限短等。实践证明,长期人寿险在当时难有进展,团体险也因人员流动大、社会动荡不安而缺乏前景。大家族社会结构和人们的观念落后是阻遏寿险业发展的因素,而社会的不稳定和经济落后导致的中间阶层的弱小是寿险业难以发展的最根本的原因。

关键词:大萧条　中国人寿保险　美日模式　保险人群分析　寿险绩效

人寿保险业是一种商业性的社会保障事业,它对于一个政府财政没有公共福利开支、国家还远远没有摆脱贫困落后的社会来说,未免比较奢侈。可是在20 世纪 30 年代,当大萧条席卷全球、中国经济也被波及时,中国的保险事业,特别是人寿保险,就被赋予了特别的意义。有人认为:"为今之计,欲谋中国经济之复兴,政府对于保险思想之宣传,保险事业之提倡与经营,实为当前之急务。盖保险事业,不仅消极的可以补救农工商业之损害,而积极的亦可以助长农工商业之发达,尤其是寿险,其金融的职能,有时超过银行而上之。"[1]那么,这样的判断从何而来? 这样的判断又是否符合中国的国情,而为实践所证实? 我们

---

〔1〕　雨东:《保险事业与中国经济之复兴》,《太安丰保险界》2 卷 10 期,1936 年 5 月 15 日,第 8 页。

不妨来讨论一下。

一、对美日寿险模式和功能的向往

当中国的保险业从业者考察美国人寿保险业的状况时,被它的规模和稳定惊呆了。1931年,美国寿险公司总资产达到202亿美元,有效保额1 090亿美元,在全美1.1亿人口中,投保寿险的人口达到6 800万,未保寿险者为4 200万;平均每个美国人投保寿险850美元,约合中国货币3 000元。[1]美国寿险新业务营业额统计见表1:

表1　　　　　　　美国寿险新业务营业额统计(1933—1935年)　　　单位:千美元

项目	1933年	1934年		1935年	
		实数	比上年增长(％)	实数	比上年增长(％)
普通个人寿险	5 134 522	5 581 165	8.7	5 635 420	1.0
职工寿险	2 320 874	2 527 229	8.9	2 521 282	−0.2
团体寿险	357 206	497 038	39.1	665 142	33.8
总计	7 812 602	8 605 432	10.1	8 821 844	2.5

资料来源:陆士雄译自美国寿险协会新闻,《世界经济不景气中美国寿险业之发达》,《人寿季刊》第九号,1935年4月10日,第20—21页;陆士雄译自美国寿险协会新闻,《世界经济衰落中美国寿险业务之新发展》,《人寿季刊》第十三号,1936年4月10日,第13页。

大萧条以来,美国百业不景气,银行业的破产倒闭潮震惊全国和世界,总计有9 000多家银行倒闭。匪夷所思的是,美国的人寿保险业居然相对稳定,给人以挽狂澜于既倒的定海神针之印象。1932年美国人寿保险的新业务营业额达到9 096 898千美元;1933年有所下降,新业务营业额为7 812 602千美元,下降幅度为14.1％。[2]但1934年比1933年上涨10.1％,1935年又比1934年上涨2.5％,与1932年的水平比较接近。从总体上看,美国人寿保险业是稳定的,扛住了大萧条的"巨浪"冲击。有人说,美国人寿保险业的数据表现了美国人"对于人寿保险保障身家幸福之信仰,以及人寿保险在社会及经济地位蕴藏力之雄厚"[3]。

---

〔1〕 张似旭:《人寿保险与国家经济的发展》,《寿险界》2卷2期,1934年4月,第30页。

〔2〕 胡咏莱:《人寿保险在美国发展之回视与现状》,《人寿季刊》第五号,1934年4月10日,第21—22页。

〔3〕 同上。

从表1可见,美国寿险新业务中,团体寿险的增长最快,是最主要的新增长点。美国团体人寿保险包含团体意外及卫生保险、团体意外伤亡及残废保险、团体年金等。[1] 从1926年开始,美国的企业主纷纷采用团体保险的办法为职工建立保障制度,彼此效仿,一时成为风气。美国的团体寿险营业额见表2:

表2 美国的团体寿险营业额(1922—1931年) 单位:千美元

年份	有效保额	年份	有效保额
1922	1 847 139	1927	6 429 743
1923	2 468 936	1928	8 034 290
1924	3 194 576	1929	9 121 448
1925	4 299 271	1930	9 886 029
1926	5 425 988	1931	10 000 000

资料来源:立凡译,《美国之团体保险事业》,《寿险界》2卷1期,1934年3月,第21页。

1926年,参加美国团体寿险的职工总人数约为450万,每个职工的平均有效保额为1 200余美元,而1931年参加美国团体寿险的职工人数增加到650万,每个职工的平均有效保额也增加到了1 540美元。由于保险公司的死亡赔款和残废赔款相对稳定,所以保险公司的盈利是可以保证的。表3为美国八大寿险公司的死亡和残废赔款与保费收入之比。

表3 美国八大寿险公司的死亡和残废赔款与保费收入之比(1926—1930年) 单位:%

年份	死亡赔款与保费收入之比	残废赔款与保费收入之比
1923	66	7
1927	64	8
1928	68	9
1929	70	10
1930	68	12

资料来源:立凡译,《美国之团体保险事业》,《寿险界》2卷1期,1934年3月,第23页。

当时美国寿险公司的资产投放也是中国保险界人士所津津乐道、赞不绝口的。表4是美国保险资产投放的一项统计。

---

[1] 立凡译:《美国之团体保险事业》,《寿险界》2卷1期,1934年3月,第21页。

表4   美国寿险公司的投资分布(1931 年)   单位:%

序号	投放领域	投放比重
1	房地产、栈房等建筑借款	30
2	应募美国联邦、州和城市各级政府公债	10
3	农村借款	10
4	铁路借款	15
5	水、电、煤、电话等公用事业借款	10
6	实业工厂借款	5
7	保险人以保险单作抵押的应急借款	15
8	存在公司的现金、房屋及其他不动产	5
总计		100

资料来源:张似旭,《人寿保险与国家经济的发展》,《寿险界》2 卷 2 期,1934 年 4 月,第
30—31 页。

　　寿险公司的投资方向都是美国经济发展的重要环节,甚至关键环节,在大量银行自身难保的情况下,寿险公司补了它们的缺。

　　至于简易寿险的经验,是人们到日本去总结并带回来的。1935 年 3 月,邮政储金汇业局保险处副处长张明昕奉命前往日本考察日本政府所办的邮政简易人寿保险事业,感触颇深,于是把日本的经验带回中国。日本的简易寿险始创于 1916 年,到 1934 年 9 月止,计有效保单约 2 200 万件,有效保额约 2.8 亿日元,每月可收保费约 1 800 万日元。每百日本人中约有 30 人参保简易寿险,平均保费为每月 1 日元,平均保额为 150—170 日元。办理此种业务的简易保险总局共有职员 7 000 余人,计分 23 个部门,每日缮发保单 7 000 余张。[1] 日本的简易寿险办法与普通寿险的不同之处在于:第一,保额有一定的限制,其最高额为 450 日元;第二,无须检验身体;第三,以保费为单位从而推算保额;第四,缴付保费每月一次。而简易寿险之所以由政府主办的原因有以下几个:第一,简易寿险单个数额小而总体人群大,保险手续很多,成本客观,一般商业公司不愿承担;第二,由政府办理则积存金投资易于统制,日本政府对于此项简易寿险积存金的投向均限于公益事业;第三,希望简易寿险在政府主导下易于普

————————————

[1]　张明昕:《日本寿险业务概况》,《人寿季刊》第九号,1935 年 4 月 10 日,第 22—23 页。

及,并与普通商办寿险公司的业务形成互补态势。[1]

二、寿险公司和寿险品种

美、日等国家有如此出色的寿险业绩,令中国的同行们无限钦佩。他们期望美、日的寿险经验能够在中国复制成功。20 世纪 30 年代新成立的中国的寿险公司虽然不多,但其中几家还是相当有实力的,如中国、宁绍、泰山等,加上1929 年成立的太平以及更早的华安合群等企业,形成了本国商办寿险业的核心。在政府方面,1935 年底邮政储金汇业局学习日本,推出简易寿险,交通部系统员工率先投保;1935 年中央信托局成立保险部,推出人寿保险业务,侧重为军人和公务人员投保,也兼办普通民众业务。

在这一时期,几家本国商办寿险公司仍有大力发展业务之雄心。以编辑出版《人寿季刊》的宁绍寿险公司来说,1931 年成立时资本 25 万元[2],1934 年 4月以前资本已增至 50 万元。[3]该公司副经理兼医务主任方景和博士毕业于哈佛医学院,曾任上海友邦人寿公司医务部副主任及汉口分公司经理。该公司设总部于上海,在汉口、北平、两广设分公司,两广分公司又分设广州和佛山两个经理机构,另外在宁波、杭州、长沙、九江、烟台、济南、汕头、开封、苏州、威海卫和南昌 11 处设经理处,在武昌设代理处。总公司有各级管理人员共 39人。[4]而其保单部主任杨培之则于 1934 年 8 月赴美留学,专攻人寿保险。[5]像宁绍人寿那样从外商保险公司挖人的情况并非孤案,1934 年 1 月,友邦寿险总公司营业部主任唐宝璜,从友邦辞职,就任先施寿险公司沪行司理。唐宝璜从中学到大学都是在美国接受教育,曾在纽约法政学校和宾夕法尼亚大学学习法律学,1929 年受聘于友邦,历任香港分公司经理、总公司保存部主任等职。[6]华安合群的总经理吕岳泉曾任外商永年人寿保险公司南京分公司总经理,而华安合群的司理美国人郁赐则曾任永年人寿的经理。[7]

―――――――――

〔1〕 张明昕:《日本寿险业务概况》,《人寿季刊》第九号,1935 年 4 月 10 日,第 22 页。
〔2〕 杜恂诚:《中国的民族资本主义(1927—1937)》,上海财经大学出版社 2019 年版,附录,第 394 页。
〔3〕 记者:《本公司资本增至国币伍拾万元》,《人寿季刊》第五号,1934 年 4 月 10 日,第 26 页。
〔4〕 《宁绍人寿保险股份有限公司机构图,1936 年底》,《人寿季刊》第十六号,1937 年 1 月 10 日,扉页。
〔5〕 《宁绍人寿保险公司消息一束》,《寿险界》2 卷 4 期,1934 年 8 月,第 567 页。
〔6〕 《业界消息:"唐宝璜君荣膺要职"》,《寿险界》2 卷 1 期,1934 年 3 月,第 53 页。
〔7〕 中国征信所报告书第 1720 号:华安合群保寿股份有限公司,1933 年 4 月 18 日。上海市档案馆馆藏档案,档号:Q275-1-1823(3)。

太平保险公司的格局可能更大一些。太平成立于 1929 年,由沪上金城、交通、大陆、中南、国华等银行合资创办,资本 100 万元,由著名银行家周作民出任总经理。该公司经营水火、汽车、船壳、运输等项保险业务,并在各地设分公司 8 处、代理处 280 余处。1933 年资本增至 500 万元,添办人寿保险部,拨 100 万元作为人寿保险部基金,会计完全独立。太平保险公司人寿部创办之初,"聘请富有寿险经验者多人,负责考察内外各华洋商保险公司之业务,比较得失,舍短取长,确定方针,务切合社会实际情形俾寿险功能完全发展。开业以后,复实行科学管理,人事不繁,条理完密"[1]。太平公司在原有的由股东推举的监察人之外,还设立了一个监理委员会,专事监督人寿保险部,而其职权颇为广泛,如保险基金、投资范围、决算报告、各项章则、营业状况、会计账目等,都在该会的审查和稽核范围之内。该监理委员会的组成人员,除董事监察人中推定 5 人暨总协理外,另聘本埠各界负声望者、寿险专家和保户代表混合组织之。在会计方面,太平公司采用美国法定人寿保险簿记法,且遵循会计公开原则,在每年的营业报告中公布会计账目。[2]

中国保险公司是中国银行常务董事宋汉章等联合同人于 1931 年创办的,创办资本 250 万元,以经营水火保险著名于社会,1933 年筹设人寿保险部。[3]

成立于 1934 年的中国天一保险公司也是由一些金融界的著名人士如王伯元、钱新之、秦润卿、梁晨岚及著名侨商胡文虎等集资创办的,资本 500 万元,经营水火、人寿、汽车、意外等险种。1934 年 5—6 月间,天一寿险部经理黄仲长鉴于连日酷热,厉疫易滋,为寿险保户的健康着想,特聘沪上多名医师为保户免费注射霍乱及伤寒疫苗,保户全家及仆役都可免费接种。[4]

位于北京路 2 号的泰山保险公司成立于 1932 年 9 月,其董事长徐新六在第二次股东常会上报告了公司第二年度(1933 年度)业绩:在萧条的经济大背景下,仍能收入保费 538 942 元,扣除赔款和各项成本之后,获纯利约 7.4 万元。水火险、意外险之外,寿险部的业绩尚佳:1933 年底有效保额 1 998 613 元(1932 年底为 514 000 元);一般新创办的寿险公司因佣金和体检费用浩大,往往有效保额增加,而实收的保险费反而减少,但泰山人寿部因能"搏节开支",1933 年度

---

〔1〕 张竹平:《人寿保险之新纪元》,《寿险界》2 卷 3 期,1934 年 6 月,第 22 页。
〔2〕 同上,第 22—23 页。
〔3〕《水火保险同业汇闻:"中国保险公司将开办寿险部讯"》,《人寿季刊》创刊号,1933 年 4 月 10 日,第 15 页。
〔4〕《中国天一保险公司近讯》,《寿险界》2 卷 3 期,1934 年 6 月,第 48 页。

的保费收入从上年度的约 2 900 元增至 23 431 元。公司董事会为增加人寿部实力，还从公司盈余中提拨人寿部保险金 2 万元。[1]

华安合群保寿公司的实收资本在 20 世纪 30 年代初由 20 万两规银增加到 50 万元。[2]

笔者曾在拙作《近代中国的商业性社会保障——以华安合群保寿公司为中心的考察》[3]中分析过华安公司的保险品种，如 1930 年该公司章程所列举的保寿品种依次为：资富保寿、终身保寿、教育年金保寿、婚嫁立业保寿及别种保寿。[4]绝大多数保户选择资富保寿品种。资富保寿的年限分为 10 年、15 年、20 年、25 年、30 年共 5 种。绝大多数保户为 20 年以内的分红保单。其他商办寿险公司的保险品种设计大同小异，并在著文推介和广告宣传上煞费苦心。华安合群对于教育年金保寿的广告词称："本公司的教育年金保寿，可以使家长减轻负担，可以使子女多受教育，在缴费的时候，每月只需三元五元的零星尾数，到领取的时候子女可以受大学教育，一点也不觉得困难，所以本公司的教育年金保寿，无疑是全国儿童的福音。"[5]有保户对教育年金保寿的好处现身说法。[6]保险专家郭培贤著文，特别对教育年金、婚嫁立业、意外逝世后的家庭保障等阐述购买寿险产品的重要。[7]但大多数人不接受投保年限过长(如终身险)以及教育、婚嫁等生存之外的专人专项险种，一个家庭，即便是较富裕的家庭，也不太可能在一二十年前就把子女的教育、婚嫁等资金专人专项准备好。他们可能再添若干子女，收入也可能变少，专人专项保险失去了机动的余地。1937 年发表的《中央信托局保险部人寿保险业务规则》的"个人寿险"品种计分储蓄、终身、定期、联合、馈赠、事业、意外等数种及年金，而所有品种又分为分红和不分红两种，应该是吸取了众多保险公司实践经验的一种修正。[8]

〔1〕村：《泰山举行股东常会记》，《寿险界》2 卷 3 期，1934 年 6 月，第 61—63 页。

〔2〕《华安公司临时股东会议录》，1930 年 2 月 14 日。上海市档案馆馆藏档案，档号：Q336—185；《华安公司第 21 届常年股东会议所公布的资产负债表》，1933 年 9 月 16 日。上海市档案馆馆藏档案，档号：Q336—1—77。

〔3〕载《历史研究》2004 年第 5 期。

〔4〕《华安合群保寿有限公司保寿章程》，1930 年 3 月。上海市档案馆馆藏档案，档号：Q336—1—124。

〔5〕《华安合群保寿股份有限公司广告："投保教育年金保寿乃全国儿童之福音"》，《寿险界》2 卷 1 期，1934 年 3 月，第 6 页。

〔6〕毕爵：《解决子女教育费用之办法》，《人寿季刊》第十三号，1936 年 4 月 10 日，第 10 页。

〔7〕郭培贤：《人寿保险的效用》，《寿险界》2 卷 1 期，1934 年 3 月，第 13—18 页。

〔8〕《中央信托局保险部人寿保险业务规则》，《银行周报》21 卷 31 号，1937 年 8 月 10 日，第 18 页。

根据《中央信托局保险部人寿保险业务规则》，团体寿险分为 1 年定期、60 岁养老和终身 3 种。1 年定期团体寿险的参保人员年龄自 15 岁至 60 岁，保险金额最低 500 元，最高 1 500 元，参保人员若在 1 年期内被辞退或停歇，所在机构停止为其续保，已付保险费概不退还。投保 60 岁养老团体险，需要该团体 75％以上的人员参加，年龄自 15 岁至 55 岁。保险金额按职位分别规定，最低 500 元，最高为全体被保险人平均保险金额的 3 倍；但保险金额超过 5 000 元者，需检验体格。被保险人中途脱离保险团体，若已缴足 3 年保费，则可退还现金，如未满 3 年，则不能中途退保，但可转为个人保险。终身团体寿险则保至被保险人终天年为止。[1]在一个动荡的社会，处于一个动荡的时代，大部分企业和团体对于未来都处于一种很大的不确定之中，企业和团体自身都不能保证长期存在，或不能保证长期有足够的财力为 75％以上的员工投保，因此 60 岁养老险和终身险的推广余地不大。

华安合群公司从 1919 年起试办税务机关、邮电机关和劳工团体的团体保寿业务，1926 年又推广团体保寿，获得商务印书馆、家庭工业社、新闻报馆等机构的团体保寿业务。[2]

中国保险公司的掌权人物与官府和权贵更为接近，无论是普通寿险还是团体寿险，都占有一定的优势。中国保险公司的寿险有效保额见表5：

表5　　　　　　　　中国保险公司的寿险有效保额(1935—1937 年)　　　　单位:万元

年份	普通寿险	团体寿险	合计
1935	262.9	417.2	680.1
1936	512.8	478.4	991.2
1937	819.4	541.5	1 360.9

资料来源:中国保险股份有限公司第四、五、六届营业报告书。上海市档案馆馆藏档案，档号:Q275-1-1823(9)。

至于由邮政储金汇业局主办的简易寿险，从开始到抗战全面爆发只进行了一年半左右，应该起不了什么作用。战争一起，人寿保险业务难以为继。

---

〔1〕《中央信托局保险部人寿保险业务规则》，《银行周报》21 卷 31 号，1937 年 8 月 10 日，第 15—18 页。

〔2〕中国征信所报告书 1720 号:"华安合群保寿股份有限公司"，1933 年 4 月 18 日。上海市档案馆馆藏档案，档号:Q275-1-1823(3)。

三、寿险人群统计分析

宁绍人寿保险公司在《人寿季刊》上发表了一些关于宁绍公司寿险业务的统计,颇有研究或参考价值。现予以整理和归纳,方便阅读。表6是关于被保险人年龄结构的。

表6　　宁绍公司被保险人年龄结构(以所统计的年份1年为限)(1935—1936年)

年龄	1935年		1936年	
	人数	占比(%)	人数	占比(%)
20以下			19	3.4
20—30	258	41.5	232	42.1
31—40	283	45.5	205	37.2
41—50	77	12.4	85	15.4
51—55	4	0.6	10	1.8
总计	622	100.0	551	100.0

注:因四舍五入原因,1936年百分比相加为99.9。

资料来源:《民国二十四年本公司被保险人年龄分类统计》,《人寿季刊》第十三号,1936年4月10日,第11页;《廿五年度保户各级年龄分类表》,《人寿季刊》第十七号,1937年4月10日,第12页。

从表6可知,20—40岁的保户是公司的主要年龄段客户,1935年占了全部客户的87%,1936年占79.3%。而从保户的职业分类看,商人和教师是最主要的投保人群,见表7:

表7　　　　　　　宁绍公司1936年保户职业类别(1年为限)

职业	人数	占比(%)	职业	人数	占比(%)
商	386	70.1	律师	4	0.7
学(教师)	76	13.8	牧师	3	0.5
技士	29	5.3	工业	2	0.4
政	21	3.8	其他	5	0.9
家务	13	2.4	总计	551	100.0
医	12	2.2			

注:因四舍五入原因,百分比相加为100.1。

资料来源:《廿五年度保户职业类别表》,《人寿季刊》第十七号,1937年4月10日,第12页。

关于保险品种的选择是十分有意思的,见表 8:

表 8　　　宁绍公司保户对保险品种的选择(1 年为限)(1935—1936 年)

保险品种	1935 年		1936 年	
	人数	占比(%)	人数	占比(%)
20 年分红储蓄	319	51.1	304	56.2
终身分红	83	13.3	77	14.2
25 年分红储蓄	42	6.7	8	1.5
15 年分红储蓄	38	6.1	31	5.7
10 年分红储蓄	34	5.4	7	1.3
不分红储蓄	33	5.3	41	7.6
20 年限期分红缴费	17	2.7	5	0.9
薪资储蓄养老金	16	2.6	38	7.0
不分红终身	15	2.4	10	1.8
10 年不分红储蓄	9	1.4	1	0.2
20 年不分红储蓄	8	1.3	8	1.5
30 年不分红储蓄	4	0.6	1	0.2
25 年不分红储蓄	2	0.3	5	0.9
15 年不分红储蓄	2	0.3	2	0.4
子女教育金	2	0.3	3	0.6
总计	624	100.0	541	100.0

注:1. 表 6 中 1935 年人数为 622,表 8 则为 624;表 6 中 1936 年人数为 551,表 8 则为 541(原统计中总数显示也为 551,但据分项相加则为 541,不知差额出于何处,姑且照原表录入)。

2. 在保险品种的名称上,两件资料也多有不一致处,且有错漏,经反复对照,列成上表,如有错误,容后纠正。

3. 因四舍五入原因,1935 年百分比相加为 99.8。

资料来源:《民国二十四年(一年限)被保险人所保保法分类之统计》,《人寿季刊》第十三号,1936 年 4 月 10 日,第 11 页;《廿五年度保法分类表(一年为限)》,《人寿季刊》第十七号,1937 年 4 月 10 日,第 13 页。

在所有保品中,20 年分红储蓄占有超过半数的优势,加上其他分红产品,1935 年占 85.3%,1936 年占 79.8%。1936 年与 1935 年的差异,其中薪资储蓄养老金保户人数的增加是明显的。子女教育金产品购买的人则很少。关于保

险产品受益人的分类统计也很有意思,见表9:

表9　　宁绍公司保户受益人分类统计(1年为限)(1935—1936年)

受益人	1935年		1936年	
	人数	占比(%)	人数	占比(%)
妻	344	55.1	303	55.8
子	142	22.8	119	21.9
母	23	3.7	18	3.3
承嗣人	21	3.4	34	6.3
弟	18	2.9	13	2.4
父	15	2.4	14	2.6
女	15	2.4	19	3.5
夫	7	1.1	4	0.7
未婚妻	7	1.1	3	0.6
兄	5	0.8	7	1.3
妹	5	0.8	3	0.6
侄	4	0.6	4	0.7
姊	3	0.5	2	0.4
姨侄	2	0.3		
侄女	1	0.16		
义女	1	0.16		
堂弟	1	0.16		
外甥	1	0.16		
继父	1	0.16		
继子	1	0.16		
连襟	1	0.16		
媳	1	0.16		
友	1	0.16		
其他	4	0.6	8	0.7
总计	624	100.0(99.97)	543	100.0(100.8)

注:因四舍五入原因,百分比之和与100.0产生误差。

资料来源:《民国二十四年(一年为限)本公司被保险人指定受益人分类统计》,《人寿季刊》第十三号,1936年4月10日,第12页;《廿五年度保户受益人分类之统计》,《人寿季刊》第十七号,1937年4月10日,第13页。

从表9可知,妻和子是最主要的寿险保户指定的受益人。也有妻子投保,将丈夫作为受益人的,但数量不多。将父母列为受益人的也有一定数量,但父母毕竟是上一辈,从自然规律来讲,一般情况下,子女先于父母去世的概率是比较低的。此外,承嗣人及弟、兄、女儿也有一定数量。

另外,保险企业在策划产品时所依据的一些基本的关于人口统计的数据也是非常重要的。表10和表11是根据国民政府卫生署的统计数据整理汇总的。

表 10　　　　　　　　各国人口服务年龄和平均寿命的比较

国别	人口服务年龄		平均寿命	
	男	女	男	女
丹麦(1921—1925 年)	45.3	46.9	60.5	61.6
日本(1921—1925 年)	27.1	28.2	42.1	43.2
英(1920—1922 年)	40.5	44.5	55.5	59.5
法(1920—1922 年)	37.2	40.9	52.2	55.9
中国(估计数)	15.0	15.0	30.0	30.0

资料来源:《各国人民服务年龄比较》,《人寿季刊》第十六号,1937 年 1 月 10 日,第 24 页;《各国平均人寿之比较》,《人寿季刊》第十六号,1937 年 1 月 10 日,第 27 页。

表 11　　　　　各国人口死亡率与传染病死亡比率统计(1930 年)

国别	人口死亡率(‰)	传染病死亡比率(%)
澳大利亚	8.6	9.0
德国	11.1	
美国	11.3	13.1
英国	11.1	15.0
法国	15.6	12.7
日本	18.2	28.0
希腊		24.2
中国	30.0(估计数)	42.3

原注:"各国传染病死亡人数之比较"系指"因主要传染病而死之人数对于全体死亡人数之百分比。澳、美、英、希腊根据 1927—1929 年数据统计;法、日根据 1926—1928 年数据统计;中国根据北平第一卫生区 1929—1931 年数据统计"。

资料来源:《各国人口死亡率之比较》,《人寿季刊》第十六号,1937 年 1 月 10 日,第 25 页;《各国传染病死亡人数之比较》,《人寿季刊》第十六号,1937 年 1 月 10 日,第 26 页。

中国人口平均寿命短、服务年龄少,长期寿险自然难有发展空间,而死亡率和传染病死亡率高得惊人,无疑标志着人寿险产品是风险极高的。

四、寿险绩效大不如人意

正如表 10 和表 11 所显示的,中国与西方国家的国情不同,在西方国家能成功的事情,在中国未必能成功。

就人寿保险本身而言,它的发展需要建立在一些行业的基础条件之上,如人口统计和死亡表的编制、体检设备和体检能力等。这些条件在当时的中国是缺乏的。死亡表有两种:一种是依人口统计制成,另一种是依保险公司死亡统计制成。根据表 11,中国的人口死亡率估计为 30‰,还有的估计更高,达到40‰。死亡表是以死亡率与利率合构而成,保费与死亡率成正比,而与利率成反比。[1] 由于时局的关系,当时的人口统计既不精确,寿险公司的经验统计也很缺乏,因此保险产品的设计带有相当的盲目性。

由于医学发展水平和检验条件的局限,所以有很多疾病在当时是查不出来的,甚至是不知道的;在已知的疾病中,由于治疗手段和药物的局限,一些现在看来很普通的疾病,在当时却被强调,甚至夸大,患有这些疾病的投保人也就被保险公司拒绝(却保)或延期承保。1936 年 4 月的《人寿季刊》第十三号上,宁绍寿险公司副经理兼医务主任方景和总结了公司 4 年多来拒绝 250 人及延期 102人投保寿险的体检原因,见表 12 和表 13:

表 12　　　宁绍寿险公司 4 年多却保 250 人的体检原因(1936 年 4 月统计)

却保的体检原因	人数	却保的体检原因	人数
高血压	72	气管炎	3
肺病	57	精神病	2
心脏病	55	胃病	2
体重太轻	43	危险职业	2
糖尿病	28	风湿病	1
尿中有蛋白	25	血管病	1
体弱	20	脾病	1
吸重量鸦片	13	脚气病	1

---

〔1〕《我国人寿保险业之概况》(作者不明),《经济半月刊》2 卷 14 期,1928 年 7 月 15 日,第 11 页。

续表

却保的体检原因	人数	却保的体检原因	人数
梅毒	10	其他原因	8
体重过度	3	总计	347

注:一人可不止一种疾病。

资料来源:方景和,《本公司要保人被却保及延期承保原因之统计》,《人寿季刊》第十三号,1936 年 4 月 10 日,第 25 页。

表 13 宁绍寿险公司 4 年多延期承保 102 人的体检原因(1936 年 4 月统计)

延期承保的体检原因	人数	延期承保的体检原因	人数
肺病	34	胃病	4
体轻	22	杂病	10
心脏病	13	其他原因	6
体弱	8	总计	102
孕妇	5		

注:一人可不止一种疾病。

资料来源:方景和,《本公司要保人被却保及延期承保原因之统计》,《人寿季刊》第十三号,1936 年 4 月 10 日,第 25 页。

从表 12 和表 13 的统计来看,宁绍寿险公司对投保人体检掌握的尺度是比较严的,体轻、体弱和一些似乎并不严重的常见病都成了却保或延期承保的理由。

1934 年,宁绍公司的被保险者只有 883 人,其武汉分公司成立一年,被保险者只有 120 余人。[1] 武汉三镇的汉口一市人口共有 780 万,投保寿险可谓沧海一粟。何况还有中途停保的。[2] 公司成立 5 年,有效保户 1 374 户,有效保单 1 409 份;保单种类,以 20 年分红储蓄产品占其大半,保额自 550 元起至 5 万元止,各种数额都有,唯以每人保额在 5 000 元者最多。团体保险则有中国红十字会医院、上海沪江大学、上海亨达利钟表行等投保,选择 60 岁满期储蓄养老保法或终身保险契约。[3] 宁绍公司的业务规模非常有限;对于保费收入的投

---

[1] 陈息无:《一年来办理武汉寿险业务之感想》,《人寿季刊》第十二号,1936 年 1 月 10 日,第 16 页。

[2] 张素民:《论中途停保寿险之害》,《人寿季刊》第六号,1934 年 7 月 10 日,第 11 页。

[3] 胡咏骐:《本公司五年来业务报告》,《人寿季刊》第十七号,1937 年 4 月 10 日,第 4 页。

资运作效率也很低,关键是缺乏安全而高效的投资门类,见表 14:

表 14　　　　　　宁绍寿险公司的资产结构(1936 年 12 月 31 日)

项目	数额(元)	占比(%)
现金及存款	167 553.26	31.15*
其中:现金及活期存款	146 553.26	27.24
定期存款	21 000.00	3.90
有价证券	89 660.00	16.67
保险单抵押放款	22 496.68	4.18
短期放款	3 790.00	0.70
抵押放款	179 200.00	33.31
其中:有价证券抵押	105 000.00	19.52
房地产抵押	74 200.00	13.79
同业往来欠款	9 658.73	1.80
经理员欠款	6 587.98	1.22
应收未收利息	19 821.03	3.68
分期及到期未收保费	28 011.53	5.21
其他	11 189.69	2.08
总计	537 968.90	100.00

注:* 因四舍五入,该项百分比与分列百分比相差 0.01。

资料来源:《宁绍人寿保险公司资产负债表,1936 年 12 月 31 日》,《人寿季刊》第十七号,1937 年 4 月 10 日,第 11 页。

宁绍公司 1936 年 12 月 31 日的资产表中有高达 31.15% 的资产处于现金与存款状态,说明其实公司的投资渠道是很窄的,并没有很好的投资方向和投资项目。其他华商及在华外商寿险公司的情况也大同小异。美国式的寿险梦并没能在当时的中国成为现实。美国的人寿保险之所以能够在经济大萧条时期保持基本稳定,是因为美国的社会基础、中产阶层和庞大的企业群是基本稳定的,银行发生挤兑而大量倒闭,保险公司的保户却不能随意退保提款。美国的保险公司在相当程度上替代银行对企业融资。中国当时虽有些银行倒闭,但寿险公司规模很小，根本谈不上替代银行的功能，加上社会不稳定、中产阶层很小、就业流动性大、就业服务年限很短、通货不稳定（特别是在发生战争之后）等原因，寿险事业难有奇迹发生。寿险公司往往自身难保，遑论为民众保险？在一个经济落后和社会动荡的时代，任何行业都不可能独善其身，而特别以稳定为发展前提的人寿保险业就更没有出现奇迹的理由了。

1912—1937 年中国境内中外银行的倒闭与重组

内容提要：1912—1937 年间，中外银行的停业或倒闭可以有多种原因，有与政局变化相关的，有中外合办银行总行的"营业舞弊"引发的，有中国政府借款过多且不归还引发的，更多的则因经营不善而停业倒闭，以及因经济萧条或汇率问题而停业或改组。很多民营银行规模较小，抗风险能力较弱。中外合办银行停业后，由于对国外总行的信息不够了解，鞭长莫及，或由于中国政府欠款太多，不肯归还，一般很难挽救。一些较有影响的本国银行，如果出现问题，政府或出手重组，或市场自行合并或重组，至于一般的小银行就只能自生自灭了。

关键词：1912—1937 年　银行　停业　倒闭　重组

一、晚清至全面抗战前银行停业倒闭的总的情况

关于中国近代银行倒闭的研究并不多，主要原因是资料不易获得。银行既已倒闭，就不会保存档案。当时银行的信息披露也很不充分，较大较重要的银行也多限于在《银行周报》等相关刊物上刊登一份年度资产负债表，具体的经营内容很少披露。规模较大的银行如果涉及一时很难理清的债务关系，报刊在讨论或报道此类问题时才会追本溯源地介绍一些内幕情况。本文拟从收集刊物中的零星资料着手，对于 1912—1937 年间银行的倒闭情况勾勒一个大致的轮廓，供有兴趣做深入研究的同行参考。

1937 年《全国银行年鉴》对于历年本国银行开设和停业情况有一个系统的调查统计，如表 1 所示：

表 1   历年本国银行的开设、停业和实存数

年份	设立数	停业数	实存数(到1937年止)
1896	1		1
1902	1	1	
1905	1	1	
1906	2	2	
1907	3		3
1908	4	3	1
1909	1	1	
1910	1		1
1911	3	2	1
1912	14	10	4
1913	2	1	1
1914	3	1	2
1915	7	5	2
1916	4	3	1
1917	10	9	1
1918	10	6	4
1919	16	9	7
1920	16	14	2
1921	27	18	9
1922	27	19	8
1923	25	20	5
1924	7	5	2
1925	9	7	2
1926	7	7	
1927	2	1	1
1928	16	5	11
1929	11	3	8
1930	18	6	12

续表

年份	设立数	停业数	实存数(到 1937 年止)
1931	16	6	10
1932	13	4	9
1933	15	3	12
1934	22	4	18
1935	18		18
1936	5		5
1937	3		3
年月不明者	50	50	
合计	390	226	164

资料来源:中国银行经济研究室编,《全国银行年鉴》1937 年,第 7—8 页。

根据上述统计,从 1896 年中国通商银行筹建到 1937 年 6 月止,共有 390 家本国银行设立,停业的有 226 家,实存 164 家。[1] 由此看来,即使依照比较保守的统计,停业的银行数也超过实存数很多。

此外,在华外商银行(包括中外合办银行)的停业倒闭情况也很可观。除了少数较小的外商银行以及友华银行、中外合办的中华懋业银行、中华汇业银行外,大多数外商银行总部都在国外或境外,在华只设分支机构。所谓外商银行倒闭,在大多数情况下,是指其国外的总行倒闭,将其在华分支机构一起拖倒。1866 年受西方经济危机影响,上海发生开埠以来第一次金融恐慌,此前进入中国从事投机活动的汇川、利华、利生等外商银行一齐倒闭,1862 年进入中国的汇隆银行也宣告破产;呵加剌银行在前一年还把资本扩充到 150 万英镑,此时却以 180 万英镑的负债被迫清理改组,其上海分行也于 1866 年 7 月一度停闭。[2] 1845 年作为第一家外商银行进入中国的丽如银行,曾经领风气之先,在中国金融界处于执牛耳的地位。有评论说,它在远东的地位,在一个时期内,"几乎像英格兰银行在英国的地位一样",但这家银行却于 1884 年停业清理,经

─────────

〔1〕 对晚清的新设和停业银行的统计数,可能只统计了较著名的银行,因而数字是偏少的。杜恂诚统计晚清本国新设银行共有 30 家之多。见杜恂诚:《民族资本主义与旧中国政府,1840—1937》,上海社会科学院出版社 1991 年版,附录。

〔2〕 汪敬虞:《十九世纪西方资本主义对中国的经济侵略》,人民出版社 1983 年版,第 149—150 页。

改组后重新营业,又于 1891 年再度倒闭。[1] 有研究指出,从 1845 年起曾经设立过但到 1926 年时已经停业的外国在华银行有 23 家,这 23 家银行中除丽如、中法实业和华俄道胜 3 家银行规模大、分支机构多、声势显赫外,其余 20 家银行的规模和资力都比较小,有的存在时间极为短暂。这 23 家银行加上 1927—1936 年停业倒闭的 10 家外商银行,合计 33 家,超过外国在华银行 1936 年时总计 63 家的一半以上。[2] 德华银行也是一家重要的在华外国银行,1890 年元旦开业,资本 500 万两,由德国 13 家银行合资创办,以上海为总行所在地。[3] 该行经办中国对德借款,具有保管中国关税和盐税的资格。1917 年 8 月,北洋政府对德宣战,德华银行被接管并停业清理,战后又复业,但实力已大不如前。

本文以下讨论 1912 年至 1937 年 6 月在华中外银行停业、倒闭和重组的几种主要情况。这些引起停业、倒闭的原因,其实很多是相关的,或共同起作用的,本文只是在分类的时候,相对强调某一方面的原因罢了。

二、与政局变化相关的银行倒闭

与政局变化相关的银行倒闭,最著名的当数华俄道胜银行和德华银行,前者因为俄国革命而失去政治依靠和沙俄资本后盾,后者则因第一次世界大战而被接收和强制停业。此外,中国本国的政局动荡也会导致一些银行破产停业。

华俄道胜银行是 1896 年成立的中俄合办银行。沙俄创办该行的宗旨,是乘甲午战争后的局势企图垄断中国北部商业,特别是投资于中东铁路。根据合约,俄国人出资 600 万卢布,清政府出资库平银 500 万两,但俄国人的 600 万卢布并未缴足,清政府亦仅缴 350 万两。[4] 当时,英国人的汇丰银行在清政府的对外借款活动中居于绝对优势地位,俄国人希望通过设立华俄道胜银行,与汇丰银行抗衡。[5] 他们拉拢法国人一起投资于华俄道胜银行。法国人的投资多于俄国人,但在理事会中的席位却少于俄国人,因此产生不满。[6] 1917 年俄国十月革命以后,多数俄国董事逃到法国巴黎,重组华俄道胜银行董事会。而北

---

〔1〕 汪敬虞:《十九世纪西方资本主义对中国的经济侵略》,人民出版社 1983 年版,第 146、188、191 页。

〔2〕 洪葭管:《中国金融通史》(第四卷),中国金融出版社 2008 年版,第 182 页。

〔3〕 汤志钧主编:《近代上海大事记》,上海辞书出版社 1989 年版,第 471 页。

〔4〕 《道胜银行宣告清理纪要》,《银行周报》10 卷 38 号,1926 年 10 月 5 日,第 1 页。

〔5〕 杨培新:《华俄道胜银行与欧亚大陆第一桥》,中国金融出版社 1992 年版,第 6 页。

〔6〕 [俄]罗曼诺夫著,民耿译:《帝俄侵略满洲史》,商务印书馆 1937 年版,第 423 页。

洋政府认为沙皇可能复辟,所以仍然维护这家银行。[1] 1926 年,该行巴黎总行投机外汇,亏空 600 余万元,终于不支而倒闭。[2] 有评论认为,俄国十月革命发生,总行移至巴黎,此时该行"已成强弩之末,无由发展",其"营业即生破绽,最近投机失败,遂至周转失灵";北京政府的一再宽容维护也是导致这一结局的重要原因。[3] 作为中俄政府的合办银行,俄国十月革命的发生如同釜底抽薪,该行的政治根基完全崩塌,其停业清理是迟早会发生的事情。

华俄道胜银行存储有中国的关款、盐款及各项借款和赔款本息,还吸收了大量存款,发行了巨额钞票。"此次停业,关款方面尚无多大损失,而盐款则损失颇巨,尚有善后借款内盐余准备金一千万元,除分有汇丰、汇理、正金三银行外,道胜亦有一部分存入。"[4] 道胜停业关系重大,中国政府特派王宠惠督办中国境内道胜银行清理事宜,清理处设在原北京道胜银行内。中国政府拒绝了法国政府参与清理中国境内道胜银行的请求,理由是:法国方面的入资并未正式与中方签约,也没有正式通知中方,中方只承认道胜银行系中俄合办。[5]

道胜银行停业后,中国政府"令代理总税务司及稽核总所,今后应存道胜银行之关盐两款,暂拨英商汇丰银行存储"[6]。据知情人士透露,道胜"北京、上海及各地分行所欠外债只三百余万,而该行现有产业,如北京、上海、汉口各处房产确值一千三百万元,即令偿还中国教育部股息亦有盈余。因此种种,政府对此事极抱乐观,并决定由王负责主办,以免分权"[7]。原先估计外债仅 300万元,显然是大大低估了。1927 年 4 月,上海道胜银行清理员李铭宣布,日内可有银 70 万两分配于债权人,这是第三次分配,比例占全部债权的 15%,连前两次分配,共占全部债权的 40%,最后约还可分配 10%。这样算来,上海道胜银行的外债余额高达 467 万两,只能偿还债权人一半,即 233.5 万两。至于原先看好的房屋,"已抵押于海关,故应由海关处置"[8]。这就是说,房产是用来归还关款和盐款的,而其他资产则用来偿还存款人和钞票持有人的债务。

---

〔1〕 杨培新:《华俄道胜银行与欧亚大陆第一桥》,中国金融出版社 1992 年版,第 102 页。

〔2〕 《道胜银行宣告清理纪要》,《银行周报》10 卷 38 号,1926 年 10 月 5 日,第 1 页。

〔3〕 蔼庐:《道胜银行停业清理感言》,《银行周报》10 卷 38 号,1926 年 10 月 5 日,第 6—7 页。

〔4〕 《道胜银行停业之影响》,《钱业月报》6 卷 9 号,1926 年,杂纂,第 3 页。

〔5〕 《道胜银行宣告清理纪要(续)》,《银行周报》10 卷 39 号,1926 年 10 月 12 日,第 1—2 页。

〔6〕 同上,第 3 页。

〔7〕 《道胜银行宣告清理纪要(二续)》,《银行周报》10 卷 41 号,1926 年 10 月 26 日,第 22—23 页。

〔8〕 《上海道胜银行清理近讯》,《银行周报》11 卷 14 号,1927 年 4 月 19 日,银行界消息汇志,第 33—34 页。

1928 年 8 月，南京政府派李铭为中国境内道胜银行总清理员、朱博泉为副清理员，总清理处移沪，并派张福运、朱博泉接收北平道胜清理处。李铭在给南京政府的呈文中称，上年 4 月，他和朱博泉受北京政府委派为上海道胜银行正副清理员，他"督同副清理员慎重办理，遇事以债权人利益为前提，清理所得款项，尽量按成派还债权人，并竭力减省轻费，仅支原有开支五分之一，清理员仅支夫马费二百元，副清理员仅支夫马费一百五十元，均不支俸，历时逾年"。此次受命，因涉及多处分行，"责重事繁"，他暂时辞去上海浙江实业银行副经理一职，原北京清理处督办会办的月薪各为一千元，"现拟酌定副清理员俸额每月五百元，按照清理章程施行细则，在清理经费项下支给，铭仍不支俸"，并裁汰清理处冗员，节省开支。[1]

德华银行是德国人在中国设立的一家重要银行。德华银行于 1917 年 8 月被北洋政府强行接管并停业，经过一年多清理账目，1918 年 12 月，欠债者在会审公廨被控，"各商行与个人之欠债者，将传至公廨，令陈明不能履行债务之理由"；"该行最大之债户为德人总会，积欠三十余万元，大约将售卖其地址房屋抵付。德华银行之钞票，商行数家不愿失其抵押品，已付清欠款。惟德人总会凡尔登花园与德人乡总会，大约均将售去，以理债项。清理事务需时约三个月之久，现由巴塞里君宋汉章君办理，助以花旗银行、汇丰银行之代表"[2]。1918 年，德华银行在战后恢复了营业。1928 年 9 月 1 日，德华银行董事会召开战后第一次股东大会，讨论了香港、新加坡和克尔库达各分行的清理账目报告、中国津浦铁路偿还欠债问题、美国分行向美政府追索战时被接管前的存款问题，会议讨论了将资本金由 760 万两减至 460.1 万两的提案，但因出席代表未足资本四分之三，不能形成决议。[3]

哈尔滨远东银行是一家苏联投资的银行，成立于 1923 年，业务发展很快，颇具规模，1928 年的交易总额超过了 30 亿日元，资产总额达到 5 120 万日元，各项存款 2 540 万元，放款及贴现余额为 2 570 万元。1929 年上半年的经营活动也平稳开展，不料下半年突发"中东铁路之争执"，远东银行因政治原因而停

---

〔1〕《中国境内华俄道胜银行总清理处移沪》，《银行周报》12 卷 33 号，1928 年 8 月 28 日，杂纂，第 6—7 页。

〔2〕《清理德华银行近讯》，《银行周报》2 卷 46 号，1918 年 11 月 26 日，第 19 页。

〔3〕《德华银行之战后第一次股东会议》，《银行周报》12 卷 41 号，1928 年 10 月 23 日，银行界消息汇志，第 37 页。

业。[1]远东银行是以中国法律注册登记的第一家外商银行,只因"自中俄外交关系破裂以后,苏俄政府之商业代表机关,及其他商业机关,多已闭歇"[2],远东银行也未能幸免。

国内政局动荡也会造成本国银行停业。国民军北伐,把盘踞北京一年多的奉军赶出关外,"乃不幸牵及金融界,致北京边业银行、山东省银行、察哈尔兴业银行、热河兴业银行同日停业,市面纸币百余万无法收兑,奉票亦无行市";"查军阀搜刮民财,至奉鲁而极矣。山东一省,如鲁张所搜刮者,达一万数千万之巨,东三省则滥发奉票,行用于京津一带,为数亦不赀,乃犹以为未足,平日视银行为外府,予取予求。盖外人之设银行,所以为生产之用,而军阀之于银行,则以为军费之挪移所,故军阀崩溃,而银行随之而倒矣"[3]。

三、中外合办银行总行"营业舞弊"引发的倒闭

中法合办的中法实业银行由于其总行投机失败而于 1920 年倒闭。中法实业银行成立于 1913 年,系以法国法律注册成立,并经中国政府特准,总行设于法国巴黎,分行设于中国的北京、上海、天津等处。中法实业银行资本总额定为 4 500 万法郎,计分为 9 万股,每股 500 法郎。股份分为创办股和通常股两种,创办股共为 3 000 股,"规定其利益永无更易,其股数亦永无增减";至于通常股则共为 8.7 万股。该行对于创办股权利较优,根据股东会之规定,创办股每股有 6 票之权,通常股则每 10 股方有 1 票之权。[4]如此算来,3 000 股创办股共有 1.8 万权,而 8.7 万股通常股仅有 0.87 万权,创办股的权利占全部权利的 67%,超过三分之二,这意味着少数创办股持有者可以决定银行的所有方针大计。中国政府认购该行三分之一的股份,计 3 万股、1 500 万法郎,以后若增加股本也按此比例分配,"唯我国股款系由法国资本团承借,代为垫付,初次计垫付股本三百七十五万法郎。我国对于此项垫付股款,以国库券作担保,年息定为六厘"[5]。

中法实业银行成立后,即取得发行纸币的特许权,其天津、北京、上海等地

---

〔1〕 受百译:《远东银行宣告清理经过》,《银行周报》13 卷 42 号,1929 年 10 月 29 日,第 11 页。

〔2〕 受百译:《远东银行宣告清理经过(续)》,《银行周报》13 卷 43 号,1929 年 11 月 5 日,第 15 页。

〔3〕 苍:《奉军出关时边业等银行停业问题》,《钱业月报》8 卷 5 号,1928 年 7 月 2 日,述评,第 1 页。

〔4〕 沧水:《中法实业银行之旧事重提》,《银行周报》6 卷 31 号,1922 年 8 月 15 日,第 3—4 页。

〔5〕 沧水:《中法实业银行之旧事重提》,《银行周报》6 卷 31 号,1922 年 8 月 15 日,第 3—4 页。

分行,均发行银元兑换券。京津沪各行兼办储蓄存款业务。该行经办中国政府借款共有数起:第一,交通部钦渝铁路借款,总额6亿法郎,九四扣交款,利率五厘,以50年为偿还期限,自第16年起,在35年内分期还本;第二,财政部钦渝铁路垫款,总额为5 000万法郎,实收2 211.55万法郎,利率五厘,折扣八九二五,以烟草税作抵,期限为6年,期满后第一年付息,自第二年起,分两年偿清;第三,财政部中法实业借款,总额原定1.5亿法郎,实收1亿法郎,利率五厘,折扣八一,先以兴办实业收入作抵,不足以烟酒税补充,期限50年,前15年付息,自第16年起分年偿本。中法实业银行余利的分配办法:以净利的5%为公积金,如遇公积金总数达到资本金十分之一时,可以减少提取;外提创办、通常各股东6%的利息;此外所余款项,其分配于通常股东者为80%,分配于创办股东者为20%;另提酬劳1%,归董事会和高级管理人员所得。[1] 由于创办股只有3 000股,所以在余利的分配中受益最多,经核算,创办股在六年半时间内实收利息总共高达250%。[2]

中法实业银行各中国分行的华人存款,总数为1 100万元,江西督军陈光远为该行最大存户,存款达数百万元之多。[3] 1921年11月,上海的银行和钱业两公会发起成立债权团,公举宋汉章、钱新之、周砥青、朱幼鸿、傅松年五君为债权团干事,借用银行公会办公。[4]

中法实业银行停业后,法国当局曾向中国诸银行请求代兑该行所发行在外的钞票。京津沪汉四地的中国银行公会同意由华商银行垫款,代兑中法钞票。代兑活动持续了一个星期,代兑总额209万元。上海交通银行副经理胡孟嘉在致《字林西报》的一封信中回答了华商银行代兑中法实业银行钞票的理由,称:"盖中法钞票之废弃,非独完全损害中法银行之本身,亦且间接影响其他银行。若华银行不仗义而出而维持,则一般之持钞者,不论其为任何银行之发行必往而兑现,充其势,必至金融紊乱,此则当时凡关心大局者所以亟亟为之设法也。"[5]华商银行代兑中法实业银行209万元钞票,且无利息,是为了整个中国金融局面的稳定。

---

〔1〕 同上,第4—5页。

〔2〕 《中法实业银行营业之回溯》,《银行周报》5卷48号,1921年12月13日

〔3〕 《中法银行之华人存款》,《钱业月报》1卷7号,1921年,新闻摘要,第34页。

〔4〕 《中法银行债权团成立》,《钱业月报》1卷11号,1921年,新闻摘要,第34页。

〔5〕 《中国各银行代兑中法实业钞票之原委》,《银行周报》7卷32号,1923年8月21日,第1—2页。

1925 年 7 月,中法实业银行改组为中法工商银行,资本 1 000 万法郎,由法方出资 80%、中方出资 20%,中方出资者主要是中国银行和交通银行,钱永铭兼任该行副董事长,在中国内地的机构只有上海、天津和北京三处,不再拥有发行钞票的权力。[1] 至于中法实业银行所欠下的各项债务,中、法两国政府于 1925 年 4 月 12 日达成协议,"(法国政府)决定将一部分庚子赔款,作发还远东债权人之用,将该行收束日之汇价,作为基础,所有债款,悉照该价改为法郎,再改金洋[按:指美元]。同时又决定请中国政府发出金洋债券,为分发债权人之用"[2]。

当时的国会议员雷殷在其所撰写的一本名为《金法郎问题》的小册子中对中法实业银行做了较为详细的介绍,认为"我国对于该行之权限,极为微末,徒有合办之名,而无合办之实,任令法人把持垄断,其后如何歇业,黑幕重重,我国人概未与闻,至今日如何复业,内容如何,国人亦仍在五里雾中也"。书中指出:"查中法实业银行总理德人斐格德、董事长法人柏德鲁,均于一九二三年七月十六日在法国法庭判决有罪,罪名为营业舞弊。"[3]

四、因中国政府借款过多且不归还而停业

中华汇业银行和中华懋业银行都因中国政府借款过多而终至不支。

中华汇业银行是 1917 年成立的中日合办银行,资本 1 000 万日元,先收二分之一,即 500 万日元开业。第一次临时股东总会选举陆宗舆为总理,柿内常次郎为专务理事,于 1918 年 2 月 1 日正式开幕。其设立的宗旨是所谓增进国际贸易、便利两国汇兑,所以取名汇业银行。日方股东是日本兴业、朝鲜、台湾等银行;华股方面,除中国、交通两行各占十分之一外,其余为国内军政各界个人的投资。总行先设北京,后迁天津,其分支机构先后加入京津沪银行公会。在奉系军阀主政时改任王荫泰为总裁。实收资本也由 500 万日元增至 750 万日元。[4]

由于日本对中国的侵略行径不断,中国人民对其不存好感,所以该行营业并不顺利。"自济案发生后,迭受时局影响,时虞倾危",后又引发挤提风潮,银

---

[1] 洪葭管:《中国金融通史》(第四卷),中国金融出版社 2008 年版,第 209 页。

[2] 《中法实业银行分发五厘美金债券》,《银行周报》10 卷 8 号,1926 年 3 月 9 日,第 33 页。

[3] 《中法实业银行之内容》,《银行周报》8 卷 20 号,1924 年 5 月 27 日,杂纂,第 28—30 页。

[4] 静如:《中华汇业银行停业改组之分析观》,《银行周报》12 卷 49 号,1928 年 12 月 18 日,第 9 页。

行终不能支撑下去。1928 年 12 月 10 日,该行宣布停业改组。该行华人存款计在 900 万元,流通于平津地区的钞票余额约为 100 万元,因发生挤兑,"现金兑罄",已无力兑现这 100 万元钞票。该行放款总额 2 400 万元,"商款虽在力索,然当此市面萧条,匆促难以收回"。因此该行请求中国财政部拨款 300 万元救济。[1] 在该行放款总额 2 400 万元中,放给工商各界的约 1 000 万元,放给北京政府的有 1 400 多万元,还有 130 余万元垫付九六公债的垫款。[2] 北京政府长期拖欠不还,从根本上动摇了银行的生存基础。有评论称:"该行以金融事业而兼政治活动[按:指向政府大量贷款],本为金融界之大忌,则当事人之办理不善,已为不可掩之事实,即无此次反日风潮,恐捉襟见肘,亦无以善其后。故推其根源,谓该行以反日而停顿者,无宁谓以借款与政府之故。查历来银行之以与政治发生关系而得不良结果者,实指不胜屈,汇业安能逃此公例。"[3]

汇业银行停业后,其总行所在地天津特别市政府派员会同银行公会代表及中孚银行包经理一起对汇业银行做了现场调查,对其发行在外的钞票(1 045 498.5 元)及其保证准备、对外放款的抵押品等进行清查核对。[4]

汇业银行停业后,有一部分中国股东希望各地反日会将一部分救国基金加入汇业,完全排除日股,变为完全华商银行后复业。有人计划只要 200 万元资金注入汇业,汇业"即可灵活营业",这 200 万元的筹措,可由各地反日会在救国基金项下拨款 50 万元,旧股东再投 50 万元,另请政府拨款 100 万元接济。但财政部方面的立场是:有关旧北京政府的欠款"一例并案办理,该行债款,未便独异",平津发生汇业挤兑时,"已勉力担任三十万元,为救济平津各银行之用","目前库帑奇绌","爱莫能助"。[5]

1928 年 12 月 2 日,汇业银行的日本股东在日本东京假日本兴业银行开会,做出以下决定:第一,日方股东深望仍以中日合办的组织形式再行开业,目下只有一面努力请求中国政府归还欠款,一面即以政府欠款作为保障,要求存款人

〔1〕《中华汇业银行电请财部拨款救济》,《银行周报》12 卷 50 号,1928 年 12 月 25 日,银行界消息汇志,第 1 页。

〔2〕蔼庐:《中华汇业银行停业之后》,《银行周报》13 卷 1 号,1929 年 1 月 1 日,第 1 页。

〔3〕亮之:《谈汇业银行休业》,《钱业月报》8 卷 12 号,1928 年(1929 年 1 月 25 日出版),述评,第 3—4 页。

〔4〕《津市府调查汇业银行内容》,《钱业月报》9 卷 1 号,1929 年 1 月,杂纂,第 7 页。

〔5〕《汇业停业后之消息》,《银行周报》13 卷 8 号,1929 年 3 月 5 日,金融界消息汇志,第 29—30 页。

和债权人暂缓取款。第二,如果中国方面不欲继续中日合办,而愿改为纯粹中国的银行,应就以下各项提出合理的提案,由日方股东开会商酌:(1)对于汇业银行代放款项的本息,汇业银行应保证办到将其转为中国政府对于兴业、朝鲜、台湾三银行的直接负债;(2)对于日方股本的处理办法;(3)对于兴业、朝鲜、台湾三银行债权的处理办法;(4)对于日本人存款的处理办法;(5)对于日本行员的处理办法。[1]

　　1929 年 4 月 27 日下午 3 时,中华汇业银行在天津英租界本行楼上举行第十一届股东全体会议,中国股东到会 40 余人,日本股东由冈部三郎及利根川久二人代表。会议由总理王孟群主持。此次会议公布了审计后的资产负债表,见表 2:

表 2　　　　　　　　中华汇业银行资产负债表(1929 年 3 月 31 日)　　　　单位:中国元

项目	金额
负债项下:	
1. 发行兑换券	101 万余元
2. 各种存款	759 万余元(华方存款银元 695 万元;日方存款 64 万余元)
3. 借入款	219 万余元(借中国同业 100 万余元,借日本三银行 119 万余元)
4. 代理放款	8 805 万余元(代日本三银行放出 8 747 万余元,代中国同业放出 58 万余元)
	744 万余元
5. 实收股本	864 万余元
6. 各种公积金	11 482 万余元
共计	

---

　　[1]《中华汇业银行中国股东会议记录(下)》,《银行周报》13 卷 10 号,1929 年 3 月 19 日,第 25—26 页。

续表

项目	金额
资产项下: 　1.政府欠款	10 487 万余元(代日本三银行放出 8 747 万 　　余元,代中国同业放出 58 万余元,本行 　　放出 1 682 万余元)
2.工商界欠款	638 万余元(中国工商界欠款 288 万余元, 　　日本工商界欠款 350 万余元)
3.有价证券	260 万余元
4.房地产	61 万余元
5.现金	10 万余元
6.本年纯损	22 万余元
7.未达账	4 万余元
共计	11 482 万余元

资料来源:《中华汇业银行股东会议记》,《银行周报》13 卷 17 号,1929 年 5 月 7 日,第 23页。

　　在这次会议上,中国股东希望对银行实施改组,而日本股东希望能够继续合办,并认为要能做到继续合办,"专赖中国政府欠款之收回,以为整理之基金"。但"本行当局"(即中方)认为"此种办法难于实行";而日本股东又认为"日本方面另集新资,全然无望",因此,"继续合办,亦不免于空想"。合办既然无望继续,那么如果中方股东能够实现完全华资重组,日方也能接受,日方只是提出了两个条件:第一,中国新资的募集,必须确有成案;第二,中国政府的代理放款必须直接移转于三银行。[1]

　　1930 年 4 月 27 日下午,中华汇业银行在天津英租界本行楼上又召开股东常会,改选理监事。这次会议介绍了自上期股东会以来银行的清理情况。中国政府欠款 1.05 亿多元(包括汇业代兴业、朝鲜、台湾三银行借与政府者),不予归还,新的投资者望而却步,改组没有进展。财政部"令准以债权债务相抵"的办法来清理汇业银行,此法"系以行中所有之债权移转为对于本行有债权之人。所有冲账者仍以债务易债权,非由债权人自相接洽,不特存欠之数难期适合,且债权人亦未必承受"。统计休业以后,以冲账方法收回之数仅为 406.6 万元,又本钞 10.6 万元。[2]应该说见效并不显著,汇业的重组和复业搁浅。

　　1919 年成立的中美合办中华懋业银行,系由钱能训、徐恩元等发起,联合美

　　〔1〕《中华汇业银行股东会议记》,《银行周报》13 卷 17 号,1929 年 5 月 7 日,第 25 页。

　　〔2〕《中华汇业银行股东会议记》,《银行周报》14 卷 17 号,1930 年 5 月 17 日,杂纂,第 8-9 页。

国投资人,集股 1 000 万元,先收 500 万元,中美各半。1919 年 12 月 11 日召开成立大会,选举钱能训、徐恩元、张寿龄、罗鸿年、傅清节、张泌亭、施栋、韦耿、白鲁斯、唐默思、斯芬森等为第一任董事。董事会推举钱能训为总理,唐默思、徐恩元为协理。总行设于北京,并在津沪汉等 6 处设立分行。该行经营各项汇兑及存放款等商业银行业务,并经中国政府特许,有发行兑换券的权力。其后钱、徐相继去世,改以沈吉甫为总理,沈辞后罗雁峰继之。资本陆续实收至 750 万元,1927 年底发行兑换券共 115 万元,普通存款 900 万元。[1] 1928 年,该行采用美国联合准备银行制度进行改组,平津沪 5 家大银行出资加入,其重要人物则当选为董事。上海分行新添资本 150 万元,为扩张营业之用。1928 年 8 月 5 日,懋业加选谈荔荪、周作民、谢林甫、王祖训、罗鸿年 5 人为董事,会同该行总理协理共同组织业务管理部。[2]

1929 年 4 月,懋业“汉行复以桂系关系,一度奉令停业,各地该总分行均受影响不浅,以致周转维艰,难以支持。爰由北平总管理处决定,自五月二十七日起,所有平沪汉三行,一律暂停支付一月,从事整理,惟津行则仍照旧”[3]。

懋业银行停业后,股东会议议决成立整理委员会,筹备复业,由股东选举代表 11 人,并聘沈吉甫、杨荫荪、刘友亭、李馥荪、罗雁峰、冷展其 6 人为该行整理委员。聘函中称,“敝行因财交两部押款太巨,最近受汉行影响,财部允筹接济,又复爽约”,因此沪平汉济各行停业,津行照旧营业,青行亦并未关门,“亟宜切实整理,以期得以复业”[4]。懋业停业最根本的原因是“财交两部押款太巨”,而桂系对汉行的影响只是导火索而已。

懋业银行整理主要从两方面着力:一是向中国政府索欠,二是争取美方投资人加入新股。经审核,政府欠款总额为 1 300 万余元。整理委员会多次“向政府索要及疏通后,始允由财部筹还二百万元,并须由该行重要负责人前往签订合同,事甫定议,该行派负责人前往,而西北军事突起,遂又成泡影”。向政府追索欠款无果,银行难以重生。而争取美方投资人加入新股也无具体结果。这

---

〔1〕《平沪汉三地懋业银行停业整理》,《银行周报》13 卷 21 号,1929 年 6 月 4 日,金融界消息汇志,第 29—30 页。

〔2〕《中华懋业银行改组》,《银行周报》12 卷 31 号,1928 年 8 月 14 日,银行界消息汇志,第 35 页。

〔3〕《平沪汉三地懋业银行停业清理》,《银行周报》13 卷 21 号,1929 年 6 月 4 日,金融界消息汇志,第 29 页。

〔4〕《中华懋业停业后之要讯》,《银行周报》13 卷 25 号,1929 年 7 月 2 日,金融界消息汇志,第 30 页。

样,天津分行也停业了。[1]财政部正式下令中华懋业银行停业清理,并于1929年11月2日在上海成立总清理处,指派梁慈灏、钱承懋、苏安为中华懋业银行清理员,并派钱币司司长徐堪前往监督指导。[2]懋业股东则多次开会,选出股东代表5人,组织股东代表会,行使公司条例所赋予股东会的职权,并强调"代表会除负进行清理之职责外,应仍设法规图复业"[3]。但"规图复业"的愿望终究未能实现。

五、因经营不善而倒闭

本国停业倒闭的银行中绝大多数是小银行。这些小银行在停业倒闭时通常只发布一则简短的消息,缺乏深入报道,也不对引起停业倒闭的原因进行分析。少数有所涉及,但也往往只有略略数语。本文根据这类简单的介绍,结合上海商业储蓄银行调查部在20世纪30年代所做的一些调查档案资料,把因经营不善而倒闭的银行大致分成以下几类:

第一类:家族经营,资本薄弱,投向不当。

1934年10月11日,中国兴业银行倒闭。这家银行成立于1925年1月,注册资本为155.89万元,但实收多少并不清楚。1932年5月,群益银团以15万元现款接办,经营两年有余。该行在上海设总行和三处支行,在松江、苏州和洞庭东山设分行,吸收存款共计约50万元。群益银团的主责者是上海本地人陆锡侯,股本7.5万元,另有两人也共出资7.5万元,接盘中国兴业银行一年后,15万元股本归并于陆锡侯一人。中国兴业银行在上海的三处支行中,有两处的主任分别是陆的两位妻舅,另一处主任是陆的七弟,总行副经理是陆梦芗(按:没有介绍此人身份,估计是陆的子侄辈人)。陆锡侯在他人投资失败的梵皇宫饭店及神仙世界游艺场基础上创办大千世界游艺场和国民饭店,接办城内小世界,又在引翔乡赛马场原址全力经营国际赛马会。这些投资除了小世界营业勉强维持开支外,"余皆在在亏蚀。而迄未开成之国际赛马会,竟由该行垫付款项

---

[1]《天津懋业分行暂止收付》,《银行周报》13卷44号,1929年11月12日,金融界消息汇志,第19—20页。

[2]《中华懋业银行宣告清理》,《银行周报》13卷44号,1929年11月12日,金融界消息汇志,第19页。

[3]《懋业组织股东代表会》,《银行周报》13卷46号,1929年11月26日,金融界消息汇志,第24—25页。

达数十万元之巨。实为该行周转不灵而倒闭之最大原因"[1]。

上海的华业银行创办于 1934 年 1 月,实收资本 30 万元,在香港注册,董事长陈焕之,经理则是陈焕之的女婿梁嵩龄。该行开业后业务平淡、存款不多,却在逸园跑狗场对面建大公寓一所,建筑费高达 40 万元,虽向某银行押借 20 万元,周转仍不免竭蹶。自广东银行、香港国民银行先后停业,该行因董监事多系粤籍各存户也纷纷提取存款,陈、梁二人穷于应付。不料某大户将天目山建筑款项 10 余万元存款先后提出,该行终于无法维持周转,宣告停业。[2]

第二类:受公债或地产拖累而倒闭。

1932 年 9 月 12 日,创办仅一年半的大达银行宣告停业,由谢霖会计师和裘汾龄律师办理结束清理。大达银行创立于 1931 年 3 月间,股本实收 50 万元,1931 年上半年 3 个多月时间盈利约 6 万元。该行的业务重点是经营公债,"九一八"事变后,公债价格跌落,"一·二八"事变再起,该行所有股东,十之四五亏于公债,原望公债价格有起色,终因时局不宁,弥补乏术,续招新股又不能实现,只能倒闭。该行所吸收的存款仅 7 万元左右,放款则达 20 万元,股东会议议决停业清理。[3]虽然公债价格的下跌很难预见,但一家银行把大部分资金投于公债,还是不妥当的。所以有评论说:"该行当局经营之欠慎重,似亦不能辞其咎。若存款果能如数拨还,犹可维护银行界之信用。"[4]

1932 年 10 月 1 日,华通商业储蓄银行倒闭。该行创办仅及年余,该行行长沈履康精明干练,平时营业颇佳,但自"一·二八"事变后,该行受时局影响,营业一蹶不振,"而兼营公债事业,又告失败,遂致内容空虚,周转不灵,于十月一日起宣告倒闭",共计亏欠往来存款 70 余万元。沈履康又兼南市施家弄乾源钱庄经理,华通银行与这家创立已有 40 余年的"平时营业声誉素佳",股东姚紫若、郭光裕"均为钱业界负声望者"的钱庄同一天倒闭。[5]华通银行 1932 年度的营业还是可以的,共吸收存款 103.8 万元,放款 155.1 万元,领用兑换券 75

〔1〕《中国兴业银行倒闭》,《银行周报》18 卷 40 号,1934 年 10 月 16 日,金融,第 4—6 页。

〔2〕《华业银行停业调查》,上海商业储蓄银行调查部情报第 9518 号,1935 年 10 月 22 日。上海市档案馆馆藏档案,档号:Q275—1—2227。

〔3〕《大达银行宣告清理》,《银行周报》16 卷 36 号,1932 年 9 月 20 日,金融,第 2 页。

〔4〕开篇:《大达银行宣告停业感言》,《钱业月报》12 卷 10 号,1932 年,专论,第 31 页。

〔5〕《银行钱庄倒闭两家》,《银行周报》17 卷 39 号,1933 年 10 月 10 日,金融,第 7 页。

万元,购买有价证券 5.3 万元,获纯益 4 万余元,分配股东官利七厘,共 3.5 万元。[1] 该行股东以潮帮居多,董事长郑淇亭亦属潮帮,为前宝成土栈大股东,在益大钱庄附三股,投资 8.4 万元,在宝昶钱庄附二股,投资 5.6 万元,在信孚钱庄附三股,投资 6.72 万元,在乾源钱庄附一股,投资 2.24 万元。郑淇亭对钱庄的投资都是以附股的形式进行的,以上 4 家钱庄投资共 22.96 万元。华通银行的存款以潮帮存款居多。乾源钱庄突告倒闭,共亏欠 70 余万元,其中欠华通 30 余万元,所以即刻拖倒了华通。[2] 这显然是郑、沈二人的挪借。根据"兼营公债事业,又告失败"的报道,估计大笔挪用资金是投资于公债而失败的。

信通商业储蓄银行也是被公债拖倒的。该行成立于 1921 年 12 月,1931 年秋改组,资本实收 50 万元。该行初为孙铁卿创办,资本仅 20 万元,利用华商证券交易所的存款经营得法,获利颇多。1923 年,该行同仁张拜言、朱勉斋、吴呈祥等,"将历年花红储款,与银行合资,以 2 万元代价,购得华商证券交易所第十号经纪人位置,号牌为信通证券公司,号址即附设行内,代客买卖证券",中国、交通、四明等银行的公债交易大多委托该公司经手,业务呈蓬勃气象。1926 年,信通银行增加资本至 50 万元。1928 年,孙铁卿病故,其子孙镜如继任经理,经营尚称顺手,年有盈余。1931 年秋,信通"受公债市场剧烈变动影响,亏耗至 60 余万元,一蹶不振,遂至搁浅。嗣由俞佐庭出面整理,并由张拜言出任经理"。俞佐庭是上海金融界的头面人物之一,浙江镇海人,钱业出身,系恒巽钱庄股东兼经理,绸业、四明、统原、国泰、恒利、大来、江海等银行的董事,中国通商银行总管理处业务局理事,四明保险公司副董事长,协丰益记纺织公司董事长,上海市商会主席,其他事业甚多,拥有资产四五十万元,信誉甚佳。但即便是这样的人物接手,信通银行仍"营业毫无起色,实际上仍等于停业,其所以尚能苟延残喘者,端赖信通证券公司为之维持耳"[3]。延至 1935 年 9 月 21 日,信通银行正式宣告停业。[4]

---

〔1〕《华通商业储蓄银行股东常会记》,上海商业储蓄银行调查部情报第 1552 号,1933 年 3 月 29 日。上海市档案馆馆藏档案,档号:Q275—1—2227。

〔2〕《华通银行清算讯》,上海商业储蓄银行调查部情报第 2890 号,1933 年 3 月 29 日。上海市档案馆馆藏档案,档号:Q275—1—2227。

〔3〕《信通银行调查》,上海商业储蓄银行调查部情报第 6447 号,1934 年 10 月 23 日。上海市档案馆馆藏档案,档号:Q275—1—2227—1。

〔4〕《信通商业储蓄银行停业调查》,上海商业储蓄银行调查部情报第 9211 号,1935 年 9 月 21 日。上海市档案馆馆藏档案,档号:Q275—1—2227—1。

也有因被房地产拖累而倒闭的。设在上海天津路 131 号的亚东商业储蓄银行创办于 1931 年 7 月 15 日,同年 8 月 16 日开幕,资本 50 万元。该行的业务中,房地产的比重很大。1935 年地产严重不景气,该行大受影响。1936 年该行只收账而不放账,存款亦不收,已显示出结束业务的迹象,"迨及年底,乃决计收缩"。该行于 1937 年初正式停业,在债权债务关系中,因大部分是别人欠该行,所以没有委托律师清算。该行在 1934 年底所购房地产价值 22.5 万元,1935 年底为 23.19 万元;同时放款方面,1934 年共计约 62 万元,1935 年收回不少,但剩下的 23 万多元收不回来了。[1]

嘉华银行 1921 年设总行于香港,1925 年在广州设分行,1932 年 11 月在上海设分行,资本 200 万港元,实收 100 万港元,上海分行划拨运营资金银元 20 万元。该行香港总行前押进南华、嘉南两银行房地产近百万元,不料两银行于 1934 年春相继停业,不克取赎,将这些房地产的产权移交嘉华银行执管,"惟未经官厅核准",也就是没有办理正式的法律过户手续,于是在 1934 年 10 月间有嘉南、南华两银行的债权人向法院"控诉嘉华总经理谭希天诈欺侵占罪",而不明底细的嘉华银行存储户闻讯在 1934 年底竞相提款,坚持到 1935 年 1 月 4 日,现金缺少 50 万元。当时香港的中国、上海等银行,"以嘉华过去的信誉尚佳,愿暂做地产押款 50 万元,维持嘉华,唯须该行全体董事签字负责保证,方肯付款,而董事中有某某二人,不愿签字,遂致搁浅"[2]。

第三类:与高管舞弊或投机失败相关。

1931 年 3 月,日夜银行倒闭,这在上海是一件十分轰动的事情。日夜银行由上海商界传奇人物黄楚九创办。黄楚九创办的事业颇多,除日夜银行外,还有诸如大世界游戏场及储蓄部、九福公司、中法药房、黄九芝堂等,在上海人中间都具有广泛的影响。日夜银行的储户多达一万数千户,存款额达数百万元之多。[3] 日夜银行的倒闭与其高管舞弊相关。日夜银行行长陈芝泉和会计科陈禹卿、陈殉卿父子叔侄三人,被清算员潘肇邦、吴征以舞弊罪告上法庭。[4]

郁震东于 1922 年 2 月创办的上海江南商业储蓄银行,资本 50 万元,总行设于上海,分行设于苏州,并在同里和南浔设办事处。1935 年,郁震东在上海的

〔1〕《亚东银行停业》,《银行周报》21 卷 2 号,1937 年 1 月 19 日,国内要闻,第 9 页。

〔2〕《嘉华银行搁浅之原因(第三次调查)》,上海商业储蓄银行调查部情报第 7037 号,1935 年 1 月 22 日。上海市档案馆馆藏档案,档号:Q275-1-2227-1。

〔3〕孟:《日夜银行倒闭后与储蓄事业之将来》,《钱业月报》11 卷 3 号,1931 年,论著,第 21 页。

〔4〕《日夜银行行长仍被控诉》,《钱业月报》11 卷 12 号,1931 年,经济纪闻,第 15 页。

事业,如上海印染公司、永兴钱庄等,均告失败。1935 年头两个月间,"该行因经营投机失败,亏空约达 30 万元",无法弥补,遂于 1935 年 6 月停业倒闭。[1]据称,该行的倒闭是从苏州分行发动的。苏州收进存款约 30 万元,明华银行倒闭后,存户纷纷提取存款,数日间被提取的存款约 8 万元。"苏行经理鉴于局势紧张,在倒闭之前一日来沪向总行索现金 5 万元,以便应付,但张罗之下,仅得 5千元,嘱其持款返苏维持,候再设法。苏行经理聆此消息,不啻晴天霹雳……并未之苏,迳行他去。"[2]

1930 年 12 月创立于上海的华东商业储蓄银行,额定资本 100 万元,收足75.46 万元。其股东大致分为平湖和苏州两帮,以徐眉轩和庞奉之为正副经理。该行"过去营业成绩殊属平常,去年(按:指 1932 年)结束,竟亏损 30 余万元之巨,加以经理徐眉轩因自营事业失败,用空行款甚巨,合平湖其他股东押款等,共欠行中有 20 余万元,虽经尽力归索,恐约只半数可望收回",延至 1933 年 5月,无法继续经营,只得停业。[3]

1915 年,上海日侨集资组织"上海贮蓄组合",专营储蓄及普通银行业务,到1918 年 5 月改为上海银行株式会社,在上海日领事署注册,设社址于蓬路 75号,额定资本 20 万日元,实收 15 万日元,1925 年的存款总数达到 115 万日元,各项放款共计 95 万日元,营业呈现发展势头。但当时的经理丸山牧夫,"以投机失败,有侵蚀舞弊行为,致该社内部空虚,谣诼纷起,昭和二年(按:即 1927年)春,存户尽往提现,势益不支,遂于是年四月十二日宣告清理"。一时在上海的日本金融界人士及有关日侨,大起恐慌,尤以东亚兴业株式会社所受的损失最大。当时日本政府拨款救济,由驻沪日本领事矢田主持清理,并由正金和三井两银行予以协助。1928 年 3 月,日商上海银行株式会社完成改组,重行开业,额定资本减少至 5 万日元,到 1932 年才增加到 10 万日元。该行的营业对象主要是虹口一带的日侨,"范围虽小,实力尚足"[4]。这是一家因高管舞弊而倒

---

〔1〕《上海江南商业储蓄银行宣告清理》,上海商业储蓄银行调查部简报,1935 年 6 月 4 日。上海市档案馆藏档案,档号:Q275—1—2227。

〔2〕剪报资料(篇名及报纸名均不详),1935 年 6 月 7 日。上海市档案馆藏档案,档号:Q275—1—2227。

〔3〕《关于华东商业储蓄银行的调查》,上海商业储蓄银行调查部情报第 1857 号,1933 年 5 月 4日。上海市档案馆藏档案,档号:Q275—1—2227。

〔4〕《关于上海银行株式会社的调查》,上海商业储蓄银行调查部情报第 2977 号,1933 年 10 月 16日。上海市档案馆藏档案,档号:Q275—1—2288—4。

闭、后又重组成功的日本小银行。

第四类：多元投资谋保护，却不能实现。

近代中国的企业家多相信并实施多元投资的策略，不把鸡蛋放在一个篮子里，特别注重对银行和钱庄的投资，希望其对银钱业的投资能给他们带来融资便利，或帮助他们渡过市场不景气的时光。但在系统性风险爆发的时候，如果银行的实力不够，通常是自身难保的。

由沈知方任董事兼总经理的世界书局原来是兼营"读书储蓄"的，吸收存款颇多，是当时较有声誉且为中国企业普遍采用的一种经营模式。后奉财政部禁令，商店不得兼收储蓄存款，乃由沈知方发起组织世界商业储蓄银行（以下简称"世界银行"），以辅助教育为宗旨，其股东多数为世界书局的股东，且世界书局也有投资，但资本是完全独立的。世界银行成立于 1931 年，资本 20 万元。该行开业后，营业尚属顺利，其往来户以福州路一带的商店及上海各处书店居多，1932 年底的各项存款达到 118 万元，各项放款 79 万多元，应该说营业前景是看好的。但世界书局的储蓄业务并未完全停顿，还保留了一个所谓的"同仁储蓄部"，1933 年世界书局的"同仁储蓄部"发生挤提风波，祸及世界银行。[1] 1934年世界银行改组，由严子裕、王梓濂接盘，旧股东的股款作四五折计算，新股东凑集资本 20 万元，由严子裕任董事长。[2] 但此次改组并未从根本上扭转银行的困局，其主要原因是该行对其关系企业世界书局和严子裕的中央冷藏库做了过多的放款而不能收回。1935 年 7 月 4 日，世界银行停业清理，计各项存款 55万多元，各项放款 60 余万元，世界书局欠该行的款项有 20 多万元，而中央冷藏库欠该行的款项也有 10 多万元。[3] 世界银行为了挽救世界书局和中央冷藏库而放款，自己却先倒下了。

六、因经济萧条或汇率波动而停业或改组

在经济萧条的大背景下，市场银根紧缩，贷款难以收回，一些银行因周转失灵而停业。明华商业储蓄银行是由宁波帮商人创办的一家中型银行，1932 年额

---

〔1〕《关于世界银行的第三次调查》，上海商业储蓄银行调查部情报第 3557 号，1933 年 12 月 21日。上海市档案馆馆藏档案，档号：Q275－1－2227。

〔2〕《关于世界银行的第四次调查》，上海商业储蓄银行调查部情报第 5188 号，1934 年 6 月 25 日。上海市档案馆馆藏档案，档号：Q275－1－2227。

〔3〕《世界银行清理讯》，上海商业储蓄银行调查部情报第 8642 号，1935 年 7 月 4 日。上海市档案馆馆藏档案，档号：Q275－1－2227。

定资本 500 万元,实收 275 万元,公积金 42 万元。该行总行设于上海,在天津、北平、青岛等地设分行或代理处,吸收存款以上海、青岛为多,以押汇为主要业务之一,与四明银行同为宁波帮所办的银行,所以营业上与四明银行常有合作。1932 年的资产负债规模,商业部在 1 200 万元以上,储蓄部约 300 万元。该行总管理处最初设在北平时,与财政部颇有进出,当时获利颇丰。到南京政府时期利益稍薄,每年 10 余万元,1931 年的利润超过 20 万元。[1] 1935 年,明华银行因青岛分行挤兑引起连锁反应,只得宣告清理。财政部长孔祥熙在接见记者时称:"此次明华银行之宣告清理,如查系确因正当营业上周转不灵,自当依法清理,至关于储蓄部分,则已由部令知该行迅速发还,并限于一个月内,清偿完竣,如有不敷,应由该行董事监察人负责清偿,此系储蓄银行法所规定,本部依照办理。"[2]

成立于 1925 年的正大银行,设于上海,实收资本 25 万元。该行因受丝茧押款及"九一八""一·二八"事变影响,停业约有 3 年之久。1934 年 7 月,该行召开股东大会,议决招募新股,实行重组,旧有股本作为二折,计 5 万元,再招新股 20 万元,重新凑满 25 万元,并改选董监事,行址由江西路迁至天津路 25 号,于 1934 年 8 月 24 日重新开张营业。[3]

1917 年在香港注册成立的工商银行是一家中型银行,注册资本 50 万英镑,后改为银元单位,实收 100 万元。该行除设香港总行外,还在汉口、上海、天津、广州、江门、九龙 6 处设分支行,其中上海分行的营业规模最大。上海分行的总经理薛仙舟及汇兑部主任陈恭藩、投资部主任徐维明、储蓄部主任王志莘等,都是当时上海银行界的知名杰出人才,所以工商银行"不数年间,竟一跃而为银行界之翘楚"。但 1927 年薛仙舟去世后,工商银行便走下坡路,至 1930 年停业。除了经营不善的原因,白银汇率的异常波动也是一大因素。工商银行的汇兑业务较多,"于金贵银贱,直接影响亦多。昔日之汇兑空头,不能补进,以及进出口商之延不给价,足使该行现款短少,周转阻滞。此为工商银行闭幕之又一近因也"[4]。

〔1〕《关于明华商业储蓄银行的调查》,上海商业储蓄银行调查部情报第 195 号,1932 年 8 月 19 日。上海市档案馆馆藏档案,档号:Q275-1-2227-2。

〔2〕关于明华银行的剪报资料,1935 年(月、日不详,篇名和报纸名也均不详)。上海市档案馆馆藏档案,档号:Q275-1-2227-2。

〔3〕《关于正大银行的调查》,上海商业储蓄银行调查部情报第 5888 号,1934 年 9 月 7 日。上海市档案馆馆藏档案,档号:Q275-1-2227-2。

〔4〕徐佩琨:《工商银行闭幕之忠告》,《银行周报》14 卷 30 号,1930 年 8 月 12 日,第 26 页。

　　一般较小银行的股东,在经济不景气的大环境下,往往会因找不到改善银行的出路而无意继续经营,选择主动停业,这一类的银行有棉业、新亨、惠丰等。但如果是比较有影响的银行,则往往会选择银行合并或重组的方式。

　　友华银行是美国的一些金融机构于 1918 年设立的,资本总额 400 万美元,设总行于纽约,1919 年设远东总行于上海,并在天津、北京、汉口、长沙、广州、香港、小吕宋等地设分行,"其性质为专营外国汇兑之特种银行",在远东金融界中逐渐崭露头角,而与花旗银行同为美国在中国的重要金融机关。但该行在 1923 年因白银汇率的震荡或波动而招致亏损,于是经股东会议议决,将该行一切资产和营业归并花旗银行。[1]

　　1925 年 11 月,大连的日商龙口银行在停业一年之后,经整理委员的斡旋,合并于日商正隆银行。[2]

　　1933 年 1 月 1 日,总行设在新加坡的外商华侨银行设立,该行在中国的上海、厦门以及香港设有支行。该行是由和丰、华商和华侨 3 家银行合并改组而成。这 3 家银行在新加坡都是"具有长远之历史、雄厚之实力,其营业之发达,信用之昭著,堪称南洋华侨金融界之三霸者"。欧战以后,经济恐慌弥漫全球,南洋土产价格狂跌,橡胶种植园的停业者时有所闻,各业竞争异常激烈,银行业亦然,"三行当局因鉴于长此自相争雄,殊非长定久安之计,于是遂倡合并之议。其目的在图集中资力与人才,废除营业上之无益竞争及节省费用,借以改善及发展南洋华人银行事业,并与外商银行相抗雄"[3]。

　　1936 年 7 月 12 日,华商江浙、中汇两银行股东分别召开临时股东大会,议决两行合并。中汇银行实收资本 200 万元,江浙银行实收资本 150 万元,两行公积准备金均有 100 万元之谱。合并之后,资本变为 350 万元,名称为中汇银行,所有江浙银行的资产负债均由中汇银行承受。[4] 10 月 25 日,召开合并成立大会,合并以后,爱多亚路中汇银行称总行,江西路原江浙银行营业地改为中汇银行分行。[5]

---

　　〔1〕静如:《对于美国友华银行归并花旗银行之感想》,《银行周报》8 卷 4 号,1924 年 1 月 22 日,第 12—13 页。

　　〔2〕《龙银正隆订定合并契约书》,《银行周报》9 卷 44 号,1925 年 11 月 17 日,第 37—38 页。

　　〔3〕《关于华侨银行有限公司的调查》,中国征信所第 7135 号调查,1935 年 1 月 29 日。上海市档案馆馆藏档案,档号:Q275—1—2288—1。

　　〔4〕《江浙中汇两银行议决合并》,《银行周报》20 卷 27 号,1936 年 7 月 14 日,第 12 页。

　　〔5〕《中汇江浙两行开合并成立大会》,《银行周报》20 卷 42 号,1936 年 10 月 27 日,证券,第 3 页。

设于上海南京路的宁波实业银行于 1935 年 6 月 5 日停业。经虞洽卿等协助整顿,于 1937 年 1 月 9 日正式复业,总行移设沈家门,专事救济渔村,暂不吸收存款,在上海设办事处,整理债权债务事宜。该行所欠储蓄部商业部各项存款的还款办法如下:(1)未满 40 元的储蓄存款,核发四成现金,六成定期两年存单;(2)40 元以上不满 1 000 元的储蓄存款,核发二成现金、三成定期两年存单和五成股票;(3)1 000 元以上的储蓄存款,核发一成现金、四成定期两年存单和五成股票;(4)商业存款及特种往来存款未满 40 元者,核发二成货物、八成定期两年存单,40 元以上者,核发一成货物、四成定期两年存单和五成股票。[1]

"小四行"的停业改组很有典型意义。1935 年 9 月 4 日,总行设在香港的广东银行宣告停业。广东银行是 1912 年在香港注册成立的,系由陆蓬山集美洲华侨资本,会同港商李煜堂创办的华人资本的银行,最初资本 200 万港元,1921 年改为 120 万英镑,1926 年又改为 1 100 万港元。该行在上海、广州、汉口、暹罗、旧金山、纽约、伦敦等城市设立分行。因受世界经济不景气的影响,遂告停业。[2]但广东银行收足资本 800 多万元,1935 年上半期仅亏损 40 余万元,资产中很大一部分是房地产抵押贷款所造成的"物业按揭",以及自置行址,共值 2 270 余万元,负债 1 450 余万元。但在经济萧条时期,"变卖物业,损失过巨",而且"非经十余年,不能完妥",所以债权团希望对银行实行重组。[3]后经时任全国经济委员会常委的宋子文联合全国金融界援助,于 1936 年 11 月 14 日在香港改组,召集新的股东会议,推宋子文为董事长,吴铁城、邓勉仁、霍芝庭等为常务董事,孙科、胡笔江、霍宝树、劳敬修、唐海安、宋子安等为董事,积极筹备复业。[4]上海、汉口分行于 1936 年 12 月 15 日开幕复业,上海分行当天上午就收到新存款 500 余万元,下午合计,可达千万元。该行旧有存款,半数认作股本,半数发给无抵押债票。[5]

1937 年 2 月,中国实业、中国通商和四明商业三银行增加官股,实行重组。四明银行创办于 1908 年,资本总额 150 万两,先收一半,废两改元后资本改为 225 万元。此次改组,资本扩充为 400 万元,旧股以一成半折合新股 33.75 万元,而由财政部加入官股 366.25 万元。中国通商银行创办于 1896 年,资本 500

〔1〕《宁波实业银行正式复业》,《银行周报》21 卷 1 号,1937 年 1 月 12 日,国内要闻,第 13—14 页。

〔2〕《广东银行停业》,《银行周报》19 卷 35 号,国内要闻,第 6—7 页。

〔3〕《广东银行复业问题》,《银行周报》19 卷 40 号,1935 年 10 月 15 日,国内要闻,第 9 页。

〔4〕《广东银行总行定期复业》,《银行周报》20 卷 46 号,1936 年 11 月 24 日,国内要闻,第 7 页。

〔5〕《广东银行上海分行复业》,《银行周报》20 卷 50 号,1936 年 12 月 22 日,国内要闻,第 7—8 页。

万两,后折成 700 万元(额定),此次改组资本改为 400 万元,旧股也以一成半折合新股 52.5 万元,而加入官股 347.5 万元。中国实业银行创办于 1919 年,总行原设天津,1932 年迁至上海,资本原有 350.74 万元,此次改组扩充资本至 400 万元,旧股以一成半折合新股 52.61 万元,加入官股 347.389 万元。三行共加入官股 1 058.639 万元,由财政部以公债拨充。官股代表由财政部遴选。[1]

此外,近代中国的地方银行常沦为地方政府的财政出纳工具,因滥发纸币而倒闭的事情屡见不鲜。这类地方银行的功能是畸形的,特别强调发行功能,至于一般的存贷款汇兑等业务则十分淡化。本文限于篇幅,对于地方银行的停闭问题不作讨论。

七、几点启示

对于中国近代银行的倒闭与重组,我们从中得到如下启示:

第一,对总行在国外的外商银行或中外合办银行缺乏有效的监督和制约。华俄道胜银行、中法实业银行都是由于其在国外的总行投机失败等原因而停业倒闭的,但中国政府对此毫无监督或制约手段。如果对这类银行能够执行严格的存款保证金制度,并禁止它们在中国发行纸币,那么造成的损害就会小得多。

第二,对于近代中国军阀政府的财政性借款缺乏制约手段和机制。民国时期的政府,无论是北京政府还是南京政府,从未能摆脱财政困难,其军政费用的缺口常依靠向银行借款获得。政府借款如果是缺乏明确的抵押品和担保品的,还款自然遥遥无期,银行的根基由此就会发生动摇。因此,对银行来说,不能将对政府借款作为自己的主营业务和生存依据,还是应该侧重于商业性的存贷款、汇兑等业务。中国、交通两家银行在北京政府时期因逐渐远离政府借款,才得以生存下来,并成为华商银行的中坚力量。

第三,民国期间的民营商业储蓄银行总体规模偏小,抗风险能力较弱。据《全国银行年鉴》统计,1934 年 73 家民营的商业储蓄银行全体实收资本共计 7 559 万元,每家平均才 103.5 万元[2],还不及当时一家纱厂的资本规模。考虑到这 73 家民营银行中还有一些规模比较大的,如南三行、北四行等,所以应该有相当一批规模很小的银行实收资本只有 20 万元左右,经不得风浪,也很难

---

〔1〕《三银行增加官股》,《银行周报》21 卷 10 号,1937 年 3 月 16 日,国内要闻,第 7 页。

〔2〕 根据中国银行经济研究室编:《全国银行年鉴》,汉文正楷印书局 1937 年版,第 786—788、814 页的统计数字计算。

熬过漫漫的市场萧条期。

第四,许多实业家信奉多元投资的信条,鸡蛋不放在一个篮子里,投资分散,东边不亮西边亮。金融业,包括银行、钱庄、保险公司等,是他们最关注的投资领域,认为这好像是给他们的融资和经营上了保险一样。其实,从民国时期中国经济的实际情况来看,多元投资未必能排解风险,或确保这些企业家渡过难关。程霖生、荣宗敬、刘鸿生等都没有因为他们跨行业投资金融业而给他们带来决定性的好处。当系统性风险出现的时候,或某人一系列投资的资金链出问题的时候,如果其投资的金融业实力不济,反而可能率先陷于危机而不能自拔。

第五,民国时期没有建立存款保险制度。根据美国的经验,存款保险制度是银行系统避免倒闭风潮的有效制度。据统计,1912—1927年间,中国新设的银行有323家,停闭的166家(不包括设立和停闭年份不详的)[1],占51.4%,应该是一个很大的比例。但停闭的银行大多为规模较小的银行,所以总体的负面影响并不是太大。一方面,在当时中国的经济发展水平下,建立存款保险制度也许还不到火候;另一方面,存款保险制度也有其消极的作用,就如人们所指出的,不能充分获取市场竞争、优胜劣汰的效果,在一定程度上起到保护落后的作用。

第六,对一般银行的经营风险不能及时发现和有效化解。由于政治状况等原因,当时对金融业的监管制度并没有能够有效地建立起来并发挥作用。政府只是在金融机构的设立登记经营范围等方面进行审核或管束,至于金融风险的系统性防范,则还远远没有提上议事日程。在1935年南京政府行政性垄断金融业之前,各地银钱业的联合准备库之类的机构在防范系统性风险方面还是起到了重要作用,但这只是市场自身的防范,作用有限。至于政府的中央银行或国家银行,并没有为普通银行的流通性不足建立普遍的支持,所以有的银行仅仅因为数额不大的流动性缺口而停业了。政府控制的国家银行在经济萧条期间扩大了融资,但融资重点是公营企业。在当时,限于技术手段和银行信息不透明的双重阻碍,对于银行的经营风险很难及时发现。中外合办银行停业后,由于对国外总行的信息不够了解,鞭长莫及,或由于中国政府欠款太多,不肯归还,一般很难挽救。一些较有影响的本国银行或华侨银行,如果出现问题,或政府出手重组,或由市场自行合并或重组,至于一般的小银行就只能自生自灭了。

---

〔1〕 中国银行经济研究室编:《全国银行年鉴》,汉文正楷印书局1937年版,第7—8页。

民国时期银钱业规模估计需要注意的几个问题

内容提要：在民国时期银钱业的规模估计中，在华外商银行分支机构的规模究竟有多大，是一个难题；对钱庄业总资本和钱庄业总资力的估计也十分不易。本文对这两个估计中所涉及的问题提出讨论，认为对外商银行在华分支机构规模的估计，要避免不加区别地想当然地估计，尽可能找到估计的依据，区分不同国别、不同银行的具体情况。本文从《钱业月报》《银行周报》《工商半月刊》等杂志中收集各地钱业的原始资料或统计资料，对20世纪20年代中期的钱业总资本做了估计，并认为各地钱业的存款情况很不相同，不宜采用过去沿用的钱业资力是资本8倍的估计，而应区分不同城市的情况，对倍数做不同的处理。由此得出的20世纪20年代中期中国钱庄业总资力的估计数远小于以往的研究结果。

关键词：民国　银钱业　规模估计　外商银行在华规模　钱庄业总资力

关于民国时期银钱业发展规模的统计或估计，存在着以下几个难点：第一，外商银行在华分支机构的经营规模到底有多大，不易估计；第二，由于钱庄业数据不易获得，故普通钱庄总资本的估计也非容易；第三，钱庄业总资力（包括资本、公积金、存款和发钞在内）的估计则更为困难。本文拟就上述三个难点谈一些粗浅的看法，供大家批评指正。

一、外商银行在华分支机构的规模

由于信息不对称，因此要较为准确或合理地估计外商银行在华分支机构的规模并不容易。杨荫溥统计,1927 年底上海外国银行共 23 家,除美丰和华义的总行在上海外,其余 21 家银行的总行都在海外或境外,这 23 家外国银行的实收资本折合中国银元为 74 417 万元,公积金 58 342.1 万元,存款 877 805.4 万元,发行兑换券 94 495.8 万元,总资力即以上几项合计为 1 105 060.3 万元。杨荫溥认为,"其在沪资力,即以一成计算,亦已在中洋十一万万元以上;已远超在沪内国银行之资力矣"〔1〕。但这一估计显得过于粗率和笼统,从存款来看,外国银行全部 87.8 亿元存款的十分之一应为 8.78 亿元,发行兑换券的十分之一,也要有接近 1 亿元的数字,是否符合实际,还需要更仔细一点的估计。另外,除上海之外,一些外国银行在中国的其他城市也设有分支机构。

吴石城于 1935 年 7 月发表在《银行周报》上的一篇关于研究天津外国银行的文章,对天津外国银行的规模做了比较具体而合理的分析。据调查,1932 年在天津的外国银行共有 17 家,其中英国有麦加利、汇丰 2 家,日本有正金、朝鲜、正隆、天津 4 家,美国有花旗、运通、美丰、大通、天津商业放款 5 家,法国有东方汇理,比利时有华比,意大利有华义,德国有德华,法比合办的有义品,中法合办的有中法工商。这些银行中,德华、华义、美丰 3 家银行的总行设在上海,正隆总行设在大连,天津和天津商业放款的总行设在天津,其他的总行都设在海外或境外。根据调查,天津外商银行的资力总计 4.3 亿元,比华商银行和银号的资力合计 3.56 亿元高出 21%。"估计方法先加计已缴资本、公积金与各项存款得一合计数,依各行在华资本比数,参照各行在华分行之多寡,与在津营业之广狭,而定一百分数,以之乘上述合计数,得三项合计数津行所占数。其各行在华资本比数,系根据刘大钧先生估计者,即英籍银行在华资本约占总资本额三分之一,美籍银行为百分之二,法籍银行为百分之十五,比籍银行为三分之一,日籍银行为百分之十,德华银行占六分之一,华义银行占百分之百。"并依 1932 年全年平均汇率将外币折算成中国银元,再加上天津外国银行钞票的估计流通额,得出天津外国银行总资力数。〔2〕

对于 1927 年在华外国银行的实收资本、公积金、存款和纸币发行 4 项数据,如能找到确切依据的,按照这些依据,如无确切依据的,则按照上述刘大钧

---

〔1〕 杨荫溥:《杨著中国金融论》,黎明书局 1932 年版,第 80—82 页。总行设在上海的外国银行,应该还有德华银行。

〔2〕 吴石城:《天津的外商银行》,《银行周报》19 卷 29 期,1935 年 7 月 30 日,第 11—16 页。1932 年的货币兑换率,1 银元折合:英币 22.687 1 便士,美币 0.214 207 美元,日币 0.794 9 日元,法币 5.422 法郎,港币 0.922 158 港元,上海规元 0.708 7 两。

的估计,这样重新测算后便如表1所示:

表1　　　　　　　　　　**1927 年在华外国银行资力估计**　　　　单位:千元

银行名称	实收资本	公积金	存款	前3项在华部分估计	在华发行纸币估计	在华总资力估计
汇丰	20 000	72 577	557 687	389 508	37 480	426 988
麦加利、有利、大英3家英籍银行合计	66 442	56 000	681 919	268 120	7 329	275 449
正金、台湾、朝鲜、住友、三井、三菱6家日籍银行合计	278 125	213 282	2 538 420	302 983	63 922	366 905
花旗	150 000	100 000	2 550 083	56 002	3 751	59 752
总行设在上海的德华、华义、美丰3家	8 781	2 419	32 314	13 852	890	14 742
运通、大通2家	16 000	8 966	37 935	1 258		1 258
汇理、中法工商2家	43 360	50 615	535 842	94 473	225 378	319 851
远东(苏联)	4 543		16 585	21 128		21 128
华比	44 921	36 000	1 256 278	52 099	3 749	55 848
荷兰、安达、义品3家	112 000	43 563	570 988	72 655		72 655
总计				1 272 078	342 499	1 614 576

注:1. 汇丰在华存款占其总存款额的比例为59.9%,见洪葭管,《中国金融通史》(第四卷),中国金融出版社2008年版,第185页,实收资本和公积金也按此比例推算;在华发行兑换券比例为71.2%,见 F. King, *The Hong Kong Bank in the Period of Imperialism and War*, Cambridge University Press, 1988, p. 64。

2. 正金、台湾、东方汇理在华流通的纸币额,按占其总发行额的三分之一计算,见静如,《在华外国银行资力之比较》,《银行周报》11卷46期,1927年11月29日,第10页;朝鲜银行在华纸币流通额,见杜恂诚,《中国金融通史》(第三卷),中国金融出版社2002年版,第13页。

3. 花旗银行在华流通纸币额,见静如,《在华外国银行资力之比较》,《银行周报》11卷46期,1927年11月29日,第10页。

4. 德华占六分之一,华义、美丰按全部资力计入。

5. 远东银行是苏联在我国东北地区设立的银行,暂以全部资力计入。

6. 华比银行资本额按三分之一计算,总存款额很大,按百分之二计算。

7. 荷兰、安达、义品各项指标按十分之一计算。

资料来源:根据杨荫溥,《杨著中国金融论》,黎明书局 1932 年版,第 80－82 页表;吴石城,《天津之外商银行》,《银行周报》19 卷 29 期,1935 年 7 月 30 日,第 11－16 页;静如,《在华外国银行资力之比较》,《银行周报》11 卷 46 期,1927 年 11 月 29 日,第 10 页等资料重新计算。兑换率:1 英镑＝10 元,港币 1 元和日币 1 元与中国银元等值,1 美元＝2 元,1 法郎＝0.4 元,1 荷兰盾＝0.8 元,1 规元两＝1.4 元。

　　杨荫溥粗率计算 1927 年底在沪外国银行的资力为 11 亿元左右,本文算出 1927 年在华外国银行的全部资力为 16 亿元强,似能对应起来,不会相差太多。要做到更为精确,还有待于这些外国银行在国外总部档案资料的发掘。欧美国家在华银行的发展高峰应该是在 1930—1931 年,之后有双重因素影响它们在华的发展:一是世界经济危机波及中国和白银汇率的异常震荡造成的经营困难;二是中国本国银行业发展很快,在一定程度上限制了外国银行的获利空间。1935 年 11 月,中国政府进行法币改革,外国银行不再发行纸币。表 2 对 1936 年外国银行在华资力进行了估计。

表 2　　　　　　　　　　**1936 年在华外国银行资力估计**

项目	全部实数 (千元)	在华部分比例 (%)	在华部分实数 (千元)
一、资本和公积			
英商银行:			
汇丰	134 873	59.9	80 789
有利、麦加利、大英、沙逊、通济隆	158 816	1/3	52 939
美商银行:			
花旗、运通、大通	396 270	2	7 925
友邦	500	50	250
日商银行:			
三井、正金、三菱、住友	587 860	10	58 786
台湾、朝鲜	50 920	1/3	16 973
正隆、上海、天津、汉口、济南	7 228	100	7 228
法商银行:			
汇理、中法工商	58 400	15	8 760

续表

项目	全部实数 （千元）	在华部分比例 （％）	在华部分实数 （千元）
万国储蓄会、汇源	5 268	100	5 268
德商银行：			
德华	7 745	1/6	1 291
比商银行：			
华比、义品放款	20 000	1/3	6 667
荷商银行：			
荷兰、安达	158 139	10	15 814
意商银行：			
华义	3 000	100	3 000
俄商银行：			
莫斯科国民	7 350	15	1 103
小计			266 793
二、存款			
非日本西方各国			1 108 008
日本			99 463
小计			1 207 471
合计			1 474 264

注:1936 年货币兑换率:1 美元＝3 元,1 法郎＝0.2 元,1 荷兰盾＝2.165 元,日元、港元与中国法币元同值处理。

资料来源:在华资产及非日本西方各国存款根据洪葭管,《中国金融通史》(第四卷),中国金融出版社 2008 年版,第 215—220 页表中数据计算。在华资产占比参考吴石城,《天津之外商银行》,《银行周报》19 卷 29 期,1935 年 7 月 30 日,第 11—16 页;静如,《在华外国银行资力之比较》,《银行周报》11 卷 46 期,1927 年 11 月 29 日,第 10 页酌定。日本在华存款根据东亚研究所,《日本の對支投資》,(东京)原书房 1974 年版,第 84—85 页。

　　主要由于不发纸币的原因,1936 年在华外国银行的总资力低于 1927 年,肯定更低于 1930—1931 年的数字,因为 1930—1931 年是中国市场经济最为活跃和发展的时期。根据杨荫溥的统计,1927 年底 39 家中国的银行的总资力为 12.45 亿元[1],低于表 1 所示同期在华外国银行的总资力。但此后中国本国的

---

　　[1]　根据杨荫溥:《杨著中国金融论》,黎明书局 1932 年版,第 68—73 页的 3 张表计算。

银行业发展很快,1936 年仅存款一项就达到 45.51 亿元。[1] 1936 年外国在华银行与中国本国银行的存款之比为 1∶3.77[2],已落明显下风;再加上失去在华纸币发行权,其总体实力就大不如前了。在杨荫溥 1927 年的统计中,除了极个别的银行(江苏银行)外,绝大多数的地方银行均未包括在内,这一点很重要。因为当时许多地方银行滥发纸币,如将地方银行涵盖,数字可能扭曲。1936 年的存款数字包括地方银行在内,但那时的统计已将地方银行列入专项统计,我们可以知道地方银行的存款在本国银行全部存款中所占的比例是多少(3.16 亿元,占 7%)。

二、关于钱庄业总资本的估计

北京政府农商部曾对 1912—1920 年全国的银钱业投资状况做过问卷统计,其结果如表 3 所示:

表 3   中国的银钱业投资(1912—1920 年)

年份	钱庄(元)	占比(%)	银行(元)	占比(%)	总数(元)
1912	75 098 313	68	36 254 919	32	111 353 232
1913	86 628 664	76	27 301 526	24	113 930 190
1914	53 110 635	73	19 726 716	27	72 837 351
1915	64 463 021	82	14 136 426	18	78 599 447
1916	246 229 262	87	37 803 690	13	284 032 952
1917	171 457 373	78	46 072 611	22	217 529 984
1918	169 329 736	83	34 685 195	17	204 014 931
1919	37 448 536	41	54 247 711	59	91 696 247
1920	31 314 932	37	51 987 077	63	83 302 009

引者注:经笔者校核,表中 1912 年、1917 年和 1920 年的百分比数据,可能因为四舍五入的关系,稍有出入。

资料来源:历次《农商统计表》。转见厉以宁、熊性美主编,《方显廷文集》(第 4 卷),商务印书馆 2015 年版,第 10 页。

---

[1] 中国银行经济研究室编:《全国银行年鉴》,汉文正楷印书局 1937 年版,第 47 页。包括华侨银行。

[2] 华侨银行全部存款为 1.47 亿元。即使把华侨银行算作外国银行,在华外国银行与中国本国银行的存款比也达到 1∶3.25,本国银行的优势较为明显。

　　经前人研究,表 3 中的数据,仅 1912—1915 年这 4 年较为可靠,此后则因军阀战争等原因交通梗阻、信息不通,许多省份的数据并不可靠。[1]显然,表中 1916—1918 年的钱业投资额如此之高,毫无道理,肯定是由错误所致,而 1919 年和 1920 年又出奇地低,很可能是遗漏了数据。

　　我们再来看另一项关于"七七"事变前我国钱业规模的统计。沈雷春主编的《中国金融年鉴》调查结果认为,"据查我国各地之钱业,以七七抗战发生前之统计观之,其中稍具资力与规模者,为数即达一千数十家(东三省、香港在内;甘肃、陕西两省仅有部分统计;又贵州、云南、新疆、察哈尔及宁夏俱未列入)";"以言我国钱业之资力,就前述一千家计之,资本共达七千万以外,若更将漏列家数之资本估计列入,总数当达一万万元"[2]。其中,十大都市钱业的统计如表 4 所示:

表 4　　　　　　　　　　　十大都市钱业统计("七七"事变前)

地别	同业数	资本(元)	备　注
上海	(汇划庄)46	19 080 000	平均资本 41 万元,居首位
天津	(大银号)40	3 455 000	平均资本 8.6 万元,居第三位
北平	(大银号) 9	650 000	平均资本 7 万余元
杭州	大钱庄 30	610 000	平均资本 2 万元
青岛	庄号 10	370 000	平均资本 3.7 万元
南京	大钱庄 6	130 000	平均资本 2 万余元
重庆	大钱庄 13	830 000	平均资本 6.3 万元
汉口	钱庄 24	1 560 000	平均资本 6.5 万元
广州	银号 77	2 820 000	平均资本 3.6 万余元
香港	钱庄 18	5 500 000	平均资本 30 万元,居第二位
合计	273	35 005 000	

　　引者注:合计数原表为 255 家、34 055 000 元,现经校订改正。
　　资料来源:沈雷春主编,《中国金融年鉴》,黎明书局 1947 年版,第 145—146 页。

　　除了十大都市之外的各省钱业情况如表 5 所示:

────────────

〔1〕　厉以宁、熊性美主编:《方显廷文集》(第 4 卷),商务印书馆 2015 年版,第 10 页。
〔2〕　沈雷春主编:《中国金融年鉴》,黎明书局 1947 年版,第 143 页。

表5 除了十大都市之外的各省钱业统计("七七"事变前)

省别	同业数	资本(元)	备　注
江苏	60	2 790 000	京沪铁路沿线为主
浙江	174	5 040 000	
山西	7	5 100 000	仅新绛一县。又晋绥地方铁路银号一家占500万元
山东	74	2 470 000	
甘肃	6	100 000	仅皋兰一市之数字
河北	26	1 160 000	石家庄、清宛为主
河南	21	2 020 000	大德恒银号独占100万元
陕西	12	345 000	仅长安之数字
四川	56	2 203 000	成都、自流井等五县
安徽	10	300 000	四大城市之统计
江西	17	500 000	四大城市之统计
湖北	9	未详	
湖南	46	未详	
贵州	未详		
云南	未详		
福建	53	3 312 000	以思明为主
广西	50	未详	
广东	66	4 735 000	汕头、琼山两地数字,汕市占435万元
吉林	13	2 370 000	永吉、滨江两地数字
黑龙江	1	80 000	龙江一地
辽宁	43	3 453 000	
绥远	28	3 390 000	绥远、包头两地数字
新疆	未详		
察哈尔	未详		
宁夏	未详		汇兑等业由巨商兼营
合计	772	39 368 000	

引者注:合计资本数原表为36 200 000元,现经校订改正。

资料来源:沈雷春主编,《中国金融年鉴》,黎明书局1947年版,第144—145页。

在十大都市中,上海钱业 46 家汇兑庄资本金共计 1 908 万元,占十大都市钱业总资本的 54.5%,占全国已统计的钱业总资本的 25.7%。但该项统计把当时的香港列入,并不妥当。当时一般的经济统计都暂不把香港列入,在香港注册设立的众多企业也被视为英商企业,钱业如此统计,显然容易引起混淆。另外,上述统计把遗漏的部分简单估计为 3 000 万元,与已在统计中的 7 000 万元相加,得出钱业总投资 1 亿元的结论,是否合适? 在一个二元经济结构的社会里,我们所关注的新式银钱业调查,主要是与进出口商品流通或新型生产方式相伴随,以及与城市化相关的部分,官办的地方银钱业,仍相当部分处于传统的或封闭状态经济方式的地区,即便有遗漏,也应该对我们的关注点影响不大。贸然加上 3 000 万元投资额,是不够慎重的。由于中国丝茶等土产对外贸易的停滞和衰退,钱业在内地发展的空间是有限的,而它们在都市的发展往往有与银行趋同的倾向,组织银团对工商企业放款,以分散风险。在 20 世纪一二十年代,丝和茶(包括丝织品)两项出口商品,尽管在世界上所占份额已遭到挤压,但从绝对额上看,还是在波动中有所上升的。1913 年为 13 591.4 万海关两,1925 年增长到 19 719.4 万海关两,1928 年达到峰值,为 21 908.9 万海关两,之后便开始绝对额下降,1931 年下降为 15 370.1 万海关两,1936 年更是降为仅仅 5 481 万海关两。[1] 就全部出口商品来看,1928 年也是高峰年,或者说 1925—1931 年是一个出口商品绝对额较高的时段,之后便开始下降。[2] 这从一个侧面印证了,主要服务于丝茶等出口贸易的钱庄业,在 1925—1928 年间应该最具内在的发展动力。这之后银行加速发展,钱庄业相形见绌;也就是说,并不是说 20 世纪 30 年代的钱庄业规模一定会比 20 年代的钱庄业规模更大。我们可以利用《钱业月报》上发布的各地同业录的信息以及其他来源的信息,检验一下 20 世纪 20 年代中期前后中国钱业主体部分的状况与"七七"事变前是否有所不同。发布信息的城市都是市场经济比较活跃的城市,基本上涵盖了主要的进出口城市。由于 20 世纪 20 年代中国钱业大体上处于相对稳定的阶段,并不是大起大落的,所以虽然同业录等信息并不完全是同一年的,但即便有几年的跨度,应该也能大体体现历史面貌。有些城市的钱业若有明显变化,会在下一两年的

---

〔1〕 根据郑友揆著,程麟荪译:《中国的对外贸易和工业发展,1840—1948》,上海社会科学院出版社 1984 年版,第 43 页表 12 计算。

〔2〕 郑友揆著,程麟荪译:《中国的对外贸易和工业发展,1840—1948》,上海社会科学院出版社 1984 年版,第 43 页表 12。

《钱业月报》发布同业录更正,如平湖、嘉兴、吴兴等城市,绝大多数发布同业录的城市在几年内钱业变化不大,所以没有更正。

　　表6反映了20世纪20年代中国钱业的大致情况,一些城市的统计不一定是同一年份,但估计相差不会太大。当然,不少城市没在列表中,如镇江、宁波、芜湖、绍兴等。这些城市是重要的,但只是少数,大部分不在列表中的城市,就钱业而言,并不重要。一些城市长期受军阀战争或军队驻扎影响,钱业基础是非常薄弱的,而且不稳定;有些城市进出口贸易和新式制造业不发展,钱业也就成为无本之木。还有许多城市,在出口商品收购季节的资金需求,主要依赖上海、汉口、天津等中心城市钱业的融资,那些地方的钱业只是融资平台,自身无需很多投资。考虑到会有一些遗漏,但遗漏不会特别大,估计20世纪20年代中期中国钱业的资本总规模在7 000万−8 000万元的范围内。唐传泗和黄汉民估计1925年中国钱业资本为1亿元[1],可能是偏大了。而沈雷春估计"七七"事变前中国钱业总投资1亿元,则更有偏大之嫌。

表6　　　　　　　　**20世纪20年代中国各城市的钱业资本**　　　　单位:万元

城市	钱庄数	总资本(加附本)	资料来源
上海	汇划87元字25	2 011.7	1926年数字。《银行周报》13卷26号,1929年7月9日,第11页
天津	会员60非会员21	482.9	1929年数字。《工商半月刊》1929年1卷12号,第16—21页
汉口	118	661.9	《钱业月报》1925/5、7期,同业录
无锡	20	92.5	《钱业月报》1923/5期,同业录
永嘉	27	30.9	《钱业月报》1923/5期,同业录
平湖	14	36.6	《钱业月报》1926/3期,同业录
宜兴	6	10.8	《钱业月报》1923/6期,同业录
嘉善	6	12.2	《钱业月报》1923/6期,同业录
湖北黄石港	8	55.7	《钱业月报》1923/6期,同业录
玉山县	12	15.0(2家不详)	《钱业月报》1923/6期,同业录

　　〔1〕唐传泗、黄汉民:《试论1927年以前的中国银行业》;载中国近代经济史丛书编委会编:《中国近代经济史研究资料》(4),上海社会科学院出版社1985年版,第82页。

续表

城市	钱庄数	总资本(加附本)	资料来源
嘉兴	9	59.0	《钱业月报》1924/8 期,同业录
硖石	8	34.0	《钱业月报》1923/6 期,同业录
宝应	17	13.3	《钱业月报》1923/6 期,同业录
大通	6	13.0	《钱业月报》1923/7 期,同业录
滕县	29	279.0	《钱业月报》1923/7 期,同业录
邵伯镇	7	4.0	《钱业月报》1923/7 期,同业录
常州	27	142.6	《钱业月报》1923/7 期,同业录
沙市	86	385.7	《钱业月报》1923/7 期,同业录
南京	32	142.8	《钱业月报》1923/8 期,同业录
江阴	8	20.8 (2 家不详)	《钱业月报》1923/8 期,同业录
溧阳	6	42.3	《钱业月报》1923/8 期,同业录
江西上饶	5	20.0	《钱业月报》1923/8 期,同业录
铅山县河口镇	10	16.2	《钱业月报》1923/8 期,同业录
扬州	32	86.5	《钱业月报》1923/9 期,同业录
杭州	汇划 21 过账 30	221.8	《钱业月报》1923/9 期,同业录
靖泰等处	17	42.4	《钱业月报》1923/9 期,同业录
吴兴	13	73.4	《钱业月报》1925/5 期,同业录
盛泽	7	15.4	《钱业月报》1923/9 期,同业录
长沙	80	165.3	《钱业月报》1923/10 期,同业录
漳州	15	17.2	《钱业月报》1924/5 期,同业录
漳州石马镇	7	8.6	《钱业月报》1924/5 期,同业录
厦门	45	206.2	《钱业月报》1925/3 期,同业录
江西乐平	9	40.0	《钱业月报》1925/3 期,同业录
黄桥	5	8.1	《钱业月报》1925/9 期,同业录
浙江菱湖	3	6.8	《钱业月报》1926/2 期,同业录
浙江乌镇	3	17.0	《钱业月报》1926/3 期,同业录
福建泉州	13	17.7	《钱业月报》1926/5 期,同业录

续表

城市	钱庄数	总资本(加附本)	资料来源
泰兴	7	11.8	《钱业月报》1927/5 期,同业录
嘉善西塘镇	5	6.4 (2 家不详)	《钱业月报》1927/9 期,同业录
温州	45	84.1	《钱业月报》1928/9 期,同业录
苏州	10 多家	119.0	《钱业月报》1921/7 期,同业录
奉天	50 多家	122.0	《中外经济周刊》1924 年第 73 期
北平	9	65.0	沈雷春主编:《中国金融年鉴》,黎明书局 1947 年版,第 145 页
重庆		83.0	沈雷春主编:《中国金融年鉴》,黎明书局 1947 年版,第 145 页
青岛	10	37.0	沈雷春主编:《中国金融年鉴》,黎明书局 1947 年版,第 145 页
广州	77	282.0	沈雷春主编:《中国金融年鉴》,黎明书局 1947 年版,第 145 页
合计	1 167	6 319.6	

注:"合计"一栏,钱庄数,苏州以 10 家计,奉天以 50 家计,重庆暂未计;总资本(加附本)未列入 6 家资本额不详的钱庄。

三、关于钱业总资力的估计

所谓钱业总资力,是指其资本(包括附本、护本等)、公积金、存款和发行纸币之和。钱业发行纸币的地方不多,而那些钱业发行纸币的地方,又往往是钱业不发达的地方。所以钱业资力主要包括资本、公积金和存款 3 项。王业键估计 1925 年上海钱庄业总资力为 2.02 亿元,1932 年则为 2.52 亿元,他假定存款是资本额的 8 倍。[1]如果不考虑公积金,那么总资力应该是资本的 9 倍。根据王业键的估计,1925 年上海钱业总资本应为 2 244 万元,1932 年为 2 800 万元。唐传泗、黄汉民将 8 倍的比例推向全国,但稍有变化,就是认为 1925 年钱业总资力是其总资本的 8 倍,即 8 亿元。[2]杨荫溥则认为,上海钱业资力与资

〔1〕 (美)王业键著,程麟苏译:《上海钱庄的兴衰》;载张仲礼主编:《中国近代经济史论著选译》,上海社会科学院出版社 1987 年版,第 434 页。

〔2〕 唐传泗、黄汉民:《试论 1927 年以前的中国银行业》;载中国近代经济史丛书编委会编:《中国近代经济史研究资料》(4),上海社会科学院出版社 1985 年版,第 82 页。

本之比约为 5 倍。[1] 而根据第九次农商统计表,1912—1914 年间全国平均每年有钱庄 4 600 余家,资本 7 161 万余元,公积金、存款和发行纸币约 8 000 万元,这 3 年的年均总资力为 1.5 亿元,只是其资本的 2.09 倍。[2]

需要强调的是,在钱业总资力的估算中,最关键的是,我们主要地区的差异,不能以一个地方(如上海)的资力倍数去"一刀切"地估计全国的情况。上海的倍数肯定比较高,内地的倍数肯定比较低,不能统一估算。

上海是全国资金最为集中的金融中心,许多其他城市的大宗贸易周转依赖上海资金的挹注。上海钱业存款量大,总资力相对于资本而言,倍数肯定比较高。1932 年上海汇划钱庄 62 家,实收资本总额 1 792.7 万两,各种存款总额 16 251.2 万两[3],如果不考虑公积金和发钞,那么总资力就应该是 18 043.9 万两,是总资本的 10.07 倍。《上海钱庄史料》收录了几家钱庄的账册资料,兹将 1925 年这几家钱庄的相关数据列于表 7:

表 7　　　　　　　　1925 年上海几家钱庄的资本、公积金和存款统计

钱庄名	资本 (万两)	公积金 (万两)	存款 (万两)	资力合计 (万两)	资力是资本 的倍数
福康	30.0	1.3	212.0	243.3	8.11
福源	30.0	32.0	254.8	316.8	10.56
顺康	50.0		172.5	222.5	4.45
恒隆	22.0	20.0	188.5	230.5	10.48
存德	11.7	7.1	129.1	147.9	12.64
合计	143.7	60.4	956.9	1 161.0	8.08

资料来源:中国人民银行上海市分行编,《上海钱庄史料》,上海人民出版社 1960 年版,第 775—848 页。

根据表 7 的统计,1925 年上海钱业资力是资本的 8 倍,估计唐传泗、黄汉民两位的文章中关于 8 倍的数字也是这么来的。在能够获得更多更系统的原始钱业资料之前,可以认为 8 倍的数字是合理的。而 1932 年上海钱业资力与资

---

〔1〕 杨荫溥:《杨著中国金融论》,黎明书局 1932 年版,第 68 页。

〔2〕 北京政府农商部总务厅统计科:《第九次农商统计表,1920 年》,中华书局 1924 年版,第 412 页。

〔3〕 《1932 年上海银行钱庄的资本、存款、放款比较表》;载中国人民银行上海市分行编:《上海钱庄史料》,上海人民出版社 1960 年版,第 270 页。

本的倍数增加到 10 倍,也合理可信,因为在 1930—1932 年间,内地资金更多地流向上海,并沉淀于上海,于是上海钱业的存款更有提升。塔马纳认为,中国钱庄的存款与资本的比例为 8∶1 或 10∶1。罗斯基据此采用了一个中间数,即 9∶1,推算 1925 年钱庄存款达到 6.52 亿元,1926 年到达 7.34 亿元,1933 年达到 8.53 亿元,1935 年略有下降,为 7.58 亿元。[1] 显然,这样的估计过于粗略,9∶1 的比例即使勉强适用于上海(也高估了),但与绝大多数城市钱业的情况是不符合的。

　　除了上海之外,天津、汉口、广州也是金融重镇,资金相对集中,但集中度低于上海。据调查,1935 年天津 19 家银号的资本和护本之和为 135.1 万元,存款额 536.4 万元,存款只是资本的 4 倍,资力是资本的 4.97 倍。天津所有大小 269 家银号的资本和护本的数额是 622.5 万元,以 4.97 倍计,估计全体天津钱业的资力是 3 093.8 万元。[2]

　　在能够参照和检阅更多的可信资料之前,我们姑且假设汉口、广州的情况同天津相似,并且假设 20 世纪 20 年代中期这几个城市钱业资力与资本的比例也是 5 倍左右。另外,根据一份 1929 年 3 月发布的南京市社会局对于南京钱业的调查,钱业总资本 14.17 万元,存款 78.55 万元,存款是资本的 5.5 倍,资力是资本的 6.6 倍。[3] 有此证据,我们可把南京归于天津、汉口、广州一类,大致在 20 年代中期,钱业资力是资本的 5 倍左右。

　　至于其他城市,暂以 2 倍匡算。这么处理也是有依据的。内地钱庄存款不多、资金有限,在资金结算季节主要依靠上海、天津、汉口、广州等中心城市银钱业的融资。例如,"长江各埠的钱庄,均对上海欠款,少者二三万,多者四五十万。以地区言,对上海欠款最多者为镇江,吃进规元头寸,再转放客路及外业。总计上海的银行钱庄每年对润昌栈的放款,最高达一千四五百万两"[4]。润昌栈的融资在 20 年代极盛,1930 年后转衰。20 年代前期宁波"市情涨落,全凭沪

---

〔1〕 (美)托马斯·罗斯基著,唐巧天等译:《战前中国经济的增长》,浙江大学出版社 2009 年版,第 378—379 页。

〔2〕 吴石城:《天津之银号》,《银行周报》19 卷 16 号,1935 年 4 月 30 日,第 25—26 页。

〔3〕《南京市社会局调查钱庄营业状况》,《银行周报》13 卷 8 号,1929 年 3 月 5 日,金融界消息汇志,第 21 页。

〔4〕 中国人民银行上海市分行编:《上海钱庄史料》,上海人民出版社 1960 年版,第 183 页。润昌栈是内地驻沪钱庄庄客汇集地的称谓。

市为转移,银根松紧,全恃沪市为挹注"[1]。长沙钱业资本六七十万元,每年贸易额在八九十万元[2],可见资力有限。浙江海宁的硖石是浙西商业重镇,"实萃浙西商业菁华于一处",丝茧、米、茶、布4种商品,海宁全县的年收入在1 000万元以上,其中"以硖石为要区",钱庄业每年存欠款通扯在40万元左右,"开春以来,各钱庄共装出客路洋七十余万元,亦可见存底之丰"[3]。硖石钱庄8家,资本共34万元。存款以40万元计,则资力与资本之比为2.18倍。而这是资金丰裕之地,会"装出客路洋七十余万元"支援别处。因此,对内地城市钱业的资力与资本之比,通扯以2倍估计,应该不会过低。如此,我们可以根据上述原则对20世纪20年代中期中国钱业的总资力作如下估计,见表8:

表8　　　　　　　　　20世纪20年代中期中国钱业总资力估计

城市	钱业总资本（万元）(1)	钱业总资本（万元）(2)	资力是资本的倍数	总资力估计数（万元）(1)	总资力估计数（万元）(2)
上海	2 011.7	2 011.7	8	16 093.6	16 093.6
天津、汉口、广州、南京	1 569.6	1 569.6	5	7 848.0	7 848.0
其他城市(1)	3 418.7		2	6 837.4	
其他城市(2)		4 418.7	2		8 836.0
合计(1)	7 000.0			30 779.0	
合计(2)		8 000.0			32 777.6

注:钱业总资本假设为7 000万元和8 000万元两种情况。
资料来源:根据表6的数据测算。

从表8可知,钱业总资本是7 000万元还是8 000万元,对钱业总资力的评估影响并不大,钱业总资力为3.08亿—3.28亿元。这个数字比唐传泗、黄汉民估计的8亿元数字小了很多。但我们要关注到以下几点:第一,钱庄是无限责任组织,当钱庄运营遇到头寸短缺时,不排除钱庄股东以自己的其他财产来应对不时之需,这是一种隐性的保证;第二,银行的存款比较多,但在收购出口土产的用款旺季,银行的资金有相当一部分是拆借给钱庄使用的。银行和钱庄的资金并不是两个完全分别独立和平行的系统,而是有交叉、有融合的,不能因总

〔1〕　双一:《中国各省钱业调查录(续)》,《钱业月报》2卷7号,1922年,调查,第2页。
〔2〕　陈飏廷:《长沙钱业调查记》,《钱业月报》2卷8号,1922年,调查,第17页。
〔3〕　楚:《硖石钱业最近调查》,《钱业月报》3卷2号,1923年,第61页。

资力较低而低估钱业在 20 世纪 20 年代的作用;第三,进入 30 年代以后,随着中国外贸形势的恶化和政府对金融业的行政控制的大大强化,政府控制的官办银行系统加速发展,钱业的势力逐渐式微,也就是必然结果了。

第二编

抗战初期与中国经济

从新设企业看上海在全面
抗战前的经济结构变化

内容提要：本文依据作者编制的"历年所设本国工矿交运金融企业一览表，1928—1937 年"及《实业公报》等资料，从新设企业的视角分析上海在抗战前的经济结构变化，认为在工业方面，虽未完全转型为重化工业主导的产业结构，但已出现了若干转型升级的前期迹象；公司制商业服务类企业的设立有相对集中于上海的趋势，各类商业服务类企业与上海等城市的城市经济和居民生活紧密关联。在金融业方面，无论是银行、保险、信托，还是其他金融业，新设企业仍以上海为中心，但官办和官商合办银行已在新设银行中占据主导地位。

关键词：上海　抗战前十年　产业转型　新设企业

有关 20 世纪 30 年代上海在中国经济中的地位，人们一般都会引用中国经济统计研究所 1933 年的中国工业调查结果，也就是刘大钧的《中国工业调查报告》(中国经济统计研究所 1936 年版)，但因为是一个时点的截面调查，所以还不能反映从调查结束到抗战发生这几年间的变化。行业史的研究成果不失为我们了解各行业发展状况的最佳入门指引，如严中平的《中国棉纺织史稿》；上海社会科学院经济研究所编写的多种行业史著作，如《中国近代面粉工业史》《中国近代缫丝工业史》《上海近代民族橡胶工业》《上海近代民族卷烟工业》等，但并不能涵盖所有的行业，如化工、电气、电器等都是缺门的。我们过去在统计时，往往重工轻商，忽视了与城市经济密切相关的各种商业和服务业。在金融统计中则往往关注银行业而忽略了保险、信托和其他金融业态。所以，如果能够从不同的视角出发，更多地提供一些这一时期的经济统计资料，会使我们更全面地认识这一时期的中国经济发展状况以及上海在其中的地位变化。基于这样的考虑,笔者从这一时期新设本国企业的角度提供一些统计成果,供读者参考,从拙编"历年所设本国工矿交运金融企业一览表,1928—1937 年"中[1],把设在上海的企业分行业统计出来。另外,根据《实业公报》上所登记的公司制商业服务类,也按门类把设在上海的企业统计出来。

一、引领工业开始升级转型

上海的工业在近代中国独步天下。在棉纺织工业和面粉业为主的中国工业发展初级阶段,上海的工业自然是以棉纺织工业和面粉工业为主导。近代中国的工业虽然没有完全转型为以资本密集型产业为主导的产业结构,但产业发展有其内在的规律:轻纺工业的发展会成为机器制造业、化工染料、发电等动力工业的需求源泉,而机器制造等工业的发展又引发了钢铁、采矿等行业的发展;城市人口和就业人数的增加会激发一系列新的消费需求,从而激发一系列新产业的产生,食品、建筑、城市公用事业、娱乐等行业会加速成长。国民政府在重工业建设方面是高度关注的,国民政府在抗战前几年的工业投资也考虑了原有的经济基础,1932 年 4 月,实业部"现正详拟四年实业计划,并拟于长江流域设立重工业区"[2]。上海当然也是其重点考虑的投资区域,1935 年官商合办上海酒精厂,1936 年中央机器厂建于上海,中国政府与德国合办的欧亚航空公司的总部设在上海,中国政府与美国合办的中国航空公司的主要机构也设在上海。中央钢铁厂虽然选址在南京附近,但离上海较近。就新设工矿交运企业总体而言,上海所占份额如表 1 所示:

表 1   上海在本国历年新设工矿交运企业中所占份额(1928—1937 年)

年份	全国总家数	上海家数	上海家数占比(%)	全国总资本(千元)	上海资本(千元)	上海资本占比(%)
1928	122	31	25.4	16 488	4 244	25.7
1929	135	41	30.4	42 718	5 703	13.4
1930	111	36	32.4	20 236	5 511	27.2

[1] 杜恂诚:《中国的民族资本主义(1927—1937)》,上海财经大学出版社 2019 年版,附录。

[2] 实业部函中央执行委员会政治会议秘书处,工字第 4025 号,1932 年 4 月 16 日。《实业公报》第 68、69 期合刊,1932 年 5 月 5 日,公牍,第 18—19 页。

续表

年份	全国总家数	上海家数	上海家数占比(%)	全国总资本(千元)	上海资本(千元)	上海资本占比(%)
1931	186	90	48.4	33 996	14 367	42.3
1932	158	61	38.6	30 462	7 060	23.2
1933	227	119	52.4	48 610	16 539	34.0
1934	228	121	53.1	38 317	10 488	27.4
1935	182	58	31.9	46 983	9 799	20.9
1936	156	59	37.8	78 618	10 570	13.4
1937	30	5	16.7	21 340	1 966	9.2
合计	1 535	621	40.5	377 768	86 247	22.8

资料来源:根据"历年所设本国工矿交运金融企业一览表,1928—1937年"编制,见杜恂诚,《中国的民族资本主义(1927—1937)》,上海财经大学出版社2019年版,附录,下同。列入本项统计的企业创办资本额均在1万元以上。

上海在1928—1937年本国历年新设工矿交运企业中,家数占比40.5%,资本占比22.8%。不要误以为22.8%是一个较低的比例,根据先前的统计,截至1927年,本国历年所设民用工矿企业在上海的新设家数占总数的20.38%,资本占总资本的25.9%。但在上海的投资效率比较高,企业成功率高、成长快,所以上海制造业的各项数据可以达到全国的一半之多。[1]

抗战前10年,就传统工业而言,新设在上海的棉纺织企业仍占有相当比例,在上海的面粉企业则相对少一些,见表2:

表2　上海新设的棉纺织企业占全国份额(1928—1937年)

年份	全国总家数	上海家数	上海家数占比(%)	全国总资本(千元)	上海资本(千元)	上海资本占比(%)
1928	5	2	40.0	3 888	1 448	37.2
1929	12	5	41.7	12 996	3 102	23.9
1930	3	1	33.3	2 050	400	19.5
1931	8	2	25.0	6 171	1 926	31.2
1932	9	0	0	6 567	0	0

〔1〕 杜恂诚:《民族资本主义与旧中国政府,1840—1937年》,上海社会科学院出版社1991年版,第253—254页。

续表

年份	全国总家数	上海家数	上海家数占比(%)	全国总资本(千元)	上海资本(千元)	上海资本占比(%)
1933	5	3	60.0	4 982	3 852	77.3
1934	8	2	25.0	7 030	1 026	14.6
1935	4	2	50.0	3 752	2 426	64.7
1936	3	1	33.3	3 586	160	4.5
1937	5	2	40.0	6 378	1 026	16.1
合计	62	20	32.3	57 400	15 366	26.8

资料来源:根据"历年所设本国工矿交运金融企业一览表,1928—1937年"编制。

大致上从1932年起,中国的棉纺织产业经历了一次历时数年之久艰难的产业调整过程,这一方面是因为1931年之前棉纺织业的过快发展造成了产能过剩,另一方面是因为世界经济危机波及所造成的物价下跌和市场萎缩。棉纺织业的产业调整表现为一部分企业的产权转移、合并、重组的过程。1932—1936年的5年间,进口的纺织机器价值远远低于前5年,说明一些新企业可能是重组的产物。

表3　　　　　　　　　　　中国进口纺织机器价值(1927—1936年)　　　　　　　单位:元

年份	价值	年份	价值
1927	5 683 781	1932	619 263
1928	6 331 365	1933	508 227
1929	13 832 852	1934	611 676
1930	21 545 128	1935	630 499
1931	21 190 746	1936	864 290

资料来源:根据各年海关关册编制。

面粉(包括碾米)业这一阶段在上海的新设企业相对更少一些。1928—1937年,全国共新设面粉企业94家,新设资本总额18 214千元,其中在上海新设的仅有6家,新设资本额2 000千元,分别仅占6.4%和11%。[1]

从新设企业的视角看,这一阶段在上海发展比较快的行业大致有3种

---

[1] 根据"历年所设本国工矿交运金融企业一览表,1928—1937年"计算。列入统计的企业都是新设资本额在1万元以上者;不包括港澳台地区和"九一八"事变后在东北设立的企业。

情况：

第一种情况是行业扩张。这类行业可能先前就已经产生了，在这一阶段则有显著的发展，既有原有企业的发展和扩大，也有大量新企业的设立，进一步凸显了这些行业的重要性。这样的行业有机器、电器电料电化、卷烟、出版印刷、玻璃、火柴等。机器行业的新设企业情况如表4所示：

表4　　　　　　　上海本国机器行业的新设企业统计(1928—1937 年)

年份	全国总家数	上海家数	上海家数占比(%)	全国总资本(千元)	上海资本(千元)	上海资本占比(%)
1928	4	3	75.0	140	120	85.7
1929	5	3	60.0	585	175	29.9
1930	3	2	66.7	85	75	88.2
1931	4	3	75.0	213	63	29.6
1932	7	4	57.1	865	556	64.3
1933	6	5	83.3	435	420	96.6
1934	7	5	71.4	868	398	45.9
1935	5	3	60.0	267	135	50.6
1936	10	9	90.0	13 228	4 228	32.0
1937	0	0	0	0	0	0
合计	51	37	72.5	16 686	6 170	37.0

资料来源：根据"历年所设本国工矿交运金融企业一览表,1928—1937 年"编制。

机器行业的发展反映了基础工业的发展。近代中国的机器工业企业产生颇早，最早是为外国轮船的修理服务的，绝大部分规模很小，几个工人、一两台机器已经是可观的了。1858—1927 年的 70 年间，创办资本在 1 万元以上的机器企业共 92 家，平均每年 1.3 家，创办资本总额 10 443 千元，平均每家 113.5 千元[1]，而 1928—1937 年的 10 年间，平均每年新设 5.1 家，平均每家企业的创办资本 327.2 千元，可见这个行业已有很大发展。另外，在截至 1927 年的新设企业统计中，电器等行业是包含在机器工业统计之中的，如 1916 年设立的华生电机(器)厂就是生产电器的，发展到 30 年代已成为享誉国内和东亚的上海

---

〔1〕根据杜恂诚：《民族资本主义与旧中国政府,1840—1937 年》,上海社会科学院出版社 1991 年版,附录计算。

著名电器厂。这一阶段的电器电料电化企业是与机器业分开统计的,在新设登记的 26 家这类企业中,设在上海的有 20 家之多,占 76.9%。[1]

卷烟行业有进一步集中在上海的趋势,见表 5:

表 5　　　　　　　　　上海本国卷烟行业的新设企业统计

年份	全国总家数	上海家数	上海家数占比(%)	全国总资本(千元)	上海资本(千元)	上海资本占比(%)
1928	5	5	100.0	255	255	100.0
1929	4	4	100.0	570	570	100.0
1930	1	0	0	200	0	0
1931	12	12	100.0	1 735	1 735	100.0
1932	3	2	66.7	330	300	90.9
1933	7	7	100.0	395	395	100.0
1934	9	8	88.9	320	260	81.3
1935	3	2	66.7	776	276	35.6
1936	0	0	0	0	0	0
1937	0	0	0	0	0	0
合计	44	40	90.9	4 581	3 791	82.8

资料来源:根据"历年所设本国工矿交运金融企业一览表,1928—1937 年"编制。

实际上,当时各地存在一些不规范的卷烟企业,既没有正式注册登记,也没有自己的品牌产品,还有很多企业规模较小,创办资本额在 1 万元以下,所以在统计资料中反映不出来。

第二种情况是与城市发展密切相关的行业得到了发展。城市发展产生了很多新的需求,从而促使许多行业发展起来。这类行业如橡胶、西药、食品、杂项等。汽车和城市交通的发展以及城市生活的需要使橡胶工业迅速发展起来,新设企业主要集中于上海,见表 6:

---

[1] 根据"历年所设本国工矿交运金融企业一览表,1928—1937 年"计算。列入统计的企业都是新设资本额在 1 万元以上者;不包括港澳台地区和"九一八"事变后在东北设立的企业。

表6　　　　　　　　　上海本国橡胶工业的新设企业统计(1928—1937年)

年份	全国总家数	上海家数	上海家数占比(%)	全国总资本(千元)	上海资本(千元)	上海资本占比(%)
1928	8	5	62.5	570	420	73.7
1929	6	5	83.3	311	281	90.4
1930	15	13	86.7	547	485	88.7
1931	21	17	81.0	1 080	960	88.9
1932	3	2	66.7	112	102	91.1
1933	4	4	100.0	229	229	100.0
1934	3	3	100.0	77	77	100.0
1935	5	5	100.0	364	364	100.0
1936	1	1	100.0	100	100	100.0
1937	0	0	0	0	0	0
合计	66	55	83.3	3 390	3 018	89.0

资料来源:根据"历年所设本国工矿交运金融企业一览表,1928—1937年"编制。

值得注意的是,1928年由旅日华侨和东洋庄主为抵制日货而在上海设立的大中华橡胶厂,新设资本8万元,之后迅速发展,1931年增资至110万元,1933年拥有四个制造厂、四个原料厂和一个机修车间,资产总值373.9万元,1937年资本总值增至300万元。[1]

西药行业的发展是城市居民卫生需求提升的结果,20世纪30年代现代医药的传播是世界人口出现爆炸性增长的基本原因[2],国外的新观念和新产业在上海的传播是很快的。当时新设西药企业主要集中于上海,见表7:

表7　　　　　　上海本国西药行业的新设企业统计(1928—1937年)

年份	全国总家数	上海家数	上海家数占比(%)	全国总资本(千元)	上海资本(千元)	上海资本占比(%)
1928	2	2	100.0	20	20	100.0
1929	1	1	100.0	10	10	100.0

---

　〔1〕　上海市工商行政管理局、上海市橡胶工业公司史料组编:《上海民族橡胶工业》,中华书局1979年版,第13、30页。

　〔2〕　塞缪尔·鲍尔斯、理查德·爱德华兹、弗兰克·罗斯福著,孟捷等译:《理解资本主义:竞争、统制与变革》(第三版),中国人民大学出版社2013年版,第17页。

续表

年份	全国总家数	上海家数	上海家数占比(%)	全国总资本(千元)	上海资本(千元)	上海资本占比(%)
1930	1	1	100.0	120	120	100.0
1931	1	1	100.0	10	10	100.0
1932	3	3	100.0	30	30	100.0
1933	8	6	75.0	586	466	79.5
1934	6	5	83.3	354	310	87.6
1935	5	5	100.0	60	60	100.0
1936	5	5	100.0	210	210	100.0
1937	0	0	0	0	0	0
合计	32	29	90.6	1 400	1 230	88.3

资料来源:根据"历年所设本国工矿交运金融企业一览表,1928—1937年"编制。

新设的食品企业呈现多元化的趋向,是与城市生活的多元化和城市人生活方式的进步密切相关的。在新设的食品企业中,出现了制冰、果汁、调味品、炼乳等新的门类,罐头食品的技术标准也比过去有了很大的提高。列入统计的新设食品工业企业共计75家,创办总资本10 102千元,其中设在上海的有35家,创办资本7 793千元,分别占创办总家数和总资本的46.7%和77.1%。[1] 杂项工业也出现了多元化趋向,也是与城市经济的多元化发展相关。一些新企业萌生以后,由于相似企业数量还不足以单独分类,所以归入杂项,诸如钟表、工业炼气、乐器、眼镜制造、教育用品、体育用具、自来水笔等文具用品等在当时都是相对新生的。列入统计的杂项工业企业共54家,创办总资本3 656千元,其中设在上海的有38家,创办资本2 704千元,分别占总家数和总资本的71.7%和78.2%。[2]

第三种情况是产业衍生。化学、染料、冶炼等重化工业都可以归入其中。化学工业是基础原料工业,许多工业门类的生产需要运用各种酸、碱、酒精等原料。上海化学工业的新设企业情况如表8所示:

---

〔1〕 根据"历年所设本国工矿交运金融企业一览表,1928—1937年"计算。列入统计的企业都是新设资本额在1万元以上者;不包括港澳台地区和"九一八"事变后在东北设立的企业。

〔2〕 根据"历年所设本国工矿交运金融企业一览表,1928—1937年"计算。列入统计的企业都是新设资本额在1万元以上者;不包括港澳台地区和"九一八"事变后在东北设立的企业。

表 8   上海本国化学工业的新设企业统计(1928—1937 年)

年份	全国总家数	上海家数	上海家数占比(%)	全国总资本(千元)	上海资本(千元)	上海资本占比(%)
1928	0	0	0	0	0	0
1929	4	1	25.0	1 500	200	13.3
1930	0	0	0	0	0	0
1931	1	1	100.0	40	40	100.0
1932	4	3	75.0	860	850	98.8
1933	1	0	0	200	0	0
1934	8	4	50.0	2 313	1 180	51.0
1935	6	2	33.3	7 460	1 600	21.4
1936	5	2	40.0	745	80	10.7
1937	0	0	0	0	0	0
合计	29	13	44.8	13 118	3 950	30.1

资料来源:根据"历年所设本国工矿交运金融企业一览表,1928—1937 年"编制。

上海的化工厂以生产各种酸著名。吴蕴初等在上海创办的天原电化厂以生产盐酸为主,1929 年筹办时资本 20 万元,1930 年开工时资本已升至 40 万元,不久又增至 60 万元。[1] 1932 年在上海注册设立的开成造酸厂资本 50 万元。[2] 1934 年在上海设立的天利氮气制品厂也是吴蕴初创设的天字号企业之一,由郑赞臣、史量才等人投资,注册资本 100 万元。[3] 1935 年官商合办的中国酒精制造厂在上海成立,资本 150 万元[4],其中官股 10 万元,但有控制权。我们把染料业与化学工业分开统计,染料业是纺织工业产品的下游产业,涂料是建筑业等产业的需要,油墨是出版印刷业的需要。1928—1937 年间,本国新设涂料、染料、油墨企业共 28 家,创办总资本 2 197 千元,其中设在上海的有 12 家,创办资本 1 026 千元,分别占总家数和总资本的 42.9% 和 46.7%。[5]

上海的电力工业是绝对优势行业,但因为外商上海电力公司的存量势力太

---

〔1〕《工商公报》1 卷 18 期,1929 年,汇表,第 6 页。

〔2〕《实业公报》第 101、102 期合刊,1932 年 12 月 24 日,登记注册公告,第 15 页。

〔3〕《实业公报》第 198、199 期合刊,1934 年 11 月 3 日,登记注册公告,第 89 页。

〔4〕《实业公报》第 239、240 期合刊,1935 年 8 月 17 日,登记注册公告,第 77 页。

〔5〕根据"历年所设本国工矿交运金融企业一览表,1928—1937 年"计算。列入统计的企业都是新设资本额在 1 万元以上者;不包括港澳台地区和"九一八"事变后在东北设立的企业。

强,新设企业反而显得微不足道。另外,在钢铁冶炼业方面,上海也有一定进展,1931 年在上海成立了中央研究院工程研究所钢铁试验场,备有电力炼钢炉一座及全部钢铁试验研究仪器,于 1931 年 5 月开始铸炼钢铁件,研究合金钢;1933 年在上海又设立了大鑫钢铁厂,备有 1.5 吨电力炼钢炉一座。[1]但在统计中,中央研究院的试验场没能得到反映,因为试验场单独并不是企业法人;大鑫厂资本较小,在新设企业统计中只占很小比重。

二、与城市经济相关的公司制商业服务企业大量产生

我们过去在做企业统计或产业统计的时候有重工轻商的倾向,似乎认为工矿业是有实际产出的实业部门,而各种商业服务业是没有实际产出的,是不怎么重要的。笔者过去也曾受这种观念影响,在做截至 1927 年的我国历年新设企业统计时,没有统计商业服务大类的企业。实际上,商业服务大类的企业,包括一般商业、外贸、各种服务、餐饮、娱乐、渔业、转运、建筑、房地产等,还应该包括金融业在内,是城市生活和市场经济不可缺少的,它们可能比工矿企业更贴近人们的生活,它们与工矿企业一样有产出。

中国本国的商业服务类企业产生很早,但依公司法规范设立的却不多。例如,我们所熟知的在上海势力强大的汇划钱庄,几乎全部是合伙制或独资的,依公司法规范设立的一家也没有。1931—1936 年间,凡依公司法规范设立的企业,包括商业服务类企业,必须在当时的实业部登记注册,然后由实业部主办的官方周刊《实业公报》公布。所以我们能够获取 1931—1936 年间公司制商业服务类企业的注册登记情况,并编制成统计表。

商业服务类企业有自己的特点,而不同于工矿企业。列入本项统计的新设工矿企业,有资本额必须在 1 万元以上的限制;但有的商业服务类企业,如转运业,与城市经济的发展联系紧密,但大多数资本额并不多,很多采取无限公司形式,如果我们也是用 1 万元的界限来划分,那么 95% 以上的企业就会从统计中消失,如果把 1 万元的限制降低些,又不知道降低到什么位置才是合理的。所以,商业服务类的公司企业一律以注册的公告为准,而不受资本额是否达到 1 万元的限制。

一般商业有专业经营某类商品的,也有经营百货或国货商场的,专业公司

---

[1] 全国经济委员会:《机械工业报告书》1936 年,第 22—23 页。

的经营方向多反映新兴的城市生活需求,如眼镜、钟表、唱机、羽绒、领带服饰、乒乓球、电器、火油、电气材料、卷烟、糖果、罐头食品、西药等。传统商品的贸易规模比较大,如荣宗敬、郭顺、严裕棠等棉纺织界巨子以及中国银行等机构的一些人合组的中国棉业贸易股份有限公司,资本 50 万元,买卖花纱布。[1] 表 9 是上海公司制一般商业企业的新设统计:

表 9　　　　　　　上海公司制一般商业企业新设统计(1931—1936 年)

年份	全国总家数	上海家数	上海家数占比(%)	全国总资本(千元)	上海资本(千元)	上海资本占比(%)
1931	23	14	60.9	1 144.0	922.0	80.6
1932	12	6	50.0	1 078.0	910.0	84.4
1933	39	21	53.8	1 459.8	1 049.5	71.9
1934	67	38	56.7	2 475.4	1 575.0	63.6
1935	35	16	45.7	1 263.3	636.5	50.4
1936	40	17	42.5	1 189.7	672.0	56.5
合计	216	112	51.9	8 610.2	5 765.0	67.0

资料来源:根据 1931—1936 年各期《实业公报》公布的企业登记注册信息编制。

从事外贸行业的中国商业组织被称为"西洋庄""东洋庄""南洋庄"等。1936 年,上海华商西洋庄有 194 家之多,但规模都不大,对外多以"洋行"自称,或与洋人合伙[2],很少作为中国公司正式登记注册。所以,这个阶段出现了一批公司制外贸企业,应是一大进步,见表 10:

表 10　　　　　　　上海公司制外贸企业新设统计(1931—1936 年)

年份	全国总家数	上海家数	上海家数占比(%)	全国总资本(千元)	上海资本(千元)	上海资本占比(%)
1931	7	4	57.1	2 281	281	12.3
1932	7	7	100.0	476	476	100.0
1933	3	2	66.7	105	55	52.4
1934	7	6	85.7	1 005	805	80.1

---

[1]《实业公报》第 53、54 期合刊,1932 年 1 月 21 日,公司登记,第 8 页。

[2] 上海社会科学院经济所、上海市国际贸易学会学术委员会编:《上海对外贸易》(上册),上海社会科学院出版社 1989 年版,第 225、235 页。

续表

年份	全国总家数	上海家数	上海家数占比(%)	全国总资本(千元)	上海资本(千元)	上海资本占比(%)
1935	2	1	50.0	500	400	80.0
1936	3	2	66.7	480	330	68.8
合计	29	22	75.9	4 847	2 347	48.4

资料来源:根据1931—1936年各期《实业公报》公布的企业登记注册信息编制。

这29家公司制外贸企业的平均新设资本为167千元,应该说还是具备一定实力的。29家公司中,股份有限公司23家,占了大多数,无限公司4家,两合公司2家。

服务类企业包括旅馆、广告、房屋装修、工程代理、丧葬、旅游、机器打包、征信、人力车、理发等各个方面与社会生活相关的行业。上海在这类公司制企业的总家数和总资本中都占约三分之二的份额,见表11:

表11   上海公司制服务企业新设统计(1931—1936年)

年份	全国总家数	上海家数	上海家数占比(%)	全国总资本(千元)	上海资本(千元)	上海资本占比(%)
1931	21	14	66.7	1 883.0	371.0	19.7
1932	5	1	20.0	79.0	30.0	38.0
1933	8	3	37.5	518.7	30.0	5.8
1934	20	16	80.0	1 738.4	1 721.9	99.1
1935	16	12	75.0	1 323.5	1 252.5	94.6
1936	16	11	68.8	1 635.0	1 520.0	93.0
合计	86	57	66.3	7 177.6	4 825.4	67.2

资料来源:根据1931—1936年各期《实业公报》公布的企业登记注册信息编制。

公司制餐饮企业也是这一阶段涌现出来的新生事物,在登记注册的7家企业中,上海占了6家,包括1933年注册的新雅粤菜馆,资本150千元,是规模最大的。[1] 公司制娱乐企业的设立是与城市生活水平的提升息息相关的。娱乐业主要包括电影院、戏院、舞场、电影公司等,1931—1936年全国注册登记的公司制娱乐企业共19家,总资本3 300千元,其中设在上海的有12家,资本2 553

─────────────

〔1〕 1931—1936年各期《实业公报》公布的企业登记注册公告。

千元,分别占总家数和总资本的 63.2% 和 77.4%。娱乐企业以股份有限公司居多,在 19 家中占了 16 家,其余 3 家是无限公司。[1]

以公司制企业形式为城市居民提供水产品的渔业企业,也是这一阶段的新事物。注册登记的渔业公司共计 11 家,新设总资本 994 千元,其中设在上海的有 8 家,新设资本 510 千元,分别占总家数和总资本的 72.7% 和 51.3%。[2] 建筑业和房地产业是两个重要行业。这一阶段注册登记的公司制建筑企业共 25 家,新设总资本 1 206 千元,其中设在上海的有 11 家,新设资本 499 千元,分别占新设总家数和新设总资本的 44% 和 41.4%。[3] 上海公司制房地产企业的新设情况如表 12 所示:

表 12　　　　　　上海公司制房地产企业新设统计(1931—1936 年)

年份	全国总家数	上海家数	上海家数占比(%)	全国总资本(千元)	上海资本(千元)	上海资本占比(%)
1931	12	8	66.7	2 887	2 527	87.5
1932	4	3	75.0	1 393	1 381	99.1
1933	13	5	38.5	6 370	4 310	67.7
1934	13	7	53.8	2 078	1 743	83.9
1935	6	3	50.0	1 808	1 500	83.0
1936	1	0	0	500	0	0
合计	49	26	53.1	15 036	11 461	76.2

资料来源:根据 1931—1936 年各期《实业公报》公布的企业登记注册信息编制。

在公司制房地产企业中,股份有限公司占 69.4%,无限公司占 30.6%。过去绝大多数中国人经营的房地产企业都不是公司制企业,如徐润的潘源昌、宝源祥等。这些企业中,新设资本额在 100 万元以上的有 4 家,50 万—100 万元的有 8 家。1933 年成立的上海合益房地产公司的 5 个董事和 2 个监察人都是银行界名人,该公司管理上海银行公会的房地产。[4]

转运业是最能反映城市经济发展的一个商业服务行业。第一,铁路转运公司提供铁路运输的配套服务。客商通过铁路运货,货物装卸、转运、过关纳税等

---

[1] 根据 1931—1936 年各期《实业公报》公布的企业登记注册公告计算。
[2] 同上。
[3] 同上。
[4] 《实业公报》第 141、142 期合刊,1933 年 9 月 30 日,登记注册,第 4 页。

颇不便利,转运公司应运而生,有兼办铁路押运及押汇交接者,业务蒸蒸日上。1932 年,铁道部取消货主负责运输办法,采用铁路负责制度,使转运公司的业务受到冲击。[1]但货物卸下以后,仍可能转运到别处,因此转运公司仍有业务空间。上海的转运公司很大一部分集中于界路、北浙江路一带靠近火车站的地段就是这个道理。第二,转运公司根据客户的需要,将货物从城市的一处转运到另一处,如从一个企业的仓库运货到另一个企业的仓库,从码头或车站将货物运到仓库,或从仓库将货物运到码头车站。第三,转运公司从周边农村将农副产品运到城市,以及在不通铁路的相近城市间通过小型船只或公路进行货物运输。例如,1934 年登记注册的江苏吴江震泽镇东栅下塘的浔震蔬菜运输公司专代农户运蔬菜赴沪。[2]这一阶段转运公司开始两三年相对集中地设在上海,之后则渐渐更多地设在其他城市。总体来看,尤以设在上海和南京(包括浦口)两地为多。上海公司制转运企业新设情况见表 13:

表 13　　　　　　　上海公司制转运企业新设统计(1931—1936 年)

年份	全国总家数	上海家数	上海家数占比(％)	全国总资本(千元)	上海资本(千元)	上海资本占比(％)
1931	65	59	90.8	808.0	775.0	95.9
1932	32	23	71.9	281.0	195.0	69.4
1933	44	28	63.6	134.6	70.8	52.6
1934	46	19	41.4	303.3	102.0	33.6
1935	11	6	54.5	67.0	22.0	32.8
1936	17	2	11.8	96.9	5.4	5.6
合计	215	137	63.7	1 690.8	1 170.2	69.2

资料来源:根据 1931—1936 年各期《实业公报》公布的企业登记注册信息编制。

公司制转运企业中资本额最大的是 1931 年在上海设立的中华捷运公司,资本 200 千元,也有资本仅几百元的公司,总体以小资本居多,215 家转运公司平均每家资本 7 860 元。转运公司且以无限责任公司居多,占总数的 60.5％,股份有限公司占 27.4％,两合公司占 12.1％。

---

〔1〕 王开节、修域、钱其琮编:《铁路、电信七十五周年纪念刊》,台北文海出版社 1982 年印行,第 88—90 页。

〔2〕《实业公报》第 185、186 期合刊,1934 年 8 月 11 日,第 137 页。

三、金融业仍以上海为中心

这一阶段列入统计的公司制金融企业是指创办资本额在 5 万元以上者,而公司制的钱庄、银号等其他金融机构的创办资本额在 3 万元以上者,典当资本则在 1 万元以上者。

银行业是近代中国金融业最重要的部门。1928—1937 年,新设国内银行共计 133 家,创设总资本 145 146 千元。这一阶段新设银行业最主要的特征是官办和官商合办银行占据主导地位,24 家官办银行和 10 家官商合办银行的创设总资本达 84 054 千元,占全部 133 家银行创设总资本的 57.9%。上海仍然是新设银行的相对集中之地,见表 14:

表 14   上海新设银行统计(1928—1937 年)

年份	全国总家数	上海家数	上海家数占比(%)	全国总资本(千元)	上海资本(千元)	上海资本占比(%)
1928	14	4	28.6	31 737	23 775	74.9
1929	10	3	30.0	12 555	8 500	67.7
1930	16	7	43.8	11 121	4 250	38.2
1931	18	10	55.6	9 200	5 200	56.5
1932	14	3	21.4	38 874	2 700	6.9
1933	16	10	62.5	9 375	6 000	64.0
1934	18	7	38.9	8 305	4 000	48.2
1935	17	4	23.5	12 522	4 600	36.7
1936	6	0	0	4 889	0	0
1937	4	0	0	6 568	0	0
合计	133	48	36.1	145 146	59 025	40.7

资料来源:根据"历年所设本国工矿交运金融企业一览表,1928—1937 年"编制。

这一阶段的保险公司共设立 20 家,创设总资本 19 760 千元;除去 1935 年在重庆所设的中央信托局保险部是官办的(5 000 千元)外,其余均为商办。商办保险公司也有集中于上海的趋势,见表 15:

表15　　　　　　　　　上海新设保险公司统计(1928—1937 年)

年份	全国总家数	上海家数	上海家数占比(%)	全国总资本(千元)	上海资本(千元)	上海资本占比(%)
1928	1	1	100.0	500	500	100.0
1929	1	1	100.0	3 000	3 000	100.0
1930	1	1	100.0	200	200	100.0
1931	5	4	80.0	4 450	3 450	77.5
1932	3	2	66.7	1 500	1 200	80.0
1933	5	3	60.0	1 510	1 400	92.7
1934	1	1	100.0	2 500	2 500	100.0
1935	3	1	33.3	6 100	100	1.6
1936	0	0	0	0	0	0
1937	0	0	0	0	0	0
合计	20	14	70.0	19 760	12 350	62.5

资料来源:根据"历年所设本国工矿交运金融企业一览表,1928—1937 年"编制。

　　这一阶段信托公司的新设规模与保险业相近,总计新设信托公司 23 家,创设总资本 19 226 千元,见表 16。1933 年上海市兴业信托社由上海市政府官办,资本 1 500 千元;1935 年中央信托局在上海设立,由国民政府投资官办,资本 10 000 千元;其余均为商办。

表16　　　　　　　　　上海信托公司的新设统计(1928—1937 年)

年份	全国总家数	上海家数	上海家数占比(%)	全国总资本(千元)	上海资本(千元)	上海资本占比(%)
1928	1	1	100.0	500	500	100.0
1929	0	0	0	0	0	0
1930	4	4	100.0	1 700	1 700	100.0
1931	3	2	66.7	1 580	1 500	94.9
1932	1	1	100.0	200	200	100.0
1933	6	5	83.3	2 390	2 310	96.7
1934	2	1	50.0	106	10	9.4
1935	3	1	33.3	10 650	10 000	93.9

续表

年份	全国总家数	上海家数	上海家数占比(%)	全国总资本(千元)	上海资本(千元)	上海资本占比(%)
1936	2	1	50.0	1 100	1 000	90.9
1937	1	1	100.0	1 000	1 000	100.0
合计	23	17	73.7	19 226	18 220	94.8

资料来源:根据"历年所设本国工矿交运金融企业一览表,1928—1937年"编制。

其他金融业包括公司制的银号、钱局、钱庄、银公司、交易所、投资公司、储蓄会、证券公司、邮政储金汇业局、合作金库、典当等。上海实力强大的汇划钱庄因为不是公司制的,所以都没有在实业部登记注册。这一阶段公司制其他金融企业创办60家,创办总资本33 299千元。上海仍占有相对的优势,见表17:

表17 上海新设其他金融企业统计(1930—1937年)

年份	全国总家数	上海家数	上海家数占比(%)	全国总资本(千元)	上海资本(千元)	上海资本占比(%)
1930	2	2	100.0	150	150	100.0
1931	4	1	25.0	1 250	750	60.0
1932	0	0	0	0	0	0
1933	19	5	26.3	3 497	2 001	57.2
1934	15	4	26.7	12 885	11 840	91.9
1935	11	2	18.2	2 947	700	23.8
1936	8	4	50.0	10 070	130	1.3
1937	1	0	0	2 500	0	0
合计	60	18	30.0	33 299	20 571	61.8

资料来源:根据"历年所设本国工矿交运金融企业一览表,1928—1937年"编制。

1930年在上海设立的邮政储金汇业总局是官办机构,无独立资本,所以在表17的统计中没有加入其资本。1933年在张家口设立的察哈尔商业钱局系官商合办,实收资本仅100千元。1934年在上海成立的中国建设银公司是一家重要企业,成立时是官办机构,由孔祥熙、宋子良等控制,资本10 000千元。1936年由中央信托局在上海设立官办的中央储蓄会,资本5 000千元,1936年四川省政府官办的四川省合作金库成立,资本2 100千元。1937年则有官办的江西省合作金库在南昌设立,资本2 500千元。

　　这一阶段上海金融在机构设立的量的概念上是继续增加的,其在国内的金融中心地位毋庸置疑。但上海原先所具有的远东国际金融中心地位却在悄悄发生变化。国际金融中心所要求的明确的功能定位和相对宽松自由的金融环境已在逐渐地被削弱,法币改革和银作为本位货币的弃用,决定金银比价的标金期货市场的被限制直至被禁止,使上海渐渐失去作为国际金融中心的功能定位,政府对金融业的控制和垄断又大大削弱了相对宽松自由的金融环境,这是政府全面控制所不可避免的结果。

"九一八"事变后长江一带城市的煤荒

内容提要:"九一八"事变后,由于供给和需求两方面的原因,上海等长江一带城市出现煤荒。在增加国产煤供应以补充缺额的过程中,暴露出煤矿税重、运输能力不足、运价高等阻碍国煤运销的问题。虽然采取了一些开发运力、降低运价的特别措施,但并没有能够从根本上改变运费高、税收重的问题。日、英等国家对中国重要煤矿的侵占或控制,国民政府的不作为或作为不力,煤炭销售制度的不能与时俱进,使得煤的储藏量位居世界前列的中国,竟然遭遇煤荒和国煤被外煤(包括日占抚顺煤)压制之苦。

关键词:"九一八"事变　长江一带城市　煤荒

据 1930 年第 2 卷第 3 期《工商半月刊》的一篇文章称,中国的煤储藏量居世界第四位,地质调查会估计为 234.4 亿吨,德拉克估计为 9 966.1 亿吨,井上氏估计为 399.7 亿吨,三者上下差距非常大。[1] 而 1936 年 9 月《商业月报》的一篇论述中国矿业的文章称,当时探明的中国煤矿储藏量为 2 482.9 亿吨,居世界第三位,排在美国(15 596.0 亿吨)和加拿大(12 342.9 亿吨)之后。但煤产量十分有限,20 世纪 20 年代后半期一直徘徊在两千数百万吨的水平,1931 年创历史高点,也才 2 882 万吨。[2] 当时中国的好煤矿,即高产、优质、近交通线的煤矿,多为外人所侵占。我国的工业尚处于以轻纺工业为主的发展阶段,城市

---

〔1〕 调查:《中国煤矿与上海煤业之现状》,《工商半月刊》第 2 卷第 3 号,1930 年 2 月 1 日,第 1、4 页。

〔2〕 程尚林:《经济建设中的中国矿业》,《商业月报》1936 年第 9 期,第 3 页。

化的进展也只处于早期,煤的需求并不是非常大,更何况还有一部分进口煤可供利用,例如上海的用煤大户上海煤气公司的煤都购自国外。[1]上海的另一个用煤大户上海公共租界工部局电气处"与开平订有用煤协议,但对开平煤的质量不满",于是工部局转卖出开平煤,又向日本购入三井煤。[2]煤的供应本不该出现问题,但"九一八"事变后,长江一带的城市普遍出现了煤荒。对于这一点,过去论者鲜有研究,连设有专门章节研究近代中国矿业的由刘克祥、吴太昌主编的《中国近代经济史(1927—1937)》(人民出版社2010年版,第一章第三节)也仅述及"九一八"事变后上海等城市销售煤炭主要来源构成的变化,而没有提及煤荒问题。本文准备就"九一八"事变后长江一带城市发生煤荒的历史做一次梳理,并对引发煤荒的原因尝试做一些分析。

一、煤荒的出现

我们先了解一下中国煤炭总的进出口情况,如表1所示:

表1　　　　　　　　　中国煤炭进出口概况(1927—1933年)

年份	出口		进口	
	数量(吨)	价值(海关两)	数量(吨)	价值(海关两)
1927	4 026 811	29 574 316	2 140 220	20 569 754
1928	3 899 235	28 422 679	2 154 311	20 240 878
1929	4 136 535	31 079 294	1 923 207	16 287 988
1930	3 515 571	27268 442	2 167 122	21 955 004
1931	8 591 052	31 164 368	1 909 155	21 583 698
1932	2 115 592	18 839 629(元)	1 420 931(担)	11 117 299(金单位)
1933	573 322	5 077 925(元)	1 947 408(担)	11 417 259(金单位)

注:"九一八"事变后不包括中国东北地区被日本侵占的煤矿。

资料来源:杨德惠,《中国煤矿业现状(下)》,《商业月报》1936年第16卷第4号,第15页。

从总体上看,在中国煤炭的国际贸易中,出口大于进口。主要出口地是朝

---

[1] Meetings: S'hai Gas Co., *North-China Herald*, April 26, 1932, p.139.

[2] 工部局董事会议事录,1908年4月29日;载上海市档案馆编:《工部局董事会会议录》(第十七册),上海古籍出版社2001年版,第550页。

鲜、日本、日据台湾、菲律宾等国家或地区，而进口以日本煤和安南煤居多。
1931年行销上海的360余万吨煤中，由日本侵占的我国东北抚顺煤和进口的日本煤共133.7万余吨，占37.0%，超过开滦煤而居第一位，见表2：

表2　　　　　上海输入煤炭中日煤及抚顺煤所占比重（1930—1934年）　　　单位:吨

年份	输入总额	日本煤	抚顺煤	日本煤及抚顺煤总计	占输入总额(%)
1930	3 691 843	859 738	744 353	1 604 091	43.4
1931	3 616 900	638 100	699 000	1 337 100	37.0
1932	2 942 350	372 800	376 550	749 350	25.5
1933	3 322 700	507 000	430 000	937 000	28.2
1934	3 228 800	260 800	182 000	442 800	13.7

资料来源:汪警石，《近年来上海煤炭之概况》，《工商半月刊》第7卷第17号，1935年9月1日，第30页。

　　"九一八"事变爆发，在煤市场的供需两个方面都发生了巨大的变化。在供应方面，我国东北地区被日本人完全侵占后，日伪对东北的煤铁等矿产的需求越来越大，抚顺煤不再遇到前几年供过于求而不得不低价销往关内地区的难题，加上日本对煤铁等矿产的统治，抚顺煤主要满足日本在东北的需要及对日出口；在需求方面，由于中国民众对日货的抵制，日本煤以及抚顺煤在长江一带城市的销售量急剧下降。

　　1931年9月23日，上海煤业同业公会议决抵制日本煤，从10月1日起绝不进口日本煤。而当时上海日本煤的存货量尚有15万吨，可用一个月，只是此后国产煤的补充缺口问题就被紧迫地提上了议事日程。当时遇到的主要困难是运输，中兴、华东、六河沟等处煤矿产量颇多，递补因不用日本煤而留下的空缺本应足够，但"因车运不便，积置矿场，无法运出"。开滦、井陉两矿同样如此。开滦在10月份运沪之煤计有16万吨之多，"只缘车辆缺乏，无法畅运"。山东方面的一些煤矿"久苦浸水，刻正饬工整理"。胶济铁路车务处长系日本人，"乘此时机对国煤运价定期自十一月一日实行增价，向时出口特价每吨二元五角二分，今增至二元八角。此则人之滥假职权以戕我国命"[1]。这就造成了上海等长江一带城市煤炭供应的短缺。

　　这种情况并不是第一次发生。1929年上海抵制日货期间，也曾出现过日煤

────────────

〔1〕《抵货声中之国煤问题》，《商业月报》1931年第11卷第11期，第5页。

短缺的现象。1928年进口外煤总计达243.3万吨,价值2 279.3万两,其中日本煤居第一位,上海消费的外煤达98.2万吨之多。鉴于国产煤的市场份额被大量挤压的状况,1929年3月,中国商界发起抵制日货,"外煤一时减少",但抵制了日本煤,国产煤却并没有能够自然而然地把市场的缺口填补上,"南京商界,遂虞煤炭断绝,环请反日会通融日煤进口",抵制日本煤遂告失败。[1] "九一八"事变后,由于抵制日本煤以及抚顺煤的减少进入关内,上海的日本煤及抚顺煤的销售比重发生了变化,参见表2。

日本煤及抚顺煤进口减少所留出的空间,本来应该由国产煤填补,因为国产煤的产量本来就足够填补。但实际上,上海在"九一八"事变后到1932年底的一年多时间里,使用国产煤不仅没有增加,反而有所减少,开滦煤所增也极为有限,倒是安南煤的进口增加了,见表3。1932年上海煤炭的总消费量显著下降。

表3　　　　　　　　　　上海消费煤炭的来源结构(1931—1932年)　　　　　　单位:吨

煤的类别	1931 年	1932 年
日本煤	638 100	372 800
抚顺煤	699 000	376 500
山东煤	262 300	180 250
开滦煤	1 308 600	1 325 450
海防无烟煤	113 300	188 700
国内无烟煤	258 780	139 050
其他	336 820	359 550
合计	3 616 900	2 942 300

资料来源:调查,《国煤产销状况调查》,《工商半月刊》第6卷第1号,1934年1月1日,第83页。

当时,天津等华北地区城市用煤主要以开滦煤和井陉煤等华北地区所产的煤为主,日本煤及抚顺煤的销场主要在上海、汉口等长江一带城市及广州等华南地区城市。国产煤为什么不能在日本煤和抚顺煤减少销量的时候扩大(至少是维持)在上海的销量呢?因为"华北之煤,虽自给有余,然以交通不便,运费昂贵,故未能运销南方。且长江流域如江西、安徽、湖南诸省,煤藏甚富,或以管理

---

〔1〕 调查:《中国煤矿与上海煤业之现状》,《工商半月刊》第2卷第3号,1930年2月1日,第2页。

不善,或因尚未开采,遂不得不仰给外煤。救济之道,首在整顿各矿,减轻成本,便利运输,废除杂税,而征收外煤倾销税,及划一各矿待遇,亦为当务之急"[1]。汉口的情况相类似。而广州"二十一年度因抵制日货之结果,日煤进口大减,开滦煤取而代之,印度安南及苏俄之煤,亦源源而入,本省北江土煤及外省邻近国煤,亦均各增 5 万余吨"[2]。

"九一八"事变后长江一带城市的煤荒,就是在日本煤及抚顺煤输入减少、而国产煤不能及时填补市场空缺的情况下发生的。

针对煤荒问题,国民政府实业部成立了国煤业救济委员会,寻求对策。1931 年 12 月,上海煤业同业公会代表刘鸿生、毛春圃等向上海航政局呈文,声称为救济沪上煤荒,已拟就两项办法:第一,开滦煤每月运沪数量可达 16 万吨,运煤船只已确定;第二,青岛煤、塘沽煤及其他煤,由裕昌煤号租轮专运者,每月到沪可有 29 550 吨,由元兴煤号租轮专运者,每月到沪可有 15 250 吨,由镇江煤矿公司租轮专运者,每月到沪可有 15 250 吨,由慎昌恒煤号租轮专运者,每月到沪可有 5 100 吨,由泰记煤号租轮专运者,每月到沪可有 9 900 吨,总计上述两项措施,每月运沪煤额已达 235 050 吨。此外,尚有华东、无恙、顺泰各轮船分往柳江、青岛各处零星运沪之煤有 1 万余吨,这样,每月总额可达约 24 万吨,"供求已足相抵,断不致发生缺煤恐慌"。实业部因对"刘鸿生等所述是否确有把握未能悬揣,已令饬上海市煤业同业公会将各煤商租定船只之名称、国籍及其公司名称、每次装煤数量并拟由何口岸装煤,分别详细列表呈报"。但上海市煤业同业公会并未呈报,可能是原先考虑问题过于简单,只在运量上分派一下,未涉及更深层次的价格、运费、生产成本等。交通部上海航政局同上海煤商毛春圃、潘以三、谢蘅牕等商议对策,决定租用景隆、通和、庆宁、云龙、余龙 5 轮船分头营运,计景隆、通和、庆宁 3 轮在塘沽轮流赶运大同、井陉各煤至上海、宁波各埠,云龙、余龙 2 轮分向青岛、浦口两埠装运博山、中兴各煤至上海、宁波等处,至于浦口存煤除由各煤商随时派轮分运外,尚有多数煤客直接装运。[3]但这还只是一项临时措施,并不能解决深层次问题。

---

〔1〕 调查:《国煤产销状况调查》,《工商半月刊》第 6 卷第 1 号,1934 年 1 月 1 日,第 83 页。

〔2〕 同上,第 82 页。

〔3〕 实业部训令,矿字第 2523 号,1931 年 12 月 17 日。《实业公报》第 50 期,1931 年 12 月 24 日,命令,第 21—22 页。

二、煤炭运能、运费及矿产税

1931 年 12 月,实业部召开了救济长江一带煤业会议。会议中"各代表等提有减轻税捐案,当经公同议决"[1]。大会中各代表等提议,"沿津浦、平汉两路及沿长江各矿现在所产煤斤不敷扬子江流域之需用,而华北之井陉、正金、保晋、晋北、门头沟各矿存煤甚多,且已有八万吨运到塘沽存储待运,商栈多无隙地,轮驳复感缺乏,唯有联合煤商集款租买船只作为公共经营事业,庶免竞争而资接济。当经公同议决"。实业部呈函行政院称,"各代表所拟运输华北存煤借资补助是亦救济煤荒之一法"[2]。实业部并致函交通部和铁道部,转达参加救济长江一带煤业会议的代表的意见,要求减低运煤收费。在轮运收费方面,代表们认为:"水道运费亦应酌为减轻,其应减之数,以轮运公司保持成本为原则,方于远道运输无所障碍,且煤价低贱与各轮运公司用煤均有密切之关系,拟请交通部令知各航运公司订最低廉之运价装运煤焦以济煤荒。"[3]在铁路运输方面,代表们认为需要改变各路运煤价格高低不一的状况,"各路运煤价格低昂弗一,津浦路对于中兴,北宁路对于北票,均属特别低廉。现在规定之运煤新价不免过重。环请尽量核减廉平而划一之。至于平汉路所规定运价外百分之十五之加价,以及各路其他加价均请一律豁免"。铁道部回复称,煤炭运输"现照五十五款特价收费",各路所增煤斤运费已核准"自十一月一日起一律暂行停止三个月"[4]。

1931 年 12 月底,因塘沽码头水浅,上海煤业同业公会拟商借秦皇岛码头以运河北、山西之国煤,经实业部出面协商后,得到开滦矿务督办周大文及开滦矿务总局的正面回应,称"所有冀晋国煤如须假道秦皇岛码头时,尽可请各该公司代表莅临本总局面商办法,以资妥洽"[5]。

---

〔1〕呈行政院,矿字第 2459 号,1931 年 12 月 12 日。《实业公报》第 50 期,1931 年 12 月 24 日,公牍,第 12 页。

〔2〕呈行政院,矿字第 2460 号,1931 年 12 月 12 日。《实业公报》第 50 期,1931 年 12 月 24 日,公牍,第 12—13 页。

〔3〕咨交通部,矿字第 2439 号,1931 年 12 月 10 日。《实业公报》第 50 期,1931 年 12 月 24 日,公牍,第 23—24 页。

〔4〕咨铁道部,矿字第 2440 号,1931 年 12 月 10 日。《实业公报》第 50 期,1931 年 12 月 24 日,公牍,第 24—25 页。

〔5〕实业部训令,矿字第 2656 号,1931 年 12 月 30 日。《实业公报》第 52 期,1932 年 1 月 7 日,命令,第 28—29 页。

依据1931年地质调查所的调查,华北各煤矿的产额都是有所增加的,"但下半年又值国家多事之秋,天灾人祸,内忧外患,相逼而来,苛捐杂税,怠工罢工,蜂拥而至,百业骤停,矿奚独异,遂致各矿均陷于不可收拾之状态矣"。在这种情况下,华北各煤矿本可以每日生产6.4万吨,却只生产约3.6万吨。[1] 在铁路运输方面,则呈现机车、货车严重不足的局面,见表4:

表4　铁路各线运输能力(1932年)

路线	机车约数		货车约数	
	原有	现状	原有	现状
平汉	200	80	4 000	1 600
津浦	120	60	2 000	800
正太	40	40	1 000	1 000
北宁	200	200	4 000	3 000
平绥	110	60	2 000	600
胶济	90	20	1 000	2 000
陇海	40	40	1 000	1 000
道清	10	10	400	300
湘鄂	25	20	400	300
合计	835	530	15 800	10 600

资料来源:《华北煤矿之现状》,《工商半月刊》第4卷第19—24号,1932年12月,国内经济,第22页。

各路机车数只有原有数的63.5%,货车数只有原有数的67.1%。短少的机车和货车可不止运煤,"尚须运食粮盐棉等地方产物。是欲求其尽量供给海口及江口煤斤之运输,殊非易事。而况列车之扣作军用,机车之时时修理,其运输之实力,已可概见矣"[2]。

---

〔1〕《华北煤矿之现状》,《工商半月刊》第4卷第19—24号,1932年12月,国内经济,第18、21页。
〔2〕同上,第22页。

表 5 　　　　　　　　每月供给江口、海口煤斤的铁路运输能力(1932 年)

路线	转运地点	每月运量(吨)	需用列车约数(每列以 500 吨计)
平汉	汉口	45 000	30
	津沽	45 000	30
津浦	浦口	70 000	25
胶济	青岛	50 000	20
北宁	秦皇岛	50 000	开滦自备
平绥	津沽	3 000	20

资料来源:《华北煤矿之现状》,《工商半月刊》第 4 卷第 19—24 号,1932 年 12 月,国内经济,第 23 页。

除了北宁路所运的开滦煤,其他各路每月运煤仅 24 万吨,“即以其全数供给长江一带之需要,亦不过仅及其半,其余仍须仰给于开滦。况华商轮驳不多,码头复少,能否敷用,均为疑问”[1]。

1932 年 2 月,在铁路运费加价暂停 3 个月之后,铁道部决定继续实行暂停加价的运煤优惠措施:“查国产煤运暂停加价再予展期三个月一节,本部审查国内现状,已于上月宥电通令各路继续办理,并呈报行政院备案。期满再展与否,届时当有正当解决。”[2]4 月,针对河北实业厅要求进一步降低铁路运费的要求,铁道部南京办事处回复称:“查北宁路新订煤斤出口特价对各矿已公开,站务员亦经取消,该路运费自无再减之可能。平汉路自改订新卅二款以来,煤斤运价已划一有效,仍难再减。”[3]另一方面,铁道部要求博山轻便铁路减低运费。博山轻便铁路只有 16 公里长,运价每吨 1.5 元,合每公里 0.093 8 元,而胶济路运煤,每吨每公里 0.007 3 元,两相比较,前者竟是后者的 13 倍。实业部在致铁道部的公函中认为:“虽然情形各不相同,但运费如是高昂,究超乎常理之外。又查该轻便路运输能力复甚微小,每日仅六七百吨,每月平均约二万余吨,以致沿线各矿未能尽量发展,路商交困。拟请贵部再饬该路将运费酌减并将运

---

〔1〕《华北煤矿之现状》,《工商半月刊》第 4 卷第 19—24 号,1932 年 12 月,国内经济,第 23 页。

〔2〕实业部训令,矿字第 2934 号,1932 年 2 月 19 日。《实业公报》第 60、61 期合刊,1932 年 3 月 10 日,第 11 页。

〔3〕实业部训令,矿字第 3151 号,1932 年 4 月 21 日。《实业公报》第 68、69 期合刊,1932 年 5 月 5 日,第 19 页。

输力扩充,以利煤运。"这项请求得到铁道部的正面回应。[1]

1932年5月,铁路运费暂停加价又延展3个月。7月,怡立煤矿公司等呈文国煤救济委员会,请求转呈铁道部,请求铁道部长期停止运煤加价,称:"外煤近自上海入口,沿长江卸于汉口者为数颇巨,宣言跌价,意图垄断。国煤受此打击,既已无法行销,倘将来实行加价,势必永远停顿,不可收拾,路矿两方同受其害。相应函请贵会函达铁道部,将运费加价一事准予长期豁免,以轻成本而恤矿艰。"国煤救济委员会支持怡立煤矿公司的主张,认为:"凡我国煤所谋救济,首以运输通畅,成本减轻,始敢于与外煤立于抵抗地位,否则各煤矿之危险不堪设想。"[2]

1932年8月3日,实业部将山西大同晋北矿务局大同煤矿公司与大同保晋分公司联名给国煤救济委员会的一项呈文转咨铁道部,该项呈文细述了晋北国产煤的运输之难。内称:晋北国煤品质优良,海内外用户无不称道,但矿区"地处边陲,距最近海口竟有六百公里之遥,而平绥路局复忽视国营之本旨,对于奖励国产煤斤,扶助出口贸易等事未肯加以注意,只图加增本路收入,致晋煤运费之高昂呈冠全国之奇态"。1930年铁道部颁布的晋煤运输专价是每吨每公里0.007 32元;1931年春,平绥路局以运费过低而无利为由,呈部取消这一运煤专价,并提高了运价。提价以后,每吨煤斤由口泉运往丰台计路程400公里,运费几至6元;转装塘沽,虽蒙北宁路局稍予核减,也需要再加1.7元。这样,晋北之煤运出塘沽,每吨运费约7.7元,其他杂费尚不在内。而抚顺煤在塘沽,日本九州煤在淞沪,售价也不过每吨八九元,"即将煤无偿奉送,亦有不能竞争之势。于是晋煤之输出日趋衰落,晋民之生计亦因之大受影响"。1932年"一·二八"事变后,国煤市场更显萧条,折木销售且难脱手,日煤乘机活动,"恃其国家之调剂、雄厚之资本、敏捷之运输横加压迫,故晋煤前途除将平绥运费彻底减轻外,殊觉暗淡"。呈文还以胶济铁路为例,说胶济铁路为救济山东国煤,除了将运费减轻外,还推行一种运费先记账,待煤斤售出后再行核收的办法,对于扶持国煤、抵制日本煤颇为有效。请求铁道部对平绥、北宁两路局进行干预。[3]

---

〔1〕实业部训令,矿字第3155号,1932年4月21日。《实业公报》第68、69期合刊,1932年5月5日,第21页。

〔2〕咨铁道部,矿字第3839号,1932年7月24日。《实业公报》第81、82期合刊,1932年7月29日,公牍,第13页。

〔3〕咨铁道部,矿字第3918号,1932年8月3日。《实业公报》第83、84期合刊,1932年8月2日,公牍,第8页。

铁路运煤的车厢均为敞开式,车速不快,铁路设施又多简陋,在煤炭运输途中常遇偷盗等事,煤商又会受到额外的损失。而煤商若派员押车,路局方面还要对押车人员收取乘车费。中华民国矿业联合会请求铁道部饬各路局免收运煤押车人员的乘车费,发给押运免费乘车证,但遭到拒绝。矿商又要求铁道部将煤炭列入铁路"负责运输货物"之列,以便追责,而铁道部又以"负责运输货物"须在六等以上,煤斤仅为五等,价值较低,各路局对运煤又都有减价或特价之规定,因此不宜列入"负责运输货物"。反复协商之后,铁道部同意在"特别许可"条目下,将煤炭列为"负责运输货物",前提是矿商向有关路局缴纳不低于10%的"负责运价",至于是否批准"特别许可",由各路局全权受理。[1]

世界经济危机对中国的负面影响渐渐加大,国煤在市场销售方面的困难没能从根本上得到缓解。"日煤巨量倾销,国煤销路呆滞",而在日本煤中,以日本侵占下的抚顺煤对国煤最具"竞敌"性。抚顺煤"除在当地缴纳极微之矿产税以及极微之出口税外,进口并不征税",而国煤"则均照遵部章缴纳矿区税、矿产税,一经装轮船运出,又须向海关纳转口税,而在地方上尚有种种摊派之捐款"。抚顺煤贬价倾销,其到上海销售的成本约在每吨 8.34 日元,而其售价则仅 7.50 日元,且甚至有 5.60 日元的暗盘。日本人更有进一步贬价至 5 日元运沪销售之说。当时日元汇率下跌幅度很大,这也是抚顺煤在关内市场冲击国煤的重要原因之一。为此,中华民国矿业联合会呈请实业部和财政部"将国煤各矿之矿区税、矿产税以及转口税临时暂行豁免或减半征收,俟将来市面转机再行照章缴纳"[2]。但此事并无下文。

1933 年 2 月,在"九一八"事变过了约一年五个月之后,煤业的困难持续存在,困难的重点已不是长江一带城市煤的供应量不足的问题,而是在激烈的市场竞争中,高成本的国煤能否站住脚跟。这是煤荒的深层次表现形式。铁道部继续减轻煤斤运价,其在给实业部的公函中称:"查煤斤运价依照定章原列六等,已与泥沙土石同价,各路所订特价既在六等运价之下,亦已亏及成本,原无再减之理,惟近来外煤倾销,希图摧残矿业,扰乱市场,当此国难方殷之际,本部为救济国煤计,决定不计牺牲,共同奋斗。"煤斤的具体减扣办法是:胶济煤斤出

〔1〕咨铁道部,矿字第 4128 号,1932 年 9 月 3 日。《实业公报》第 87、88 期合刊,1932 年 9 月 17日,公牍,第 25—26 页。

〔2〕咨财政部,矿字第 4293 号,1932 年 9 月 18 日。《实业公报》第 89、90 期合刊,1932 年 10 月 1日,公牍,第 14—15 页。

口,给予回扣二成,内销者回扣一成;晋北煤斤出口给予特价每吨 3.7 元;平汉沿线由北往南运至汉口出口者,特准按照新三十二款运价八折计算,收费自 1933 年 2 月 1 日起实行,以 6 个月为期。[1]

1933 年 3 月,鉴于山东煤矿业凋敝的状况,博山煤矿呈请山东省政府免征临时补助费,遭山东省政务会议拒绝。于是,国煤救济委员会出面称,"去岁山东炭商因负担过重倒闭者百余家,矿商多数不能开工,凋敝情形可为殷鉴",请求实业部与财政部、山东省政府协商,免征这一每吨 0.3 元的地方杂税。[2]

1933 年 6 月 1 日,实业部召集路矿两方代表等会议商讨运煤办法,到会"矿商代表十余人佥以车辆缺乏影响国煤之发展固巨,而矿产税及铁路运费过昂实为国煤不振之最大原因。如矿产税、运费不能减轻,则国煤成本太高,虽有车运,仍不能与外煤及开滦煤竞争。故应以减轻此项税费为修车先决问题。矿产税应以减至税率百分之二为标准,铁路运费应以减至每公里每公吨缴纳国币五厘五为标准"[3]。当时矿产品的税率范围为 2%—10%,但还有杂税。杂税之多,匪夷所思。如抗战前,湖北富华煤矿税捐有矿产税、财委会捐、工会捐、一区捐、二区捐、公益捐及其他杂捐计 9 种以上之多;河北各煤矿除矿区税、矿产税、营业税等正税外,还有地方公益捐、教育捐、警务捐、印花税等杂税。河北等地的煤矿税率也逐年提高,1914 年为 0.15%,后改为 2%,1932 年又改为 2%—10%,1936 年则一律定为 5%。而日本在中国关内经营的煤矿非但无杂税之忧,即使正税也常拖延或逃漏。[4] 若以上述代表们所提议的 2% 矿产税率为标准,则税率须下降很多,而铁路运费减至每公里每吨 0.005 5 元,则比当时实行的特价 0.007 3 元还要低很多。

1933 年 8 月 1 日,平汉铁路局忽然取消"对于出口煤斤运价原有减收二成之优遇办法""复欲实行附加一成五之运价",激起有关矿商提出抗议,要求"平汉路对于出口煤斤维持八月以前原价,并将附加一成五之运价长期免除"[5]。

〔1〕 电国煤救济委员会、中华民国矿业联合会,矿字第 5391 号,日期不详。《实业公报》第 111、112 期合刊,1933 年 3 月 4 日,公牍,第 19—20 页。

〔2〕 咨山东省政府,矿字第 5783 号,1933 年 3 月 31 日。《实业公报》第 117、118 期合刊,1933 年 4 月 15 日,公牍,第 11—12 页。

〔3〕 咨财政部,矿字第 6415 号,1933 年 6 月 27 日。《实业公报》第 131、132 期合刊,1933 年 7 月 22 日,公牍,第 17—18 页。

〔4〕 杜恂诚:《日本在旧中国的投资》,上海社会科学院出版社 1986 年版,第 168 页。

〔5〕 咨铁道部,矿字第 6778 号,1933 年 8 月 12 日。《实业公报》第 137、138 期合刊,1933 年 9 月 2 日,公牍,第 6 页。

　　1934 年 1 月,实业部接山西省平定县煤商业同业公会代表呈文并转咨铁道部,呈文称正太路运费太高,致山西众多小煤矿无法生存,涉众多矿工生计,请将硬煤运价比照井陉、正丰两矿运价予以核减。[1]

　　铁道部认为,将煤斤列为六等货运,运价已经低到与泥沙土石相同,而无可再低了,但实际上,运费仍然不是很低,且各铁路路局并不统一,见表6:

表 6　　　　　　　　各铁路路局的内销运煤价格(1935 年调查)　　单位:元/每吨/每公里

公里数	津浦	北宁	胶济	平汉	陇海	京沪	沪杭甬
20							0.230 0
50	0.017 20		0.024 40	0.026 60		0.010 80	0.455 0
100	0.015 40	0.015 13	0.022 80	0.021 70	0.012 50	0.009 70	0.735 0
150							0.945 0
200	0.013 05	0.014 73	0.016 75	0.016 30	0.011 00	0.008 05	1.060 0
300	0.010 80	0.013 51	0.012 97	0.013 47	0.010 00		
400	0.008 75	0.012 56	0.011 05	0.012 03	0.009 00		
500	0.006 86	0.011 56		0.010 78	0.008 00		
600	0.006 43	0.010 40		0.009 95	0.006 50		
700	0.006 00	0.009 16		0.009 36	0.005 00		
800		0.007 89					
900		0.005 41					

　　资料来源:调查,《近年来上海煤炭之概况》,《工商半月刊》第 7 卷第 17 号,1935 年 9 月 1 日,第 35—37 页。

　　当时中国煤斤的铁路运价虽然大约是海运的一半,但总体而言还是比较高的。较长的铁路运输才能把运价降下来,但鉴于时局、设备、技术等多方面原因,那一时期还解决不了运价居高不下的问题。

三、日、英对中国煤矿的侵占和对中国市场的倾销

　　中国产量高、品质好、靠近铁路线或港口的煤矿多为外人所侵夺。产量最高的抚顺煤矿被日本的满铁侵占,开滦煤矿名义上为中英合办,但实际上英国

---

〔1〕 咨铁道部,矿字第 7901 号,1934 年 1 月 9 日。《实业公报》第 159、160 期合刊,1934 年 2 月 3 日,公牍,第 5—7 页。

占有主导权。这两大煤矿的产量,在一定程度上左右着中国的煤炭市场。日、英等国家在中国煤矿中的投资如表7所示:

表7　　　　　　　　　　日、英等国家在中国煤矿中的投资

国家	项目	1926 年		1936 年(不包括东北)		1936 年(包括东北)	
		投资额 (千元)	占全国 (%)	投资额 (千元)	占全国 (%)	投资额 (千元)	占全国 (%)
全国总投资额		353 147	100.0	242 722	100.0	430 932	100.0
共计	合计	254 940	72.1	155062	63.8	343 272	79.6
	外资	195 704	55.4	59 450	24.4	247 660	57.4
	中外合资	59 136	16.7	95 612	39.3	95 612	22.1
日本	合计	200 358	56.7	52 467	21.6	240 677	55.8
	外资	183 239	51.9	35 146	14.4	223 356	51.8
	中外合资	17 120	4.8	17 322	7.2	17 322	4.0
英国	合计	49 982	14.1	98 095	40.4	98 095	22.7
	外资	12 466	3.5	24 305	10.0	24 305	5.6
	中外合资	37 516	10.6	73 790	30.4	73 790	17.1
其他	合计	4 500	1.3	4 500	1.8	4 500	1.0
	外资	—	—	—	—	—	—
	中外合资	4 500	1.3	4 500	1.8	4 500	1.0

注:1. 1926 年货币单位为银元,1936 年货币单位为法币元。

2. 原表货币单位是元,本文摘引时改为千元,由于四舍五入的关系,百分比的小数点可能不是很精确。

资料来源:严中平等编,《中国近代经济史统计资料选辑》,科学出版社 2016 年版,第 132—133 页。

由中国资本经营的煤矿,产量还不到总产量的一半,且小煤矿所产占有相当比重。在中国资本经营的煤矿产量中,1927 年新式矿场的产量只占 33.3%,发展到 1936 年也只占 55.7%[1],其余都是由设备简陋的小煤矿所生产。开滦煤矿和抚顺煤矿的产量统计如表 8 所示:

───────────────

[1] 根据刘克祥、吴太昌主编:《中国近代经济史(1927—1937)》(上册),人民出版社 2010 年版,第 391 页表中数字计算。

表8　　　　　　　　　　开滦、抚顺煤矿产量统计(1927—1937年)

年份	煤炭产量(万吨)			占外资矿及全国产量比重(%)	
	开滦	抚顺	小计	占外资矿	占全国产量
1927	368.3	764.6	1 132.9	85.5	46.9
1928	495.8	816.9	1 312.7	93.5	52.3
1929	462.0	837.5	1 299.5	93.3	51.1
1930	532.7	794.0	1 326.7	91.7	50.9
1931	535.6	713.9	1 249.5	88.2	45.5
1932	520.5	687.3	1 207.8	83.8	45.8
1933	428.3	864.6	1 292.9	82.1	45.6
1934	475.4	981.3	1 456.7	78.1	44.5
1935	416.9	974.3	1 391.2	69.6	38.9
1936	404.4	1 025.1	1 429.5	65.8	36.3
1937	428.7	1 033.9	1 462.6	68.1	40.7
合计	5 068.6	9 493.4	14 562.0	79.8	44.4

资料来源:刘克祥、吴太昌主编,《中国近代经济史(1927—1937)》(上册),人民出版社2010年版,第412页。

"九一八"事变后,抚顺煤在关内工商业城市的销售量占比明显减少,但在上海等地仍有一定的销售量;开滦煤的销售比例是上升的,见表9:

表9　　　　上海等4城市销售煤炭主要来源构成及其变化(1931—1934年)　　　　单位:%

城市	煤炭来源构成	1931年	1932年	1933年	1934年
上海	开滦	39.4	45.4	33.7	35.6
	抚顺	18.7	13.0	13.0	5.5
	日本	18.9	13.2	15.7	8.0
	国资	14.4	18.5	28.3	40.6
天津	开滦	77.5	83.7	64.4	55.7
	抚顺	—	—	—	—
	日本	—	—	—	—
	国资	7.6	8.9	24.1	28.1

续表

城市	煤炭来源构成	1931 年	1932 年	1933 年	1934 年
武汉	开滦	8.5	7.7	12.6	14.2
	抚顺	13.0	8.7	1.2	—
	日本	6.5	4.5	1.7	—
	国资	69.7	73.4	75.6	71.6
广州	开滦	13.6	22.4	33.9	39.7
	抚顺	31.1	—	—	—
	日本	14.0	—	—	—
	国资	4.7	15.7	16.9	31.5

　　资料来源:刘克祥、吴太昌主编,《中国近代经济史(1927—1937)》(上册),人民出版社2010 年版,第 415 页。

　　在上海市场,本国煤矿,特别是中兴煤矿的煤增长较快。中兴煤在上海的销售量,1931 年仅为 2.9 万余吨,1932 年增至 9.8 万余吨,1933 年达到 31.4 万吨,1934 年达到 37.5 万吨。1933 年 11 月,开滦与中兴签订合同,对上海及长江一带的煤炭销售份额进行分割:该区域市场每年需求量为 400 万吨,开滦供应 43.4%,中兴供应 22.1%,留给其他煤矿 34.5%。合同还规定了最低价格,并成立"联合销售处"。[1]

　　尽管在铁路、轮运等联合措施的作用下,国煤在长江一带城市的销售比例有所上升,但其效果并不令人满意,主要表现在以下几个方面:

　　第一,从根本上说,中国的煤矿资源在相当程度上被外资所掌控,本国资本煤业的发展受到严重掣肘。"九一八"事变日本侵占我国东北,中国最大的抚顺煤矿转以供应东北地区和向日本出口为主,减少了对关内,特别是长江一带城市的供应,这是造成长江一带城市一度发生煤荒的重要原因。国煤后来虽然填补了空缺,但无论是煤品的质量还是一些小煤矿的价格劣势,都给上海等地的煤市造成很大的波动。1931 年以后上海煤价高昂就是证据。[2] 1932 年 10 月2 日,上海市煤业同业公会制字烟白煤市价,定于 12 月 1 日施行,防止涨跌过大

───────

〔1〕 刘克祥、吴太昌主编:《中国近代经济史(1927—1937)》(上册),人民出版社 2010 年版,第 415页。

〔2〕 中国科学院上海经济研究所、上海社会科学院经济研究所编:《上海解放前后物价资料汇编(1921—1957 年)》,上海人民出版社 1958 年版,第 54 页附表六。

和煤市场失序,并称"如同业有故意乱价破坏者,务希即以书面报告到会,以便照章处罚"[1]。

第二,当时软弱腐败的中国政府一贯在采煤、运煤、销煤三方面给予外国在华掌控的煤矿"以极优厚之待遇"。在采煤方面,"在其请颁采矿权及矿照保护等事件,政府但接该国领事公文后,立即照发,一遇矿区附近发生战事时,则我国政府外交,必声明保护安全责任,并立行武装保护,唯恐不周。至国人经营之矿则不如是,时或以战事之故,矿主需供无限之需求,此去彼来视为常规,乃至企求安全,渺不可得"。在运煤方面,开平在唐山至秦皇岛的陆运,中国政府允许其专设路轨,遇有战事时,其运煤车辆仍可转运无阻,并亦无被扣留之顾虑。水运则悬英国旗号,以便往来。抚顺运煤亦如此。"惟国人在山东、安徽、山西、河北等省运煤,则交通阻隔,百弊丛生,使煤商莫不视为畏途。"在销煤方面,对于抚顺煤和开滦煤,中国政府"又予外商不纳特税之便利",降低了其运销成本,因而在生产优势之外,更占有运销优势。更有甚者,官办的京沪线铁路,从1929年起弃用国产煤而"改购三井洋行之煤",为工商各业用煤起了坏的表率。[2]

第三,由于税收和运费大,因此为了在市场上能够立足,而不至于被外煤完全排挤,国产煤矿以及被外资掌控的抚顺、开滦等煤矿都极力挤压生产成本,而挤压的方式就是降低工人的工资、福利及采矿安全保障。根据1936年发表的研究数据,每吨煤的采煤成本折合中国货币计:日本约合5元,安南、印度约合4元余,美国约合6元,欧洲各国约合8元,而中国新式各大矿平均为3.798元,显然是低于各国的。[3] 中国各大矿采煤成本如表10所示:

表10　　中国各大矿采煤成本(1931年)　　　　　单位:元

地区	矿名	每吨成本	省内各矿每吨平均成本
江苏	华东公司	3.60	3.60
江西	萍乡煤矿	6.30	6.40
江西	鄱乐煤矿	6.50	6.40
浙江	长兴煤矿	5.00	5.00

〔1〕《煤业公订市价》,《工商半月刊》第4卷第19—24号,1932年12月,国内经济,第4页。

〔2〕《煤业公会查复近年煤业贸易数额并沥陈煤商痛苦》,《工商半月刊》第2卷第16号,1930年8月15日,国内经济事情,第28—29页。

〔3〕杨德惠:《中国煤矿业现状(下)》,《商业月报》1936年第16卷第4号,第13页。

续表

地区	矿名	每吨成本	省内各矿每吨平均成本
安徽	大通煤矿	5.80	5.80
湖南	石门口煤矿	4.00	4.00
河南	中原公司	3.17	2.885
	六河沟公司	2.60	
山东	中兴公司	3.50	3.06
	鲁大公司	3.85	
	博东公司	2.519	
	悦昇公司	2.50	
	博平公司	2.90	
	吉成公司	2.65	
	华丰煤矿	3.50	
河北	开滦矿务局	2.20	2.48
	柳江煤矿	2.85	
	井陉矿务局	2.25	
	正丰煤矿	2.60	
	怡立煤矿	2.65	
	门头沟煤矿	2.40	
山西	晋北矿务局	2.60	2.61
	大同保晋公司	2.60	
	平定保晋公司	2.90	
	建昌公司	2.39	
察哈尔	宝丰公司	2.20	2.10
	厚丰公司	2.00	
热河	北票煤矿	3.50	3.875
	大兴大新公司	4.25	

续表

地区	矿名	每吨成本	省内各矿每吨平均成本
辽宁	抚顺煤矿	2.49	5.74
	西安煤矿	4.50	
	八道濠煤矿	6.50	
	本溪湖煤矿	5.56	
	裕东煤矿	4.50	
	奶子山煤矿	7.00	
	穆棱煤矿	5.72	
黑龙江	鹤岗煤矿	5.13	4.659
	札赉诺尔煤矿	4.00	

资料来源:杨德惠,《中国煤矿业现状(下)》,《商业月报》1936年第16卷第4号,第13—14页。

河北、山西、山东以及辽宁抚顺煤矿的生产成本都是比较低的。之所以低,不是因为劳动生产率高。从劳动生产率看,我国是落后的:世界各大煤矿的劳动生产率,平均每工8小时的产额,美国2.75吨,德国0.80吨,俄国0.75吨,比利时0.59吨,法国0.55吨,日本0.45吨,中国0.428吨。中国采煤成本低,主要是工人的工资低,全国煤矿工人平均每天的工资仅有0.5元。[1]

第四,中国政府在关税方面,正反变化,目标不明确。1934年国民政府对每吨进口外煤加征关税至每吨金单位2.80元,于是日本煤进口一落千丈,1930年日本煤和抚顺煤几占上海输入煤炭总额的半数,之后逐年减少,1934年仅为八分之一,这其中关税起了重要作用。但1935年"中法越约之签订,复将煤之进口税率,由每吨原征二点八金单位,减低为零点八九金单位,是安南白煤又可卷土重来,则国煤势受打击"[2]。

第五,中国政府未能在世界经济危机波及中国时,针对外煤以及抚顺煤跌价倾销以图垄断中国煤炭市场的行为,制定相应的遏制政策。1936年5—6月间,抚顺煤的成本(包括运费和关税)每吨计10.65日元,而在中国关内市场的平均销售价跌至9.75日元。一部分进口日煤的成本每吨8.85日元,却以8日

〔1〕 杨德惠:《中国煤矿业现状(下)》,《商业月报》1936年第16卷第4号,第13页。
〔2〕 汪警石:《近年来上海煤炭之概况》,《工商半月刊》第7卷第17号,1935年9月1日,第30—31页。

元的价格销售。这使成本更高的国煤的处境非常艰难。[1] 而中国政府并未对这种倾销行为采取强有力的禁止措施。

第六,上海等地煤炭的市场制度和销售机制并不能适应经济不景气时期的需要,也没有适时变革、与时俱进。上海在煤炭销售方面占主导地位的是煤号,煤号交易以批发为主、兼营零售。煤号的货品来源系向煤矿公司、煤矿公司驻沪经理处、同业三方面渠道批进;亦有单独,或数家,与某矿商签订每年经销合同者,即所谓包销制。在经济萧条时期,销路渐狭,互相跌价求售,包销制亦渐趋动摇,矿商以销路既少,获利更微,不愿再受此束缚。煤的销售趋向无序。煤炭的销售制度如何创新,是摆在矿商和销售商面前的一大课题。

总之,由于外资的侵占、控制,由于中国政府的不作为或作为不力,由于运输条件的落后,由于销售制度的不能与时俱进等原因,一个煤的储藏量位居世界前列的国家,竟然会在"九一八"事变后出现煤荒,以及国煤供应方面的种种困难局面,这是我们需要了解的史实。

---

〔1〕 杜恂诚:《日本在旧中国的投资》,上海社会科学院出版社 1986 年版,第 169 页。

大萧条背景下的华商棉纺织工业
（1931—1936 年）

内容提要：从 1931 年秋季开始，华商棉纺织工业陷于困境。这有市场供需不平衡和竞争力弱两方面的原因。过去的研究成果多强调需求，认为世界经济危机波及中国出口领域及工农产品比价，导致中国农村经济萧条、农民购买力下降，是棉纺织工业遭遇困境的主要原因。其实，供给方面的原因同样应引起重视，产业扩张过快、产能过剩，也是供需不平衡的重要原因。同时，与在华日商纱厂相比，华商纱厂的技术和管理水平较为落后，劳动生产率较低，在竞争中处于不利局面。华商纱厂应对产能过剩的方法是压缩产能，即停工和减工；同时，通过企业重组、改进技术和管理、加强职工培训等方法提高劳动生产率。1936 年下半年，华商棉纺织工业开始摆脱困境，向较为平衡发展的趋势转化。

关键词：大萧条　华商棉纺织工业　压缩产能　技术和管理　职工培训

一、华商纱厂陷于困境的原因：供需不平衡和竞争力弱

世界经济大萧条始于 1929 年，但因为金贵银贱成为天然的货币屏障等因素，危机传导到中国比较晚，大致上华商棉纺织工业从 1931 年下半年晚些时候开始发生困难，1932 年迅速恶化，1933—1935 年跌到谷底，一直到 1936 年晚些时候才开始好转。过去，国内经济史研究比较有影响的作品，大抵上是从需求的角度来解释这场危机的。例如，严中平在《中国棉纺织史稿》中分析认为，中国在 1931 年下半年开始的三四年内，农产品出口削减了一半以上，而进口工业

品的下降速度没有这么大,1932 年的外贸入超达到创纪录的 8.8 亿元,农民收入锐减;而在国内市场上,农产品价格的下跌速度也比工业品的下跌速度快,这意味着在工农产品交换时,农村资金流向都市。农民没有购买力。加上 1931年夏长江流域特大水灾、"九一八"事变东北沦陷等因素,中国的棉纺织品市场大大萎缩。[1]农民、土布作坊、土布工场是采用华商纱厂出品的低支纱生产自用土布,包括改良土布在内的商品土布的主要需求对象。农村缺少消费能力,土布市场萎缩,自然就会影响到以生产低支纱为主的华商棉纺织工业。许涤新、吴承明主编的《中国资本主义发展史》(第三卷)中所表述的观点与严中平基本相同:"1931 年秋转入物价下跌,而农产品价格下跌远快于工业品价格的下跌,差距继续扩大。在这种情况下,农村输出的产品不足以抵偿由大城市输进的工业品,农村白银大量流入城市,以致金融枯竭,当时称之为农村破产。故农村购买力的消失,实在是这次危机的根本原因。当然,'九一八'事变使民族工业丧失约 15％的市场,以及 1931 年长江下游的大水灾,也造成购买力的消退。"[2]刘克祥、吴太昌主编的《中国近代经济史(1927—1937)》也从市场需求减少的角度来讨论当时的华商棉纺织工业危机,还强调指出:"棉纺织工业的危机首先是市场萧条,它是全国性市场危机的一部分,和当时的世界经济危机一样,是资本主义发展中的危机,不过主要不是由于生产的相对过剩,而是由于购买力绝对减退,特别是农村购买力的减退甚至消失。棉纱市场萎缩对棉纺工业造成的巨大冲击一直延续到 1936 年危机结束。"[3]

　　生产没有相对过剩,只是需求减退,这造成了华商棉纺织工业的危机。这个沿行已久、似乎无可置疑的结论,其实还是可以进行讨论的。就在这场危机的几年以前,也就是 1922—1925 年间,中国的棉纺织工业扩张过快、产能相对过剩,导致产业危机。[4]这一次是不是又会有类似的因素参杂其间呢? 其实,生产与市场是紧密关联的,需求减退而供应没有减退,供应就出现过剩。供应过多也就是相对过剩。这本来就是一件事。而根据罗斯基的研究,所谓需求下跌的结论似并不十分可靠。根据他的定量计算,1901/1910—1923/1927 年,中

　　〔1〕严中平:《中国棉纺织史稿》,科学出版社 1955 年版,第 207—208、211—212 页。
　　〔2〕许涤新、吴承明主编:《中国资本主义发展史》(第三卷),人民出版社 1993 年版,第 6—7 页。
　　〔3〕刘克祥、吴太昌主编:《中国近代经济史(1927—1937)》,人民出版社 2010 年版,第 212—213页。
　　〔4〕杜恂诚:《民族资本主义与旧中国政府(1840—1937)》,上海社会科学院出版社 1991 年版,第110—111 页。

国人均棉布消费量从 5.8 码上升到 9.0 码,而 1934—1936 年间只略微回落到 8.9 码;考虑到人口增加的因素,1934—1936 年间的棉布消费总量的绝对值是增加的。[1] 至少,需求的收缩不是十分明显。所以,市场的不平衡一定有供给侧的问题存在。全国及华商纱厂的纱锭和布机增长率如表 1 所示:

表 1 　　　　　**全国及华商纱厂的纱锭和布机增长率(1917—1936 年)** 　　　　　单位:%

时间	纱锭增长率		布机增长率	
	全国	华商纱厂	全国	华商纱厂
1917—1922 年	19.8	23.1	16.7	15.2
1922—1931 年	6.5	5.3	13.0	10.2
1931—1936 年	2.4	1.2	7.5	6.3

资料来源:根据丁昶贤,《中国近代机器棉纺工业设备、资本、产量、产值的统计和估量》,《中国近代经济史研究资料》(6),上海社会科学院出版社 1987 年版,第 88-89、92-94 页表格数字计算。

　　由于盲目扩张,1922 年中国棉纺织工业产能过剩,经过 4 年左右的调整,到 1926 年才重新复苏。但中国的棉纺织工业并没有吸取前车之鉴,仍然快速扩张。从纱锭数量的年平均增长率来看,1922—1931 年间,全国是 6.5%,华商纱厂是 5.3%,似乎不是很高,但因为当时基数已经很大,所以纱锭增加的绝对值是很大的。根据表 1 所引丁昶贤文章的研究,1922 年全国纱锭有 256.2 万枚,1931 年达到 451.7 万枚,增加了 195.5 万枚,增加额是 1922 年的 76.3%。1922 年机制厂纱代替土纱的过程已经基本完成,当时尚且出现生产过剩,在 9 年之后厂纱供应量增加了 76.3%,而需求却下降(按多数学者的说法)或至少增加很少(按罗斯基的说法),显然是供应过多了。就华商纱厂而言,1922 年纱锭总数为 163.2 万枚,1931 年增加到 258.9 万枚,净增加 95.7 万枚,净增加额是 1922 年的 58.6%。由于纱厂建设周期较长,订购机器、安装调试等程序一般会需要两三年时间,1931 年下半年纱业遭遇困难的时候,一部分新厂的建设仍在进行之中,其中日本在华纱厂的扩张较为明显。所以,供给侧的问题是造成中国棉纺织工业产销不平衡的重要的、不应忽视的原因。

　　华商纱厂的问题还源于与日本在华纱厂相比,它的劳动生产率较低、成本

---

　　〔1〕 托马斯·罗斯基著,唐巧天等译:《战前中国经济的增长》,浙江大学出版社 2009 年版,第 106-107 页。

较高、竞争力较弱。这方面的研究成果比较多,本文就不赘述了。

面对华商棉纺织工业的困难,企业界和理论界人士提出了 3 种根本性的治理主张:

其一是主张纱厂国有论。有人在 1935 年的《纺织年刊》上撰文,主张纱厂国有,提出了六项具体办法:(一)政府发行棉业公债(或由复兴公债内拨)数千万元,由国家经营纺织工业之用;(二)凡现有华商纱布厂停工者限于 3 个月内开工,不能开工者,收归国营;(三)原厂财产请专家照市价估计,由政府用上述公债偿还之;(四)原厂办理人员及劳动工人,尽先量才录用,务使人尽其才;(五)为鼓励国营员工努力起见,采用分红制。营私舞弊者,国法从事;(六)国营纺织厂,由全国经济委员会之棉业统制委员会管理,不必另设机关。[1] 发行数千万元棉业公债是当时的国民政府所力不能及或力不愿的。国民政府在有限的财力下,计划优先投资重工业和某些瓶颈产业,棉纺织工业规模已经很大,政府也不知道如何才能摆脱当时的困境。

其二是主张实行托拉斯式经营。在 1934 年的《纺织年刊》中,有人提出"组织托拉斯谋同舟共济"的主张,认为应该"联合全国纺织厂,不啻共利,益且共害,共谋(一)出品划一;(二)进货销货价目公议;(三)一律奉行工厂法;(四)组织技术改进研究社;(五)原料自给,以渡目前难关"[2]。这种意见并没有任何合理性和可操作性。把所有的工厂合成一家,对一个竞争性的市场来说,是不可能实现的;即便是统制市场,也是没有可操作性的。

其三是主张把纱厂迁到内地去。当时的纺织专家朱仙舫认为,应改变"吾国纺织厂集中上海"的地区结构,"今后宜转移目光于内地,新厂择产棉销纱之地创设之,原料取给既易,成品销售亦便,工人易雇,运输省费"[3]。朱仙舫在另一篇文章中计算了沙市棉运到上海的费用,认为如果在沙市等产棉区附近设厂,就可以节省运输成本。[4] 有人从原料、劳工、销路、地价等方面对上海纱厂与内地纱厂作比较,认为内地设厂的优势明显,"以事实证之,年来纱销疲滞,南之上海,北之天津,华商纱厂停业者踵相接,其幸存者,亦大觉把注不易,内地之厂,南若锡常,北若晋济,尚能获其盈余,其机械较旧,管理较差之厂,即蒙亏折,

---

〔1〕 任尚武:《纱厂国有论》;载中国纺织学会编:《纺织年刊》,1935 年,第 57 页。

〔2〕 程遇贤、董慰文:《复兴我国纺织业刍议》;载中国纺织学会编:《纺织年刊》,1934 年,第 53 页。

〔3〕 朱仙舫:《中国纺织业之将来》;载中国纺织学会编:《纺织年刊》,1933 年,第 2 页。

〔4〕 朱仙舫:《都会纺织工业衰落原因的剖析与棉业网之设计》;载中国纺织学会编:《纺织年刊》,1934 年,第 7—8 页。

亦不若津沪之甚。论技术都会纺厂固较内地为精审,内地不若都市之严密,然其结果,则内地较优于都会"[1]。但当时的纱厂之所以集中于上海、天津、青岛等城市,是有其内在原因的,内地设厂,表面看起来,靠近了原料产地和销场,但电力、资金、技术人员都严重缺乏,或得不到保障。而上海既是进出口棉花集散中心,本身又是最大的消费市场。何况,当时中国棉纺织工业的困难与设厂地点的关系并不特别密切。

二、压缩产能

1933 年 4 月 21 日,华商纱厂联合会在上海举行大会,决议联合减工,以压缩产能、维持纱价。自 4 月 21 日起的 1 个月内,各厂逢周六和周日,日夜班一律停工,或减工 23%。减工 1 个月期满后,根据华商纱厂联合会的决议,各厂根据自身情况自行决定停工或减工。据华商纱厂联合会于 1933 年 6 月底的调查,各厂自由减工期间,完全停工者 12 厂,纱锭 42.7 万枚;停全夜工者 4 厂,纱锭 9.7 万枚;总计全国减工率与 23% 相近。各地、各厂情况不同,涉及厂方、工人和政府当局的不同利益,对于联合一致紧缩生产未能达成一致意见。[2] 危机的形势愈加紧迫。1933 年 7 月 7 日,华商纱厂联合会又举行全体大会,沪津汉锡及内地各厂均有代表出席,大家一致认为,以当时情形,"非停工或减工不可,惟各厂情形不同,而存纱存布,亦有减少之势,势难订一律之办法,因议决由各厂参照本身情形停工或减工"[3]。

1934 年夏,在全国 90 余家华商纱厂中,减工者已达 80 余家,更有长期停产的,1935 年最严重时,未开工和长期停工的纱厂达到 19 家,纱锭 50.8 万枚;未开工和长期停工的附设布厂达到 14 家,织机 5 221 台。[4] 表 2 统计了华商纱厂的停工状况。

---

〔1〕 邱光庭:《棉纺织工业设厂地点之检讨》,载中国纺织学会编:《纺织年刊》,1934 年,第 35—36 页。

〔2〕《全国纱厂决议减工后之本市纱厂紧缩风潮经过专辑》,载实业部天津商品检验局编:《天津棉鉴》,1933 年 3 卷 5、6、7 期合刊,1933 年 5 月,第 228—243 页。

〔3〕《华商纱厂联合会全体大会议决减工办法》,载实业部天津商品检验局编:《天津棉鉴》,1933 年 3 卷 8、9、10 期合刊,1933 年 7 月,第 146 页。

〔4〕 刘克祥、吴太昌主编:《中国近代经济史(1927—1937)》,人民出版社 2010 年版,第 216—217 页。

表 2　　　　　　　华商纱厂停工状况(1933 年 1—6 月至 1935 年 7—12 月)

	1933 年 1—6 月	1933 年 7—12 月	1934 年 1—6 月	1935 年 7—12 月
停工锭数	2 696 022	1 419 333	1 224 267	963 683
平均停锭钟点	630	1 725	1 583	1 583
半年间总锭数停工周数	2.33	3.16	3.89	2.59

　　资料来源:《民国二十三年中国棉业统计》;载中国纺织学会编,《纺织年刊》,1934 年,第 46 页。

　　有时间跨度更长,包括华商、日商、英商等全部纱厂开工纱锭的统计: 1928—1936 年,华商纱厂的平均开工率为 91.4%,日商纱厂的平均开工率为 98.4%,英商纱厂的平均开工率为 94.4%。[1] 开工率的统计可能并不包括所 有的"减工"。有资料显示,从 1932 年起,上海纱厂之停夜工、减少运转锭数者 达 9 家之多。后经华商纱厂联合会决议减工,上海华商纱厂"一律停工四分之 一,但实际上半停全停者,比比皆是……十二年夜工全停,各地纺织厂受上海颓 势之影响,亦纷纷停工、减工,全国华商约减百分之三十以上,日商亦减百分之 二十"[2]。

　　在 1922—1925 年的华商纱厂产能过剩期间,棉布生产并没有随棉纱生产 一样陷入过剩,当时一些纱厂调整生产结构,通过增加织布来缓解工厂的困难。 但 30 年代上半期的棉纺织工业产能过剩,是既包括纺纱也包括织布的。据统 计,1928—1936 年,华商纱厂的布机开工率平均只有 86.7%,1935 年最低谷时 只有 79%;日商纱厂的布机开工率平均为 97.0%,而英商为 91.2%。[3] 1936 年全国中外纱厂布机数比 1931 年增加了 43.3%。外商纱厂的棉布生产量有所 增加,1932 年为 1 057.4 万匹,1934 年增加到 1 571.8 万匹;而华商纱厂的棉布 产量不增反减,1932 年为 954.8 万匹,1934 年为 926.5 万匹。1935 年华商纱厂 停工的布机超过 5 000 台,且减少工作时间的还不包括在内。[4]

　　〔1〕 刘克祥、吴太昌主编:《中国近代经济史(1927—1937)》,人民出版社 2010 年版,第 221 页。
　　〔2〕 冯叔渊:《民元来我国之棉纺织工业》;载朱斯煌主编:《民国经济史》,银行学会编印,1948 年 版,第 335 页。
　　〔3〕 刘克祥、吴太昌主编:《中国近代经济史(1927—1937)》,人民出版社 2010 年版,第 222 页。
　　〔4〕 式如:《今后棉织物之趋势》;载中国纺织学会编:《纺织年刊》,1935 年,第 31 页。

三、企业重组

实际上,华商棉纺织工业的发展在大多数时段都是步履维艰、困难重重的。因此,企业重组几乎是一个始终一贯的主题。据统计,在华商棉纺织工业发生严重危机之前的几年,即 1926—1930 年间,华商纱厂之改组、出租或出卖者达 30 家以上,1933 年以后,华商纱厂正式破产者 3 家,办理清理者 3 家,出租者 1 家。[1]另外,崇信、统益纱厂先后委托英商庚兴洋行完全代理;1933 年裕中纱厂被银团接管,1934 年银团入驻申新部分企业,直接掌控这些企业的经营管理,也都是企业重组的形式。

引发企业无法继续经营下去而必须进入重组轨道的原因,主要有以下 4 个:

其一,资本不足。中国近代的棉纺织工厂,虽大多为股份有限公司,但因为资本的社会化程度低,招股不易,所以往往资本不足,"厂屋机器完成,资金即已用罄,赖借贷以为营运者,几为吾国新设工厂习见之事"[2]。加之股东和董事们大多功利心较重,重分配轻积累,在一些盈利的年份不思公积和设备更新,所以往往设备老化、技术标准落后、产品档次较低:"吾全国纺织厂之由国人自营者,共八十二所,成立于三十年前者五之二,成立于十年前者半。三十年以上之机械,其效能不可与二十年以上者较,二十年以上之机械,其效能不可以与十年以上者较,晚近机械更有显著之进步。盖自各工业先进国倡行合理化工作后,于工程之繁复者简单之,生产则力求增加,消费则力求节缩,机械准是制成,效能益著,故得以价廉质美之成品,畅销市场。老厂机械无其精美,欲求同一步趋,势必为合理化之改革。即将机件磨灭于长时间运转者更换之,工程之不合理化者简单之,举凡有碍生产,与品质者精密整理之,设备之不完善者补充之,以及劳力动力物料,不使为无益之消费,能致力于此,老厂不难得新厂之实,而可免于淘汰。"[3]设备更新需要大笔资金,而这正是华商纱厂所缺乏的。华北的纱厂陷于困境的最大原因,就是资金不足、负债太多,北方纱厂均筹备于 1918—1919 年,而开工则在 1921 年前后。在筹备时,正值纱业黄金时期,华南

〔1〕 冯叔渊:《民元来我国之棉纺织工业》;载朱斯煌主编:《民国经济史》,银行学会编印,1948 年版,第 335 页。

〔2〕 朱仙舫:《中国纺织厂更生之我见》;载中国纺织学会编:《纺织年刊》,1935 年,第 3 页。

〔3〕 朱仙舫:《中国纺织业之将来》;载中国纺织学会编:《纺织年刊》,1933 年,第 2 页。

各厂莫不赚钱,所以招股容易,认股多,但到厂屋建成,机器运到,金价已经大涨,以外汇标价的机器价格,折合银两,陡涨一倍以上,预定股款不敷购机之用,原先的认股者便观望不前,创办者势成骑虎,不得不多方借债,工厂或勉强建成开工,但资金方面的先天不足早已酿成。[1]

其二,管理落后。华商纱厂中管理落后、积重难返的企业很多,1931 年 3 家停工纱厂之一的三新纱厂就是比较典型的一家。根据记者的调查,该厂的管理情形可用"老大陈腐"四字概括之。[2] 张謇创办的大生一厂,"人才缺乏,主其事者,尽门外汉,专以机匠头之言论为依归,于是机械则采用国货(南通资生铁厂出品)三分之一,英货(好华特厂出品)三分之二,建筑则毫无理智可言",工程技术人员在厂内起不了作用,未能施展抱负而纷纷离开,"其组织有总机目、总女目、值班男工头等等,不做事反而生事之闲缺,不下十余额,机匠多半为机目之学徒,宕管几全为女目所养成;女目狃于积习,骄气逼人,宕管机匠,牵连一气,有恃无恐,偷闲旷职,视为当然,布机煞车不用,回钩废弃,保箱条失效,女工多宕管之亲友,调动去留,职员不得与闻,嗟嗟大好工厂,一任彼辈之蹂躏,改进末由矣"[3]。1932 年武昌震寰纱厂"厂规纷乱,漠视技术,重用工头,司监工之职者(为)烟民老弱,应有尽有";"而工头之骄横放纵,尤不敢稍加约束。以至大好工厂,悉被彼辈所包办,工资黑暗,物料混沌,工价既增,人数复多,而品质窳劣,机械损于无形,物料耗于不赀,欲行改良,动辄得咎"。[4] 这类管理陈腐的工厂有很多。

其三,创业者去世,子嗣内斗。1931 年歇业的厚生纱厂,是由薛宝润等于1918 年出资成立的,著名纺织业家穆藕初是该厂初创时具体的筹建和经营者。该厂纱锭从初创时的 2 万余枚,逐年增加到 1931 年歇业前的 7 万枚、布机 920台,是上海最大纱厂。该厂 1929 年曾改组为滋记公司,削减资本至 200 万两。1929 年大股东薛宝润逝世,"后嗣仅知争夺遗产,不能继起支配一切。不肖股东

〔1〕 陈培斋:《华北纱厂失败之原因与补救之方法》;载中国纺织学会编:《纺织年刊》,1935 年,第16 页。

〔2〕 记者:《三个停工的纱厂》;载中国纺织学会编:《纺织周刊》1 卷 1 期,1931 年 4 月 17 日,第 19页。

〔3〕 黄建章:《改革大生第一织布厂之经过及心得》;载中国纺织学会编:《纺织年刊》,1935 年,第 7页。

〔4〕 《震寰纱厂重用工头之事》;载中国纺织学会编:《纺织周刊》2 卷 38 期,1932 年 9 月 30 日,第1053 页。

更鼓吹出售,以便从中撩得一笔巨额经手费,曾数次引日人视察全厂,估计价值"[1]。

其四,投机失败。1931年纬通纱厂的停业就是源于投机。该厂经理人陈氏"向来善于投机,交易出入为市人所重视,以其有左右势力也"。但1930—1931年间,纱市震荡,纬通纱厂遭受沉重打击。"该厂在纱布交易所所设之经纪人字号,名达丰,因追缴证金不能如期付出,遂被牵倒,纬通纱厂亦同时停业宣告清理。又闻陈氏所经营他种投机交易,亦属不利,故迫而出此下策。"[2]该厂机件使用仅及10年,厂内生产经营并非无成绩可言,所产16支纱价高出标准纱之上,"其本身之营业状况亦未尝失利,而竟为投机所牵动,可谓痛心者在此。曾闻事后钱业界表示愿出资供陈氏经营,请其复工,而陈氏拒之"[3]。因投机而失利的纱厂绝不止纬通一家,最著名的要数荣氏的申新纱厂。据柯华研究,20世纪30年代,荣氏企业爆发大危机的直接原因是国际期货市场投机失败造成的巨额亏损;间接原因则是企业大股东和高管大规模卷入投机交易活动,进而导致实业经营混乱。[4]

企业重组主要从四方面着手:

其一,增资。有的企业在资本不足的情况下实行增资。1931年4月,上海三友实业社常年股东大会议决"增加新股八十万元,连前共为三百(万)元。闻是项新股,须先尽原有股东购买,有余再由愿为新加入股东者购买云"[5]。

其二,托管。1932年,汉口第一纺织公司因欠英商安利洋行巨额欠款无力清还,由安利洋行接办。而武昌震寰纱厂则因管理混乱,股东无意继续自主经营,于是托管于安利洋行。[6]1928年初,统益纱厂创办人吴麟书因病不再担任总经理,一时又找不到继任人选,于是"仿照崇信纱厂办法,将本公司全部产业

---

〔1〕记者:《三个停工的纱厂》;载中国纺织学会编:《纺织周刊》1卷1期,1931年4月17日,第18页。

〔2〕同上。

〔3〕同上。

〔4〕柯华:《近代荣家企业投机研究——基于财务史料的视角》,《中国经济史研究》2017年第1期,第161页。

〔5〕《三友实业社增资八十万元》;载中国纺织学会编:《纺织周刊》1卷3期,1931年5月1日,国内记载,第82页。

〔6〕《震寰纱厂重用工头之事》;载中国纺织学会编:《纺织周刊》2卷38期,1932年9月30日,第1058页。

及营业交与该洋行(按:指庚兴洋行)完全代理"[1]。庚兴代理统益颇见成效。1935 年 6 月,庚兴洋行认为,统益纱厂部分设备陈旧、生产效率低,必须实行减折资本,添招新股,改良设备的重大企业重组措施。具体办法是:将原有 210 万元资本折去 90 万元,改为 120 万元,另外募集 50 万元优先股,合成新的企业总资本 170 万元,并以优先股的股款"添购新机,改良旧机"。统益纱厂董事会通过了这一改组提议。[2] 1935 年度统益纱厂盈利 12 万余元。[3]

其三,银团接管。1934 年,申新一、二、五、八厂的经营越来越困难,主要债权人中国银行和上海商业储蓄银行对企业的经营管理从监督、参加管理到全面接管。1934 年 8 月,中国和上海两银行,由先前"派员驻厂监督资金的支付",进一步拟定协议,接管了各厂的财务,非经银团同意,企业无法动用营运资金。申新自身也成立了"改进委员会",下设业务、厂务、总务三组,组下设股,分股办事。[4] 1935 年银团先是取得申新一、八两厂的实际经营管理控制权,1936 年申新二、五厂又与银团订立委托经营契约,由银团接管。[5] 由银团接管至少可以阻遏投机行为。1933 年无锡振新纱厂无力清偿上海商业储蓄银行贷款,经商得上海商业储蓄银行同意,"将公司业务委托银行代营代管,将盈余所得归还旧欠",并由银行增加提供抵押贷款 12 万元,备充改良机件之用,25 万元为营业损失准备金。[6] 由上海商业储蓄银行牵头组织银团代管的,还有上海印染公司。该公司自 1936 年 2 月起归银团代管,"情形转佳,最近通过 3 个月营业计划,增加营运 60 万元,业务渐进,截至 4 月底止,计盈 10 万余元"[7]。1934 年,恒源纱厂积欠盐业、中南、金城、中国等银行巨额债务无力清偿,由金城、中南两行对恒源实行代管,并委托诚孚信托公司具体经营。经营好转后又由恒源董事会收

---

〔1〕 统益纱厂董事会议记录,1928 年 1 月 10 日。上海市档案馆馆藏档案,档号:Q194-1-70。

〔2〕 统益纱厂董事会议记录,1935 年 6 月 28 日;地点:庚兴洋行。上海市档案馆馆藏档案,档号:Q194-1-71。

〔3〕 统益纱厂董事会议记录,1936 年 2 月 19 日;地点:庚兴洋行。上海市档案馆馆藏档案,档号:Q194-1-71。

〔4〕 上海社会科学院经济所编:《荣家企业史料》(上册),上海人民出版社 1980 年版,第 442-443、447 页。

〔5〕 同上,第 466-467、518-520 页。

〔6〕 中国人民银行上海市分行金融研究所编:《上海商业储蓄银行史料》,上海人民出版社 1990 年版,第 543 页。

〔7〕 同上,第 548 页。

回自办。[1] 据统计,在华商纱厂陷于整体经营困境时,由债权银行接管的纱厂共有 30 家。[2]

其四,收购或产权变动。1931 年,一些较有实力的纱厂还能成为扩张的主体,从事收购行为,如申新荣宗敬以银 340 万两收购停业中的厚生纱厂,改为申新六厂。[3] 上海纬通纱厂由原厂主与永安纺织公司合资重开,永安出资 40 万两,纬通出资 60 万两,合成 100 万两,恢复开工。常州大成纱厂扩充生产,添购纱锭 6 000 枚,线锭 3 000 枚,还接盘拥有布机 180 台及整理染色机件的广益布厂。[4] 但随着纺织行业整体陷入困境,有的华商纱厂被日本人收买,有的则由银行收购。金城、中南两银行于 1931 年以债转股方式接盘溥益纱厂,并于 1936年收购北洋纱厂。[5] 芜湖裕中纱厂系旅沪皖绅李伯行等创办,因受时局影响,营业不振,连年亏折,无法维持,由盈记接办后仍无起色,停产近一年,千余工人因生活困难,多次赴沪向该厂董事会请愿复工。1933 年,该厂重组为芜湖裕中纺织公司银团纱厂,聘请陈公孟为经理,重新恢复生产。[6]

四、改进管理

纺织专家汪孚礼在论及我国棉纺织工业企业管理制度落后的状况时说,关于会计制度,"我国厂家,关于货物进出及银钱账目等,除最少数根据最新式法则办理外,大抵仿旧式商店及钱庄习惯法而行之"。关于工务组织,"五花八门,莫衷一时(是)";"有用包工制者";"有用工头制者";"有用总管制者";"有用技师制者";"有用总管兼技师制者";"现南北各纱厂,包工制已逐渐归于淘汰,惟工头总管技师诸制,尚在各行其是,漫无标准,不独此厂与彼厂各异,即同一公司所属之各厂,亦不必尽同。孰劣孰优,或难判断,但其未上一定之轨道,则可

---

[1] 中国人民银行上海市分行金融研究室编:《金城银行史料》,上海人民出版社 1983 年版,第 398—400 页。

[2] 严中平:《中国棉纺织史稿》,科学出版社 1955 年版,第 203 页。

[3] 《申新公司收买厚生为六厂》;载中国纺织学会编:《纺织周刊》1 卷 28 期,1931 年 10 月 23 日,第 744 页。

[4] 各厂消息;载中国纺织学会编:《纺织周刊》1 卷 28 期,1931 年 10 月 23 日,第 744 页。

[5] 杜恂诚:《二十世纪二三十年代中国信用制度的演进》,《中国社会科学》2002 年第 4 期,第 186页。

[6] 《芜湖裕中纱厂改组》;载实业部天津商品检验局编:《天津棉鉴》,1933 年 3 卷 3、4、5 月合刊,1933 年 5 月,第 198 页。

断言也”。[1]

在棉纺织工业陷入困境之后,往昔的短板就成为人们刻意纠正和提升的重点。企业管理的合理化,除弊、节流、增效,成为许多纱厂的着力点。企业管理改革,只有当企业处于生死存亡之际,才能触及根本,壮士断腕。

鲁丰纱厂于 1930 年 10 月改组后,从 1931 年起由董事庄乐峰、万公雨、庄云九、黎重光诸公“整顿经营,不遗余力。革除弊端,增加产量,改良出品,撙节开支,凡种种有利于本厂者,无不努力策励,以赴事功”[2]。以下几项特别值得称道者:采购棉花时对水分的标准从 12% 提高到 10%,这不仅节省了原料成本,而且提高了原料的质量;通过裁汰过多雇用的工人 400 多名,全厂工人数从 2 300 多人降至 1 900 人,节省了工资总支出,提高了劳动生产率;提高了吉羊纱质量,使之颜色洁白、条杆匀净、拉力强韧,受到消费者欢迎,市场价格超过了申新纱厂出产的人钟牌纱;通过原料搭配的改良和机械整理等措施,每枚纱锭的出纱量增加了 10%;银行透支显著扩充,先前仅中交两行给予鲁丰抵押透支 20 万元,上海商业储蓄银行给予鲁丰信用透支 3 万元,两共 23 万元,改组和整顿以后,中交两行抵押透支增至 40 万元,上海商业储蓄银行信用透支增至 10 万元,又中国银行另开抵押透支户计 50 万元,上海商业储蓄银行新开抵押透支户计 60 万元,又天津中国银行新开透支户计 5 万元,总共计抵押信用两项透支 165 万元,较前增加 142 万元;其他还有改革成果多项。[3]

天津宝成纱厂的管理改革是将两班制改成三班制,工人的工作时间缩短、效率提高,并可用更多的时间休息和进修。卫辉华新纱厂紧随其后做了类似的改进。[4]

大生第一织布厂的管理改革涉及人事、机械、工资等多个方面。[5] 人事改革措施多达 16 条,其中最引人关注的有两条:一条是“期以一年内,裁去总女目,二年内裁去总副机目”。总副机目、总女目是机匠头,工厂管理不能继续由

---

〔1〕 汪孚礼:《我国纱厂未上轨道之实例》;载中国纺织学会编:《纺织周刊》1 卷 19 期,1931 年 8 月 21 日,第 477 页。

〔2〕《鲁丰纱厂整理情形》;载中国纺织学会编:《纺织周刊》1 卷 14 期,1931 年 7 月 17 日,第 354 页。

〔3〕 同上。

〔4〕 陈本元:《卫辉华新纱厂之新三八制》;载中国纺织学会编:《纺织周刊》1 卷 22 期,1931 年 9 月 11 日,第 560—561 页。

〔5〕 黄建章:《改革大生第一织布厂之经过及心得》;载中国纺织学会编:《纺织年刊》,1935 年,第 7—10 页。

工匠头主政。另一条是将"工人数由 227 名减为 131 名,期以两年内完全做到"。在萧条时期裁员,是企业的普遍应对做法。工人的利益无疑受到损害。工资改革"谋对各个人收入增加,对厂方总支出减少为原则"。工资分计件工资和计时工资两种,计件工资的原则是降低每件产品的工资标准,以此激励工人提高劳动生产率;计时工资的原则是不减个人的工资,但增加工作强度。

裁员增效是当时华商纱厂管理改革的普遍做法,原来每万枚纱锭用七八百人的工厂,改革后减至四百人左右,原来用四百人左右的工厂,改革后减至二百人左右。但相比在华日本纱厂,雇用工人还是多出很多,纺 20 支纱的日本纱厂,每万枚纱锭用工仅一百二三十人,纺 40 支纱的工厂,日夜两班不过用五六十人。[1]

到 1931 年止,申新纺织公司拥有 9 家工厂,纱锭达 50 万枚,布机 5 000 台,是华商纺织业中的领军企业。但该公司系无限公司性质,9 家厂的股东各不相同,但该总公司"仅为营业之总机关,集买花售纱办转运之大成而已。其营业上最后之损益,各厂亦如泾渭不相侵越,与天津华新之分津青唐卫,南通大生之有通崇海,性质略相同,所不同者惟申新为无限公司,任总经理者为荣氏一人而已"[2]。在这种情况下,申新总公司为统一各厂工务计,设置总工程师的职位,并在总经理之下,设置人事、生产、营业、财务等各部,其生产部的设计为"谋各厂工务之标准化"[3]。

五、技术进步和职工培训

技术进步表现在机器设备、新产品或产品质量、原料等多个方面。1931 年,无锡申新三厂通过日本三井洋行订购了 36 台产自日本远州株式会社的自动换纬织机,大大提升了工人的劳动生产率和产品质量。[4]以往华商纱厂的布机,主要织造以 16 支纱为主的粗布,20 支纱织造较细的布已不多见,至于 32 支纱以上的印花坯布,则几乎为日本在华纱厂所独占。1931 年,申新九厂改造旧设

---

〔1〕 陆绍云:《增进效率的方法和休闲教育的实施》;载中国纺织学会编:《纺织年刊》,1935 年,第 18 页。

〔2〕 记者:《申新总公司拟设生产部之设计》;载中国纺织学会编:《纺织周刊》1 卷 35 期,1931 年 12 月 11 日,第 933 页。

〔3〕 同上。

〔4〕《申新三厂自动织机开织》;载中国纺织学会编:《纺织周刊》1 卷 3 期,1931 年 5 月 1 日,第 82 页。

备,试织 32 支纱的印花坯布取得成功。[1]

在棉纺织机器设备的制造方面,当时并没有确切的统计。1931 年,就主要的机器工业所在地上海而言,全市大小铁工厂有 600 余家,其资本自 500 元到 100 万元不等,职工近万人,翻砂业有职工约 2 000 人;其产品从零部件如筒管、锭脚、蜻蜓式罗勒架、皮带盘等,到纺织机器,均可以仿制,"此种小厂之营业,倘以二万锭纱厂的小零件添配,须十家铁厂方可供给"[2]。大的铁工厂制造纺织机器的有中国铁工厂、大隆机器厂、合众机器铁厂、铸亚铁工厂等数家。中国铁工厂是欧战刚结束时,由聂其杰、荣宗敬、穆藕初等以 30 万两资金从德国克虏伯厂购买机器所设,制造各种织布机与添配锭子。合众机器铁厂是中国漂染整理机器的唯一制造厂,能制造轧光整理机和丝光机。铸亚铁工厂则能生产织绸厂全套机器,所产机器供美亚织绸厂等使用。[3]

随着技术改革的进行,大隆机器厂逐步完成了整套棉纺织机器的生产。在这一阶段,仿造了日本形式的精纱车、浆纱车、筒子车、提花机、打包机等,仿造了英国 Platt 式拆包机、开棉机、给棉机、Dobson 式花卷车、清棉机和梳棉机、七眼并条机,以及头、二、三道粗纱机等前纺机器,仿造了瑞士 Rieter 式精纺机。此外,还制造了 120 吨压力的打纱包用的油压机以及染布机等。这些机器除供应厂主严家资本系统组成的铁棉联营的企业,如苏纶、仁德纱厂以及与严家有投资和业务联系的豫丰、庆丰、安达等纺织厂外,还售与本、外埠的纺织厂,如上海的永安和鸿章纱厂、江阴的利用纺织厂等。[4]

此外,上海还有南市远大铁工厂,生产骆驼绒织机,上海各毛织厂亦多采用。[5]

在职工培训方面,华商纱厂做出的努力引人注目。1931 年 5 月的一篇报道称,无锡申新纺织厂职员养成所,创办已逾三年,养成所历届卒业学生均"服务纱厂,成绩甚佳"。该所聘由日本名古屋高等工业学校纺织科毕业的四川成都

---

〔1〕《申新九厂试织印花坯布》;载中国纺织学会编:《纺织周刊》1 卷 14 期,1931 年 7 月 17 日,第 352 页。

〔2〕严伯放:《中国纺织染机器工业》;载南通学院纺织科学友会上海分会编:《纺织之友》,1931 年第 1 期,第 38 页。

〔3〕同上,第 38—40 页。

〔4〕上海社会科学院经济研究所编:《大隆机器厂的产生、发展和改造》,上海人民出版社 1980 年版,第 44 页。

〔5〕严伯放:《中国纺织染机器工业》;载南通学院纺织科学友会上海分会编:《纺织之友》,1931 年第 1 期,第 40 页。

人万程之为工作法主任。该所从 1931 年秋季第四届起,学制由一年改为两年。[1] 无锡的申新三厂,在创办职员养成所之后,"深知机工之不可无纺织机械常识,于是更创设机工养成所",1932 年"又有规划周详、设备完美的女工养成所创立"。女工养成所招考新生,事前由厂方备函通知乡间各区长,请他们介绍乡下姑娘前来应试,条件是年龄在 15—20 岁,身体健康、品性温和、举动灵敏、略识文字。1932 年 9 月的一次考试,应试者有 200 多人,考试科目有识字、算术、持续性测验、记忆力测验、注意力测验、手指测验、插拔筒管、个别谈话、体格检验等,最后录取了 50 人。这次招的新生,预定训练 3 个月后都做细纱工;其他如摇纱、络纱、粗纱、并条等各部所需的训练工,养成时间视难易程度不等而不同。女工养成所设所长 1 人、训练主任 1 人、事务主任 1 人、训练员 1 人、管理员 2 人、庶务员 1 人,皆由厂里职员兼任。[2] 养成期内,膳宿概不收费,并酌给零用钱,养成期满,照给工资,膳宿费从轻收缴。女工经过养成所的训练,业务能力提高,原先细纱部工人 1 000 余人,可减至 500—600 人。[3]

纱厂还组织工人业务竞赛。从 1931 年 11 月起,申新九厂职工在厂经理吴昆生和工程师吴士槐的带领下,举行南北厂及甲乙班的成绩大比赛。纺纱部比赛分预赛、正赛和决赛共 3 期,每期 15 天;织布部不分期,但总的时间缩短 15 天。厂部公布比赛给奖条例,车间四周墙上贴满了鼓励工友的标语。生产成绩大比赛对激励工人的劳动潜能是起了很大作用的。[4]

大丰庆记纱厂的劳工训练由工务处主管负责,其内容由四个部分组成:其一是业务竞赛。这种比赛对于不同车间和不同工种,有不同的内容和要求,优胜者有奖励。其二是对工人实行考试。各部门的领工也必须参加,不得逃避。成绩优良者有奖励,不合格者须在 1 个月后重考,视其有无进步而定取舍。其三是专题演讲。演讲由工务处高级人员担任,每逢早放工或礼拜工的日子,对全体工人演讲。演讲分常识演讲和工作演讲两种。其四是查询。为了保证工

〔1〕《申新职员养成所近讯》;载中国纺织学会编:《纺织周刊》1 卷 5 期,1931 年 5 月 15 日,第 141 页。

〔2〕陆涵若:《申三考试女工养成所新生志》;载中国纺织学会编:《纺织周刊》2 卷 37 期,1932 年 9 月 23 日,第 1024—1025 页。

〔3〕孙尊衔:《观某厂女工养成所后》;载中国纺织学会编:《纺织周刊》2 卷 40 期,1932 年 10 月 14 日,第 1128 页。

〔4〕黄金声:《申新九厂举行成绩比赛》;载中国纺织学会编:《纺织周刊》1 卷 35 期,1931 年 12 月 11 日,第 938 页。

人认真听取演讲,在演讲后,当众提问,随机抽取工人回答。此外,对男女领班工人的要求更高,要求他们熟记工厂的相关管理规定,并能逐条背诵。[1]

综上所述,通过产业调整、企业重组和改进,华商棉纺织工业终于在 1936 年迎来转机,渐渐走出困境。可惜的是,才离龙潭,又入虎穴,之后不久日本发动全面侵华战争,这又对华商棉纺织工业造成直接的严重破坏。

---

〔1〕 魏亦九:《大丰广(庆)记纱厂劳工训练概述》;载中国纺织学会编:《纺织年刊》,1934 年,第 59—60 页。

近代中国的行业集中度与卡特尔组织

内容提要:本文考察 20 世纪二三十年代中国若干产业的行业集中度。由于历史统计资料不齐全,故只能视情形将能找到的项目进行测算。棉纺织、面粉、火柴、卷烟、煤矿等行业的前 8 位所占集中度比重都超过 40%,水泥业前 4 位产量占 92%。国民政府是支持卡特尔式联营组织的,当时在火柴、水泥、版纸、驼绒等行业中出现了华商联营组织,或以华商为主吸收一部分外商参加的联营组织,其宗旨是为抵制外货;在外商石油销售组织中出现的联营,是为了分割中国市场,并排斥新入者;中外企业在航运业中的联营则是为了阻止恶性竞争、维护价格平稳。中国在产业尚且稚嫩的情况下出现联营,是近代产业组织的特色之一。

关键词:近代中国　行业集中度　卡特尔　联营

按照罗斯托的说法,中国从 1842 年到 1952 年的 110 年,属于经济起飞前的准备阶段。[1] 从总体上看,经济发展水平是比较低的。轻工业有一定发展,主要是棉纺织工业,这一行业的发展使传统中国耕织结合的经济结构加速瓦解。此外,面粉、卷烟、火柴、造纸等行业也有一定的发展,但规模不能与棉纺织工业相比。在棉纺织工业中,既有外商投资,也有华商投资。至于重工业行业,外商主要采取对华产品输出的战略,在华投资很少。

即便是这种低水平的工业发展,也会呈现若干规律。比如,笔者曾指出,在

---

〔1〕 W. W. 罗斯托著,陈春良等译:《经济增长理论史:从大卫·休谟至今》,浙江大学出版社 2016 年版,第 751 页。

20 世纪二三十年代,一些行业的中国企业出现了资本集中的现象。[1]这种资本集中也就是行业集中,一般以行业集中度予以测量。所谓行业集中度,是指在相关行业中,规模居前的若干家企业(一般为 4 家,也可以是 5 家、8 家等)的相关数值(如产值、产量、销售额、销售量、职工人数、资产总额等)占整个行业的份额。根据美国经济学家贝恩和日本通产省对产业集中度的划分标准,将产业市场结构粗分为寡占型(CR8≥40)和竞争型(CR8＜40)两类。其中,寡占型又细分为极高寡占型(CR8≥70％)和低集中寡占型(40％≤CR8＜70％);竞争型又细分为低集中竞争型(20％≤CR8＜40％)和分散竞争型(CR8＜20％)。[2]本文拟在行业集中度的测算方面对之前的分析做一些补充。另外,对于企业间的联合营业,即所谓卡特尔组织,也做一些分析,讨论近代中国的若干行业中出现卡特尔组织的背景和特征。

一、行业集中度

(一)棉纺织工业

方显廷曾对 1930 年全国 127 家纱厂做过统计。这 127 家纱厂中的 61 家归于 14 个公司,每个公司平均有 2 家或 2 家以上纱厂。这 14 个公司中的 7 个属华商所有,6 个属日商所有,1 个属英商所有。具体情况见表 1:

表 1　　中国 14 个纱厂(每厂均有 2 家或 2 家以上之支厂)之统计(1930 年)

厂名	厂数	资本及公积金		纺锭总数		织机		工人		纱产		布产	
		千元	％	千枚	％	台	％	实数	％	千包	％	千匹	％
内外棉	16	42 043.4	14.6	504.4 (15)	12.0	1 600 (?)	5.5	14 810	5.9	172.8 (15)	7.0	1 140 (2)	7 7
申新	8	7 086.7* (6)	2.5	310.5	7.4	2 818 (4)	9.6	19 090 (7)	7.6	172.1 (7)	7.0	1 452.9 (4)	9.8
日华	7	12 635	4.4	281.8	6.7	500 (2)	1.7	15 971	6.3	138.3	5.6	181.7 (2)	1.2
永安	4	12 000	4.3	224.2	5.3	1 310 (2)	4.5	11 140	4.4	94	3.8	720 (2)	4.9
上海	4	8 930.6	3.1	172.5	4.1	2 298 (3)	7.9	10 232	4.1	112.6	4.6	2 232.9 (3)	15.1
大生	4	10 462.7	3.6	163.6	3.9	1 342 (3)	4.6	16 189	6.4	119.2	4.9	464.3 (3)	3.2

---

〔1〕 杜恂诚:《民族资本主义与旧中国政府(1840—1937)》,上海社会科学院出版社 1991 年版,第206—247 页。

〔2〕 百度百科"行业集中度"条目。

续表

厂名	厂数	资本及公积金		纺锭总数		织机		工人		纱产		布产	
		千元	%	千枚	%	台	%	实数	%	千包	%	千匹	%
怡和	3	12 500	4.3	153.3	3.6	1 900	6.5	13 000	5.2	129.5	5.3	—	—
大康	2	12 557.6	4.4	144.1	3.4	759 (1)	2.6	7 403	2.9	84	3.4	408 (1)	2.8
华新	4	9 607.4	3.3	114.8	2.7	250 (1)	0.9	8 781	3.5	73.2	3.0	—	—
公大	2	13 888.9	4.8	100	2.4	2 000	6.8	5 600	2.2	36	1.5	1 440	9.7
湖北	2	1 000**	0.3	90 (1)	2.1	655 (1)	2.2	7 200	2.9	54.3	2.2	400 (1)	2.8
同兴	2	16 810	5.8	89.4	2.1	1 126 (1)	3.8	3 713	1.5	29.1	1.2	738.4 (1)	5.0
溥益	2	4 086.7	1.4	52.1	1.2	500 (1)	1.7	2 409	0.9	31.6	1.3	未开工	
振华	2	1 500	0.5	33.6	0.8	—	—	1 000	0.4	9	0.4	—	—
61家合计	61	165 108.9	57.3	2 434.3 (59)	57.7	17 058 (26)	58.3	136 538 (60)	54.2	1 255.7 (58)	51.2	9 178.2 (19)	62.1
66家合计	66	123 219.2 (61)	42.7	1 789.7 (66)	42.3	12 214 (24)	41.7	115 493 (59)	45.8	1 199.5 (68)	48.8	5 601.3 (24)	37.9
合计	127	288 328 (120)	100	4 224 (125)	100	29 272 (50)	100	252 031 (119)	100	2 455.2 (116)	100	14 779.5 (43)	100

注:1. 括号内的数字指有该项统计之纱厂数。

2. *出租者4家,其中只2家有流动资本统计;＊＊此两厂已租出,仅有流动资本之报告。

3. 内外棉、日华、上海、大康、公大、同兴为日商纱厂;怡和为英商纱厂;其他为华商纱厂。

资料来源:厉以宁、熊性美主编,《方显廷文集》(1),商务印书馆2011年版,第271—273页间夹页。

表1在资本和公积金方面,前8位(占3.6%及以上)的公司中,5家日本纱厂,2家华商纱厂,1家英商纱厂,占全部127家纱厂的46.2%。申新在1930年还未处于发展顶峰,并且其所属8家企业中还有2家未统计资本,所以只占2.5%。从纺锭总数(包括纱锭和线锭)来看,占前8位的是内外棉(只统计了15家厂的纱锭数和7家厂的线锭数)、申新、日华、永安、上海、大生、怡和、大康。日商4家,华商3家,英商1家,总锭数占127家的46.4%。产纱量前8位的是上海、申新、公大、内外棉、同兴、永安、大生、大康,占比高达58.2%。这几项指标都大于40%小于70%,说明中国棉纺织工业市场在1930年属于低集中寡占型。外商企业在实力上还是占优的。

申新纱厂系在1930—1932年间发展很快,1932年在华商棉纺织工业中的地位十分突出,见表2:

表 2　　　　　　　　　申新纱厂系统在全国棉纺织工业中所占比重(1932 年)

项目	申新纱厂系统	全国民族资本棉纺厂	全国中外棉纺厂	申新所占比重	
				占全国民族资本棉纺厂的比重(%)	占全国中外棉纺厂的比重(%)
纱锭数(千枚)	521.55	2 625.41	4 599.36	19.9	11.3
线锭数(千枚)	40.04	135.86	408.56	29.5	9.8
布机数(台)	5 357	19 081	39 564	28.1	13.5
全年用棉量(千担)	1 080.42	5 814.64	8 706.04	18.6	12.4
棉纱产量(千件)	306.25	1 665.04	2 332.68	18.4	13.1
棉布产量(千匹)	2 798.49	9 548.08	20 121.90	29.3	13.9
工人数	31 717	180 731	257 568	17.5	12.3

注:不包括东北地区。

资料来源:上海社会科学院经济研究所编,《荣家企业史料》(上册),上海人民出版社 1980 年版,第 285 页。

　　1932 年申新纱厂系统的资本总额为 1 136.8 万元,其申二、申五两厂未设资本,由总公司为其垫借基金运营,两厂垫借资金共有 388.3 万元。[1]根据申新特点,这 388.3 万元可视为向银行押借的款项,也就不予计入资本总额了。在 1932 年之后的 3 年中,申新因经济形势不佳及期货投机失败而陷入困境,1936 年才渐有好转,所以,它在华商纱厂中的地位不升反降。根据 1937 年 7 月出版的《第十六次中国纱厂一览表》,1936 年华商纱厂 75 家,其中设有 1 家分厂及以上的企业 7 家。表 3 是经过改造后的统计表:

表 3　　　　　　　　　　　　全国华商纱厂概况(1936 年)

企业名	资本(万元)	纱锭数(枚)	线锭数(枚)	布机数(台)
申新(9 家厂)	1 320	567 248	49 738	5 304
永安(4 家厂)	1 200	220 500	38 688	1 542
大生(4 家厂)	1 260	173 168	2 000	1 389
华新(3 家厂)	696.7	97 244	14 640	1 000
大成(4 家厂)	460	46 836	4 800	1 490

[1]　上海社会科学院经济研究所编:《荣家企业史料》(上册),上海人民出版社 1980 年版,第 281 页。

续表

企业名	资本(万元)	纱锭数(枚)	线锭数(枚)	布机数(台)
新裕(2家厂)	420	50 520	2 640	504
湖北(2家厂)	30	90 592	—	648
68家无分厂纱厂	9 848.3	1 500 284	60 810	13 626
合计	15 235	2 746 392	173 316	25 503

注:1. 凡资本以银两为单位者,以1两合1.4元统一换算为元。

2. 有6家厂资本不明。

3. 申新二、五、六、七、九厂未设定资本,系由总公司向外押款购进(见上海社会科学院经济所编:《荣家企业史料》(上册),上海人民出版社1962年版,第546页),这属于借款,本表对《第十六次中国纱厂一览表》所列申新二、五、九厂资本予以扣除。

4. 估计原表的资本额包括公积金在内。

5. 本统计中包括崇信纱厂。有的资料把崇信纱厂列为中英合办是不准确的,崇信仍为华商所有,只是委托英商庚兴洋行代理经营。庚兴收购崇信及统益纱厂应是在1937年全面抗战爆发之后。

资料来源:根据华商纱厂联合会,《第十六次中国纱厂一览表,1936》(1937年7月出版)计算编制。

1936年日本在华棉纺织业的投资情况,以往不同的统计结果差别很大。根据丁昶贤的估算,1936年全国纱厂合计141家,资本总额3.91亿元,其中华商纱厂90家(含分厂)、总资本1.73亿元,日商纱厂47家、总资本1.96亿元,英商纱厂4家、总资本0.22亿元。[1]但日本东亚研究所的《日本对华投资》的统计则要少得多。该书统计,1936年日本在华棉纺织业实收资本总计6 070万日元,公积金3 759.3万日元,合计9 829.3万日元[2],按1936年海关贸易册的汇率(1元=1.023 4日元)换算,应合9 604.4万元,只是丁昶贤估计数的49%。而投资额与资本额(含公积金)是不同的,1937年6月全面抗战爆发前,日本在华纺织业总投资额高达3.77亿日元,并且有各企业投资额的细目。我们近似地把1937年6月的投资额看作1936年底的投资额,那么资本与投资即为1∶3.834 8。我们以这个比例可以大致估算出1936年底日本在华纺织企业的资本额,见表4:

---

〔1〕 丁昶贤:《中国近代机器棉纺织工业设备、资本、产量、产值的统计和估量》;载中国近代经济史丛书编委会编:《中国近代经济史研究资料》(6),上海社会科学院出版社1987年版,第95页。

〔2〕 东亚研究所:《日本の对支投资》(上),(东京)原书房1974年版,第242—243页。

表 4　　　　　　　　1936 年日本在华纺织企业资本额

企业名	1937 年 6 月投资额 （万日元）	1936 年底投资额估计 （万日元）	合中国法币 （万元）
内外棉	8 226.1	2 145.1	2 096.0
上海制造	7 247.2	1 889.9	1 846.7
大日本纺织	4 581.0	1 194.6	1 167.3
丰田纺织	3 280.4	855.4	835.8
上海纺织	3 214.7	838.3	819.1
裕丰纺织	2 953.8	770.3	752.7
日华纺织	2 829.5	737.8	720.9
同兴纺织	1 736.0	452.7	442.3
其他 10 家	3 623.2	944.8	923.2
合计	37 691.9	9 829.3	9 604.4

资料来源:东亚研究所,《日本の對支投資》(上),(东京)原书房 1974 年版,第 226—227 页。

那么,将华商纱厂和日商纱厂一并按 1936 年的资本排序,则有内外棉、上海制造、申新、大生、永安、大日本、丰田和上海纺织。这 8 家企业的资本额合计 10 544.9 万元,占全部华日纱厂总资本(24 839.4 万元)的 42.5%。

(二)面粉业

美国人在中国不设面粉厂,而是采取对华倾销面粉的策略。1936 年日本在华所设的面粉厂都在东北地区,关内只设有两家工厂。[1] 1933 年美国面粉在其本国的售价,每包约合中国银元 4.95 元;此外,若在中国销售,应再加上运费和保险费等,但实际美国面粉在中国售价仅 2 元许,显而易见,这属于不当倾销、不公平竞争。日本面粉也大量在华倾销,在日本国内售价每包 3.1 日元,若在华销售,每包可得政府补贴 0.6 日元。[2]

在中国本国的面粉工厂中,荣家企业系统的茂新、福新面粉厂是占有明显优势的,见表 5:

---

〔1〕　上海市粮食局、上海市工商行政管理局、上海社会科学院经济所经济史研究室编:《中国近代面粉工业史》,中华书局 1987 年版,第 69 页。

〔2〕　延伸:《最近我国之面粉业(下)》,《工商半月刊》第 6 卷第 15 号,1934 年 8 月 1 日,第 22 页。

表 5　　　　　荣氏的茂新、福新面粉厂在全国面粉工业中所占比重(1936 年)

项目	茂新、福新面粉厂	全国(东北除外)面粉工业	茂新、福新占关内面粉工业的比重(%)
厂数(家)	12	122	9.8
资本额(千元)	9 601.32	29 474.06	32.6
粉磨数(台)	347	1 264	27.5
每日产粉能力(袋)	96 500	295 024	32.7
全年实际产粉量(千袋)	16 941.01	63 000	26.9

资料来源:上海社会科学院经济研究所编,《荣家企业史料》(上册),上海人民出版社 1980 年版,第 551 页。

在上海,荣氏的福新 6 家厂和安徽孙氏的阜丰厂占据了绝对优势地位,见表 6:

表 6　　　　　上海福新、阜丰面粉厂在上海面粉市场的极高寡占地位(1933 年)

厂名	销量(袋)	占比(%)
福新 6 家厂	19 426 353	50.2
阜丰	8 480 993	22.0
其他 7 家厂	10 762 760	27.8
合计	38 670 106	100.0

资料来源:延仲,《最近我国之面粉业(下)》,《工商半月刊》第 6 卷第 15 号,1934 年 8 月 1 日,第 23 页。

在表 6 中,福新各厂和阜丰在上海的销售额占各厂总销售额的 72.2%。就全国范围(不计东北地区)而言,1933 年排在前 8 位企业的销量占全国总销量的 57.9%,见表 7:

表 7　　　　　　全国(除东北地区)面粉销量统计(1933 年)

厂名	地点	销量(包)	占全国销量的比重(%)
福新(7 家厂)	上海	21 201 521	28.8
阜丰	上海	8 480 993	11.5
茂新(3 家厂)	无锡	2 802 028	3.8
华丰	上海	2 579 900	3.5
裕通	上海	2 434 839	3.3

续表

厂名	地点	销量(包)	占全国销量的比重(%)
大同	南京	1 779 203	2.4
寿丰	天津	1 697 947	2.3
永年	天津	1 685 311	2.3
以上8家小计		42 661 742	57.9
其他79家合计*		31 022 222	42.1
合计		73 683 964	100.0

注:*10家厂销量不详;14家厂部分月份销量缺,以已知月份的销量估计补全;2家厂销量不详,以产量代销量。

资料来源:延仲,《最近我国之面粉业(下)》,《工商半月刊》第6卷第15号,1934年8月1日,第23—28页。

在机器面粉工业中,8家华商企业的销量占全国(除东北地区)总销量的57.9%。

(三)火柴工业

全国到底有多少家火柴厂,在当时统计制度不完善的情况下,并不是很清楚,可能有一些统计数字,但不一定很准确。看到1936年《商业月报》上有一个统计,还是相对完整的。现将该统计中凡资本额在10万元及以上者详细列出,10万元以下者则包含在总计数内,见表8:

表8　　　　　　　　　　中国的火柴企业(1936年)

企业名	资本额(万元)	占比(%)	企业名	资本额(万元)	占比(%)
大中华(6家厂)	365	33.9	上海中国	12	1.1
振业	100	9.3	吉林金华	12	1.1
天津丹华	40	3.7	洛阳大有	12	1.1
天津北洋	33	3.1	青州东益	10.4	1.0
安东丹华	25	2.3	温州光明	10	0.9
丽水燧昌	24	2.2	济南洪泰	10	0.9
临淮关淮上	20	1.9	胶州洪泰	10	0.9
北平丹华	20	1.9	新绛荣昌	10	0.9
澳门昌明	20	1.9	汾阳昆仑	10	0.9

续表

企业名	资本额（万元）	占比（%）	企业名	资本额（万元）	占比（%）
吉林众志	20	1.9	阿城明远	10	0.9
青岛华北	20	1.9	营口姓姓	10	0.9
沈阳惠临	16	1.5	5万—10万元16家	97.3	9.0
吉林泰丰	15	1.4	5万元以下54家	118.4	11.0
长沙和丰	14	1.3	资本额不明35家		
营口三明	12.5	1.2	合计（除资本额不明者）	1 076.6	100.0

资料来源：杨德惠，《中国的火柴工业（上）》，《商业月报》1936年第16卷第9期，第3—5页。

前8位的企业占了总资本额的58.3%，而大中华一家企业就占了33.9%。

（四）卷烟工业

毫无疑问，英美烟公司是近代中国卷烟工业中的龙头老大，占据绝对领先地位。全面抗战前夕，驻华英美烟公司的资本高达21 554万元。[1] 其中"商誉"价值高达13 836.3万元，实际资本则为7 717.7万元。[2] 它用自己在"商誉"基础上增发的股票来收购其他烟草企业，实际并没有花费真金白银。所以，"商誉"是它用来"背米"的"空麻袋"。同时，"商誉"既抬高了它的资本额，自然也就把高得离谱的资本利润率适当拉低了。但著名的华商企业南洋兄弟烟草公司、华成烟草公司等企业，都没有将"商誉"纳入其资本的统计之中，当时的华商企业也没有"商誉"可以纳入资本这一说。另外，驻华英美烟公司的生产和运销企业遍布全国，而手头一时还找不到全国华商卷烟企业的实时存量统计，因此考虑将讨论的范围缩小到上海一地，而且用卷烟机的数量来代替资本额或资产额的统计。上海烟草工业企业卷烟机数量如表9所示：

---

〔1〕 上海社会科学院经济所编：《英美烟公司在华企业资料汇编》（第一册），中华书局1983年版，前言，第2页。

〔2〕 上海社会科学院经济所编：《英美烟公司在华企业资料汇编》（第四册），中华书局1983年版，第1487页。

表 9   上海烟草工业企业卷烟机数量(1933—1937 年)

企业名	卷烟机数量(台)	占比(%)	企业名	卷烟机数量(台)	占比(%)
英美烟	175	26.9	华品	15	2.3
南洋兄弟	119	18.3	和兴	13	2.0
华成	34	5.2	中南	13	2.0
花旗	32	4.9	其他 54 家*	232	35.6
华东	18	2.8	合计 62 家	651	100.0

注:*1 家卷烟机数量不详。

资料来源:英美烟和花旗见方宪堂主编,《上海近代民族卷烟工业》,上海社会科学院出版社 1989 年版,第 290 页;其余各厂见《上海华商卷烟工业之现状》(作者不明),《工商半月刊》第 5 卷第 1 号,1933 年 1 月 1 日,调查,第 93—97 页。

以卷烟机数量看,上海烟草企业前 8 位共拥有卷烟机 419 台,占全市卷烟机数量的 64.4%,其中英美烟和南洋兄弟两家最大,合计占全市卷烟机数量的 45.2%。

(五)水泥工业

1931 年 9 月之前,中国关内共有水泥生产企业 7 家,其中华商 6 家、日商 1 家,如表 10 所示:

表 10   中国关内水泥生产企业(1931 年)

企业名	资本(万元)	占比(%)	产量	占比(%)
启新洋灰公司	1 400.0 (连华记)	63.8	年约 140 万桶	35.4 (连华记)
华记湖北水泥厂			年约 20 万桶	
中国水泥公司	200.0	9.1	年约 82 万桶	18.1
上海华商水泥公司	163.9	7.5	年约 53 万桶	11.7
广州士敏土厂	150.0	6.8	年约 18 万桶	4.0
日商小野田水泥会社大连支社	130.0	5.9	年约 121.5 万桶 (1929 年)	26.8
日商山东水泥公司	130.0	5.9	年约 9.9 万桶	2.2
济南致敬水泥公司	20.0	0.9	年约 8.2 万桶	1.8
以上合计	2 193.9	100.0	年约 452.6 万桶	100.0
以下为建造中:				

续表

企业名	资本(万元)	占比(%)	产量	占比(%)
广州西村士敏土厂	300.0		年约 39.6 万桶	
吉林众志洋灰公司	150.0		年约 150 万桶	
绍兴水泥公司	300.0		未有具体办法	
建造者小计(除绍兴)	450.0		年约 189.6 万桶	
合计	2 643.9		年约 642.2 万桶	

注:1. 本文以日产量乘以 330 转换为年产量。

2. 日元汇率暂以 1:1.3 折算成中国银元。

3. 资本数合计数经校正,因四舍五入关系,资本额占比细目相加为 99.9%。

资料来源:《中国水泥工业》(作者不明),《工商半月刊》第 3 卷第 17 号,1931 年 9 月 1 日,调查,第 7—12 页。

无论是从资本额还是从年产量看,启新洋灰公司都是领跑者。从产量的前 4 位看,启新、小野田、中国、华商 4 家占了总产量的 92%,3 家中国本国企业占了 65.2%。

(六)煤矿业

1934 年中国煤矿的总投资额在 3 亿元以上,纯系中国资本经营者,有 1.14 亿元;外资经营者中,日本投资额为 10 773 万余日元,英国投资约为 124.3 万英镑;中外合资经营者中,中日合资 3 700 余万元,中英合资 200 万英镑又 200 万元,中俄合资 1 200 万卢布又 700 万元。1931 年"九一八"事变后,东三省的中日合办煤矿尽为日本人所夺占。[1] 根据资本额排序,1934 年中国煤矿的情况如表 11 所示:

表 11 中国煤矿资本统计(1934 年)

矿名	经营性质	资本额	合中国银元(元)	占比(%)
抚顺烟台	日本	102 730 711 日元	89 375 719	35.2
开滦	中英合办	2 000 000 英镑	29 420 000	11.6
福公司	美国	1 242 822 英镑	18 281 912	7.2
鲁大	中日合办	10 000 000 元	10 000 000	3.9
中兴	华商	7 500 000 元	7 500 000	2.96

[1]《全国煤矿业现状》,《工商半月刊》第 6 卷第 24 期,1934 年 12 月 15 日,国内经济,第 109 页。

矿名	经营性质	资本额	合中国银元(元)	占比(%)
本溪湖	中日合办	7 000 000 元	7 000 000	2.76
正丰	华商	6 600 000 元	6 600 000	2.6
中原	中国官商合办	5 000 000 元	5 000 000	2.0
其他 36 家		80 471 000 元	80 471 000	31.7
合计			253 648 631	100.0

注:1.1934 年汇率:1 日元=0.87 元,1 卢布=1.65 元,1 英镑=14.71 元。

2. 原资料中河北省的斋堂矿资本为 5 300 万元,疑有误,暂改为 53 万元;原资料中黑龙江中俄合办的扎赉纳尔矿的资本额为 1 200 万卢布,江西萍乡矿资本为 1 200 万元,但这 3 个矿在当时并不是很重要,所以没有排在前 8 位处理。

资料来源:《全国煤矿业现状》,《工商半月刊》第 6 卷第 24 期,1934 年 12 月 15 日,国内经济,第 109－110 页。

表 11 的统计总资本额未满 3 亿元,主要是因为改动了斋堂矿的资本额。表 11 中 8 家矿的资本额占了全体的 68.3%,抚顺烟台占了 35.2%。抚顺烟台、开滦、福公司、鲁大这几家主要的煤矿均落入外人的控制之中。

二、卡特尔组织

著名的经济史学家钱德勒曾指出:"德国与英美最显著的法律差别在于'法律所允许的竞争者之间实施企业间联合及其他协议的能力';也就是说,在德国,某行业企业合并而形成全行业控股公司的可能性会更小。反之,有关价格、产量、市场范围的规定则由更松散、更临时性的联合会制定,诸如公约、企业联合组织、利益共同体等。这些形式的规定在英美是很少被视为法律条文的。"[1]近代中国的情况与德国类似,政府或立法机构不仅不予阻止,反而提倡企业间的联合营业行为。所不同的是,近代中国的经济发展水平远低于德国。1931 年 3 月,实业部向上海市社会局发出训令,"奖励工商同业作全国联合组织"。这一训令提出的缘由,是在 1930 年的全国工商会议上,有人提出相应的议案,认为"政府应奖励指导工商同业作全国联合组织,以谋改进工商事业",因中国"缺乏规模之工商业,无力雇用专人,以致力于研究工商专门技术而改良之,故技术方面甚难改进。唯一方法,只有大规模之通力合作,以聘用专家终年

---

〔1〕 小艾尔弗雷德·钱德勒著,张逸人等译:《规模与范围》,华夏出版社 2006 年版,第 465 页。

致力于研究改良之工作耳"。实业部采纳了这一建议。[1] 当时的联合营业组织,欧洲所谓的"卡特尔",出现在一些行业中,甚至连外商在华的贸易、航运行业中也出现了。

(一)煤油销售同盟

美孚、亚细亚和德士古 3 家美英石油工业巨头在中国遍设销售分公司,建立了庞大的销售网络。20 世纪 20 年代,三公司达成瓜分中国市场的协议:美孚、亚细亚各占 40%,德士古占 20%,以各公司入口数额和年终销售额为依据。每年销售总指标由三公司的总公司商定,比例由各该总公司严格控制,每年、每季度由三公司的总公司在伦敦和纽约对账。三公司不能随便增减代理商,在价格等方面应统一步调;对大客户采取"合标"做法,轮流供货;三公司合伙垄断市场,排斥其他进入者;并在雇员政策等方面进行合作。[2] 1936 年,美孚和亚细亚公司包销苏联"油遍地"公司的输华石油,提高了煤油和各种石油产品的价格。[3]

(二)航运业营业同盟

早在 1877 年,中国的轮船招商局就同英商太古、怡和两家在华实力最强的外商航运公司订立"齐价合同",垄断国内主要航线。所谓"齐价合同",就是统一运价,也就是价格同盟。"齐价合同"的主要内容是:"第一,由招商局、太古、怡和三公司在各条主要航线上共同议订统一的运价,这种约定的垄断价格大大超过自由市场的竞争价格。第二,当其他公司的轮船参加航行时,这三公司就联合起来,以降低运价的'倾销'办法来打击新参加者,使新参加者陷于亏损,最后不得不倒闭或退出竞争。第三,凡三公司的水脚收入、货源分配、乃至轮船只数及吨数,都按一定的比例加以规定。"[4] 一般而言,每次"齐价合同"不能持久,常因经济背景变化、各方实力消长等原因而散伙。但散了又订、订了又散,以此成为常态。

1930 年,沪甬线上宁绍、太古、三北、招商四公司实行"联合营业",结果"营业大盛,收入增加。今年(按:1931 年)仍继续同盟,唯将办法略为更变:原定以

---

〔1〕《奖励工商同业作全国联合组织》,《工商半月刊》第 3 卷第 6 期,1931 年 3 月 15 日,国内经济,第 3 页。

〔2〕 文阳林:《论亚细亚石油公司在近代中国的销售体系(1897—1941 年)》,广西师范大学 2012 年硕士学位论文,第 44—47 页。

〔3〕 吴兆名:《我国石油之供求问题》,《中国建设》第 15 卷第 5 期,1937 年 5 月,第 35 页。

〔4〕 陈绍闻、郭庠林主编:《中国近代经济简史》,上海人民出版社 1983 年版,第 136—137 页。

八十分摊派四家者,本年改为四十一分摊派之,宁绍得十一分,太古、三北、招商各得十分。嗣后沪台班六轮亦仿照此法联合经营,不特泯除营业上之争端,且使水脚上增加不少收入"[1]。

1931年,太古、怡和、日清、招商、三北、宁绍六公司实行长江一路的营业同盟。长江轮船,以太古公司最多。各公司虽然成立了一个"水脚同盟",但"毫无效力,各公司滥放运费,使客家便宜",而轮船公司则难以为继。因此,太古公司提议上述六公司实行营业同盟,具体办法是:"大致长江营业,当按照六家所有船只及班次摊派,对船少之小公司,更予以扶助,例如老宁绍轮可装一千吨货,而只装到五百吨,则由其他五公司合贴二百五十吨,俾不致亏耗。实行以后,各轮出口货舱单,互相交阅,或每月平均一次,或三月统计一次。"太古提议获其他五家公司一致赞成,第一期营业同盟为期九个月,九个月之后是否继续,到时再议。而六公司之外的其他航运公司,因为规模小,六公司决定不予邀请加入。[2]这个营业同盟是由英商、日商和华商共同构建的。

(三)火柴业联营

在当时,瑞典火柴辛迪加是世界火柴业的霸主,雇用工人约7万人,生产的火柴约占世界总产量的四分之一。[3]中国火柴业主要面对瑞典火柴进口或在中国设厂的威胁,此外则是日本等国在华设厂或输入产品的竞争。同时,由于火柴业的进入门槛比较低,因此国内火柴业存在大量恶性竞争和走私逃税等现象。

中国火柴业的领军人物是刘鸿生。为了增强企业的竞争力,他很早就走上了同业兼并的扩张之路。1930年7月,在他的主导下,上海荧昌、周浦中华、苏州鸿生、九江裕生4家火柴厂合并成立大中华火柴公司[4],并继续实行兼并,到1934年7月并进杭州光华厂为止,大中华拥有7家火柴厂和1家梗片厂,总资本365万元。1935年7月1日,在刘鸿生"调剂产销平衡,铲除竞卖恶习"的倡导下,苏、浙、皖三省火柴厂组织成立国产火柴业联合办事处,"进行产销合作的一切工作",加入厂家共14家,办事处就设在大中华公司位于上海四川路33

〔1〕《长江六公司实行营业同盟》,《工商半月刊》第3卷第6期,1931年3月15日,国内经济,第35页。

〔2〕同上,第35—36页。

〔3〕孝怡:《雄视全球的瑞典火柴》,《商业月报》第11卷第5期,1931年5月,第1页。

〔4〕青岛市工商行政管理局史料组编:《中国民族火柴工业》,中华书局1963年版,附录。

号的总部内。[1]之后,刘鸿生又筹组包括日本在华火柴厂在内的全国火柴产销联营社。在1935年12月11日呈财政、实业两部的题为《挽救国内火柴工业具体方案》的呈文中,刘鸿生认为:挽救之道在三个方面,即限制生产、取缔私货和集中发卖。限制生产的方法,"应首先阻止新厂设立",即在当时生产过剩的条件下,不再新增生产能力,并"应将现有各厂之生产能力,及其生产数额,分别予以限制"。取缔私货,"应由政府将现行缉私办法,从种种方面,加以补救"。而集中发卖的方法则是"组织中华全国火柴产销联营社,集中管理各厂产销事宜"。[2]

1936年3月20日,中华全国火柴产销联营社第一次社员大会召开,宣告联营社成立。到会社员厂共48家(按:当时苏浙皖、湘鄂赣、鲁豫及冀晋察绥四统税区总共火柴厂约70家),内华商41家,日商7家。[3]联营后各厂的产额和价格都由联营社协调。联营后火柴售价提高,大中华火柴公司获得巨利。[4]

(四)水泥业联营

中国本国的水泥厂并不多,即便是加上日本在华工厂,产量也在需求范围之内。中国的工业化和城市化进程中,水泥的需求量是很大的。但第一次世界大战后,外国水泥对华倾销,造成了中国水泥业的困境。中国国内市场水泥供给总量及国货与外货所占比重参见表12:

表12　中国国内市场水泥供给总量及国货与外货所占比重(1922—1931年)

年份	国内市场水泥供给总量(千桶)	国产水泥		外货水泥			
		产量(千桶)	占比(%)	在华外厂生产(千桶)	进口(千桶)	小计(千桶)	占比(%)
1922	2 731 771	1 564 892	57.28	235 370	931 509	1 166 879	42.72
1923	2 678 041	1 753 063	65.46	297 680	627 298	924 978	34.54
1924	2 713 317	1 494 315	55.07	601 088	617 914	1 219 002	44.93
1925	2 989 239	1 623 125	54.30	518 083	848 031	1 366 114	45.70
1926	3 588 955	2 284 444	63.65	632 411	672 100	1 304 511	36.35

〔1〕 杨德惠:《中国的火柴工业(下)》,《商业月报》第16卷第10期,1936年10月,第9页。

〔2〕 上海社会科学院经济所编:《刘鸿生企业史料》(中),上海人民出版社1981年版,第208-210页。

〔3〕 同上,第213页。

〔4〕 同上,第247-248页。

续表

年份	国内市场水泥供给总量(千桶)	国产水泥		外货水泥			
		产量(千桶)	占比(%)	在华外厂生产(千桶)	进口(千桶)	小计(千桶)	占比(%)
1927	3 729 711	2 268 513	60.82	661 039	800 159	1 461 198	39.18
1928	4 570 687	2 535 076	55.46	1 041 651	993 960	2 035 611	44.54
1929	5 506 717	3 043 644	55.27	1 394 735	1 068 338	2 463 073	44.73
1930	5 213 738	2 736 311	52.48	1 323 500	1 153 927	2 477 427	47.52
1931	5 333 065	2 959 840	55.50	1 085 467	1 287 758	2 373 225	44.50

资料来源:上海社会科学院经济所编,《刘鸿生企业史料》(上),上海人民出版社 1981 年版,第 184 页。

　　表 12 的数据引自方显廷和谷源田所著《中国水泥工业之鸟瞰》一文,方显廷和谷源田将在华外厂产品也算在外货水泥这一大类中。由于大量外货进口,国内水泥市场竞销激烈。为了避免两败俱伤,1925 年 6 月,华商上海水泥公司同启新洋灰公司订立联合营业合同,共 20 条,规定了联合营业的区域、两公司每年总销量及分配办法、最低售价、相互检查等办法,华商上海水泥公司并允诺退出除联合营业区域外的其他区域,如华北、华中区域,以换取联营区域内的市场优势。联营后实行联合涨价,并共同抵制外国水泥。由于售价提升,华商上海水泥公司转亏为盈,见表 13:

表 13　　　　　华商上海水泥公司水泥的售价与盈亏(1923—1926 年)

年份	上海地区售价(元/每桶)	上海以外地区售价(元/每桶)	平均售价(元/每桶)	平均售价逐年增(＋)减(－)(%)	盈亏额(元)
1923	4.65	5.33	4.694	—	33 054.59
1924	—	—	3.890	－17.13	－38 064.55
1925	4.11	3.54	3.825	－1.67	12 710.38
1926	4.25	4.01	4.228	＋10.54	120 444.28

资料来源:上海社会科学院经济所编,《刘鸿生企业史料》(上),上海人民出版社 1981 年版,第 200 页。

　　华商上海水泥公司 1924 年由于激烈竞争而出现亏损,1925 年下半年起实行联合营业,当年就小有盈利,1926 年盈利额扩大到 12 万余元。

　　1930 年中国水泥公司也加入联营,于是变成华商、启新和中国 3 家水泥公

司联营,决定试办联营一年。联营的宗旨是抵制外货[1]:

> 欲图抵制(外货),我三公司必须合力同心,成立坚固之团体,庶克有济。按抵制外货之办法,不外乎关税保护及廉价竞销。关税一层,即时难期实现。竭力竞销,实我分内之责。然若三公司间不先有持平之协定,必难免互相冲突之处,稍一不慎,即易失去抵制外货之本旨,而成为自相残杀之局势。故在抵制外货之先,必须我三公司成立联合营业之契约,使三公司间之权利义务,各得其平。各个公司均克自立,无动摇之处,自能永久同心协力,专对外灰作有秩序之抵制,方可收得较大之效果也。

联合营业的合同包括协定销数、协定售价、联业区域、联业管理、限制扩充、联合对外等内容。[2] 1933 年,华商与启新、中国一再磋商继续联营,但未获成功。其原因是启新和中国提出了以产量为分配销数的主张,这两家厂都在另设新厂或扩张生产,“以产量为分配销数”对其有利,而不利于华商上海水泥公司,所以未获后者同意。于是启新和中国便绕过华商,两家厂组织营业总管理处,于 1936 年 3 月 1 日正式成立。[3]

(五)版纸联营

1920—1925 年间先后成立了 6 家版纸厂,包括苏州华盛、杭州武林、天津振华、苏州华章、嘉兴禾丰和上海竟成。6 家厂总的版纸年产量达到 3.4 万吨,供过于求。各厂不惜跌价竞争,每吨由 50 两跌到 30 余两,结果造成亏损,各厂维持困难。到 1929 年,除竟成厂外,其余几家版纸厂均先后停顿。竟成厂主王叔贤担心各厂复工后会影响竟成厂的业务,便采取租办的方式,除华章厂已由敬业公司租办外,先后将华盛、振华、武林、禾丰四厂租下,由竟成厂统一组织生产,根据市场需要开工,维持版纸市价。但竟成厂实力有限,租办四厂后流动资金出现问题,最终于 1931 年失败散伙。[4]

1932 年上海成立了国产版纸产销联合营业所,这是由民丰、华丰造纸厂主

---

〔1〕 上海社会科学院经济所编:《刘鸿生企业史料》(上),上海人民出版社 1981 年版,第 219 页。

〔2〕 同上,第 220—221 页。

〔3〕 上海社会科学院经济所编:《刘鸿生企业史料》(中),上海人民出版社 1981 年版,第 84—87 页。

〔4〕 上海社会科学院经济所、轻工业发展战略研究中心:《中国近代造纸工业史》,上海社会科学院出版社 1989 年版,第 130—131 页。

金润庠发起设立，并任所长。理事会的宗旨如下[1]：

首先理事会讨论通过各厂生产任务的具体分工，由华盛、大华、振华三厂专制黄版纸；华丰除黄版纸外兼制灰版纸；民丰则专制级别及产值较高的花色版纸，规定产品全部按成本作价由联营所收购，定价出售，所获利润除拨充该所经费外，按产值比例分派给各厂；还规定产品销售区域，天津振华的产品不南运，限定在河北、山东、河南、山西等省销售，南方各厂产品不北上，销余部分则削价外销，由联营所负担损失，如仍有滞销出现，则采取各厂轮流停工，以资节制，停工期间的正常开支，由联营所补贴。联营所成立之后，各种版纸价格由下降而趋于上升和稳定，黄版纸在联营前的售价每吨 52 元，联营后提至 90 元，增加 73%，一般来说在抗战爆发前，版纸的销路和价格基本上是稳定的，不仅各厂年有盈利，而且有利于抵制进口洋货。至于竞成版纸厂虽未参加联营，但将产品每吨售价以低于联营所定价 2 元出售，因而每天出品不用打包就被客户争购一空，它既不负担联营所开支又省去一笔打包费用，所获盈利实也受惠于联营。

（六）驼绒业联营

1929 年春，由于驼绒售价下降，维一、先达、纬纶、胜达、天翔 5 家驼绒织厂的厂主，为了保持高额的利润，组织了中国骆驼绒厂总发行所，集中五厂的出品联合销售，售价划一，各厂不得任意贬价竞售。这一年，由总发行所推销的营业总额达 400 余万元。后因维一厂破坏价格协议，联营遂告结束。

综上所述，各业卡特尔组织的出现，有不同的目的，有的是外商出于在华倾销商品的需要，有的是华商出于抵制外货的目的，也有华商和外商共同出于维护市场价格的目的。近代中国经济发展水平尚低，但一些产业的市场集中度并不低。卡特尔组织的出现似乎有点"早熟"，而国民政府又是支持卡特尔的，这是近代中国产业组织的一个特点。

---

〔1〕 上海社会科学院经济所、轻工业发展战略研究中心：《中国近代造纸工业史》，上海社会科学院出版社 1989 年版，第 304—305 页。

第三编

租界问题研究

近代上海公共租界当局的财政收支

内容提要：近代上海公共租界工部局的租界行政权，是对中国主权的攫夺。其中，租界财政是租界行政最重要的方面之一。上海公共租界的财政规模相当可观，远远超过江苏省地方财政的规模。财政收入主要有码头捐、房捐、地税、执照捐、公共事业收入、发行公债收入等；财政支出主要有工务、警务、卫生、教育、行政等方面的支出。研究近代上海公共租界财政和法租界财政，可以令我们更完整地鸟瞰近代中国的地方财政，客观地剖析租界财政在近代中国城市化过程中的地位和作用，使我们在抨击其侵略的前提下，总结若干历史的经验和教训。

关键词：近代上海　公共租界　租界财政　侵犯主权　城市化

一、侵犯中国主权的租界行政

租界行政权，是西方列强在华攫夺的超乎治外法权之上的城市管辖权。上海租界开辟时，在1845年公布的《土地章程》中已有关于租界事务由界内租地人议决的规定。之后，逐渐形成了租地人会议制度，对建设城市公共设施、成立工部局、设立警务机构、合并英美租界、修改《土地章程》和越界筑路等租界重大事务进行议决。[1] 1845年的《土地章程》是由上海道台宫慕久与英国领事巴富尔共同议定的，主要涉及租地、建房、修路、缴纳年租等一些具体事务，而1854

---

〔1〕　史梅定主编：《上海租界志》，上海社会科学院出版社2001年版，第150页。

年的《上海英美法租界租地章程》则完全将清政府撇在一边,其中凸显了租界管理当局的收税、发放经营执照、司法等特权,性质发生明显变化。关于收税权,《土地章程》规定:"起造、修整道路、码头、沟渠、桥梁,随时扫洗净洁,并点路灯,设派更夫各费,每年初间,三国领事官传集各租主会商,或按地输税,或由码头纳饷,选派三名或多名经收,即用为以上各项支销。不肯纳税者,即禀明领事饬追。"而如果有人违反《土地章程》的规定,"领事官即传案查讯,严行罚办,倘该人无领事官,即移请道台代为罚办"。对于扰乱租界治安的行为,"所有罚项,该领事官追缴,其无领事官者,即著(着)华官著追"[1]。当时还强调领事的作用,后来在行政、警务等方面的职能由公共租界行政管理当局,即工部局履行,司法职能由领事法庭或由外人控制的会审公廨履行。

1862 年 12 月 17 日,上海公共租界"信件总办向董事会提交了英国、美国、葡萄牙各缔约国领事寄来的回信,这些回信是答复写给他们的一封抗议信,抗议中国当局新近企图向西人租界内的本地居民征收捐税。上述来信大多支持工部局的观点,因而下令把它们记录在会议记录簿中,以便在适当时候予以发表"。其中,美国领事的信中说:"中国官府过去实际上放弃了征收捐税的权利。"[2]在租界事务方面,租界当局取代了清政府的地位。截至 1866 年 6 月 8日,公共租界工部局向租界内华人征收 5 种捐税:中式房屋房捐,年度税款为8%;鸦片馆税,根据营业情况征税;当铺税,每季度 30 元;出售洋酒税,每季度30 元;舢板税,每月半元。指定征收工部局捐税的人员均系身着工部局捕房制服的西捕。[3]

公共租界管理当局也知道,"若仅在抽象方面考虑撇开一切实际情况,则工部局管理中国领土上华洋杂居居民的任何计划不出自中国政府也不受其控制,一定会被视为非法,而且有作为侵害该国政府的一个先例的危险。不过,这些问题不应在理论上去判断,就此事而言,常识告诉我们,需要的并不是建立一条抽象的原则,而是在实际上防备经常再发生那些明白可见的危险与困难"[4]。

---

〔1〕 史梅定主编:《上海租界志》,上海社会科学院出版社 2001 年版,第 685 页。

〔2〕 工部局董事会议事录,1862 年 12 月 17 日;载上海市档案馆编译:《工部局董事会会议录》(第1 册),上海古籍出版社 2001 年版,第 664-665 页。

〔3〕 工部局董事会议事录,1866 年 6 月 8 日;载上海市档案馆编译:《工部局董事会会议录》(第 2册),第 563-564 页。

〔4〕 工部局董事会议事录,1867 年 1 月 14 日;载上海市档案馆编译:《工部局董事会会议录》(第 3册),第 548 页。

根据清政府与西方国家签订的不平等条约中的治外法权,在中国领土上的这些西方国家的国民不受中国法律审判,或者也没有服从中国法律审判权的义务,而是受他们本国法庭管辖。但像上海公共租界,有如此众多不同国籍的外国人,华洋杂居,总应该有一种为所有居民接受的强制性管理和约束章程,那便是《土地章程》的产生及不断修订,其执行机构就是工部局。因此,"取得全体同意才是走向'工部局治制'实际可行计划的第一步",而"此种授权应授予征税权,并通过向主管当局办理法律手续,授予强制全体居民不论何国国籍毫无例外地纳税的权力,这是第二步"[1]。由此看来,"工部局治制"与"治外法权"还不是一回事,前者的覆盖面更广,进入行政管理、强制征税等政府权力领域。

　　1872 年 6 月,"英国政府要将监狱的监督与管理权移交给工部局,但财产不移交"[2]。1872 年 7 月 31 日,工部局董事会对《土地章程》附律第 40 条有关病害肉类的条文修改完善,授权菜场稽查员或工部局为此目的而任命的其他官员,在任何适宜的时间内,不论有无助手陪同,都可以进入任何租界内的食品营业场所,对于病害肉类及其他有害于人们的食品,有权予以没收、销毁及处以罚款。[3] 1874 年 2 月,大英按察使认同工部局有对租界内土地和房屋征税的权力。[4] 1874 年 5 月 13 日,工部局董事会一致同意在纳税人特别会议上提议修改《土地章程》第 30 条,该条款称:"授权执行委员会,即董事会,征收业经现行《章程》批准的捐税以外的捐税是有利的、必要的;工部局有权征收未经《土地章程》特别列出或提及的捐税,消除对工部局这个权力的一切怀疑也是可取的。还应进一步安排并宣布,洋泾浜北首上海公共租界的工部局完全有权制定《附律》,以征收他们认为必要的和有利的捐税;并采取法庭批准的手段来强迫支付捐税,拖欠税者就会在该法庭受到控告,但条件始终是:根据这个《章程》制定的一切《附律》都必须在召开的纳税人全体会议或特别会议上经半数以上的纳税人通过(关于这种会议以及会议的目的至少应在 10 天以前发出通知),并需经

　　〔1〕 工部局董事会议事录,1867 年 1 月 14 日;载上海市档案馆编译:《工部局董事会会议录》(第 3 册),第 548 页。

　　〔2〕 工部局董事会议事录,1872 年 6 月 17 日;载上海市档案馆编译:《工部局董事会会议录》(第 5 册),第 553 页。

　　〔3〕 工部局董事会议事录,1872 年 8 月 5 日;载上海市档案馆编译:《工部局董事会会议录》(第 5 册),第 567 页。

　　〔4〕 工部局董事会议事录,1874 年 2 月 10 日;载上海市档案馆编译:《工部局董事会会议录》(第 6 册),第 605－606 页。

上海的各国领事确认。"[1]

　　1875 年 6 月,在一个英国律师眼里,"他对女王陛下通过工部局的命令与皇家殖民地一样充分而有效地统治他的在华臣民的权力毫不怀疑,这种权力包括征税权在内";"他认为女王陛下的工部局对现有《土地章程》法典的承认足使这些章程完整无缺,对在沪的英国臣民有约束力";"他十分清楚的是:女王陛下既已通过正常途径将地方政府的权力授予上海英人纳税会议,则此权力当然也包括多数票表决通过的强行征税的权力。而且他深信这种强迫征税也可能扩大到人丁税"[2]。显然,在英国人的逻辑中,租界类似于"皇家殖民地",而工部局类似于英国地方政府的执行机构。1881 年 6 月,英国女王正式批准 1870 年修订的《土地章程》。[3] 1897 年 11 月 16 日,工部局董事会财务委员会"建议修改(《土地章程》)《附律》第 34 条,使之包含关于向私人车辆、私人开设的菜场和药房发放执照的内容"[4]。在《附律》第 34 条正式修改时,工部局发放执照的范围除私人车辆、私人菜场和药房外,又加入了舞厅和妓院。[5] 1898 年,《土地章程》又经过一次修订,"外交使团不等总理衙门表示它的看法就同意批准,并把含有这一决定的公函由外交使团团长发给了领袖领事。新的条款将立即生效执行"[6]。英国女王也批准了新修订的《土地章程》。[7] 1899 年 4 月,上海公共租界当局通过英、德总领事要求清政府总理衙门同意扩张租界的提议,"其中将包括他们对《土地章程》的法令的接受。这一点,众所周知,虽经三十多年的执行却从未为他们所接受"[8]。1920 年,为了扩大《土地章程》中工部局的征用

　　〔1〕 工部局董事会议事录,1874 年 5 月 13 日;载上海市档案馆编译:《工部局董事会会议录》(第 6 册),第 619－620 页。

　　〔2〕 工部局董事会议事录,1875 年 6 月 28 日;载上海市档案馆编译:《工部局董事会会议录》(第 6 册),第 686 页。

　　〔3〕 工部局董事会议事录,1881 年 6 月 20 日;载上海市档案馆编译:《工部局董事会会议录》(第 7 册),第 744 页。

　　〔4〕 工部局董事会议事录,1897 年 11 月 16 日;载上海市档案馆编译:《工部局董事会会议录》(第 13 册),第 545 页。

　　〔5〕 工部局董事会议事录,1897 年 12 月 29 日;载上海市档案馆编译:《工部局董事会会议录》(第 13 册),第 553 页。

　　〔6〕 工部局董事会议事录,1899 年 4 月 5 日;载上海市档案馆编译:《工部局董事会会议录》(第 14 册),第 479 页。

　　〔7〕 工部局董事会议事录,1899 年 8 月 16 日;载上海市档案馆编译:《工部局董事会会议录》(第 14 册),第 500 页。

　　〔8〕 工部局董事会议事录,1899 年 4 月 28 日;载上海市档案馆编译:《工部局董事会会议录》(第 14 册),第 484 页。

权,工部局董事会再次修订《土地章程》,并企图让北京当局接受。[1] 1921 年 7 月 21 日的一份工部局公报强调,工部局的"真正性质就是上海外国租界的执行委员会"[2]。

随着上海公共租界工部局地位的巩固和其影响的日益提升,工部局董事会认为有一个非常重要的问题需要明确下来,那就是领事团是否对工部局有实际的权力或有权向工部局发布任何明确的命令或指示。总董强调指出:"领事团不具有这种权限或权力。领事团对工部局的关系从未从法律观点上或政治观点上明确规定,而是像其他许多有关公共租界行政管理机构的问题一样,所依据的基本原则非常模糊不明。工部局应该最大限度地与领事团合作并且虚心地考虑领事团的意见、建议和要求,这是非常必要的。"因此,总董认为,并得到董事会赞同:"会议记录中应明确写明领事团实际上对工部局没有实际的权力或权限;工部局承担着维持公共租界的安全和治安的责任,在中国发生内战、内乱、骚乱和罢工时以及在其他威胁本租界安全和治安的情况下,工部局可能随时迫于自卫而采取措施,这些措施不仅可以不经领事团批准,而且可以直接反对领事团的意见或可能发出的指示。众董事一致认为,采用任何其他原则都会铸成极大的错误并且随时可能使工部局认为适于保护租界的防卫措施失去作用。"[3]这与早期工部局宁可存在这种模糊不清的关系已有明显的不同。1925 年 12 月,有人质疑工部局在拓宽四川路征地时的强制做法,即由工部局工务委员会对土地的估价加上 10%的溢价,认为这与新的英国土地法的规定有差异。新的英国土地法规定的赔偿额是以业主在独立自主地和自愿地出售时对他是否有利为依据。而工部局董事会则认为,如果新的英国土地法在上海公共租界实施,"工部局有时可能要比现在多付 33%－75%";"赔偿费应根据最近的实际买卖而定,而且如果每次都请专家来估价,那将是一笔花费巨大的支出"[4]。这说明,上海公共租界所实行的一套制度,基本上是照搬英国的制度,而且比在

---

〔1〕 工部局董事会议事录,1920 年 10 月 13 日,1921 年 1 月 12 日;载上海市档案馆编译:《工部局董事会会议录》(第 21 册),第 601、625 页。

〔2〕 工部局董事会议事录,1921 年 7 月 20 日;载上海市档案馆编译:《工部局董事会会议录》(第 21 册),第 682 页。

〔3〕 工部局董事会议事录,1924 年 10 月 29 日;载上海市档案馆编译:《工部局董事会会议录》(第 22 册),第 702－703 页。

〔4〕 工部局董事会议事录,1925 年 12 月 9 日;载上海市档案馆编译:《工部局董事会会议录》(第 23 册),第 613 页。

英国所实施的更有利于租界的行政管理当局。清政府对《土地章程》等的未予正式承认,与其说是一种反抗,不如说是一种默许。他们既害怕反抗,又怕青史留骂名。

二、上海公共租界当局的财政规模

外人既然攫夺了租界行政,租界财政便随之出现。研究中国近代财政史的学者,过去都不研究租界财政,未免留下缺憾。租界财政具有两面性:既是对中国主权的侵夺,又在近代中国城市化过程中起了一定的作用。我们只要本着实事求是的态度加以分析,应该可以作成客观公允的评价。

上海公共租界工部局的财政收支规模是逐步发展的,19世纪六七十年代也就是20万至30万规元两的规模,1900年收支规模突破100万规元两,1906年突破200万规元两,1912年突破300万规元两,1921年突破1 000万规元两,1929年突破2 000万规元两,1930年的财政收入达到4 308.1万规元两的历史高点。在20世纪30年代的前半期,上海公共租界财政收支的规模各在3 000万至4 000万规元两的规模。[1] 表1是上海公共租界历年财政收支状况:

表1 　　　　　**上海公共租界历年财政收支状况(1863—1942年)** 　　　　单位:规元两

年份	经常账户收入	临时账户收入	财政收入	经常账户支出	临时账户支出	财政支出	赤字(一)或盈余
1863	207 870		207 870	271 527		271 527	−63 657
1864	221 487		221 487	239 460		239 460	−17 973
1865	222 884		222 884	236 920		236 920	−14 036
1866	160 898		160 898	140 157		140 157	20 741
1867							
1868	309 492		309 492	338 252		338 252	−28 760
1869	253 833		253 833	229 621		229 621	24 211
1870	221 740		221 740	270 559		270 559	−48 818
1871	250 991		250 991	282 493		282 493	−31 502
1872	247 696		247 696	239 076		239 076	8 620
1873	301 021		301 021	316 921		316 921	−15 900

---

〔1〕 1933年废两改元,1935年法币改革。本文为了可比性的需要,这里仍折算成规元两。

续表

年份	经常账户收入	临时账户收入	财政收入	经常账户支出	临时账户支出	财政支出	赤字(一)或盈余
1874	265 006		265 006	264 845		264 845	161
1875	244 216		244 216	244 137		244 137	78
1876	229 435		229 435	225 492		225 492	3 943
1877	242 782		242 782	230 970		230 970	11 812
1878	268 630		268 630	268 590		268 590	40
1879	253 414		253 414	234 110		234 110	19 303
1880	239 342		239 342	235 382		235 382	3 960
1881	251 308		251 308	262 863		262 863	−11 555
1882	320 116		320 116	308 795		308 795	11 321
1883	387 490		387 490	375 071		375 071	12 419
1884	308 128		308 128	336 322		336 322	−28 195
1885	355 456		355 456	359 672		359 672	−4 216
1886	387 317		387 317	363 985		363 985	23 332
1887	411 059		411 059	402 437		402 437	8 622
1888	504 962		504 962	492 140		492 140	12 821
1889	433 980		433 980	427 276		427 276	6 704
1890	449 496		449 496	466 674		466 674	−17 178
1891	462 138		462 138	455 434		455 434	6 704
1892	518 993		518 993	542 332		542 332	−23 339
1893	536 465		536 465	523 207		523 207	13 258
1894	586 580		586 580	575 668		575 668	10 911
1895	606 655		606 655	605 830		605 830	825
1896	755 772		755 772	874 527		874 527	−118 755
1897	640 006	268 800	908 806	592 900	311 341	904 241	4 565
1898	753 270	244 565	997 835	753 099	247 140	1 000 239	−2 405
1899	916 611	0	916 611	797 464	162 726	960 190	−43 579
1900	1 045 177	33 900	1 079 077	916 886	231 576	1 148 461	−69 384
1901	1 097 720	240 000	1 337 720	938 661	371 066	1 309 727	27 992
1902	1 209 175	177 992	1 387 168	1 016 842	438 899	1 455 741	−68 574

续表

年份	经常账户收入	临时账户收入	财政收入	经常账户支出	临时账户支出	财政支出	赤字(一)或盈余
1903	1 341 570	340 500	1 682 070	1 194 020	683 073	1 877 093	−195 023
1904	1 505 402	94 500	1 599 902	1 185 475	526 567	1 712 042	−112 140
1905	1 780 415	120 000	1 900 415	1 295 886	382 570	1 678 456	221 959
1906	1 866 398	221 959	2 088 357	1 526 844	574 584	2 101 428	−13 071
1907	1 983 432	250 000	2 233 432	1 611 038	823 907	2 434 945	−201 513
1908	2 403 164	425 000	2 828 164	1 987 652	830 450	2 818 102	10 062
1909	2 521 600	310 062	2 831 663	2 101 010	688 789	2 789 800	41 863
1910	2 555 056	221 754	2 776 810	2 200 153	563 374	2 763 528	13 282
1911	2 589 628		2 589 628	2 347 690		2 347 690	73 860
1912	2 734 245	283 487	3 017 732	2 372 766	614 912	2 987 678	30 054
1913	2 858 006	715 520	3 573 526	2 484 283	1 075 493	3 559 775	13 750
1914	2 934 382	338 559	3 272 941	2 700 219	589 364	3 289 583	−16 642
1915	3 051 017	641 531	3 692 548	2 781 752	1 008 278	3 790 030	−97 482
1916	3 333 151	282 756	3 615 906	2 925 573	1 163 018	4 088 590	−472 684
1917	3 455 128	1 024 048	4 479 176	3 379 440	1 588 605	4 968 045	−488 870
1918	3 864 577	948 776	4 813 353	3 596 796	1 369 341	4 966 137	−152 784
1919	4 419 961	1 642 902	6 062 863	4 568 907	2 247 078	6 815 985	−753 122
1920	4 823 483	4 784 556	9 608 039	4 829 895	4 790 320	9 620 216	−12 177
1921	5 960 628	6 213 871	12 174 499	5 651 240	6 428 767	12 080 007	94 492
1922	6 700 588	8 325 725	15 026 313	6 474 580	8 328 274	14 802 855	223 459
1923	7 429 806	4 480 773	11 910 579	7 027 738	5 193 364	12 221 102	−310 523
1924	8 430 892	4 979 823	13 410 714	7 963 325	5 362 782	13 326 106	84 608
1925	9 619 977	4 430 359	14 050 335	9 488 483	6 979 098	16 467 581	−2 417 246
1926	10 232 350	6 048 288	16 280 639	10 250 648	6 103 354	16 354 002	−73 363
1927	11 143 495	1 728 139	12 871 634	11 713 012	1 771 496	13 484 508	−612 875
1928	12 122 197	1 176 692	13 298 889	11 620 593	2 556 330	14 176 924	−878 035
1929	12 974 896	11 643 556	24 618 453	9 440 067	10 105 027	19 545 093	5 073 360
1930	16 214 038	26 867 344	43 081 382	13 942 470	23 522 633	37 465 103	5 616 279
1931	17 066 605	17 772 287	34 838 892	16 715 099	18 284 587	34 999 686	−160 794

续表

年份	经常账户收入	临时账户收入	财政收入	经常账户支出	临时账户支出	财政支出	赤字(一)或盈余
1932	14 971 378	10 181 184	25 152 562	15 024 859	11 497 784	26 522 643	−1 370 081
1933	15 632 867	24 703 802	40 336 669	15 613 270	28 249 177	43 862 447	−3 525 778
1934	16 870 106	13 202 121	30 072 227	16 371 838	17 114 556	33 486 394	−3 414 166
1935	16 103 680	4 247 770	20 351 450	15 920 029	8 055 069	23 975 097	−3 623 647
1936	13 981 885	4 588 776	18 570 661	14 419 300	7 181 907	21 601 207	−3 030 546
1937	1 191 116	8 902 786	10 093 902	1 098 872	12 244 368	13 343 240	3 249 338
1938	12 442 348	2 451 444	14 893 792	13 460 215	6 706 551	20 166 766	−5 272 974
1939	5 688 059	2 684 696	8 372 754	6 786 443	3 290 448	10 076 891	−1 704 136
1940	4 047 620	1 687 042	5 734 662	4 853 811	1 863 357	6 717 168	−982 506
1941	3 403 828	490 182	3 894 010	3 267 076	410 206	3 677 282	216 728
1942	2 120 288	165 961	2 286 249	2 113 618	165 961	2 279 579	6 669

资料来源:杨小燕整理自工部局档案,U1—1—877至955卷,上海公共租界工部局年报。原资料中的货币单位到1933年为止为规元两,从1934年起为元,本文为了比较的方便,暂统一为规元两。见杜恂诚、高峰、杨小燕:《近代上海公共租界的土地制度与市政管理》,上海人民出版社2020年版,附表E1,第675—678页。

如果把上海法租界一并考虑,那么上海租界财政的规模甚为可观。上海法租界在20世纪30年代前半期的财政收支规模分别接近或超过1 000万规元两的规模等级,见表2:

表2 上海法租界历年财政收支状况(1875—1934年)　　　　单位:规元两

年份	财政收入	财政支出
1875	67 763	70 687
1876	86 229	83 832
1877	84 367	119 325
1878	99 069	106 782
1879		
1880	110 817	115 903
1881	115 210	114 723
1882	118 075	110 801

续表

年份	财政收入	财政支出
1883	122 682	117 462
1884	107 665	97 631
1885	110 884	103 510
1886	129 975	156 877
1887	172 772	167 163
1888	159 160	156 082
1889	136 891	148 576
1890	138 478	138 110
1891	160 629	141 770
1892	140 109	145 075
1893	147 623	142 766
1894	150 315	145 324
1895	154 167	132 687
1896	160 422	155 517
1897		
1898	196 639	315 254
1899	214 098	177 501
1900	274 929	369 158
1901	321 804	483 106
1902	343 448	496 751
1903	375 072	418 424
1904	1 014 550	948 484
1905	456 351	391 427
1906	520 553	498 253
1907	557 021	649 648
1908	577 169	559 700
1909		
1910	581 442	741 901

续表

年份	财政收入	财政支出
1911	592 217	773 278
1912	664 639	761 205
1913	735 287	782 970
1914	754 708	943 397
1915	798 789	943 659
1916	970 082	1 191 947
1917	930 203	1 317 880
1918	950 675	1 382 542
1919	1 045 891	1 212 389
1920	1 144 196	1 146 369
1921	3 351 156	2 529 078
1922	1 726 871	2 321 785
1923	2 627 357	2 651 298
1924	2 976 843	2 762 058
1925	2 382 925	3 328 743
1926	2 812 861	4 054 562
1927	3 221 404	4 264 355
1928	4 192 051	3 954 825
1929	4 332 068	4 999 335
1930	7 361 462	6 970 512
1931	8 635 246	8 583 352
1932	6 391 362	6 702 514
1933	10 064 350	7 819 449
1934	18 130 896	14 635 676

注:1. 财政收入包括经常收入和临时收入,财政支出包括经常支出和临时支出。

2. 1933 年废两改元,1934 年的数字原应为元。可能是出于可比性的考虑,原表中 1934 年的单位即为两。

3. 1920 年数字经修订。

资料来源:史梅定主编,《上海租界志》,上海社会科学院出版社 2001 年版,第 364－367 页。

为了了解上海租界财政规模的量级含义,我们把江苏省的财政规模拿来做比较。

1929年江苏省库账实支数历年最高,达1 473.1万元,1932年稍低,为1 276.1万元,其他各年都不到1 200万元。[1]当然,江苏省的财政支出包括上海华界地区在内。如果仅以上海公共租界的财政支出规模计,1929年和1932年分别是1 954.5万两(约合2 736.3万元)和2 652.3万两(约合3 713.2万元),是这两年江苏省库账实支数的1.86倍和2.91倍。如果加上法租界,1929年上海公共租界和法租界财政支出共计2 454.4万两(约合3 436.2万元);1932年上海公共租界和法租界财政支出共计3 322.5万两(约合4 651.5万元)。1929年上海两租界财政支出规模是江苏省的2.33倍,1932年则是3.65倍。而这两年并不是上海租界财政规模的高峰年。

三、上海公共租界各种财政收入来源

上海公共租界经常性财政收入包括码头捐、房捐、地税、执照捐、其他捐税、公用事业收入等;临时性收入主要包括公债收入等。表3是各项主要经常性收入的统计:

表3　　　　上海公共租界工部局各项主要经常性收入(1863—1942年)　　单位:规元两

年份	码头捐	房捐	地税	执照捐	公用事业收入
1863	47 255	100 602	41 067	14 441	
1864	42 524	120 847	43 044	13 568	
1865	30 789	73 649	24 908	46 735	
1866	35 586	89 225	12 417	23 690	
1867					
1868	73 824	57 192	11 785	19 910	
1869	86 034	63 696	14 330	18 617	
1870	100 599	42 115	14 032	18 925	
1871	112 736	58 849	14 387	19 882	
1872	135 116	63 623	12 962	21 290	

---

〔1〕刘孝诚:《中国财政通史·中华民国卷》,中国财政经济出版社2006年版,第245页。

续表

年份	码头捐	房捐	地税	执照捐	公用事业收入
1873	105 833	73 472	13 004	22 013	
1874	107 188	76 525	18 426	23 046	
1875	107 331	77 827	22 125	28 103	
1876	97 128	76 152	20 169	34 612	
1877	90 958	78 683	20 151	39 290	
1878	83 451	77 215	20 476	38 859	
1879	87 197	78 874	20 140	46 015	
1880	16 703	105 107	26 862	58 214	
1881	10 302	112 797	31 205	62 870	
1882	10 245	122 435	31 239	72 114	
1883	10 185	129 425	54 034	82 824	
1884	10 245	124 410	54 311	77 293	
1885	46 912	120 644	54 317	81 711	
1886	63 276	126 150	54 157	91 256	
1887	62 295	131 650	54 119	96 495	
1888	67 330	139 034	54 007	101 864	
1889	65 549	146 989	54 383	109 269	
1890	64 322	149 217	54 645	109 558	
1891	71 760	153 762	67 548	111 694	
1892	69 460	159 554	69 029	118 443	
1893	62 988	168 609	67 716	121 005	
1894	77 096	181 307	67 761	129 193	
1895	77 995	192 739	67 915	138 136	
1896	76 727	225 232	68 418	148 961	
1897	70 379	273 568	110 887	175 365	
1898	69 901	333 807	140 291	200 157	
1899	135 763	365 397	172 349	216 934	
1900	118 300	419 186	214 775	264 358	

续表

年份	码头捐	房捐	地税	执照捐	公用事业收入
1901	140 170	444 613	218 750	263 087	
1902	177 225	496 981	218 148	284 645	
1903	162 509	574 144	277 096	327 821	
1904	180 159	669 206	299 541	356 497	
1905	224 213	762 563	399 786	365 487	
1906	203 742	829 940	400 458	398 477	
1907	179 358	906 110	456 330	394 705	5 631
1908	157 957	1 110 380	685 105	391 357	18 185
1909	177 636	1 162 420	688 026	426 822	25 097
1910	173 394	1 171 309	689 335	446 152	29 459
1911	180 778	1 187 968	691 000	445 451	33 704
1912	204 782	1 258 697	671 540	494 608	39 479
1913	215 245	1 297 672	674 739	535 097	69 155
1914	189 362	1 336 872	678 067	582 058	74 640
1915	183 289	1 416 690	680 405	598 292	80 964
1916	207 001	1 520 523	682 177	651 570	173 658
1917	203 394	1 582 949	836 719	554 662	168 620
1918	196 311	1 644 999	881 461	522 451	498 404
1919	268 836	2 035 074	1 053 580	559 244	380 829
1920	365 297	2 188 688	1 056 641	627 567	457 018
1921	374 785	2 498 595	1 326 872	721 022	848 865
1922	379 743	2 813 490	1 328 091	821 253	838 523
1923	427 365	3 142 770	1 595 680	920 024	900 451
1924	489 622	3 552 506	1 594 676	1 063 219	1 119 917
1925	464 627	3 985 911	2 177 069	1 131 189	1 173 171
1926	616 633	4 255 449	2 161 284	1 274 965	1 513 193
1927	499 300	4 899 292	2 552 638	1 387 940	1 508 558
1928	602 787	5 466 818	2 934 031	1 523 648	1 808 261

续表

年份	码头捐	房捐	地税	执照捐	公用事业收入
1929	664 963	5 868 169	2 934 067	1 626 120	1 042 725
1930	748 336	5 954 545	2 749 249	1 744 178	1 145 414
1931	645 488	6 223 527	3 877 847	1 872 977	1 415 542
1932	261 113	6 773 550	3 868 911	1 951 467	1 273 591
1933	345 508	7 301 066	4 321 807	2 087 252	1 401 515
1934	349 617	7 817 972	4 916 020	2 197 313	1 407 795
1935	320 143	7 538 217	4 708 002	2 090 216	1 287 541
1936	328 698	6 122 326	4 094 234	1 741 589	1 128 193
1937	276 122	4 719 855	3 526 587	1 416 262	842 366
1938	78 103	5 994 769	4 384 138	1 643 564	1 011 594
1939	93 797	2 675 247	1 713 549	802 922	700 635
1940	66 944	1 993 100	1 108 488	491 851	665 325
1941	34 502	1 699 010	763 638	417 864	415 392
1942	7 083	610 617	237 251	207 020	124 601

资料来源:杨小燕整理自工部局档案,U1—1—877 至 955 卷,上海公共租界工部局年报。原资料中到 1933 年为止的货币单位是规元两,从 1934 年起为元,本文为了比较的方便,暂统一为规元两。见杜恂诚、高峰、杨小燕:《近代上海公共租界的土地制度与市政管理》,上海人民出版社 2020 年版,附表 E2,第 678—681 页。

(一)码头捐

码头捐又称货物捐,是对使用公共租界码头装卸货物的商人征收的间接税。码头捐从 1849 年 7 月 23 日起征。1854 年工部局成立后,对租界内使用公共码头装卸进口货物的,照货价征收 0.1%的码头捐。至于对华商征收码头捐,则是从 1857 年开始的,经过几轮交涉,上海道台同意每年汇总华商的码头捐,统一缴给工部局,其额度 1858 年定为 2 000 元,1863 年增为 4 000 元,后几次增加,1867 年达到 1.4 万元。[1] 在码头捐开征的最初 10 余年中,码头捐的收取是建立在"自发申报"基础上的,这使得许多人逃避申报,于是"码头捐所取得的税收大大不足额"。1861 年 4 月 10 日,工部局董事会通过决议,"授权工部局董

---

〔1〕 史梅定主编:《上海租界志》,上海社会科学院出版社 2001 年版,第 324 页。

事会雇用一名办事员,从海关统计表中摘录必要的统计资料"[1]。这大大降低了逃税的可能性。1865 年初的租地人大会授权工部局将码头捐提高 1 倍,当时曾预计这一税源将使收入增加到 6.5 万两。为达到这一目标,码头捐的征收扩大了范围,按照进口、出口和再出口的所有货物(珍宝除外)价值的 0.1%征税,又称市捐。[2]1867 年 6 月 12 日,工部局董事会批准与法租界公董局之间的码头捐征收协议,双方商定,"全部收入的四分之三归洋泾浜以北之工部局,四分之一归洋泾浜以南之公董局";"两租界当局各自与中国当局商定华人码头捐之代偿款";"码头捐捐务处的经费由工部局与公董局按收入比例分摊之"[3]。1898 年 1 月,工部局董事会同意将华人码头捐的半数作为托收费付给上海道台。[4]而 1901 年初的纳税人会议通过决议,白银的异地运输须缴纳千分之三的码头捐。[5]1920 年 1 月 28 日,工部局董事会议决同意财务委员会的意见,即答复海关税务司,同意对丝绸、茶叶、本地和进口餐用矿质水征收关税的 3%作为码头捐,并对金块每 1 000 元征收 0.45 元;同时,对于拟议中对《土地章程》第 9 款做出码头捐最高可征收货价 1%的修订。董事史密斯表示坚决反对,他声称:"上海早已被一些输出港口视作费用昂贵的转口港,因此对码头捐作任何实质性的提高,无疑将鼓励直接装运,从而使上海贸易招致严重损失。"[6]

　　从 1899 年开始,码头捐是由海关代征的,所以码头捐征多少,必须知会海关。作为代征酬劳,工部局每季度支付给海关 3 590 两,合每年 14 360 两。1929 年 3 月,江海关致函工部局,认为这项酬额过低,要求增加到总征收额的 5%。工部局董事会经过讨论,因无替代办法,无奈只得接受。[7]1931 年中国

────────────

〔1〕 工部局董事会议事录,1861 年 4 月 10 日;载上海市档案馆编译:《工部局董事会会议录》(第 1 册),第 615 页。

〔2〕 工部局董事会议事录,1865 年 6 月 29 日;载上海市档案馆编译:《工部局董事会会议录》(第 2 册),第 508 页。

〔3〕 工部局董事会议事录,1867 年 6 月 12 日;载上海市档案馆编译:《工部局董事会会议录》(第 3 册),第 599-600 页。

〔4〕 工部局董事会议事录,1898 年 1 月 5 日;载上海市档案馆编译:《工部局董事会会议录》(第 13 册),第 554 页。

〔5〕 工部局董事会议事录,1901 年 7 月 11 日;载上海市档案馆编译:《工部局董事会会议录》(第 14 册),第 595 页。

〔6〕 工部局董事会议事录,1920 年 1 月 28 日;载上海市档案馆编译:《工部局董事会会议录》(第 21 册),第 545 页。

〔7〕 工部局董事会议事录,1929 年 3 月 20 日;载上海市档案馆编译:《工部局董事会会议录》(第 24 册),第 542 页。

政府颁布进口关税法,码头捐按进口关税的 1‰征收,然而海关应留有总收入的 7.5‰,而不是先前海关代征协议中规定的 5‰。工部局所得到的收入总数与按照先前协议所得到的权益大体相同。财政部主导了上海公共租界、法租界和华界上海市政府的三方新协议。由于工部局没有征收码头捐的机构,所以只得同意新协议。[1]

　　(二)房捐

　　房捐是上海公共租界财政经常性收入中比重最高的一项税收。房捐是按房租的一定比例先是向外侨住户征收,后来兼向华人住户征收。房捐征收的比率最早是房租的 1‰,1854 年外人房捐比率为 3‰,华人则为 8‰,理由是华人不纳地税,房租又比较低廉。[2]之后,房捐比率多次变动,总的趋势是上涨的。1898 年中外房捐比率趋于一致。租房居住的人需要缴纳房捐,其逻辑前提是:居民享受了租界当局因投资道路、交通、卫生设施、水电煤等公共品所带来的福利和便利,应为此做出一定的贡献。最引起争议的,是租界工部局对越界筑路地区居民的征税,见表 4:

表 4　　　　　　　　　　上海公共租界工部局在越界道路上
对房屋征收"特捐"统计(1906—1933 年)　　　　　　　　单位:规元两

年份	捐率(%)	华式房屋	洋式房屋	总计
1906	5	3 282	3 132	6 414
1907	5	6 615	6 070	12 684
1908	洋式 6;华式前 3 个月 5,4 月起 6	10 512	10 452	20 964
1909	6	13 900	11 218	25 118
1910	6	15 420	11 875	27 295
1911	6	15 342	12 501	27 843
1912	6	4 443	13 476	17 919
1913	6	3 429	14 235	17 664
1914	6	3 751	16 693	20 444

──────────

〔1〕 工部局董事会议事录,1931 年 4 月 22 日;载上海市档案馆编译:《工部局董事会议录》(第 25 册),第 456 页。

〔2〕 史梅定主编:《上海租界志》,上海社会科学院出版社 2001 年版,第 322 页。

续表

年份	捐率(%)	华式房屋	洋式房屋	总计
1915	6	4 116	18 913	23 030
1916	6	4 516	21 087	25 603
1917	6	4 675	20 455	25 130
1918	6	4 674	21 955	26 629
1919	1—6月6,7月起7	5 537	27 965	33 502
1920	1—6月7,7月起12	7 535	41 962	49 497
1921	12	10 421	66 332	76 753
1922	12	12 849	105 609	118 458
1923	12	15 082	138 688	153 770
1924	12	17 351	156 182	173 533
1925	12	21 593	179 232	200 825
1926	12	28 254	204 861	233 115
1927	1—6月12,7月起14	33 028	236 930	269 978
1928	14	29 596	271 677	301 073
1929	14	32 157	295 333	327 490
1930	1—6月14,7月起12	31 062	294 550	325 612
1931	12	34 734	312 199	346 933
1932	12	36 078	336 524	372 612
1933	12	40 160	411 513	451 673

资料来源:上海市地方志办公室、上海市历史博物馆编,《民国上海市通志稿》(第一册),上海古籍出版社2013年版,第367—368页。

租界当局以供水电为要挟,对越界区域强征房捐,即表中所谓的"特捐"。1909年5月,自来水公司不肯接通界外河南北路上的水管,而工部局董事会认为,正与这条界外道路上征收房捐一事磋商协议,协议总额达到2 300两,既如此,自来水公司就应接通总水管。[1]对界外房屋供电也以其是否缴纳房捐为

---

〔1〕 工部局董事会议事录,1909年5月19日;载上海市档案馆编译:《工部局董事会会议录》(第17册),第612页。

前提。[1] 1911 年 8 月,华商经营的闸北自来水厂"决心在租界范围外与上海自来水公司展开供水竞争,因此,只有扩充租界才能保证公司利益。(工部局)董事会指出应就此问题起草一函,示股切希望公司在此地区就征收 6％房捐一事与工部局合作的义务不应再行缩减"[2]。在公共租界和法租界交接的一些地区,如大西路和徐家汇路,公共租界为靠近法租界一边的越界区域供水供电,但法租界要将税收权收归己有,于是就有将这些地区的供水供电问题转移给法租界公董局安排的协商。[3] 在 1918 年 12 月 18 日的工部局董事会会议上,总董坚持认为,要求设在租界以外工部局所筑马路上的工厂和其他产业缴纳界外税,未必如电气委员会所坚持的那样,会严重限制租界外电气供应的增长,免除对他们的捐税预计会鼓励租界以外而不是租界以内建立工厂和促使产业的发展。而且,与租界内工厂和产业相比较,他们缺乏合理的理由置于如此优越地位可以免税,而且他们享受自来水公司的供水,并按照 1905 年界外用户与自来水公司的协议缴纳界外税,因为他们在很大程度上享受同等待遇。[4] 1920 年1 月,公共租界界外工业企业,特别是极司非而地区(按:即万航渡路)的工业企业,需电量大约可达总需电量的 60％。[5] 1920 年 11 月,工部局董事会强调,界外用户,"除非缴纳特别税,否则不能接通电力或自来水或电话,甚至对已经享受任何一项设施者亦然"[6]。所谓"特别税",一般就是指房捐。1921 年 11月,界外民生纱厂建成,要求电气处供电才能开工,工部局董事会指示电气处,"向受工部局管辖的界外道路上的房屋供电时,应将房捐作为主要条款列入供电协议"[7]。从 1929 年起,中国政府与上海公共租界工部局在越界区域房捐

〔1〕 工部局董事会议事录,1911 年 4 月 5 日;载上海市档案馆编译:《工部局董事会会议录》(第 18)册,第 538 页。

〔2〕 工部局董事会议事录,1911 年 8 月 9 日;载上海市档案馆编译:《工部局董事会会议录》(第 18 册),第 558 页。

〔3〕 工部局董事会议事录,1917 年 2 月 16 日特别委员会会议录;载上海市档案馆编译:《工部局董事会会议录》(第 20 册),第 607 页。

〔4〕 工部局董事会议事录,1918 年 12 月 18 日;载上海市档案馆编译:《工部局董事会会议录》(第 20 册),第 722 页。

〔5〕 工部局董事会议事录,1920 年 1 月 21 日;载上海市档案馆编译:《工部局董事会会议录》(第 21 册),第 544 页。

〔6〕 工部局董事会议事录,1920 年 11 月 3 日;载上海市档案馆编译:《工部局董事会会议录》(第 21 册),第 608 页。

〔7〕 工部局董事会议事录,1921 年 11 月 30 日;载上海市档案馆编译:《工部局董事会会议录》(第 21 册),第 714 页。

问题上多次博弈、谈判,但未能取得实质性进展。

(三)地税

地税又称地价税,是由土地所有人按土地估价的一定比例,每半年缴付一次的直接税。公共投入使土地价值升高,业主缴税以示公平。地税的征收建立在地产估价的基础上。工部局董事会成立后的第一次会议,即1854年7月17日的会议,就形成了这样的决议:"土地业主和租地人向总董呈报他们地产的价值及其地上建筑物的年租。"[1]1854年8月21日的财务委员会会议通过决议:"西人租用的土地按照土地距离黄浦江的远近,确定土地估价的一定比率。"[2]但业主对土地申报和估价不热心。工部局于1856年委派专人进行土地估价及编制业主应缴地税的清单。[3]1862年9月24日,第一届工部局土地估价委员会成立,成员有汉璧礼、罗森、瓦彻和索恩。[4]土地估价每三年进行一次,估价委员会的人员是临时组成的。土地估价分区域进行,1865—1933年间共进行了19次,实际早期并非严格地每三年一次。其中12次的平均值如表5所示:

表5   上海公共租界土地估价平均值(1865—1933年)

年份	平均每亩(两)	百分比(%)	年份	平均每亩(两)	百分比(%)
1865	1 318	100.0	1920	10 476	794.8
1875	1 459	110.7	1922	12 012	918.2
1903	4 603	349.0	1924	16 207	1 229.7
1907	9 656	732.6	1927	18 652	1 415.2
1911	8 281	628.3	1930	26 909	2 041.7
1916	8 819	669.1	1933	33 877	2 570.3

资料来源:史梅定主编,《上海租界志》,上海社会科学院出版社2001年版,第554页。

土地税常有偷逃的,特别是早期。1867年8月,工部局地产委员会认为,其"前任认为已估定的地价税率增加到0.5%是必要的。经地产估价委员会非常

〔1〕 工部局董事会会议事录,1854年7月17日;载上海市档案馆编译:《工部局董事会会议录》(第1册),第569页。

〔2〕 工部局财务委员会会议议事录,1854年8月21日;载上海市档案馆编译:《工部局董事会会议录》(第1册),第571页。

〔3〕 工部局董事会会议事录,1856年3月31日;载上海市档案馆编译:《工部局董事会会议录》(第1册),第584页。

〔4〕 防卫委员会和估价委员会特别约定的会议,1862年9月24日;载上海市档案馆编译:《工部局董事会会议录》(第1册),第649页。

认真的重新估价后现已查明,毗连地区的地产价值做了调整,一些册地纳入了估价表,而迄今为止这些册地莫名其妙地多半逃了税。因此本委员会可以建议,继续如前按年税率0.25%征税"。1865年的土地估价共为5 679 805两,以0.25%计,税收为14 199两,而1866—1867年度的实收数为13 267两[1],差额932两即为逃税额。1873年公共租界的土地估价总额为759.8万余两,比上次估价多出234.6万两,以0.3%的地税税率征收,除去免税土地,约可征得2.2万两。[2]1902年公共租界中央区的土地估价总值比上次估价平均增加了27.5%,但仍有工部局董事会成员认为"所订标准过低"[3]。1916年的情形相似。[4]地税税率有逐渐上升的趋势:1880年税率为0.4%,1897年为0.5%,1900年为0.6%,1919年为0.7%,另征地税附加0.5%/年,加起来就是1.2%,1919年的地税收入达到105.4万两,占总收入的23%,1928年税率又增至0.8%,1930年7月降回0.7%,1938年又升至0.8%,1938年的地税收入达到801万元,比1937年增长14.8%。[5]

(四)执照捐

执照捐是由领取执照的业主或车夫按月、按季或按年缴付的一种税负。1864年7月,工部局对租界内的赌场、妓院和鸦片馆实行监管,各种场所的数目和执照税率分别为:73家赌场分为2个等级,1等每天每桌6元,2等4元;200家鸦片馆分为3个等级,1等每月每间7元,2等5元,3等3元;270家妓院分为3个等级,1等每月每间3元,2等2元,3等1元。执照逐月发放。将租界划为11个区,每个区增派2名探员,对赌场、妓院和鸦片馆实行监管。[6]1865年10月,工部局制定了新的舢板执照制度,详细规定了行驶于各码头之间的舢板的

---

〔1〕 工部局董事会议事录,1867年8月2日;载上海市档案馆编译:《工部局董事会会议录》(第3册),第613页。

〔2〕 工部局董事会议事录,1874年3月10日;载上海市档案馆编译:《工部局董事会会议录》(第6册),第608页。

〔3〕 工部局董事会议事录,1902年7月21日;载上海市档案馆编译:《工部局董事会会议录》(第15册),第557页。

〔4〕 工部局董事会议事录,1916年12月20日;载上海市档案馆编译:《工部局董事会会议录》(第19册),第694页。

〔5〕 史梅定主编:《上海租界志》,上海社会科学院出版社2001年版,第322页。

〔6〕 工部局董事会议事录,1864年7月27日;载上海市档案馆编译:《工部局董事会会议录》(第2册),第484页。

收费办法。[1]

1870年6月13日的工部局董事会会议再次强调《土地章程》附律第34条规定,工部局律师认为,这条规定的措辞十分明确:"除非首先领得工部局办法的执照,否则不论是西人或华人,均不准出售烈性或软性饮料,或任何种类或规格的毒品;不准开设公共娱乐厅、店铺、商店、音乐厅、戏院、马戏团、弹子房、保龄球场或跳舞厅;不准在这些范围内或兜售、出租、使用或租用任何船只、马匹或公共车辆。"除非这些外国人或中国人遵守工部局在执照内所规定的条件,否则很明显就不能发给执照。如触犯附律,将被起诉。[2]1873年6月,工部局决定向租界引进小型的二轮人力车,作为租界内的一种交通工具,由工部局发给执照,并征收捐税。1875年4月,这样的人力车有500辆,每辆车每月缴纳执照捐400文。[3]1877年4月,妓女的执照费从2.5元降至1元。[4]1893年12月,有3 295辆人力车和3 396辆手推车领取了12月份的执照;12月份,上海公共租界几个马房的383辆马车和463匹马已领取了12月份执照,上个月领取执照的为438辆马车和511匹马,而1892年12月份领取执照的马车数和马匹数各为222。[5]

1897年11月16日,工部局财务委员会建议修改《土地章程》附律第34条,"使之包含向私人车辆、私人开设的菜场和药房发放执照的内容"[6]。1926年,工部局董事会曾议决把公用人力车的总数从1万辆减为5 000辆,但直到1936年6月,捐照的人力车仍有1万辆。1935年有4.1万名人力车夫领到了执照,1936年则有3.6万名申请重领。[7]

〔1〕 工部局董事会议事录,1865年10月10日;载上海市档案馆编译:《工部局董事会会议录》(第2册),第519—520页。

〔2〕 工部局董事会议事录,1870年6月13日;载上海市档案馆编译:《工部局董事会会议录》(第4册),第712页。

〔3〕 工部局董事会议事录,1875年4月19日;载上海市档案馆编译:《工部局董事会会议录》(第6册),第671页。

〔4〕 工部局董事会议事录,1877年4月9日;载上海市档案馆编译:《工部局董事会会议录》(第7册),第591页。

〔5〕 工部局董事会议事录,1893年12月12日;载上海市档案馆编译:《工部局董事会会议录》(第11册),第591页。

〔6〕 工部局董事会议事录,1897年11月16日;载上海市档案馆编译:《工部局董事会会议录》(第13册),第545页。

〔7〕 工部局董事会议事录,1936年6月11日;载上海市档案馆编译:《工部局董事会会议录》(第27册),第483页。

1936 年 4 月,执照捐种类分为 5 类 68 种,第一类是旅馆、酒馆、餐馆、茶室、公寓等 13 种,第二类是酒店、食品店、米商、水果店、菜场等 19 种,第三类是电影院、戏院、马戏场、书寓、弹子房等 7 种,第四类是金银铺、当铺、烟兑店、洗衣作、成衣作及火器等 12 种,第五类是货船、马车、汽车行、摩托车、人力车、小车等 17 种。当年执照捐 294.1 万元,占总收入的 12.4％。[1]

(五)公用事业收入

在 1929 年工部局将电气处财产出售给上海电力公司之前,电气事业是工部局自营的,其收入包括在公用事业收入之内。电气处的资本回报率相当高,1911—1928 年间,资本回报率最低的年份是 1913 年,为 5.89％,最高的年份是 1928 年,达到 13.82％,其他年份中有 8 年在 6.89％至 9.42％之间,有 6 年超过 10％,有 2 年超过 12％。[2]工部局电气处的纯利润从 1893 年的 6 018 两,增加到 1924 年的 146 万两。从 1914 年起,电气处上缴 6％的利润给工部局的公共基金,到 1924 年已累计上缴 466 万两。[3]1929 年电气处资产以 8 100 万两的巨款出售给美商上海电力公司,并规定:上海电力公司每年须以售电总价的 5％作为特许营业权费,缴纳给工部局。[4]此外,1929 年工部局的公用事业收入还包括其持有的上海自来水公司的部分股权的股息红利收入、上海煤气公司特许营业权费、其所持上海电话公司部分股票的股息红利收入、上海电气建设公司专营权费、法商电车电灯公司行车里程费、中国公共汽车公司行车里程费、工部局水泥厂收入以及工部局工务处上缴给工部局总基金的费用,1929 年此类收入共计 104.3 万两,占总收入的 8％。[5]

除了以上的经常性收入,工部局还根据财政支出的需要,在纳税人会议的授权下,发行公债以弥补收支不平衡,见表 6:

---

〔1〕 史梅定主编:《上海租界志》,上海社会科学院出版社 2001 年版,第 329 页。

〔2〕 陈宝云:《中国早期电力工业发展研究——以上海电力公司为基点的考察(1879—1950)》,合肥工业大学出版社 2014 年版,第 40—41 页。

〔3〕 史梅定主编:《上海租界志》,上海社会科学院出版社 2001 年版,第 391 页。

〔4〕 陈宝云:《中国早期电力工业发展研究——以上海电力公司为基点的考察(1879—1950)》,合肥工业大学出版社 2014 年版,第 47 页。

〔5〕 史梅定主编:《上海租界志》,上海社会科学院出版社 2001 年版,第 330—331 页。

表 6　　　　　　上海公共租界工部局债券发行统计(1863—1942 年)　　　单位:规元两

年份	发债额	利息支出	债务总支出
1863	31 068	3 646	26 900
1864	56 068	6 442	26 900
1865	9 072	9 702	2 000
1866	0	9 163	4 140
1867			
1868	60 000	11 982	87 000
1869	0	8 963	24 000
1870	0	7 621	24 800
1871	0	4 903	24 000
1872	0	2 493	11 900
1873	38 700	5 076	12 100
1874	21 000	6 799	2 000
1875	0	6 976	2 120
1876	0	8 810	3 389
1877	0	9 224	13 458
1878	24 000	8 378	13 629
1879	0	9 475	23 763
1880	0	7 808	12 196
1881	0	6 877	14 483
1882	60 000	7 465	3 294
1883	45 000	10 375	34 598
1884	15 000	10 942	78
1885	30 000	13 077	10 336
1886	0	13 382	25 511
1887	0	11 989	59 387
1888	70 000	9 628	61 277
1889	0	11 743	40 160

续表

年份	发债额	利息支出	债务总支出
1890	20 000	10 709	20 094
1891	20 000	11 255	20 099
1892	50 000	13 134	20 090
1893	45 000	14 095	30 124
1894	45 000	15 800	30 152
1895	40 000	17 405	30 159
1896	140 000	21 884	50 227
1897	268 800	30 856	35 000
1898	240 000	39 490	37 000
1899	0	44 462	45 800
1900	33 900	46 581	24 717
1901	240 000	46 312	49 500
1902	150 000	54 388	58 000
1903	340 500	65 954	65 000
1904	94 500	83 796	0
1905	120 000	76 287	104 560
1906	0	59 044	180 240
1907	250 000	71 246	30 600
1908	0	85 993	139 500
1909	300 000	86 252	143 800
1910	163 800	90 863	164 000
1911			
1912	90 000	103 354	138 600
1913	656 300	115 361	142 200
1914	200 000	124 933	151 210
1915	400 000	147 232	155 700
1916	150 000	169 649	202 200
1917	1 000 000	228 479	268 400

续表

年份	发债额	利息支出	债务总支出
1918	743 800	221 263	488 100
1919	1 458 295	246 714	1 570 685
1920	4 752 735	353 537	3 073 713
1921	6 181 878	474 069	5 113 042
1922	8 308 400	599 860	1 107 351
1923	4 479 800	747 544	2 158 985
1924	4 947 818	946 992	1 149 879
1925	4 402 423	1 242 351	257 225
1926	5 953 266	155 764	314 128
1927	1 683 807	1 779 983	386 373
1928	706 560	1 856 050	886 112
1929	1 560 000	cr. 1 646 295.88	2 093 300
1930	0	cr. 97 201.39	16 227 232
1931	0	cr. 585 380.57	8 119 987
1932	2 000 000	cr. 206 136.78	2 522 151
1933	2 000 000	cr. 65 958.76	21 566 244
1934	2 643 492	578 234	8 077 871
1935	3 243 163	560 589	1 024 755
1936	4 486 728	742 385	1 483 336
1937	1 545 881	77 344	7 438 087
1938	1 519 455	894 807	403 247
1939	1 470 915	459 118	373 367
1940	1 536 899	282 309	228 920
1941	479 938	133 437	262 252
1942	65 612	41 076	331 945

资料来源:杨小燕整理自工部局档案,U1－1－877 至 955 卷,上海公共租界工部局年报。原资料中到 1933 年为止的货币单位是规元两,1934 年起则为元,本文为了比较的方便,暂统一为规元两计数。表中的 cr. 符号表示数据尚须进一步确认。

　　早期,工部局及其前身道路码头委员会曾发行少量债券,以解决其市政建设中的资金不足问题。1862 年,工部局发行利率为 10% 的公债 13.2 万两,同时建立 10% 年率的偿债基金。[1] 1871 年 2 月 27 日,工部局董事会筹集工部局楼房建筑费用,考虑发行 10 万两债券,在上海发行的利率定为 10%,在英国发行的利率定为 6%。在过去的 8 年中,工部局为租用办公楼已付出租金 81 500 两。[2] 1872 年 10 月 12 日的董事会会议决定,要求纳税人会议授权董事会以 4 万两价格收买苏州河桥梁建筑公司全部财产与权益,并再授权董事会为此事发行市政公债来筹集资金,自发行日起 5 年至 20 年内还本付息,年利率不超过 8 厘。[3] 1874 年 5 月 13 日,工部局董事会决定发行市政公债 5 万两,自发行日起 5 年至 20 年内还本付息,年利率不超过 8 厘;发行公债的收入用于以 4 万两购买惇信洋行的房地产,并对那些房屋做一些必要的改建,此外用于对河南路上租界巡捕房、工程师办公室进行维修。[4] 此项公债延至 1875 年开标,中标均价约在每股 105 两(每股票面 100 两)。[5] 1878 年工部局发行公债 2.4 万两,参加投标的资金达到 10 万两之多,最后发行溢价 9.83%。[6] 1882 年 8 月 21 日的工部局董事会议决定,当年 10 月 1 日开始发行 5.5 万两至 6 万两债券,年息 7%,这是根据当年 2 月 24 日纳税人会议所通过的第 5 项和第 7 项决议办理的。会议要求法律顾问起草一份发行债券通告刊登在上海的报纸上。[7] 工部局发行 1883 年市政公债 4.5 万两,年息 7 厘,"筹集这笔款项,以

　　[1]　史梅定主编:《上海租界志》,上海社会科学院出版社 2001 年版,第 331 页。
　　[2]　工部局董事会议事录,1871 年 2 月 27 日;载上海市档案馆编译:《工部局董事会会议录》(第 4 册),第 779 页。
　　[3]　工部局董事会议事录,1872 年 10 月 12 日;载上海市档案馆编译:《工部局董事会会议录》(第 5 册),第 581 页。
　　[4]　工部局董事会议事录,1874 年 5 月 13 日;载上海市档案馆编译:《工部局董事会会议录》(第 6 册),第 619 页。
　　[5]　工部局董事会议事录,1875 年 10 月 18 日;载上海市档案馆编译:《工部局董事会会议录》(第 6 册),第 707 页。
　　[6]　工部局董事会议事录,1878 年 8 月 19 日;载上海市档案馆编译:《工部局董事会会议录》(第 7 册),第 646—647 页。
　　[7]　工部局董事会议事录,1882 年 8 月 21 日;载上海市档案馆编译:《工部局董事会会议录》(第 7 册),第 795 页。

便用来拓宽租界内的街道和修建新的马路"[1]。正式发行平均溢价
3.22％。[2] 1883 年正是上海金融风潮发生的年份,但工部局市政公债仍能溢
价发行,说明当时的银根紧缩是结构性的,外商并不缺少资金。1884 年的市政
公债 1.5 万两,年息 7％[3],发行溢价 4％。[4] 而 1885 年公债发行的平均溢价
下降为 1.96％。[5] 1888 年发行市政公债 7 万两,用于修筑 9 条马路和建造新
捕房,年息 6％,发行溢价 2.4％。[6] 1890 年的 2 万两公债发行溢价降至
1.07％。[7] 1891 年公债利率 5.5％,1892 年利率更降至 5％。而发行溢价仅
为 0.14％。[8] 工部局市政公债的利率和发行溢价均有下降趋势。

从 1893 年起的公债发行主要用途有明显改变,主要体现为电气业务的需
要。1893 年 9 月 30 日,工部局发行 8 万两债券,利率 5.5％,用于购买电气公司
设备。发行溢价 0.45％。[9] 1894 年工部局发行年息为 6％的公债 6 万两,用
于兴建新的上海发电厂,另发行 4.5 万两用于工部局公立学校,共计 10.5 万
两。发行溢价率为 0.08％。[10] 1895 年工部局发行两笔公债共 11.5 万两,其
中一笔 4 万两,用于马路的维修和拓宽以及排水系统等,另一笔 7.5 万两用于
将电厂等设备迁移至乍浦路。[11] 到 1896 年 1 月止,工部局共负债 52 万两,其

〔1〕 工部局董事会议事录,1883 年 11 月 12 日;载上海市档案馆编译:《工部局董事会会议录》(第
8 册),第 542 页。
〔2〕 工部局董事会议事录,1883 年 12 月 17 日;载上海市档案馆编译:《工部局董事会会议录》(第
8 册),第 547 页。
〔3〕 工部局董事会议事录,1884 年 11 月 11 日;载上海市档案馆编译:《工部局董事会会议录》(第
8 册),第 596 页。
〔4〕 工部局董事会议事录,1884 年 12 月 15 日;载上海市档案馆编译:《工部局董事会会议录》(第
8 册),第 599 页。
〔5〕 工部局董事会议事录,1885 年 6 月 22 日;载上海市档案馆编译:《工部局董事会会议录》(第 8
册),第 626 页。
〔6〕 工部局董事会议事录,1888 年 11 月 13 日;载上海市档案馆编译:《工部局董事会会议录》(第
8 册),第 690 页。
〔7〕 工部局董事会议事录,1890 年 12 月 16 日;载上海市档案馆编译:《工部局董事会会议录》(第
10 册),第 714 页。
〔8〕 工部局董事会议事录,1891 年 11 月 10 日,1892 年 5 月 17 日,1892 年 6 月 21 日;载上海市档
案馆编译:《工部局董事会会议录》(第 10 册),第 776、812、818 页。
〔9〕 工部局董事会议事录,1893 年 7 月 25 日,1893 年 9 月 19 日;载上海市档案馆编译:《工部局董
事会会议录》(第 11 册),第 563、577 页。
〔10〕 工部局董事会议事录,1894 年 11 月 6 日,1894 年 12 月 18 日;载上海市档案馆编译:《工部局
董事会会议录》(第 11 册),第 666、674 页。
〔11〕 工部局董事会议事路,1895 年 3 月 5 日;载上海市档案馆编译:《工部局董事会会议录》(第 12
册),第 462 页。

中 21.5 万两是用于电气处的。[1]

汇丰银行将所持工部局公债作为发行钞票的保证金。[2]认购工部局公债的有居住在英国的人士。[3]1905 年 7 月,工部局决定发行 5 万英镑公债,年息 4%,要求汇丰银行"合作并协助"[4]。汇丰银行伦敦分行同意为工部局 5 万英镑公债的发行"提供方便"[5]。

在 1909 年之前的几年中,工部局的公债发行曾有按低于票面价的折扣价发行的,而 1909 年又出现溢价发行。[6]1913 年的公债归还期延长至 50 年。[7]1915 年以电气处为背景的工部局公债,年息 6%,溢价 8.5% 发行[8],说明电气处运营良好。1920 年工部局电气处发行 100 万英镑债券,年息 6%,每年建立占岁出预算数 1.814% 的偿债基金,考虑到白银兑换率的下跌,实际利率为 7.5%。[9]此项债券虽然数字庞大,但被"全部认购一空"[10]。1921 年工部局决定发行无记名的银元债券 100 万元和记名的白银债券 100 万两,年利率 8%。[11]实际发行以年息 7.5% 成交。1922 年公债则以年息 7% 发行。[12]

---

〔1〕 工部局董事会议事录,1896 年 1 月 21 日;载上海市档案馆编译:《工部局董事会会议录》(第 12 册),第 519 页。

〔2〕 工部局董事会议事录,1897 年 6 月 19 日;载上海市档案馆编译:《工部局董事会会议录》(第 13 册),第 510 页。

〔3〕 工部局董事会议事录,1898 年 5 月 11 日;载上海市档案馆编译:《工部局董事会会议录》(第 13 册),第 577 页。

〔4〕 工部局董事会议事录,1905 年 7 月 19 日;载上海市档案馆编译:《工部局董事会会议录》(第 16 册),第 591 页。

〔5〕 工部局董事会议事录,1905 年 11 月 29 日;载上海市档案馆编译:《工部局董事会会议录》(第 16 册),第 608 页。

〔6〕 工部局董事会议事录,1909 年 10 月 20 日;载上海市档案馆编译:《工部局董事会会议录》(第 17 册),第 632 页。

〔7〕 工部局董事会议事录,1913 年 3 月 26 日;载上海市档案馆编译:《工部局董事会会议录》(第 18 册),第 654 页。

〔8〕 工部局董事会议事录,1915 年 4 月 7 日;载上海市档案馆编译:《工部局董事会会议录》(第 19 册),第 595 页。

〔9〕 工部局董事会议事录,1920 年 3 月 10 日;载上海市档案馆编译:《工部局董事会会议录》(第 21 册),第 557 页。

〔10〕 工部局董事会议事录,1920 年 9 月 29 日;载上海市档案馆编译:《工部局董事会会议录》(第 21 册),第 599 页。

〔11〕 工部局董事会议事录,1921 年 4 月 20 日;载上海市档案馆编译:《工部局董事会会议录》(第 21 册),第 649 页。

〔12〕 工部局董事会议事录,1922 年 4 月 12 日;载上海市档案馆编译:《工部局董事会会议录》(第 22 册),第 558 页。

1929 年在上海公共租界纳税人会议决定卖掉电气处资产后,工部局董事会决定"暂时关闭"工部局投资银行。工部局财务处长在解释这一决定时说,"开设工部局投资银行只是作为发行工部局公债的工具,但由于不再需要它在这方面起作用了",因此财务处长认为可以关闭这一机构,"但由于在几年后也许又需要这个银行",因此可以"暂时关闭",以观发展。[1] 由此可见,在工部局电气处大力扩张时期,工部局公债的发行主要服务于电气处对资金的需要。电气处出售后,由于市政规模庞大,公债发行仍维持在一定的水平上,1937 年的公债发行额是 300 万元,九九折,年利率 5%。这 300 万元公债,发行 3 分钟,就被超额认购一空。[2]

四、上海公共租界各种财政支出

上海公共租界财政支出主要包括工务支出、警务支出、卫生支出、教育支出、行政支出等。表 7 是主要支出的简表:

表 7　　　　　　　**上海公共租界的经常性财政支出(1908—1942 年)**

单位:1931 年及之前为千两,1932 年起为千元

年份	商团	火政处	警务处	工务处	卫生处	教育	其他	合计
1908	67	49	685	570	134	33	450	1 988
1909	38	48	738	584	182	39	472	2 101
1910	47	55	774	572	167	45	540	2 200
1911	45	50	869	609	211	47	517	2 348
1912	46	56	863	580	211	57	560	2 373
1913	46	77	901	607	179	69	605	2 484
1914	56	70	921	705	188	93	667	2 700
1915	57	77	881	746	208	115	698	2 782
1916	46	118	882	801	138	143	798	2 926
1917	55	87	955	972	169	157	984	3 379
1918	45	106	1 088	1 058	238	205	857	3 597

〔1〕 工部局董事会会议事录,1929 年 4 月 19 日;载上海市档案馆编译:《工部局董事会会议录》(第24 册),第 552 页。

〔2〕 工部局董事会会议事录,1937 年 6 月 30 日,1937 年 7 月 14 日;载上海市档案馆编译:《工部局董事会会议录》(第 27 册),第 540、542 页。

续表

年份	商团	火政处	警务处	工务处	卫生处	教育	其他	合计
1919	56	118	1 319	1 181	292	267	1 336	4 569
1920	53	167	1 567	1 286	394	331	1 032	4 830
1921	214	235	1 645	1 360	437	378	1 382	5 651
1922	201	257	1 709	1 831	507	403	1 567	6 475
1923	154	297	1 864	1 920	531	408	1 854	7 028
1924	128	384	2 042	2 081	677	445	2 106	7 863
1925	139	422	2 373	2 389	711	506	2 948	9 488
1926	128	414	2 582	2 658	788	504	3 177	10 251
1927	151	452	3 018	2 685	880	546	3 981	11 713
1928	165	462	3 295	2 424	856	564	3 844	11 621
1929	324	500	3 994	3 219	845	583	3 510	12 975
1930	367	635	5 801	4 153	998	745	1 243	13 942
1931	452	729	6 885	4 150	1 329	1 049	2 121	16 715
1932	560	1 044	9 108	5 390	1 957	1 936	2 955	22 950
1933	673	1 105	9 544	5 439	1 900	2 273	3 173	24 107
1934	745	1 147	9 687	5 385	1 892	2 216	4 172	25 244
1935	767	1 147	9 608	5 342	1 965	2 163	4 554	25 546
1936	634	1 047	9 911	4 982	2 065	2 308	5 713	26 660
1937	627	919	9 553	4 109	2 144	2 170	5 464	24 986
1938	831	1 030	10 207	3 569	2 140	1 952	6 814	26 552
1939	960	1 308	13 403	4 902	2 360	2 597	10 347	35 877
1940	1 366	1 918	19 299	6 656	3 364	3 581	17 928	54 112
1941	838	3 406	40 418	11 335	4 576	6 396	22 675	89 644
1942	310	4 819	60 917	16 593	6 184	5 659	71 660	166 142

注:1. 由于《上海租界志》中1908年前财政支出未列细目,所以本表未收入1908年前的数字。

2. 本表未包括临时支出项目。

3. 因资料出处不同及四舍五入等关系,可能个别数据与表1略有差异。

资料来源:根据史梅定主编,《上海租界志》,上海社会科学院出版社2001年版,第338—348页数据编制。1929年的支出合计数为平衡账数目。

以下是几项经常性财政支出的说明:

（一）工务支出

工务支出是工部局经常性财政支出的一个主要项目,用于修路、架桥、建排水系统、各种市政建设项目以及因修路等需要向私人土地业主收购土地的费用。工务处的支出在工部局各机关中,是位列警务处之后的第二大部门,1906年支出 50.44 万两,占工部局经常收入的 27.02％,1933 年支出 388.85 万两,占工部局经常收入的 22.53％。[1] 在工部局成立早期,市政建设尤为繁重,因为各项建设需要经过一个过程才能进入轨道。1855 年 4 月,当时租界马路有限,工部局实行"道路承包人"制度,由工部局按照协议规定付给道路承包人每年 1 300 元,"由他承担道路和排水道的所有维修";此外,还答应他本人对工程进行个人监督而给予每月薪金 20 元。[2] 同年 5 月 4 日,又同意道路承包人负责路灯的管理,包括路灯油的供应,酬金为每月 12 元,还同意他承担清除码头的垃圾并保持码头清洁,不让污物堆积,酬金也为每月 12 元。[3] 从 1856 年 2 月 1 日起,乾宝与工部局签约,在一年内承包道路的拓宽和修筑,38 盏路灯的照明,保持道路和码头的清洁,以及协助华人捐税等项工作,酬金为 2 650 元。[4]

工部局修路,常要沿路业主分担一部分的修路费用。1856 年拓宽外滩路面工程的费用预算为 3.2 万元,工部局承担工程费用的五分之三,即 1.92 万元,而江边一带的地皮业主承担工程费用的五分之二,即 1.28 万元。[5] 1856 年 6 月,董事会认为桥街与教堂路之间的一段教会路必须有完整的排水管道,董事会派员"走访道路两旁的业主,要他们签订一份协议,各自承付他们的费用份额,而董事会则负责在他们的监督下把这项工程做好"[6]。1856 年 10 月,修筑

---

〔1〕 上海市地方志办公室、上海市历史博物馆编:《民国上海市通志稿》(第一册),上海古籍出版社 2013 年版,第 550-551 页。

〔2〕 工部局董事会议事录,1855 年 4 月 2 日;载上海市档案馆编译:《工部局董事会会议录》(第 1 册),第 580 页。

〔3〕 工部局董事会议事录,1855 年 5 月 4 日;载上海市档案馆编译:《工部局董事会会议录》(第 1 册),第 581 页。

〔4〕 工部局董事会议事录,1856 年 2 月 5 日;载上海市档案馆编译:《工部局董事会会议录》(第 1 册),第 583 页。

〔5〕 工部局董事会议事录,1856 年 4 月 12 日;载上海市档案馆编译:《工部局董事会会议录》(第 1 册),第 584 页。

〔6〕 工部局董事会议事录,1856 年 6 月 10 日;载上海市档案馆编译:《工部局董事会会议录》(第 1 册),第 588 页。

庙街史密斯产业西面那段道路的费用,工部局与史密斯谈妥各出一半。[1]

由于道路增加,道路承包人制度受到冲击。1861 年 2 月,道路承包人称,依当初 3 年一签的协议,在资金上已不敷日益增长的修路需求,至少要有协议费用 3 倍以上的费用才能维持下去。[2]

1862 年 7 月 21 日,工部局董事会决定扩大建造排水系统。[3] 1863 年 9 月 4 日的董事会会议决定,所有与排水系统总沟渠的连接口都应由工部局修建,经费则由受益单位负担,将来总沟渠的人工检查口应建在道路的边道,并且有通向阴沟的通道。[4]

1875 年 3 月,工部局为拓宽南京路,以每亩 12 000 两的价格向琼记洋行购买土地,并向怡和洋行购地 9 厘,给予赔偿费 630 两。[5] 1877 年 4 月,工部局着手拓宽从河南路到江西路的一段南京路路面,该项改建工程费用为 455 两,用于收购所需土地 9 厘 1 毫,按每亩 5 000 两的价格计算。[6] 1889 年,工部局不反对业广地产公司提出的把乍浦路从 623 号册地拉直到蓬路的建议,"只要业广公司支付改变马路路线的费用以及有关业主对此表示同意就行",但不同意该公司提出的把乍浦路一直往北延伸到昆山路该公司地产的边界线,除非所需土地无偿出让。[7] 1892 年 10 月,工部局董事会拟以 8 万两的价格购买清理中的丽如银行的地产 5.5 亩及地上建筑。[8] 1893 年 1 月,为了拓宽四川路,需要收买沿线的一些私人地产,工部局工务处的工程师与地产主的代理人在购地

〔1〕 工部局董事会议事录,1856 年 10 月 13 日;载上海市档案馆编译:《工部局董事会会议录》(第 1 册),第 591—592 页。

〔2〕 工部局董事会议事录,1861 年 2 月 12 日;载上海市档案馆编译:《工部局董事会会议录》(第 1 册),第 610 页。

〔3〕 工部局董事会议事录,1862 年 7 月 21 日;载上海市档案馆编译:《工部局董事会会议录》(第 1 册),第 644 页。

〔4〕 工部局董事会议事录,1863 年 9 月 4 日;载上海市档案馆编译:《工部局董事会会议录》(第 1 册),第 690 页。

〔5〕 工部局董事会议事录,1875 年 3 月 29 日;载上海市档案馆编译:《工部局董事会会议录》(第 6 册),第 667 页。

〔6〕 工部局董事会议事录,1877 年 4 月 2 日;载上海市档案馆编译:《工部局董事会会议录》(第 7 册),第 589 页。

〔7〕 工部局董事会议事录,1889 年 5 月 21 日;载上海市档案馆编译:《工部局董事会会议录》(第 9 册),第 721 页。

〔8〕 工部局董事会议事录,1892 年 10 月 18 日;载上海市档案馆编译:《工部局董事会会议录》(第 10 册),第 838—839 页。

价格上讨价还价。[1]

1901 年在市政用地制度上出现了明显的变化,先前购地都是纯市场化的议价,谈得成则收购,谈不成则作罢,或另辟蹊径,但从 1901 年起,出现了"规划征购"的强制程序。1901 年 9 月,工部局为扩建隔离医院,与玛礼孙洋行协商购买其 1140 号、1141 号和 1142 号册地,开价每亩 3 000 两,但遭到玛礼孙洋行拒绝。工部局董事会提议每亩加价 500 两,"同时指出,如遭到拒绝,这块地皮将列入扩建隔离医院的规划予以征购"[2]。1904 年 5 月,工部局为了延伸修建西摩路,接洽托格,欲收购他的土地,但遭到拒绝。工部局要求托格出席地产委员会的听证会,并通知他:"这条道路是要修建的,如果他继续拒绝出让土地,则将要求英国领事馆按《土地章程》第 6 款甲强制执行裁定。"[3]显然,市政征地的强制力越来越大了。1904 年 7 月,工部局规划中的一宗筑路用地涉及海关地产,"海关税务司以特权为借口,拒绝出让为延伸这条马路所需的海关任何部分的地产",工部局则不同意改变线路,启动法律程序,对该地产强行征购。[4] 1910 年为拓宽北京路,工部局征购第 311 号册地,但遭到安布罗斯的拒绝。地产委员会裁决强制征购,安布罗斯认为地产委员会无此权力。于是,工部局将此案"提交大英按察使司强制执行裁决规定"[5]。1916 年 9 月,工部局为了拓宽广东路,向日清轮船公司购第 55 号册地,代价是:在上次土地估价的基础上加 10%的强制出让费用,以及低于三分之二的土地涨价费用。[6] 1921 年,为新建几条道路征地被几处业主抗议,但工部局不为所动,强行征地。[7]

工部局在购买市政用地时,有时还委托房地产公司代理。1902 年 4 月,工

---

〔1〕 工部局董事会议事录,1893 年 1 月 10 日;载上海市档案馆编译:《工部局董事会会议录》(第 11 册),第 522 页。

〔2〕 工部局董事会议事录,1901 年 9 月 5 日;载上海市档案馆编译:《工部局董事会会议录》(第 14 册),第 600 页。

〔3〕 工部局董事会议事录,1904 年 5 月 11 日;载上海市档案馆编译:《工部局董事会会议录》(第 15 册),第 658 页。

〔4〕 工部局董事会议事录,1904 年 7 月 13 日;载上海市档案馆编译:《工部局董事会会议录》(第 15 册),第 669—670 页。

〔5〕 工部局董事会议事录,1910 年 3 月 9 日;载上海市档案馆编译:《工部局董事会会议录》(第 17 册),第 654 页。

〔6〕 工部局董事会议事录,1916 年 9 月 27 日;载上海市档案馆编译:《工部局董事会会议录》(第 19 册),第 678 页。

〔7〕 工部局董事会议事录,1921 年 8 月 12 日;载上海市档案馆编译:《工部局董事会会议录》(第 21 册),第 688—691 页。

务处将白银 4 608 两交给业广公司,请其代为购买位于爱文义路延长线上泰俊杰所有的 2.208 亩地产。[1] 1915 年为建造兆丰公园,工部局向业广公司购地,1915 年支付 4.5 万两,1916 年支付约 11.7 万两。工部局从 1914 年到 1916 年为该公园购买土地的总费用达 27.5 万两。[2]

1903 年 12 月,工部局董事会在讨论《土地章程》第 6 款丙项的修改时,认为"建筑道路的经费,应作 3 个相等的份额分派,由新路两面临街的地主各负担三分之一,工部局负担三分之一"[3]。

工部局工务处所进行的市政工程项目,由工部局负责雇用中国劳工,他们的工资由买办按日付给。由于数额小,每日支付的是银辅币,"其兑换率是任意订立的",买办从中国劳工身上盘剥。工部局董事会担心劳工待遇太差会激起工潮,于是一方面警告买办,另一方面让卫生处试行每周支付中国劳工工资的新制度。[4] 但是,周薪制的试行似乎没有成功,中国劳工仍按日计酬,只是在 1921 年 6 月,以铜元付酬改为以银元付酬。[5] 但是否回到过去那种以银辅币支付,细节不详(因为中国劳工的日工资不到 1 元)。1926 年 6 月,中国劳工工资每天不到 0.6 元,董事会决定增加中国劳工工资,最高可增加 0.05 元。[6] 1926 年 12 月规定,中国劳工最低工资为每天 5 角钱。[7]

1913 年 4 月,关于电车公司无轨电车行驶路线上的福建路的马路保养费,工务委员会建议由电车公司每年的每平方英尺 0.3 两增加到每平方英尺 2 两,以符合实际情况。董事会采纳了这一建议。[8]

---

〔1〕 工部局董事会议事录,1902 年 4 月 24 日;载上海市档案馆编译:《工部局董事会会议录》(第 15 册),第 547 页。

〔2〕 工部局董事会议事录,1915 年 10 月 27 日;载上海市档案馆编译:《工部局董事会会议录》(第 19 册),第 628 页。

〔3〕 工部局董事会议事录,1903 年 12 月 30 日;载上海市档案馆编译:《工部局董事会会议录》(第 15 册),第 635 页。

〔4〕 工部局董事会议事录,1904 年 11 月 9 日;载上海市档案馆编译:《工部局董事会会议录》(第 15 册),第 685 页。

〔5〕 工部局董事会议事录,1921 年 6 月 15 日;载上海市档案馆编译:《工部局董事会会议录》(第 21 册),第 667 页。

〔6〕 工部局董事会议事录,1926 年 6 月 9 日;载上海市档案馆编译:《工部局董事会会议录》(第 23 册),第 638 页。

〔7〕 工部局董事会议事录,1926 年 12 月 29 日;载上海市档案馆编译:《工部局董事会会议录》(第 23 册),第 665 页。

〔8〕 工部局董事会议事录,1913 年 4 月 2 日;载上海市档案馆编译:《工部局董事会会议录》(第 18 册),第 655 页。

1915 年,工部局为建造虹口体育场,向靶子场阿尔格购地,每亩 1 920 两,免佣金。[1] 1920 年 10 月,工部局电气委员会决定在所购入的邻近杨树浦电厂的土地上建造杨树浦电厂职员永久性宿舍。[2] 1921 年 11 月,为老闸捕房已婚人员盖住宅。[3]

1921 年,工部局董事会决定对电车公司征收道路维修的特别捐,实际上也就是分担市政建设的费用;工部局每年向电车公司征收 0.012 5 两/每车英里;对特许权仍按所得的总权益征收 5%;在桥梁的重建方面,按每座桥梁造价的四分之一征收。[4] 所以,在市政建设的开支上,无论是修路还是造桥,工部局都是与业主、企业分担的。

1927 年 11 月,工部局董事会决定向祥泰木行购买周家嘴锯木厂资产,准备扩充杨树浦电厂用。这项收购总额达到 195 万两,5 年付清,余额年利率为 7%。[5] 1929 年工部局将电气处资产出售给上海电力公司后,工部局无权为上海电力公司直接征用土地,但可协助其因修路需要而征用土地。[6]

(二)警务支出

警务支出包括租界防卫费用、捕房费用和消防费用。租界防卫始自 1853 年,租界为防卫太平军,组织万国商团修筑防御工事。以后一直维持半军事化的商团组织,每年都有一定的开支。其中,俄国队中有三队系雇佣兵性质。万国商团的支出,1906 年为 4.85 万两,占工部局经常收入的 2.60%,1933 年达到 48.1 万两,占经常收入的 2.79%。[7] 捕房费用是工部局各项开支中占比很大的一项,1930—1941 年占各项支出的第一位。1933 年,警务处(捕房)共有西籍

---

〔1〕 工部局董事会议事录,1915 年 6 月 13 日;载上海市档案馆编译:《工部局董事会会议录》(第 20 册),第 627 页。

〔2〕 工部局董事会议事录,1920 年 10 月 13 日;载上海市档案馆编译:《工部局董事会会议录》(第 21 册),第 600 页。

〔3〕 工部局董事会议事录,1921 年 11 月 30 日;载上海市档案馆编译:《工部局董事会会议录》(第 21 册),第 714 页。

〔4〕 工部局董事会议事录,1921 年 10 月 5 日;载上海市档案馆编译:《工部局董事会会议录》(第 21 册),第 700 页。

〔5〕 工部局董事会议事录,1927 年 11 月 30 日;载上海市档案馆编译:《工部局董事会会议录》(第 23 册),第 729 页。

〔6〕 工部局董事会议事录,1929 年 6 月 28 日;载上海市档案馆编译:《工部局董事会会议录》(第 24 册),第 564 页。

〔7〕 上海市地方志办公室、上海市历史博物馆编:《民国上海市通志稿》(第一册),上海古籍出版社 2013 年版,第 539—540 页。

雇员 496 人、日籍雇员 252 人、印籍雇员 607 人、华籍雇员 3 651 人,共计 5 006 人,另有额外人员 773 人。[1]警务处的开支有些年份竟超过工部局经常收入的三分之一以上,如 1932 年为 39.80%,1933 年为 39.55%。[2]工部局火政处负责公共租界的消防事务,1933 年火政处设有火政分处 6 处及火政分所 3 所,共有外籍职员 60 人、望警亭职员 26 人、华籍职员 689 人、华籍练习生 9 人,合计 784 人。火政处开支不小,1906 年为 2.92 万两,占工部局经常收入的 1.57%;1933 年为 79.03 万两,占 4.58%。[3]

(三)卫生支出

1861 年 10 月 9 日之前,工部局董事会有卫生稽查员的任命[4],负责租界卫生事务。1864 年 9 月,租界还没有设立传染病医院,霍乱病人被隔离在几个巡捕房中治疗。[5]1868 年 11 月,工部局代理卫生官建议将租界内卫生状况恶劣的厕所"迁走或重建",以防止流行病。同时,工部局临时设置了肉类稽查员,"对供应西人食用的肉每天都做检验,凡劣质肉一律予以没收并销毁"[6]。1869 年 8 月,对患性病的妓女设"收容所"医治,费用由妓院老鸨每月缴纳的基金开支。[7]1870 年 2 月,爱德华·亨德森医生向董事会建议,对租界内的中外居民接种天花疫苗。[8]同时,租界当局做出禁止在租界内菜场出售诸如野兔、鹿、野鸡、野禽等野味的决定,以防止传播疫病。[9]1872 年 3 月 31 日的海关半年度医务报告称,有 5 人死于肺结核病,他们得病的日期都是在来到上海之前。此外,痢疾也是主要的地方性疾病之一。随着排水系统的日益扩大和改良,水源受污染的情况大大改善,痢疾的发病率降低。董事会决定:"到达港口的船

---

〔1〕 上海市地方志办公室、上海市历史博物馆编:《民国上海市通志稿》(第一册),上海古籍出版社 2013 年版,第 541 页。

〔2〕 同上,第 545 页。

〔3〕 同上,第 547 页。

〔4〕 工部局董事会议事录,1861 年 10 月 9 日;载上海市档案馆编译:《工部局董事会会议录》(第 1 册),第 626 页。

〔5〕 工部局董事会议事录,1864 年 9 月 14 日;载上海市档案馆编译:《工部局董事会会议录》(第 2 册),第 488 页。

〔6〕 工部局董事会议事录,1868 年 11 月 11 日;载上海市档案馆编译:《工部局董事会会议录》(第 3 册),第 689 页。

〔7〕 工部局董事会议事录,1869 年 8 月 31 日;载上海市档案馆编译:《工部局董事会会议录》(第 3 册),第 727 页。

〔8〕 工部局董事会议事录,1870 年 2 月 11 日;载上海市档案馆编译:《工部局董事会会议录》(第 4 册),第 686—687 页。

〔9〕 同上,第 687 页。

只,凡船上有传染病,均不得靠近港口下游界线一英里之内,应在前桅上挂一面黄旗,无河泊司的许可,任何人不得下船或上船;一旦发现船上有严重肠胃病的症状时,要强迫船主将他船上的人统统送到岸上,这样做也许会有极大好处。"如果是美国船,传染病人可强制转入医院;如果是英国船,取决于水手上船时所订合同的条款。[1] 1892 年 12 月的一天,"一名中国巡捕逮捕了路经上海微服私访的巡抚,将他拘留并关了一夜,因为他在小巷内便溺,他并不知道这是违反工部局章程的行为"[2]。1896 年 11 月,工部局董事会为筹建隔离医院,决定以每亩 2 500 两、总价 5.5 万两购买位于虹口浜靠近牛棚的 22 亩土地。[3] 签约时,成交价提高到每亩 2 945 两。[4] 1897 年 4 月,隔离医院尚未建设,董事会对当年夏天可能患霍乱的病人采取建造简单芦席棚隔离的办法。[5] 1897 年 7 月 6 日,董事会指示工部局卫生官同港口卫生官以及河泊司在预防可能发生的瘟疫方面密切合作。[6] 1898 年 2 月,海关税务司询问工部局是否要对来自台湾的船只实施防疫措施,工部局董事会决定采取 1897 年对某些华南港口曾执行过的同样的预防措施。[7] 1898 年 4 月,工部局建立防疫站,供隔离和治疗瘟疫病人使用。[8] 估计就是隔离医院尚未建设前盖的简单隔离房。

可能原先所购虹口浜土地因靠近屠宰场,一些人反对在那块土地上建医院,而且那块地面积偏小,所以不太适合建西人隔离医院。1901 年 8 月,工部局物色到施高塔路的地基,先与业主讨价还价,3 块册地上次土地估价为每亩 1 660 两,业主开价 4 000 两,工部局还价 3 000 两,并称如遭拒绝,则启动《土地

---

〔1〕 工部局董事会议事录,1872 年 12 月 9 日;载上海市档案馆编译:《工部局董事会会议录》(第 5 册),第 593 页。

〔2〕 工部局董事会议事录,1891 年 12 月 22 日;载上海市档案馆编译:《工部局董事会会议录》(第 10 册),第 784 页。

〔3〕 工部局董事会议事录,1896 年 11 月 10 日;载上海市档案馆编译:《工部局董事会会议录》(第 12 册),第 569 页。

〔4〕 工部局董事会议事录,1896 年 12 月 1 日;载上海市档案馆编译:《工部局董事会会议录》(第 12 册),第 573 页。

〔5〕 工部局董事会议事录,1897 年 4 月 13 日;载上海市档案馆编译:《工部局董事会会议录》(第 13 册),第 494 页。

〔6〕 工部局董事会议事录,1897 年 7 月 6 日;载上海市档案馆编译:《工部局董事会会议录》(第 13 册),第 514 页。

〔7〕 工部局董事会议事录,1898 年 2 月 16 日;载上海市档案馆编译:《工部局董事会会议录》(第 13 册),第 562 页。

〔8〕 工部局董事会议事录,1898 年 4 月 13 日;载上海市档案馆编译:《工部局董事会会议录》(第 13 册),第 573 页。

章程》第 6 款甲强制征用程序。[1] 1921 年 12 月,工部局董事会决定购买大西路共 60 亩土地建造医院用,每亩均价 2 800 两,共 16.8 万两。[2]

1930 年,卫生处有西籍雇员 140 人、华籍雇员 586 人,共 726 人。[3] 1933 年,卫生处的机构设置共分 5 个部门,即行政部、化验部、医院部、卫生部和食物牛乳及菜场部。化验室有 3 个,即病理化验室、针对狂犬病的柏司德检验室和化学化验室。工部局办的医院有 8 所,即外侨隔离医院、华人隔离医院、外侨神经病医院、外侨肺病疗养院、巡捕医院、华德路监狱医院、童犯感化院医院和厦门路监狱医院。卫生处除管理这 8 所医院外,并监督各区看护及助产工作,办理外侨肺病及花柳病的诊治工作,还每年拨款补助私立各医院。1906 年卫生处开支 9.07 万两,占经常收入的 4.86%,1933 年开支 135.84 万两,占经常收入的 7.87%。[4]

(四)教育支出

1891 年工部局正式接管汉璧礼养蒙学堂。[5] 之后,工部局相继成立公学委员会、学务委员会等机构。教育支出主要为工部局所办教育机构雇员和教师的工资、校舍设施费用以及对私立学校的经费补助。[6] 1894 年工部局发行的总共 10.5 万两公债中,有 4.5 万两用于公立学校。[7] 1903 年对西童公学补助 1.3 万两,该年学校预算支出 2.5 万两、学费收入 1.2 万两。董事会"希望学校当局今后采取措施,使学校能在较大程度上自给自足"。生活困难的学生共有 270 名,每年为每名津贴生平均支付的费用为 44 元。[8] 20 世纪 20 年代末,工部局学务处有华人教育股的设立,由华人充任。在 1928 年之前,工部局有华人

---

〔1〕 工部局董事会议事录,1901 年 8 月 29 日;载上海市档案馆编译:《工部局董事会会议录》(第14 册),第 600 页。

〔2〕 工部局董事会议事录,1921 年 12 月 7 日;载上海市档案馆编译:《工部局董事会会议录》(第21 册),第 717—718 页。

〔3〕 史梅定主编:《上海租界志》,上海社会科学院出版社 2001 年版,第 336 页。

〔4〕 上海市地方志办公室、上海市历史博物馆编:《民国上海市通志稿》(第一册),上海古籍出版社2013 年版,第 548—549 页。

〔5〕 工部局董事会议事录,1891 年 6 月 23 日;载上海市档案馆编译:《工部局董事会会议录》(第10 册),第 748 页。

〔6〕 史梅定主编:《上海租界志》,上海社会科学院出版社 2001 年版,第 336 页。

〔7〕 工部局董事会议事录,1894 年 11 月 6 日;载上海市档案馆编译:《工部局董事会会议录》(第11 册),第 666 页。

〔8〕 工部局董事会议事录,1903 年 2 月 19 日;载上海市档案馆编译:《工部局董事会会议录》(第15 册),第 588—589 页。

中学 4 所,并无小学。1928—1933 年,先后设小学 5 所,1933 年学生总人数 2 891 人;1933 年工部局华人中学也有 5 所,学生总人数 2 628 人。1933 年工部局西童学校 6 所,学生共 1 586 人。1933 年工部局学务处对私立学校的补助共为 22 万余两,其中华人学校为 11.9 万两。[1] 1932 年,根据学务委员会建议,在华人中学任教的华人资深教师的薪金标准应当依据对西人资深教师薪金标准减去三分之一(回国旅费)计算。[2] 从 1936 年 1 月 1 日起,华人女子中学的学费为每学期 48 元,而之前为 42 元。[3] 这在当时是昂贵的,一个工部局的华工每月工资才 15 元。截至 1934 年 10 月,工部局 1930 年的教育建筑计划已完成了 25%,如果这项规划全部完成,租界内约有 7.5% 的华人儿童将有受教育机会。[4] 可见,华人儿童受教育的面还是很窄的。即便是工部局办的所谓公立学校,学费也异常昂贵。

1906 年,工部局在学务方面的支出为 2.85 万两,占经常性收入的 1.53%;1933 年支出数为 162.35 万两,占 9.41%。[5]

(五)行政支出

1925 年前,行政支出包括总办处、工部局书信馆、丈量处(后归入工务处)、马房等机构的支出;1910 年增设财务处;1925 年在总办之上,设总务长;1929 年裁撤总务长,另设总裁及总裁办公室;1930 年增设华文处;1931 年增设法律处和情报处;1933 年增设管理工厂事务股;1935 年增设人力车委员会。1926—1935 年,上述这些行政机构的支出共占经常性总支出的 5% 左右。[6]

综上所述,上海等地租界的发展,与原先只是规定一块外商在中国通商口岸租地建屋居住区域的设想大相径庭,变成外人攫夺中国行政主权的所谓"国中之国"。连洋人都承认:"上海之政策,为一种始终如一的侵犯中国主权的政

---

〔1〕 上海市地方志办公室、上海市历史博物馆编:《民国上海市通志稿》(第一册),上海古籍出版社 2013 年版,第 551-552 页。

〔2〕 工部局董事会议事录,1932 年 6 月 29 日;载上海市档案馆编译:《工部局董事会会议录》(第 25 册),第 576 页。

〔3〕 工部局董事会议事录,1934 年 7 月 11 日;载上海市档案馆编译:《工部局董事会会议录》(第 26 册),第 456 页。

〔4〕 工部局董事会议事录,1934 年 10 月 31 日;载上海市档案馆编译:《工部局董事会会议录》(第 26 册),第 471 页。

〔5〕 上海市地方志办公室、上海市历史博物馆编:《民国上海市通志稿》(第一册),上海古籍出版社 2013 年版,第 553 页。

〔6〕 史梅定主编:《上海租界志》,上海社会科学院出版社 2001 年版,第 337 页;上海市地方志办公室、上海市历史博物馆编:《民国上海市通志稿》(第一册),上海古籍出版社 2013 年版,第 535 页。

策。"研究上海公共租界的蒯世勋说:"上海公共租界的设置,用意本在限制外侨的居住权和租地权,不得谓为特权的给予;然而限制无效,抑且变质,终于形成国际上一种最畸形的制度。"[1]上海公共租界财政,是这种畸形制度的有机组成部分之一。我们研究近代上海公共租界财政以及法租界财政,可以令我们更完整地鸟瞰近代中国的地方财政,客观地剖析租界财政在近代中国城市化过程中的地位和作用,使我们在抨击其侵略的前提下,总结若干历史的经验和教训。

---

〔1〕　上海市地方志办公室、上海市历史博物馆编:《民国上海市通志稿》(第一册),上海古籍出版社2013年版,第582页。

"孤岛"时期的上海租界生活

内容提要："孤岛"前期上海租界流入大量人口，居住问题相当突出，租到房不易，"顶费"高涨，"代建"房屋之风盛行。战时最紧缺的生活资料是所谓"二白一黑"，即粮食、棉纱棉布和煤炭。由于国产粮食很难从沦陷区运进上海，所以上海多进口洋米；由于流通环节的投机和囤积，"二白一黑"的价格节节上涨。上海的有钱人穷奢极欲，过着纸醉金迷的生活，而穷苦人则因物价高涨、失业等原因民不聊生，大批底层民众在多重压力下离开上海，返回老家。

关键词："孤岛"时期　上海租界　顶费　代建　二白一黑

所谓上海的"孤岛"时期，是指从 1937 年 11 月上海沦陷起至 1941 年 12 月太平洋战争爆发后日军侵入上海租界止。在这段时期中，上海租界四周是由日军占领的沦陷区，租界则暂时维持原状，就像一座"孤岛"。而从 1938 年到 1940 年上半年这两年半的时间，又被称为"孤岛繁荣"时期。对于"孤岛"时期，特别是所谓"孤岛繁荣"时期的上海租界生活，过去论著多有述及，但大多尚不具体。本文拟对一些具体问题整理出一些资料，以令读者加深印象。

一、人口剧增下的居住问题

"八一三"淞沪抗战，1937 年 11 月 12 日上海华界沦陷，但公共租界和法租界还是独立的。上海沦陷区域的人口，十之七八移居租界，外地逃难的人们也纷纷挤进租界，租界人口暴增。本来全上海的人口约 300 万，到 1938 年下半

年,两租界的人口约 400 万,而 1940 年初,两租界的人口更是超出了 500
万。[1]

人口暴增,首先就要解决居住的问题。大量人口难觅居所的状况,决定了
租房的困难和"顶费"的暴涨。租房市场供不应求,一些人东请西托、四处求人,
仍一房难求。报纸上有招租广告,可是等租房者前去接洽时,往往早已被人捷
足先登。许多寻求租房者总结痛苦的失败教训,径直到报纸广告部守候,一见
有人来报馆刊登招租广告,当场即行接洽。

所谓"顶费",原是指二房东为完善住房结构所花费的装修费用。地产开发
商建造专供出租的房屋,大抵上只是一个毛坯架子,二房东把整幢楼或一个门
号的房子整租下来,进行装修,使之适合居住。以后,当这位二房东把整租权转
手给他人时,就会向接手者收取一笔"顶费",即先期支付的装修等费用。"顶
费"制度在"孤岛"时期被放大了。"顶费"脱离了装修费的合理约束,而变为一
种投机炒作的工具。房屋整租者频繁转手,"顶费"层层加码,月租数十元一宅
的"顶费","往往超过房租六七十倍",法租界"普通一宅之房屋,五六千元之顶
费,已视为平常"。二房东花费了巨额"顶费",除了再次转手牟利,就是抬高房
租了。有二房东以 60 元一宅的租金整租了一个门号的房子,自住阁楼,而把三
层房屋分租于人,每层收取租金一二百元,合计三层房屋每月可收租金约 500
元,除去原来的月租和水电费外,每月可获纯利 400 元。[2]据工部局及各方面
统计,在公共租界西区,月租仅 60 元的沿街三层洋房,"顶费"最高达 4 000 元,
是房租的 67 倍。越界筑路的房屋,转手也要收"顶费"。法租界西区的房子,
"顶费"最高达 6 000 元。[3]

上海租界房屋紧张、"顶费"高昂,加之复工复产对住房的需求,因而上海租
界又盛行"代建房屋"或"租地造屋"之风。"租地造屋"的风气始于 1938 年 6
月,永大企业公司为始作俑者,群起效尤者有四五十家企业之多,包括洋行、银
行信托部、房地产公司等,甚至连律师事务所、会计师事务所也参与进来。表 1
是从事代建房屋业务的企业统计:

---

[1] 史全生主编:《中华民国经济史》,江苏人民出版社 1989 年版,第 392 页。

[2] 《上海的居住问题》,《经济丛报》1939 年 1 卷合订册(6—12 月),第 76 页。

[3] 吴之纲:《关于"八一三"后上海的租地造屋》,《日用经济月刊》1939 年 1 卷 1 期,第 17 页。

表1 从事代建房屋业务的企业(1939 年 3 月)

代建企业名称	地址	性质	每宅价值	备考
国泰企业公司	赵主教路麦琪路口	租地造屋 20 年	3 800 元起	居住期满发回原款
	赫德路新闸路北		3 650 元	
顺发建筑公司	马斯南路薛南立路	租地造屋 25 年	5 700 元	居住期满发回原款
华安房产公司	霞飞路白赛尔路口	租地造屋 18 年	甲种 5 300 元 乙种 5 000 元 丙种 4 500 元	
春申贸易公司	大西路哥伦比亚路口	租地造屋 10 年	市房 1 200 元 住宅 1 150 元 平房 350 元	
中华会计师事务所	麦尼尼路汶林路西	出售	4 500 元	
浙江兴业银行信托部	霞飞路善钟路西	连地出售	14 000 元起	
	霞飞路沙发花园原址		38 000 元起	
	蒲石路古拔路转角		27 500 元起	
懋华地产公司	康脑脱路金司徒路	租地造屋 10 年	甲种 1 220 元 乙种 1 070 元	
鼎泰地产公司	池浜路	租地造屋 20 年	2 500 元	
泰安建筑事务所	霞飞路姚主教路	租地造屋 20 年	3 600—4 800 元	
同上	安和寺路	租地造屋 15 年	700 元	
立兴地产公司	霞飞路汶林路	租地造屋 20 年	6 900—4 500 元	居住期满发还原款
国华银行信托部	霞飞路福开森路	连地出售	9 000—30 000 元	
陈述昆会计师事务所	愚园路 608 弄	租地造屋 20 年	4 100—6 350 元	居住期满发还原款
茂莱泰洋行	西爱咸斯路			
	福履理路		3 000—5 500 元	
	巨籁达路		18 000 元	
	蒲石路		17 000 元	
	西爱咸斯路		3 800—5 400 元	
	赫德路		4 100—5 400 元	
永大企业公司			3 500 元	
大庆房产公司	巨泼来斯路福开森路	租地造屋 20 年	4 300—8 000 余元	
辛泰银行信托部	霞飞路海格路			
徐永祚会计师事务所	极司非尔路康家桥		单幢 3 500 元 双幢 5 500 元	
	姚主教路		甲种 5 200 元 乙种 4 000 元	
盈余地产公司	安和寺路	租地造屋 10 年	900 元	

续表

代建企业名称	地址	性质	每宅价值	备考
泰记贸易公司	台拉斯脱路	租地造屋 20 年	3 000—5 450 元	居住期满发还原款
元润公司	杜美路蒲石路			
承修地产经租处	西爱咸斯路	租地造屋 20 年	5 900 元	居住期满发还原款
	西爱咸斯路	租地造屋	14 000—16 500 元	居住期满发还原款
鼎兴号房产部	霞飞路高恩路	连地出售	18 000 元	
德记房产公司	海格路		三层 4 500 元起 二层 3 700 元起	
罗德洋行	杜美路赵主教路	连地出售	20 500 元起	
鑫记经租处	霞飞路福开森路		4 500 元起	
周是鹰律师事务所	西爱咸斯路	租地造屋 20 年	2 950 元起	
三兴地产公司	台拉斯脱路	租地造屋 20 年	2 550 元起	期满还本 1 000 元
均益兴业公司	霞飞路福开森路		15 500—20 000 元	
合记公司	赵主教路善钟路	连地出售	20 000 余元	
张葆棠律师事务所	金神父路	租地造屋 20 年	4 500 元	
扬子公司	哥伦比亚路			
文德公司	法国公园附近	租地造屋 20 年	5 500 元	居住期满发还原款
华昌公司	善钟路赵主教路	租地造屋 18 年	4 500—4 900 元	
华业公司	麦尼尼路潘统路	租地造屋 10—15 年	5 276—5 973 元	
泰赉房地产公司	忆定盘路	租地造屋 10 年	1 600 元	
建华企业公司	愚园路 608 弄	租地造屋 20 年	2 900—7 600 元	居住期满发还原款
公益房产公司	兆丰公园隔壁	租地造屋 20 年	3 600 元	
美华公司	善钟路赵主教路		4 500—4 700 元	
徐永祚会计师事务所	高恩路西爱咸斯路		4 500 元	
姚新记经租处	戈登路昌平路	租地造屋	4 200 元	居住期满还 1 000 元
美亚公司	霞飞路善钟路	连地出售	12 000 元	
大建企业公司	愚园路 608 弄	租地造屋 20 年	6 950 元	居住期满还 10 000 元

资料来源:吴之纲,《关于"八一三"后上海的租地造屋》,《日用经济月刊》1939 年 1 卷 1 期,第 18—20 页。

代建企业数量日增,为抢夺市场,彼此展开激烈竞争。我们看表 1 中的备考一栏,不少企业有"居住期满发还原款"或居住期满还款 1 000 元、10 000 元之类的承诺。"居住期满"一般指 15 年,满 15 年后返还当初所收取的造价,甚至收 6 950 元,返还竟高达 10 000 元,岂非咄咄怪事。实际上,我们只要考虑到战时高企的通货膨胀背景,返还本利,甚至返还的数额高于收取的数额,并不足为奇。同时,一方面因为激烈竞争,减少了利润空间,另一方面因战时运输困难,国外建材很难进口,所以不少代建企业存在偷工减料、以次充好等现象。这波租地造屋之风大约到 1939 年底才渐渐平复。

二、战时的"宝":二白一黑

战争期间,米麦、纱布(二白)和煤炭(一黑)成为最紧缺的生活资料。

(一)大米

上海人以大米为主粮,也吃一部分面粉。"孤岛"时期,上海租界人口激增,粮食供应便成为一个严重的问题。1937 年 11 月和 12 月之间,上海发生粮食恐慌,居民纷纷购米储备,米店被抢购一空。租界当局将其所存的西贡米 2 万包借与上海米业公会,分配给 50 家米店按成本价出售,并限制居民每人所购不得超过 1 元,同时采购大批洋米,并设法疏通国产粮区的输入渠道,缓解了当时的粮荒。1939 年 3 月初,由于人为操纵,上海租界米价高涨。于是,豆业公会、米号公会、碾米业公会等 7 个米业团体联合组织了上海米业评价委员会,打击囤积居奇和投机牟利行为。不料 5 月米价涨风又盛,虽有每担 15 元的限价,但实际市价远远超出限价,上海米业评价委员会无法履行平抑米价的职责,便于 5 月 31 日自行解散,成立仅有两个半月。6 月 7 日,外汇市场突起变化,英、美货币的汇率大幅下降,引起了新一轮的物价上涨。米价飞涨,突破了每担 22 元。租界当局和各米业公会采取多种措施抑制米价过快上涨。

上海租界的食米,既有国产米的输入,也有洋米的输入。国产米多产自江苏、浙江、安徽、湖南、江西等省,洋米则产自安南、暹罗、缅甸等国。至于输入上海的小麦,原来以东北、华北及苏、浙、皖三省所产居多,但战争爆发后,东北、华北的进口渠道堵塞,转而主要进口澳洲和美国的洋麦。1939 年 1—4 月,进口的洋麦共有 1 917 638 公担,总值国币 15 204 141 元[1],数量巨大。

在上海租界,从事粮食业的有 5 种组织:第一种,米客,即米贩。他们专做运米业务,与内地米行、米厂有相当的联络。第二种,米行。米行是米客与米店的居间人。第三种,米店。米店是米业的零售商,向米行购置米粮,转售于消费者。第四种,经售米粮业。这是一种介于米行与米客之间的居间行业。第五种,米厂。这就是代客碾米的厂家。粮价上涨,与这所有的组织和流通环节都

---

[1] 《上海的粮食问题》,《经济丛报》1939 年 1 卷合订册(6—12 月),第 129 页。

是相关的。除了需求增加、供给减少、外汇贬值、运输成本增加等因素外,囤积居奇、投机操纵也是重要的直接原因。当时有人认为,根据上海的存米情况,粮价的上涨不应该如此不受控制。

表2为上海豆米行业工会第12次各栈存米调查。根据该调查,各栈存米有52万多包,与之前的10余次存米调查结果相比,数量略有减少,但减少不多。估计百姓家家户户的存米也不会少于50万包,这样,上海总的存米量应该可以维持两三个月的需求,那时候又会有新谷登场。但既然存米不是很少,又为什么会显示出"粮荒"的表象,同时米价腾贵呢?

表2　　　　　　　　上海豆米行业公会第12次各栈存米调查　　　　　　单位:包

栈名	存米数	栈名	存米数	栈名	存米数	栈名	存米数
中国银行	94 616	交通银行	529	浙兴两栈	78 704	上海1栈	7 538
上海2协昌德	3 117	实业银行	55 926	垦业银行	138	中一信托	100
地方银行	6 880	金城银行	3 760	新华银行	17 085	江苏2栈	3 501
东莱银行	2 930	滋康	9 676	恒丰	1 019	隆茂	20 591
元兴	252	元祥	592	生记	688	永生	450
永兴	280	泰康	260	正丰南北栈	7 787	大丰昌	130
信昌	6 420	正大	1 173	大有余	7 211	大德新北栈	1 595
润记	626	公记	1 449	恒义公	40	德和祥	1 057
新裕	3 500	生和隆	2 168	大德新中栈	4 226	咸茂	425
联益	323	恒达	5 497	大德新南栈	6 485	聚泰和	105
恒兴义	165	江南	3 848	万盛兴	200	义兴丰	3 130
久大	818	万昌	2 029	新业	2 142	合记	275
裕成	479	恒泰	160	大同	696	洽大	360
章协记	605	万森盛	375	万盛泰	298	一心	1 584
发记	278	裕盛	138	协昌德	1 559	庆盛义	395
元茂	227	茂泰	29 529	同慎	2 664	安慎2	1 126
安慎3	7 460	太古	8 272	罗斯福	3 400	长义恒	1 126
鼎泰德	10 251	新丰	437	协大	524	大兴	4 432
悦来	559	广和	320	源丰信源	12 309	鼎裕	8 294
源通	2 855	鼎兴	7 500	鼎和	24 962	和记	11 822
黄长盛	1 117	同发	285	丰盛	702	邓仁泰	1 078

续表

栈名	存米数	栈名	存米数	栈名	存米数	栈名	存米数
恒新顺	350	同盛恒	290	恒兴公	301	万泰祥	875
协记	130	志记	250	平和	2 733	合计	523 822

资料来源:《上海的粮食问题》,《经济丛报》1939 年 1 卷合订册(6—12 月),第 130—131 页。

原因主要在于囤户的操纵。大户囤积投机的方法是放价狂收,把巨量的食米囤积起来,使得老百姓在市场上按限价买不到米,等米价涨到最高的时候,再慢慢放出来。米粮评价委员会为防止囤积操纵,曾办理过存米货主登记,该项登记日期为 1939 年 5 月 12 日至 18 日,但截至 16 日,前往登记者,仅大成号、顺泰号、余德有、万兴豫 4 家,其余均持观望态度,抗不登记,因为在囤积投机的背景下很难进行登记。除了专业大户的囤积,还有居民小户的囤积。在粮价高涨的情况下,人们宁可多购粮,超出正常需要地在家里多囤点粮。[1] 米业团体既然很难控制局面,租界当局只能由它自己直接出台严厉的管制措施,如规定米价最高售价为每担 21 元。[2] 但这一限制仍然不起作用,米价最高甚至涨到每担 43 元。[3] 米业公会采办西贡大米,办理平粜,但数量有限,杯水车薪。

1939 年 9 月,上海米价曾达到每担 50 元的高峰,之后因各地大米运到,价格逐渐回落。但到了 1939 年 11 月和 12 月,米价又节节攀升,由每担 28 元涨至 35 元。[4] 这次米价的高涨,主要不是因为囤户的操弄,而是因为日本人对粮食的统制收购,粮食进沪成本更高,也更困难了。

根据 1940 年 4 月刊发的文章,上海租界当局对公共租界 438 家登记米号和法租界 427 家登记米号展开调查,平均每家门店日销售量约 15 担,总计每日销售 1.3 万担。而在存米方面,根据豆米行业公会的调查,农历新正期间,除米号及百姓家中存米外,各栈存米约计粳稻 2 万包、糯米及客籼 2 万余包,西贡米等洋米最多,约存 50 万包。[5]

(二)花纱

即便是战争期间,人们也总要穿衣,需要御寒的棉被等,在当时的物质条件

---

〔1〕 王海波:《目前上海米市风潮之分析》,《日用经济月刊》1939 年 1 卷 4 期,第 109 页。

〔2〕 《上海的粮食问题》,《经济丛报》1939 年 1 卷合订册(6—12 月),第 131 页。

〔3〕 《物价高涨与上海的生活问题》,《经济丛报》1939 年 1 卷合订册(6—12 月),第 497 页。

〔4〕 孙礼榆:《日本粮食恐慌与上海的米价高涨》,《银钱界月刊》1939 年 3 卷 12 期,第 555 页。

〔5〕 汪国琇:《上海米市概论》,《日用经济月刊》1940 年 2 卷 4 期,第 472 页。

下,棉花和棉纱是同衣被关系最密切的物资。战争期间由于交通阻隔、敌伪对棉花的统制,使国产棉花很难运进上海租界。于是,各纱厂便争购和囤积外棉,有的还以买卖外棉和期纱来投机逐利。

战争期间有两大特征:一是物资紧缺;二是通货膨胀明显高于战前。这两点决定了棉纱价格的涨幅总体上高过棉花价格的涨幅。对于棉花的争购和囤积,最终体现在棉纱的价格上,见表3:

表3　　　　　　　　上海花纱价格与花纱交换律(1936—1941年)

年份	棉花价格		棉纱价格		花纱交换率	
	火机棉每市担法币元	指数(1936年=100)	20支纱每件法币元	指数(1936年=100)	每件纱换棉花担数	指数(1936年=100)
1936	41.09	100.0	218.89	100.0	5.33	100.0
1937	39.27	95.6	275.69	125.9	7.02	131.7
1938	36.38	88.5	331.67	151.5	9.12	171.1
1939	79.25	192.9	554.75	253.4	7.00	131.3
1940	166.67	405.7	1 057.65	483.2	6.35	119.1
1941	290.83	707.9	1 695.47	774.6	5.83	109.4

资料来源:根据中国科学院上海经济研究所、上海社会科学院经济研究所编,《上海解放前后物价资料汇编(1921年—1957年)》,上海人民出版社1958年版,第229页数据编制。

申新二厂、九厂在"孤岛"时期赚了很多钱,把1937年欠的巨额债务还清了,用的就是抛售棉纱的远期栈单,即棉纱期货的办法。他们利用银行贷款,大量购储外棉,囤货至少10万担以上,然后在棉纱尚未生产出来之时,提前把棉纱的期货卖出去,回笼资金,归还银行贷款,或购买外棉。曾仕申新总公司协理的荣孝范回忆说,申新"开出的栈单,不论现货期货,都被客户抢购一空。期货栈单都是十足收现,厂里就用期货先收的货款增购棉花现货,做出纱后,按期交给顾客,差不多一件纱可赚半件至一件纱。按战前花纱价格的比例,一件二十支的棉纱大概只能换到五担棉花,可是战时纱价坚俏,每件纱经常可换到七八担,最多时可换十担左右,差不多是对本对利。这样,除了运用自有的资本获得高额利润之外,还加上抛出期货所收得的额外利润,利上加利滚上去,盈利就更可观了。就是以实物来计算,申新二厂、九厂的资产,也逐年迅速增大了"[1]。

――――――――――

〔1〕 上海社会科学院经济研究所编:《荣家企业史料》(下册),上海人民出版社1980年版,第83页。

（三）煤

二白一黑中的"黑"，指的就是煤。煤是生活必需品，要吃饭就要生炉子，生炉子就要用煤。加上火力发电厂等一些大企业的用煤，上海租界对煤的需求量是很大的。开平烟煤的价格，1936年12月每吨12.9元，1938年12月涨至每吨38.50元，1939年12月每吨78.0元，1940年12月每吨160.0元。[1]即便是如此高涨的国产煤，上海还是很难买到。

由于交通阻隔和敌伪统制，上海租界所需煤斤，煤商大多订购安南煤、印度煤等外国煤斤，但因运输成本高昂、外汇申请不易，煤价自然节节高涨。当欧洲各国管制煤斤出口后，上海对进口煤的选择空间就更小了。煤的供应也几度陷于停顿，刺激煤价更快上涨。少数投机者囤积居奇、看涨惜售，百姓日常生炉子用的煤球也有断货之虞。

三、奢靡与困苦同在

上海集合了众多有钱的外国侨民以及本国的富商、官僚、企业家，全国有相当一部分资金汇集上海，在"孤岛"时期，上海租界也就成了这些有钱人穷奢极欲的消费圣地。崇尚洋化的奢靡风气、争奇斗艳的进口奢侈品、灯红酒绿的消费娱乐场所成为"孤岛"有钱人醉生梦死的生活特征。表4是海关对进口奢侈品的统计：

表4　　　　　　　　　　**上海进口奢侈品统计(1935—1938年)**　　　　　　单位:法币元

品名	1935年	1936年	1937年	1938年
雪花粉和雪花膏	243 520	316 662	233 305	405 079
牙粉	294 432	364 394	196 439	287 896
香水脂粉	639 448	640 037	525 243	788 784
化妆器具	501 192	517 717	420 765	367 443
花边	238 694	371 113	278 683	244 622
真假首饰	590 434	1 088 756	765 232	282 857
贵重毛织品	5 320 779	3 892 305	3 648 597	18 889 161
丝织品	8 046 105	9 370 699	13 575 678	17 832 440

---

〔1〕 中国科学院上海经济研究所、上海社会科学院经济研究所编:《上海解放前后物价资料汇编(1921年—1957年)》,上海人民出版社1958年版,第257—259页。

续表

品名	1935 年	1936 年	1937 年	1938 年
烟草	11 300 883	17 389 337	21 874 283	22 602 291
酒和汽水	2 965 108	1 603 112	1 220 535	2 840 237
糖果	983 384	1 096 059	1 020 936	987 977
饼干	226 738	196 016	205 208	221 975
干鲜水果	5 132 894	4 427 069	4 252 324	3 141 189
海参	2 008 089	1 406 191	1 400 775	1 055 697
鱼翅	531 935	775 455	770 965	285 660
燕窝	401 972	497 243	603 098	312 716
合计	39 425 516	43 952 165	51 092 066	70 546 024

资料来源:瓶盦,《从上海的奢侈生活说到物价腾贵》,《经济丛报》1939 年 1 卷合订册(6—12 月),第 24—25 页。

表 4 中的奢侈品项目是根据当时的物质条件和生活水准制定的。1938 年的进口额竟大大超过战前,令人惊讶。在奢侈品进口中,其实服饰品和饮食品的进口与奢靡的生活密切相关。表 5 是对表 4 中服饰品、饮食品和化妆品的进口分类统计。

表 5 　　　　上海进口服饰品、饮食品和化妆品统计(1935—1938 年)　　单位:法币元

进口类别	1935 年	1936 年	1937 年	1938 年
化妆品	1 678 592	1 838 810	1 375 752	1 849 202
服饰品	14 195 921	14 722 873	18 268 190	37 249 080
饮食品	23 551 003	27 390 482	31 448 124	31 447 742
合计	39 425 516	43 952 165	51 092 066	70 546 024

资料来源:瓶盦,《从上海的奢侈生活说到物价腾贵》,《经济丛报》1939 年 1 卷合订册(6—12 月),第 25 页。

在战时,动用宝贵的外汇进口大量奢侈品等供有钱人享用,数额甚至超过全面抗战之前,这是一种悲哀。而这种奢靡和所谓繁荣是与投机活动相伴而行的。造成上海租界投机氛围的,是资金的集中。全面抗战爆发后,特别是"八一三"淞沪抗战爆发后,上海资金一度向内地大量转移,国民政府于 1937 年 8 月 15 日紧急发布《非常时期安定金融办法》,限制提存,以稳定上海金融。但之后,金融形势发生逆转,上海租界吸引和汇聚了大量来自各地的资金。有人总结了

五个方面的原因:其一,江浙及内地富豪携带巨款进入租界避难;其二,1939 年上半年,天津租界遭到日本侵略者的威胁,引起了北方资金大量南移,相当一部分转入上海租界;其三,西南各地对"孤岛"贸易入超,年达 5 亿-6 亿元以上,造成大后方资金大量转移到上海;其四,广州沦陷之前,逃往香港等地的资金又复归上海,东南亚一带的华侨资本因受欧洲战争的影响,也被"孤岛"吸引过来;其五,西方国家及一般外商也在上海进行巨额投资,如 1941 年,英国在上海投资约 10 400 万英镑,美国在上海投资约 12 000 万美元。[1] 这样,上海的资金就达到"25 亿元以上到 40 亿元的数目",1940 年 5 月更是达到 50 亿元以上。[2]

游资集中于上海,自然就要寻找出路。除了一部分资金投资于正常的工商业活动之外,还有一部分集中到投机事业中去了。投机分为外汇投机和商品投机。外汇投机表现为大量收购外汇,并进行套买套卖;而商品投机则主要表现为囤积居奇。

在投机活动中,处于主导地位的是大的机构,如银行、企业等,他们凭借着雄厚的资金实力,更容易上下其手。以金城银行为例,周作民在"八一三"淞沪抗战爆发后,对金城银行的行务方针作了指示,认为"法币维持不了多久,物价必定上涨。我们的出路要多拉存款、少做放款,以吸收进来的存款多囤物资、多购外汇。物资方面可由通成公司进行囤积"[3]。金城银行于 1938 年 10 月底在香港设立特别会计机构,对内简称港总处,专办总分各行的外汇账户事宜,同时在上海总处添置副账,以便营运时就近查考。关于外汇的收付手续,指定由沪行集中代办,办毕通知港沪两总处及委托行分别记账。各行于总分账内开立总处特户,凡因买卖外汇的收付法币,均记于特户账上。[4]

与富人的奢靡生活和弥漫各处的投机氛围形成强烈对比的,是租界内广大民众的困苦生活。以下是 1941 年 6 月出版的《国货与实业》杂志上一篇文章所叙述的工人生活状况:

> 试以上海工人生活情形为例:据四月十八日国民日报所载上海通讯,工部局发表一九四一年三月份上海市工人生活费指数及零售物价概略称:本年三月,食米煤球,售价狂涨,一般物价,普遍上升,本市工人生活费总指数,自二月之六〇

---

〔1〕 史全生主编:《中华民国经济史》,江苏人民出版社 1989 年版,第 395-396 页。

〔2〕 同上,第 395 页。

〔3〕 中国人民银行上海市分行金融研究室编:《金城银行史料》,上海人民出版社 1983 年版,第 572 页。

〔4〕 同上,第 573-574 页。

二.二九,骤升至六七九.九九,计增七七.七○点,打破去年三月五二○.四八点之最高纪录。国币购买力,跌至一角四分七厘一毫。按照工人实际收入之最高数目,假定欲维持低于一九三六年之生活,尚须有一百三十三元八角七厘之收入,假定欲维持最低限度之生活,亦须有一百二十五元九角四分四厘之收入。其困难之情形,已不难想见。其他各地,亦未有稍好现象。试观五月二日中央社重庆电沪讯:五月二日沪米价已突破每市石一百六十元大关。重庆米价每市石竟一度高涨至伍佰元;由此一端,即可想象见亦不忍想见矣! 故如何使在业工人收入足以维持日常生活,实为当前即须筹谋者。其次,要在保障其工作,不使时作时辍,受失业之痛苦。至于社会保障之举办,虽不妨暂时从缓,然合作社之组织,则宜普及,而相当之工人福利事业,更不可不普遍兴办。工人生活获得相当与必要之安定,然后始可与言人尽其力,物尽其用,地尽其利。即以一般工业而论,亦唯有使工人生活安定,其生产效率始可因以提高,各种不良习惯亦可以逐渐革除。[1]

那么,当时上海工人的实际收入情况又是如何呢? 先看上海工人的生活费指数,再看实际的工资收入,两相对照,就可以得出结论。表6是上海工人的生活费指数:

表6　　　　　上海市工人生活费分类指数(1936年平均＝100)

类别	1939年12月	1940年12月
食物	318.08	661.22
房租	282.41	348.19
衣着	223.08	418.72
燃料	351.69	551.84
杂项	226.85	473.30
总指数	304.06	579.70

资料来源:李葆江,《一年来之上海物价》,《国货与实业》1941年1卷3号,第23页。

表7是上海棉纺织业工人的实际收入状况:

---

[1]　林康侯:《今日之职工问题——确立劳工政策安定职工生活》,《国货与实业》1941年1卷6号,第2页。

表 7　　　　　上海各纺织厂工人日计工资概况(1941 年 8 月)　　　　单位:法币元

项目			申二	申九	鸿章	新裕	永安	统益	宝丰	安达	富中
纺部	货给工	平均	0.84	0.65	0.50	0.80	0.63	0.75	0.90	0.78	—
		实际	2.75	2.60	2.10	2.39	2.38	2.62	2.47	2.18	—
	日给工	平均	1.09	0.72	0.74	0.90	—	0.60	0.85	0.70	—
		实际	3.01	2.68	2.42	2.55	—	2.39	2.41	2.09	—
	宕管	平均	1.72	1.20	1.03	1.60	1.05	1.15	1.30	1.00	—
		实际	3.76	3.23	2.81	3.63	3.28	3.23	2.91	2.41	—
	加油	平均	1.65	1.20	0.94	1.35	1.00	0.85	1.00	1.00	—
		实际	3.68	3.23	2.69	3.24	3.17	2.77	2.58	2.41	—
	摇车头	平均	1.29	1.00	0.94	1.25	0.84	0.80	1.00	—	—
		实际	3.27	3.00	2.69	3.09	2.83	2.69	2.58	—	—
织部	小工	平均	0.70	0.53	0.60	0.70	0.62	0.55	0.65	0.65	—
		实际	2.59	2.47	2.24	2.24	2.36	2.31	2.19	2.04	—
	货给工	平均	—	0.82	0.52	1.10	0.92	1.22	1.50	—	1.29
		实际	—	2.80	2.13	2.86	3.00	3.34	3.13	—	3.21
	日给工	平均	—	0.70	0.87	1.05	—	0.85	0.82	—	1.30
		实际	—	2.66	2.60	2.78	—	2.77	2.38	—	3.45
	帮接头	平均	—	0.90	1.09	1.20	0.95	1.15	1.25	—	2.23
		实际	—	2.89	2.89	3.01	3.07	3.23	2.85	—	4.99
	机工	平均	—	1.25	1.10	1.60	1.10	1.30	1.25	—	2.37
		实际	—	3.29	2.91	3.63	3.39	3.47	2.85	—	5.57
	帮修	平均	—	0.85	0.80	1.12	1.00	1.00	0.95	—	1.54
		实际	—	2.83	2.50	2.89	3.17	3.00	2.52	—	4.18

　　注:表中的"平均"指的是平均工资;"实际"指的是实际日收。实际日收系平均工资加上各种津贴之和,津贴包括赏工、米贴或膳贴以及其他津贴。

　　资料来源:上海社会科学院经济研究所编,《荣家企业史料》(下册),上海人民出版社1980 年版,第 340 页。

　　表 7 根据 1941 年 8 月的调查制作,迟于《国货与实业》那篇 6 月发表的文章至少 2 个月以上,要知道当时的物价上涨速度是很快的,即便如此,1941 年 8 月上海工人的实际日收大部分仅在 3 元以下,即使每个月做满 30 天,月收入也不

到 90 元,离那篇 6 月发表的文章中所说的维持最低限度生活水平所需要的 126
元尚有很大差距。从表 8 可以看得更为清楚:

表 8　　　　申九纺部工人年计实际工资的下降(1936—1940 年,1936 年＝100)

年份	每人每年平均工资(法币元)	工资指数(每人每年平均)	工人生活费用指数	实际工资指数
1936	128.79	100.00	100.00	100.00
1937	133.13	103.37	119.08	86.81
1938	162.76	126.38	150.62	83.91
1939	210.11	163.14	197.52	82.59
1940	336.96	261.64	428.35	61.08

资料来源:上海社会科学院经济研究所编,《荣家企业史料》下册,上海人民出版社 1980
年版,第 341 页。

工人的工资本来结余就很少,实际工资指数从 1936 年的 100 下降到 1940
年的 61.06,很明显已经不能维持最低生活水平。至于处于失业或半失业状态
的工人、城市贫民、外来移民等,其生活应该更加困苦。

四、低收入和高物价迫使人口向外返流

由于法币贬值、物价飞涨、辅币绝迹等原因,贫苦的市民,甚至原先尚能小
康度日的家庭难以继续在上海租界生活,而选择回到自己的老家去。据 1939
年下半年的一次统计,当时离开上海回家乡的人口已有 80 万之多。[1]

1939 年 1 月至 8 月,上海的生活费指数共增加了 86.67 点(以 1936 年为
100),比 1938 年 12 月涨了 58％,法币 1 元的购买力在 1938 年 12 月相当于
1936 年的 0.67 元,到 1939 年 8 月只相当于 1936 年的 0.42 元。而且,这种贬
值呈加速态势。1939 年 8 月的上海生活费指数比 1939 年 7 月涨了 24％。[2]上
海公共租界工部局实业组调查生活费指数快速上涨的原因主要有以下 6 项:第
一,外汇的多次紧缩,从 7 月 18 日的 6 便士半,逐步下降至 3 便士半以下,使进
口货的价格高涨,拉动国货产品一起涨价;第二,商人囤积操纵,助推物价涨势;
第三,政治上人心不安;第四,从附近沦陷区运货到上海很困难;第五,买者希望

[1]《上海市面的危机》(作者不明),《经济丛报》1939 年 1 卷合订册(6—12 月),第 386 页。
[2]《继涨增高之上海生活费指数》(作者不明),《经济丛报》1939 年 1 卷合订册(6—12 月),第 522
页。

多买,而卖者惜售;第六,市场上铜辅币缺乏,日常零用货品的购买价因此抬高,向以零购为习惯的劳工阶级所受影响尤重。[1]

　　白粳米每担限价 14 元,行使已久,到 1939 年 3 月,限价被突破,放宽至 21元,到同年 8 月,白粳米最高市价达到每担 50 元,创了历史新纪录。表 9 是1939 年 8 月比 4 月价格涨幅超过 20%的食品种类:

表 9　　　　　　4 个月内涨幅超 20%的食品种类(1939 年 8 月与 4 月相比)　　　　单位:%

品名	涨幅	品名	涨幅	品名	涨幅
粳米	104.13	青菜	181.82	棉布	25.00
籼米	72.47	萝卜	279.31	条棉布	26.42
糯米	45.70	甘薯	20.43	绒布	43.93
面粉	42.66	洋葱	26.09	斜纹布	22.67
条面	34.02	菠菜	50.00	煤球	91.04
豆腐	100.0	牛肉	20.49	火油	56.22
豆腐干	100.0	咸肉	89.91	柴片	34.29
豆腐皮	49.25	鲜鱼	68.39	火柴	24.84
油豆腐	56.25	咸鱼	46.83	炭	81.53
绿豆芽	71.43	鲜蛋	47.62	肥皂	49.25
黄豆芽	35.00	豆油	23.96	香烟	26.98
腌菜	53.68	白糖	54.38	开水	94.12

　　资料来源:《继涨增高之上海生活费指数》(作者不明),《经济丛报》1939 年 1 卷合订册(6—12 月),第 524 页。

　　1940 年的物价上涨更甚于 1939 年。1940 年 2 月,美棉在 1 个月内每包价格上涨 15—25 元;1 号籼米每担由上年同期的 12.118 元涨至 45.427 元,2 号粳米由上年同期的每斤 0.073 元涨至 0.195 元;青菜由上年同期的每斤 0.029元涨至 0.119 元;鲜猪肉由上年同期的每斤 0.395 元涨至 0.917 元;鲜牛肉由上年同期的每斤 0.352 元涨至 0.694 元;活鸡由上年同期的每斤 0.748 元涨至1.425 元;鲜鲫鱼由上年同期的每斤 0.514 元涨至 1.240 元。另外,鸿基白煤在全面抗战前每吨仅售法币 31 元,煤球每担 1 元,到 1939 年 11 月,白煤涨至 140

---

　　〔1〕《继涨增高之上海生活费指数》(作者不明),《经济丛报》1939 年 1 卷合订册(6—12 月),第 523页。

余元,煤球涨至 3—4 元;1940 年 2 月,白煤更涨至 200 余元,煤球 7 元多。[1]

百物价格上涨,法币币值跌落,1940 年 3 月,法币的购买力指数为 27.17 (1936 年为 100),这意味着,1940 年 3 月的法币 1 元,只相当于 1936 年的法币 0.27 元。在这种背景下,上海租界人口进一步减少,由最多时的 500 万减至 390 余万,减少了约 110 万人。[2]

1940 年 6 月的物价又有较快速的上涨,上海生活费总指数为 422.91,而 1940 年 3 月的物价总指数为 368.08。[3] 到 1940 年 12 月底,米价涨到每担 100 元,煤价近每吨 300 元,其余物价无不高涨七八倍。[4] 这样的物价当然会 继续逼迫许多人离开上海租界。

---

〔1〕 吴文英:《上海当前之物价暴涨问题》,《日用经济月刊》1940 年 2 卷 5 期,第 508 页。
〔2〕 同上,第 510 页。
〔3〕 杨德惠:《半年来上海生活指数的检讨》,《银行学会会刊》2 卷 8 期,1940 年 8 月 31 日,第 6 页。
〔4〕 孙善根编注:《秦润卿日记》(上卷),凌天出版社 2015 年版,第 251 页。

第四编

烽火遍地中的中国经济

全面抗战前几年的地方建设

内容提要：在全面抗战前的几年中，一些省份提出了省本位的经济建设计划，似乎想要独立地提升一个省的经济；而另一些省份则并无这方面的追求。省经济的"独立性"是与国民政府中央政权控制力的有效性成反比的，即经济"独立性"强的省份，意味着中央政权对其的控制力弱；反之，经济"独立性"弱的省份，则意味着中央政权对其的控制力强。省本位经济建设的实施需要大量资金，而所有的省份都不是财政富裕的，有的省份甚至数度财政破产，过量发行的省纸币和省公债都需要反复整理。但就是这样一些省份，为了获取所谓建设经费，故伎重演，对百姓进行敲骨吸髓的搜刮：他们通过省银行发行大量不兑现纸币，滥征捐税，偷逃或截留中央税款，对国外和省外的输入产品高筑关税壁垒，把自己的省搞成一个独立王国。他们的省本位经济必然是封闭的。如果把国民政府在全国所搞的统制经济称为"大统制经济"，而把一些省的统制经济称为"小统制经济"的话，那么，在"大统制经济"中出现"离心"的"小统制经济"，是当时中国很奇特的一种经济现象。

关键词：全面抗战前几年　省本位经济　广东　山西

一、强势省级政府提出"省本位的经济建设"口号

20世纪30年代初，南京国民政府渐渐采取"统制经济"措施应对西方经济危机的波及，加大政府管制和政府投入的力度。那么，在这股"统制经济"的大潮中，省一级的地方政府又会扮演什么样的角色呢？可以说并不统一。有一些

政治强势的省级政府提出"省本位的经济建设"口号[1]，以广东、山西两省的表现最为突出。广东提出 3 年计划，山西提出 10 年计划。他们的计划都是以省级统制替代南京国民政府的统制。实际上，对于南京国民政府而言，这种省级统制是一种"离心力量"，造成自给自足的封闭省份，通过提高税率排斥外省市的货物。[2] 这里所谓的"政治强势"，并不是指他们的经济实力强，而是指这些省份的地方军阀并非国民政府主要执政者的嫡系，他们有半独立的实力和传统。另一方面，国民政府具有控制力的省份，例如江苏、浙江、江西等，并不追求省一级的独立的统制经济，他们对经济建设的投入侧重于基础设施方面。此外，介于积极的省级统制与非省级统制之间，还有一些省份，也提出了省一级的经济建设计划，但实行并不有力，犹抱琵琶半遮面，如湖南、广西等省份。

　　从全面抗战前几年的省级财政能力来看，所有省份都程度不同地陷入财政困境，有的甚至数度破产，民不聊生。在这样的基础下，"省本位的经济建设"却提出巨额资金的计划需求：

　　广东：从 1933 年 1 月起实行的 3 年建设计划共需要投入资金 9 300 多万元，经过 1 年半的运作，共投入 1 500 万元，尚缺 7 800 余万元。[3]

　　山西：从 1933 年开始实行的 10 年建设计划的计划经费由两部分组成，第一部分是省公营事业经费，第二部分是省保护生产费。省公营事业经费规定期成数(即希望办到的数)为 1 亿元，必成数(即必须办到的数)为 6 200 万元，分10 年筹集，每年应筹数额如表 1 所示。而第二部分的省保护生产费，10 年的期成数共达 3 900 万元。[4] 两部分相加，数目庞大，见表 1：

表 1　　　　　　　山西 10 年建设计划的期成数与必成数(1933—1942 年)　　　　　　单位：元

年份	期成数	必成数
1933	5 500 000	3 350 000
1934	6 750 000	4 150 000

---

〔1〕 陈真编：《中国近代工业史资料》(第三辑)，生活·读书·新知三联书店 1961 年版，第 1173 页。

〔2〕 同上，第 1175 页。

〔3〕 广东省调查统计局调查：《广东省三年计划中之工业建设》，《工商半月刊》6 卷 23 号，1934 年12 月 1 日，调查，第 56 页。

〔4〕 公英：《山西省之经济建设》，《工商半月刊》7 卷 16 号，1935 年 8 月 15 日，撰述，第 2—3 页。

年份	期成数	必成数
1935	8 000 000	4 950 000
1936	9 250 000	5 750 000
1937	10 500 000	6 550 000
1938	11 000 000	6 850 000
1939	11 500 000	7 150 000
1940	12 000 000	7 450 000
1941	12 500 000	7 750 000
1942	13 000 000	8 050 000
合计	100 000 000	62 000 000

资料来源:公英,《山西省之经济建设》,《工商半月刊》7 卷 16 号,1935 年 8 月 16 日,撰述,第 2 页。

湖南:1934 年 11 月制订的 3 年建设计划,第一年需要投入资金 884.8 万元,第二年需要投入资金 968.5 万元,第三年需要投入资金 1 743.9 万元,3 年共需资金 3 597.2 万元。其中有可靠经费来源者仅 500 余万元。[1]

我们心生疑惑,这些省份数额庞大的经济建设计划经费能够筹措得到吗?本来,过去连年的国内战争使许多省份财政崩溃,加上在当时的财政体制下,国民政府所追求的是财政一体化政策,反对各个地方各自为政,实际上是保中央、抑地方的,在这样的人背景下,"雄心勃勃"的几个省份如何能"变出"经济建设所需要的巨额资金呢?

"合法合规"的筹资渠道非常有限,中央财政不可能给予巨额补助,而经国民政府批准的地方公债也数额有限。以地方建设计划发布最为密集的 1934 年和 1935 年而言,被中央政府批准的地方建设公债只是区区 9 笔,总额 7 700 万元,见表 2:

---

[1] 陈新:《湖南省新定三年建设计划》,《工商半月刊》6 卷 23 号,1934 年 12 月 1 日,调查,第 60 页。

表 2 　　　　　　　　由国民政府批准的地方建设公债(1934—1935 年)

时间	地方公债名称	数额	用途	担保品
1934 年 1 月	湖南省建设公债	1 000 万元	修筑宝洪轻轨铁路及清偿银行旧欠,至少三分之二用于轻轨	以湖南省契税及营业税收入为第一担保,宝洪轻轨铁路收入为第二担保
1934 年	江苏省水利建设公债	2 000 万元	江苏垦殖区第一期水利工程及征工开浚导淮入海水道第一期工程 1 400 万元,旱灾工赈 400 万元,整理债务 200 万元	以江苏全省烟酒牌照税及财政部拨归本省之灶课并苏省各县田房契税为担保,不敷之数并在田赋项下拨补
1934 年	浙江省地方公债	2 000 万元	发展地方生产事业及整理地方债	本省普通营业税年收250 万元,除拨付整理债务案内基金约 34.9 万元又 1932 年省金库券约 101.5 万元外,尚余之 113 万余元全数充作本公债基金;并指定本省田赋收入项下年拨 50 万元,牙行营业税项下年拨 25 万元,契税项下年拨 25 万元,烟酒牌照税项下年拨 20 万元作为本公债还本付息基金
1934 年 12 月	湖南省建设公债	1 000 万元	三分之二修筑公路,三分之一清偿银行旧欠	以省契税和营业税收入为第一担保,以本债所筑公路营业收入为第二担保
1935 年	湖北省建设公债	600 万元	修筑公路	以省营业税收入为基金,不足时由中央补助
1935 年	青岛市市政公债	150 万元	市政建设	码头增加费及自来水费加价作偿债基金
1935 年	汉口市建设公债	150 万元	市立校舍及各项市政工程	以汉口市税收入为担保

续表

时间	地方公债名称	数额	用途	担保品
1935 年	福建省地方建设公债	300 万元	设立省银行 100 万元,整理纸币 70 万元,交通建设 40 万元,农林水利建设 30 万元,护航建设 30 万元,清丈田亩 30 万元	以省房、铺税及牙税全部收入为还本付息基金
1935 年	广东省建设公债	500 万元	扩充粤省蔗糖、苏打、硫酸、纺织、肥料、制纸、饮料各厂资金及筹备瀹江水电工程之用	指定广东省西村士敏土厂营业余利为基金

资料来源:根据《实业公报》第 157 和 158 期合刊、198 和 199 期合刊、200 期、213 期、214 和 215 期合刊、216 期、228 期、248 和 249 期合刊等各期"法规"栏所刊登的各项公债发行条例的内容汇总。

需要投入上亿元资金于 10 年建设计划的山西,竟然没有向中央政府申请募集地方公债。广东发行了 500 万元地方公债,但它的资金缺口是 7 800 多万元。湖南先后两次发行地方公债共 2 000 万元,但只是拿其中的三分之二用于轻轨铁路和公路的建设,而未及于企业及其他。

一些地方政府通过与"统一财政"背道而驰的方法和途径筹集资金,以"地方统制"替代南京政府的"集中统制",以"地方本位"替代南京政府的国家资本主义经济路线。一些地方政府的筹资方法大致有:滥发纸币、苛捐杂税、独占垄断、逃避应缴中央政府的关税和统税、抢夺民营企业等。以下就几个主要强调省本位经济的省份的情况做一些说明。

二、广东:3 年建设计划

广东的 3 年建设计划,其中关于经济方面的有农业、盐务、糖业、工业等统制计划。工业统制有 5 项内容:第一,设立工业改进委员会,办理全省统制事宜;第二,统制范围以工厂工业为限,家庭工业与手工业不在此列;第三,先试行于火柴、手电灯、树胶、土制煤油 4 种;第四,施行统制之后,提高舶来品税率,并限制新工厂的成立;第五,凡受统制之工厂,其生产额和出品价格由主管机关临时核定,不能竞制竞卖,各工厂管理制造产品运销悉受官厅之监督指挥。关于糖业统制,完全师法盐务,规定政府制糖、农民种蔗、商人运销[1],其管制的严格程度与工业是一样的,竞制竞卖是完全不可能的。广东 3 年建设计划如表 3 所示:

表 3　　　　　　　　广东 3 年建设计划所筹设的 24 家工厂　　　　　单位:毫洋元

厂名	固定资本	流动资本	合计	备考
棉纱厂	1 209 110		1 209 110	
丝织厂	378 000		378 000	
毛织厂	370 000	230 000	600 000	
麻纱水结厂	517 108		517 108	
硫酸厂	749 036	150 000	899 036	
梳打厂	750 170	249 830	1 000 000	即苛性钠漂白粉厂
磷肥厂	200 000	100 000	300 000	
氮肥厂	17 000 000	2 000 000	19 000 000	
纸厂	1 400 000		1 400 000	
糖厂	550 000		550 000	
酒精厂	230 000		230 000	糖渣制酒精
精盐制造厂	149 800	200 000	349 800	
玉蜀黍制酒精厂	250 000		250 000	
杀虫药剂制造厂	13 840	14 136	27 976	
西沙群岛鸟粪混合肥田料制造厂	22 000	20 000	42 000	
植物油胶醋酸工厂	200 000		200 000	
油类制造厂	100 000		100 000	
汕尾水产制造厂	98 500	78 365	176 865	
机榨花生油厂	50 000		50 000	
改良农具制造厂	143 000	32 700	175 700	
渔船制造厂	1 300 000		1 300 000	

----

　　[1] 陈真编:《中国近代工业史资料》(第三辑),生活·读书·新知三联书店 1961 年版,第 1174 页。

续表

厂名	固定资本	流动资本	合计	备考
新式渔具制造厂	198 750		198 750	
钢铁厂	26 000 000		26 000 000	每年投资大洋 400 万元,分 5 年完成
瀚江水力电厂	42 500 000		42 500 000	预计资金 700 万美元,以 6 倍伸算折合毫洋,再加 50 万管理费
合计 24 家工厂	93 884 314	3 075 031	96 959 345	

注:毫洋 1.3 元＝大洋 1 元。

资料来源:广东省调查统计局调查,《广东省三年计划中之工业建设》,《工商半月刊》6 卷 23 号,1934 年 12 月 1 日,调查,第 52—54 页。

这项计划实行一年半以后,有 21 家厂有进展,投入资金 1 539 万多元,当然离计划数还相差很远。

1934 年,广东省政府筹设省营面粉厂[1],这在机器面粉行业中是很少见的。1935 年 2 月,广东省政府发布《广东纺织厂组织章程》,规定该厂"隶属于广东省政府,以广东建设厅为监督,经营丝毛棉麻等织造事业";"本厂经理及监理,均由广东省政府任免,各部主任技正及会计主任,均由省政府委任"[2]。广东省政府本来打算分别筹设丝织、制丝、绢丝麻纱、毛纺织和棉纺织 5 个厂,后为追求规模效应,将 5 个厂合并为广东纺织厂 1 个厂,内分丝织、制丝、绢丝麻纱、毛纺织、棉纺织及机电室共 6 部,由广东建设厅委任该厅第三科科长邓拜言为厂筹备主任,厂址选在广东河南士敏土厂两旁。丝织部成立于 1934 年 10 月 1 日,资本约 46.6 万元,由建设厅收入船税、钨矿税、士敏土价款、钨矿专营溢利及透支省银行借款等项下垫支;制丝部成立于 1934 年 10 月 1 日,资本 17 万余元,由建设厅先行垫支;绢丝麻纱部成立于 1934 年 10 月 1 日,资本 64.6 万余元,由建设厅拨发;毛纺织部至 1934 年 4 月尚在筹建中,资本 94.8 万元,由建设厅收入捐税项下先行垫支;棉纺织部至 1934 年 4 月尚在筹建中,资本 291.6 万余元,由建设厅收入税捐项下垫支。[3] 这样,到 1934 年 4 月止,广东纺织厂共投入资金 514.6 万余元。

---

[1]《广东筹设面粉厂》,《工商半月刊》6 卷 24 号,1934 年 12 月 15 日,国内经济,第 97 页。
[2]《广东纺织厂组织章程》,《工商半月刊》7 卷 3 号,1935 年 2 月 1 日,工商法规,第 95—96 页。
[3]《广东纺织厂调查记》,《工商半月刊》7 卷 7 号,1935 年 4 月 1 日,调查,第 61—62、64—68 页。

广东的河南士敏土厂(按:即水泥厂)成立于清光绪末年,西村士敏土厂则成立于1930年。这两家省办水泥厂的产品,"可占全省销额百分之九十以上"[1]。在广东3年建设中,省政府对西村厂追加投入232.7万余元,增设第二套设备,产额也大幅提升。

表4　　　　　　　广东省营水泥厂在全国水泥业中的地位(1935年7月)

厂名	所在地	资本额(元)	每年制造额(桶)
启新洋灰公司	河北唐山	8 800 000	2 200 000
华记水泥公司	湖北大冶	1 000 000	430 000
济南水泥公司	山东济南	200 000	91 000
上海水泥公司	上海龙华	2 000 000	430 000
中国水泥公司	江苏龙潭	4 000 000	910 000
广东河南士敏土厂	广东河南	1 500 000	200 000
广东西村士敏土厂	广东西村	3 086 269	440 000
广东西村士敏土厂增设第二套设备	广东西村	1 801 947(实际投入)	640 000
合计		22 388 216	5 341 000
广东省营水泥厂占比(%)		28.5	24.0

资料来源:广东省调查统计局调查,《广东省营士敏土厂概况》,《工商半月刊》7卷5号,1935年3月1日,调查,第48—49页。根据表中所注内容对数字做过调整和重新计算。广东毫洋折算成大洋,毫洋1.3元=大洋1元。

广东省营工业电化苛性钠厂,于1932年决定成立,1933年成立筹备处,并纳入3年建设计划,1935年5月正式开工。为了满足该厂的电力需求,省政府决定新设一家发电厂。该厂所需大宗原料为食盐,"所幸省内有巨量出产,并经邀准免税购运,既不虞其缺乏,复能成本减轻,将来出口价格,当属低廉,销路上或可与舶来品争衡"[2]。

广东省营硫酸厂于1932年计划建设,到1935年10月,共投入资金广东毫洋82万余元。该厂系直隶于广东省政府,受建设厅监督,设主任兼工程师1名,总理全厂事务,主任之下分别设工程师、技佐、技匠、雇员、工人等78名。管

---

〔1〕《广东士敏土之销路与生产》,《工商半月刊》5卷8号,1933年4月15日,调查,第39页。

〔2〕《粤苛性钠厂建设计划》,《工商半月刊》7卷10号,1935年5月15日,国内经济,第101—102页。

理费和制造费每月共支出毫洋约 4.7 万元,管理费约占总支出的 4.5%,制造费约占总支出的 95.5%。机器生产能力平均每天能出浓度为 98% 的硫酸 15 吨,每月可出 450 吨,每吨成本约合毫洋 100 余元。[1]

广东 3 年建设计划中有设立造纸工厂的项目,总投入约 400 万元,由香港瑞典洋行购买制纸机器 2 台,每机日可出纸 35 吨,购买制亚硫酸木浆机 1 副,每日可出 40 余吨。该厂利用广东本省西北江所产木材,由瑞典加鲁士达厂技术专家担任设计。[2]

广东省政府获取"额外"资金的渠道是通过其控制的广东省银行滥发纸币。1929—1931 年间,广东省军政机关的"滥借"导致广东省银行"滥发"纸币,纸币信用坠落,停兑风潮一岁数见。1935 年法币改革后,广东省政府强调地方特殊,仍坚持由广东省银行发行省一级的地方性纸币,而拒用国民政府中中交农发行的统一法币。广东省政府先后借用广东省银行的款项竟高达 7 000 余万元,另因应付银行负债,须增加资本 1 700 万元,"乃由财厅发行一种整理币制库券九千一百余万元,拨交省行以为抵还借款及增加资本之用,并指定即以此项库券作为纸币之保证准备",到 1936 年 7 月底止,广东省银行发行的纸币竟达 2.41 亿元之多。[3] 1936 年 12 月底,该行发行的纸币更增至 2.62 亿毫洋元。[4]

广东省政府依靠在一省范围内的独占垄断获得行政垄断利益。广东的省营工业均隶属于建设厅,各厂出品均集中贩卖,统一以"五羊牌"为商标。为了维护"五羊牌"产品利益,广东不仅排斥外国进口商品,而且排斥外省市的进口商品,一律冠之以"舶来品"称号而予以省级关税抵制,例如,外省水泥进入广东,须缴纳每桶 1.35 元的捐税[5],其市场竞争力当然大大下降了。省营企业所需要的机器、原料等进口不纳关税,生产出来的产品不纳统税[6],将国民政府应得的税收据为己有。广东建设厅对钨矿砂的产销实行垄断,建设厅的国货推销处收买钨矿砂,以设定矿业权或领有省外运粤特许证者为限;即便是获得

〔1〕《广东省省营硫酸厂概况》,《工商半月刊》7 卷 20 号,1935 年 10 月 15 日,调查,第 25—27 页。

〔2〕《中国制纸工业之现状·附(二)广东建设厅造纸厂计划概要》,《商业月报》14 卷 5 号,1934 年 5 月,第 7 页。

〔3〕《粤金融中枢之广东省银行》,《银行周报》20 卷 50 号,1936 年 12 月 22 日,国内要闻,第 3—4 页。引者按:此处的"元"估计系毫洋元,毫洋 1.3 元=法币 1 元。

〔4〕中国银行经济研究室编:《全国银行年鉴》,汉文正楷印书局 1937 年版,第 148 页。

〔5〕陈真编:《中国近代工业史资料》(第三辑),生活·读书·新知三联书店 1961 年版,第 1175 页。

〔6〕同上,第 1177—1178 页。

矿业权的矿商,亦须缴纳沉重的矿捐。省政府坐收渔利,矿商无利可图。[1]

1932 年 8 月,广东省政府欲以债券将全部股本达 1 000 万元的商办广州电力公司收归市营,步广州自来水公司之后尘,但遭广州电力公司股东抵制。[2]

三、山西:10 年建设计划

1930 年爆发的中原大战动摇了晋钞的基础,也动摇了山西经济的基础。1930 年 11 月 4 日的《银行周报》载文称:"山西省银行钞票,最近因军事失败影响,一蹶不振,官方既无法维持,商民疑窦丛生,虽不敢公然拒绝,而折扣情事,已成公开之秘密。"而省营事业对晋钞则"首先拒收"[3]。

1930 年 12 月,"山西之纸币祸,现已成不可收拾之势"。省长商震受阎锡山所托,与山西省银行行长徐一清连日召开全省各县商会代表会议,讨论晋钞的挽救办法,议定了 5 项办法。这 5 项办法是剜肉补疮、祸害百姓的措施:"(一)自十六日起,停止再发行新钞票;(二)增加全省田赋每两一元(山西全省田赋共五百五十万两),专充维持晋钞市价,不作别用;(三)各种税捐一律改收现款,不收晋钞;(四)再征发全省各县给养捐一次,额定六百万元,不要粮秣,须一律折成现款缴纳;(五)通饬全省商民交易,不得再折扣晋钞至每二元五角换一现洋之最低行市。以上五款议决后,能否一一实行,尚未可知,因其中如第二项增征田丁一事,今春以军事关系,已加过一次(当时系每两加二元),现在再征,恐民力已竭,必引起严重反对。"据核计,当时山西省银行发行在外的纸币,总数已有 9 600 万元之多。[4] 为了应对这样的局面,只能继续榨取山西老百姓。1931 年 6 月,鉴于晋钞崩溃的情势,山西做出发行新钞 2 500 万元、对旧省钞分次收毁的整理办法。[5] 晋钞的坠落及几次整理,都使 2 000 万山西人民深受其害,山西经济也处于风雨飘摇之中。

1933 年,山西开始实行阎锡山编定的"省政 10 年建设计划"。在此基础上,河边村"10 年建设计划案"不久也产生了,继而阳曲、榆次、太原三县的县村 10 年建设计划案出台。接着,阎锡山要求全省推行县村 10 年建设计划案的编订。

---

〔1〕 陈真编:《中国近代工业史资料》(第三辑),生活·读书·新知三联书店 1961 年版,第 1182—1183 页。

〔2〕 同上,第 1183—1184 页。

〔3〕 《山西省晋钞狂跌》,《银行周报》14 卷 42 号,1930 年 11 月 4 日,杂纂,第 4—5 页。

〔4〕 《晋钞共发行一万万元》,《银行周报》14 卷 46 号,1930 年 12 月 2 日,第 6—7 页。

〔5〕 《晋发行新钞二千五百万》,《银行周报》15 卷 21 号,1931 年 6 月 9 日,国内要闻,第 4 页。

阎锡山的山西 10 年建设计划对鸦片、卷烟、食盐实行"统制"。官办的晋华卷烟厂是山西境内独占的卷烟工厂，其产品的品质和价格与英美烟公司的产品相比，均处于劣势，"但贩销晋华烟不用领牌照；而贩销英美烟则非领牌照不可。且领牌照之手续极为麻烦，事实上等于不发牌照"。1933 年英美烟公司的产品除在太原略有销售外，在其他地方都绝迹了。晋华烟公司每月出货 2 000 箱，共可收入 50 万—60 万元。原料及开支占半数，税捐占十分之三，余下十分之二为纯益。纸烟税属统税，理应上缴中央政府的，但山西向例是不报解的。[1]

山西省 10 年建设计划案中，对于工业上应提倡的事项，分为扶助社会办理事项与公营事项。扶助社会办理的事项有 19 项。公营事业则有：(一)壬申制造厂，将旧有兵工厂机器，择适用者，制造农具生产器械及日常用具；(二)育才机器厂，将旧有机器尽量制造农具、生产器械及日常用具；(三)育才炼钢厂；(四)扩充硫酸厂；以上为公营事业中已有而待整理者；(五)炼钢厂；(六)肥料厂；(七)毛织厂；(八)纺纱织布厂；(九)纸烟制造厂；(十)苏达厂；(十一)洋灰厂；(十二)印刷厂。第(五)至第(十二)项为 10 年内创办而必成事项，其中有已开工多日者，如毛织(即西北毛织厂)、印刷、纸烟制造等厂(即西北印刷厂、晋华纸烟制造厂)，正在筹备中者，有西北洋灰、西北炼钢等厂。[2] 就现状而论，1935 年山西的公营工厂有 16 家，规模最大的西北炼钢厂，资本 500 万元，正在筹办中，分炼焦部与炼钢部。晋华卷烟厂资本 120 万元。资本在几十万元的工厂有壬申制造厂、壬申化学厂、育才炼钢机器厂、西北毛织厂、西北洋灰厂、西北制纸厂、西北火柴厂、西北皮革厂、西北印刷厂、西北煤矿厂、西北窑厂等，另有几家企业的资本在 1 万数千元至数万元不等。[3]

山西 10 年建设计划中，对于发展公营事业，分为已有而应整理者、创办而必成者、创办而期成者、必要而特设者 4 项。此项计划原定于 1934 年度开始实行，惟急需而又可能者，也有在 1933 年度着手进行的，如修筑同蒲铁路、实施造林、改组壬申制造厂、社会用品制造厂及设立晋华纸烟厂等。计划中将山西省银行归于"已有而应整理者"一类。同蒲铁路的修筑系以太原为中心，北达大同，南抵蒲州，纵贯山西全省，"系用轻窄轨修筑，与平绥、正太、陇海各路，完全

---

〔1〕 陈真编：《中国近代工业史资料》(第三辑)，生活·读书·新知三联书店 1961 年版，第 1199—1200 页。

〔2〕 文钊：《山西之工业调查》，《工商半月刊》7 卷 9 号，1935 年 5 月 1 日，调查，第 51 页。

〔3〕 同上，第 52 页。

不同,虽衔接上述各路,但均不能通车,全长凡五千余里"。其用"轻窄轨"的理
由,系出自经济上的考虑,"以经济合算为条件,核算八十五磅标准轨、五十六磅
米达轨、三十五磅标准轨、三十五磅米达轨、三十磅米达轨、三十磅七十五生的
轨、二十四磅米达轨及二十四磅七十五生的轨八种路轨五十年间损益,结果以
三十磅米达轨为最合算,故决定修筑每公尺十五启罗九之米达轨"。10 年应筹
筑路经费共 2 668 万元。[1]

　　阎锡山通过"整埋"山西省银行,重新把这家银行建造成山西金融的核心。
此外,又设了晋绥地方铁路银号、绥西垦业银号和晋北盐业银号 3 家省营银
号。1935 年,山西省全省银行和银号的总分支机构共 128 处,资本共 1 064 万
元,其中山西省营四银行号的总分支机构有 30 处,资本占 77.3%,纸币发行占
89.2%。[2] 从 1932 年到 1936 年底,山西四银行号发行纸币总额高达 8 118 万
元,1935 年法币改革时,阎锡山也"搭便车"地宣布山西四银行号发行的省币不
兑现。[3]

　　1933 年 8 月,山西省政府成立省营西北实业公司,放手侵夺民营企业,其侵
夺的民营企业有:山西平民工厂、杏花村义泉涌酿酒厂、壬申化工厂、火柴厂、兴
农酒精厂、壬申制造厂、西北机械厂、水压机厂、大同面粉厂、晋丰面粉厂、大同
晋北矿务局等。[4]

四、其他强调省本位建设计划的省份

　　有的省份,如湖南、广西、福建、云南、湖北等,也想搞省本位经济,但受到制
约;有的虽然搞了一些,但规模不如广东、山西;而有的则仅停留在初步的设
想中。

(一)湖南

　　湖南省政府在 1934 年制订 3 年施政计划,分为民政、财政、教育、建设及保

---

〔1〕 公英:《山西省之经济建设》,《工商半月刊》7 卷 16 号,1935 年 8 月 15 日,撰述,第 3—4、6—8
页。

〔2〕 中国社会科学院近代史所中华民国史研究室、中国人民银行山西省分行、山西财经学院金融
史编写组:《阎锡山和山西省银行》,中国社会科学出版社 1980 年版,第 95 页。

〔3〕 中共山西省委调查研究室编:《山西省经济资料》(第 4 册),(出版社不明)1963 年版,第 18 页。

〔4〕 陈真编:《中国近代工业史资料》(第三辑),生活·读书·新知三联书店 1961 年版,第 1203—
1205 页。

安 5 个部分。建设部分细分如下：[1]

1. 交通：修筑或完成 19 条国道或省道公路干支线。合计第一年需经费 556.6 万元，第二年需经费 540.4 万元，第三年需经费 1 134 万元。

2. 工业：(1)扩充湖南机械厂；(2)整理纺织厂；(3)整理公路行车营业；(4)整理省会电话局；(5)扩充造纸厂；(6)筹办酒精厂；(7)筹办水泥厂；(8)筹办平板玻璃厂；(9)筹办桐油精炼厂。以上合计第一年需经费 245.7 万元，第二年需经费 204 万元，第三年需经费 193.1 万元。

3. 矿业：(1)开发永兴、湘潭、宜章等处煤矿；(2)扩充江华锡矿局；(3)复兴黄金洞，及开发沅水流域金矿；(4)试探醴陵、新化、桂阳、绥宁等处煤锑铜矿；(5)续探衡山银坑村及其他铅锌矿；(6)炼锌厂附设制造硫酸装置；(7)调查全省地质矿产并组织探矿队；(8)开发晃县水银矿及各处锰矿并湘西矿产；(9)研究试制合金并推广用途；(10)组织矿业银行。以上合计第一年需经费 32.06 万元，第二年需经费 115 万元，第三年需经费 209 万元。

4. 农业：(1)各县设农业推广部，联络农民改进；(2)改良稻作，在各地设立稻作试验场。以上合计第一年需经费 5 万余元，第二年需经费 9.6 万余元，第三年需经费 9.6 万余元。

5. 棉业：(1)建筑育种场并补充各种设备；(2)创设湘阴、临湘两处特约棉场并依次扩大；(3)开办各处农产仓库；(4)估计棉产及调查农村经济；(5)增设各处测候所；(6)训练技术人员及发行各种刊物；(7)设立津市榨油厂；(8)设立 5 万亩灌溉排水机械于澧县；(9)建筑指导员办公处。以上合计，第一年需经费 4.1 万元，第二年需经费 23.6 万元，第三年需经费 4.7 万元。

6. 茶业：(1)建筑总分各场及内部设备；(2)推扩；(3)检验。以上合计第一年需经费 3 万元，第二年需经费约 1.5 万元，第三年需经费约 1.5 万元。

7. 林业：(1)扩充省立苗圃及省立林场；(2)实施强制造林及推广植桐；(3)补助私人苗圃林场；(4)预备。以上合计第一年需经费 6 万元，第二年需经费 7.8 万元，第三年需经费 10 万元。

8. 合作事业：(1)增设各县市合作指导员；(2)成立合作银行。以上合计第一年无经费支出，第二年需经费 15.6 万元，第三年需经费 20 万元。

---

[1] 陈新：《湖南省新定三年建设计划》，《工商半月刊》6 卷 23 号，1934 年 12 月 1 日，调查，第 57—60 页。

9. 市政:(1)修筑市区马路;(2)修筑市区街道及公沟;(3)取缔市区建筑;(4)改良市区卫生设备;(5)市区公用设备建设,如筹备公用给水、建筑市区公园及开办市区电力厂等;(6)建筑平民住宅。以上合计,第一年需经费 32.3 万元,第二年需经费 50 万元,第三年需经费 160.4 万元。

湖南的这项建设计划有可靠经费来源仅 500 余万元,缺口高达 2 000 多万元。湖南在 1934 年 1 月发行建设公债 1 000 万元,其中三分之二用于修筑宝洪轻轨铁路,三分之一归还银行旧欠,不在 3 年建设计划之内。湖南在 1934 年 12 月又发行建设公债 1 000 万元,规定其中三分之二用于公路建筑,三分之一用于归还银行旧欠,应该是属于 3 年计划之内的。但即便仅仅用于公路,也还不够预算需要,仅及 3 年所需公路建设经费 2 231 万元的 30%弱。由于缺乏经费,湖南的 3 年建设计划很难顺利地全面推广。

(二)广西

1931 年,"广西省局议定,在李德邻(宗仁)、白健生(崇禧)、黄旭初诸氏领导下,树立'建设广西,复兴中国'为目标,订'广西建设纲要'为原则,运用'三自政策',积极从事'四大建设'(军事、政治、文化、经济)。……计先后创建省营厂矿农林场等 20 余单位,经营数年,规模粗具,颇有相当基础"[1]。

"建设广西,复兴中国""三自政策""四大建设"等反映了省本位的军阀割据思想。全面抗战前,广西的省营工业大致有以下一些:[2]

1. 南宁机械厂。1936 年成立于南宁,计有机械工厂、翻砂工场、打铁工厂各 1 座,各种机床共 15 部。

2. 南宁染织厂。1933 年开始筹备,建筑厂房,订购机器,派学徒赴沪学习,1935 年建成投产。厂内分整理、织布、电力、修机、漂染等工场。有英国电力织布机 148 架和脚踏铁木机 47 架,棉纱、染料购自外省,出品均以桂花为商标,以各种平布、叙布为大宗,年产布约 45 万匹。

3. 广西酒精厂。1927 年在梧州筹备,1932 年始告完成。厂址设在柳州鸡喇,拥有工场 1 座、猪舍 2 座、办公楼及宿舍共 3 座。该厂以桔水为制造原料,也可以杂粮为原料,但成本较高。

4. 广西陶瓷厂。1935 年成立于宾阳芦墟,备有德国陶瓷机。

〔1〕 陈真编:《中国近代工业史资料》(第三辑),生活·读书·新知三联书店 1961 年版,第 1228 页。

〔2〕 同上,第 1216—1221 页。

5. 广西士敏土厂。1936 年开始筹备,厂址择定迁江之白鹤隘。计划工厂建成后,每日出产水泥 50 吨。机器系向德商礼和洋行定购,主要机器价值 32 700 英镑。机器已陆续运入,但战前尚未建成投产。

6. 广西省营第一民生工厂。其前身为 1926 年富、贺、钟三县所办的平民工厂,原属工读学校性质,生产有限。1937 年秋改为省营,资本约 6 万元。

7. 广西糖厂。1935 年 1 月设于贵县,资本 78 万元。

8. 南宁制革厂。1928 年成立,1930 年停办,1933 年恢复。

9. 广西印刷厂。1933 年 5 月整理旧企业设立,资产价值约 15.7 万元。

10. 广西造纸试验所。1937 年秋筹备。

11. 广西火柴厂。1935 年夏成立,资本 10 万元,官商各半出资。

12. 广西制药厂。1934 年成立,1936 年秋改为省营,从事制造各种疫苗及膏丹丸散等日用药品,及做化学检验等工作。资本约 20 万元。

13. 广西自来水厂。广西已有自来水厂设备者,为梧州、南宁、桂林、柳州 4 处。梧州厂统筹全省自来水事业,于 1928 年筹备,1933 年底完成供水。南宁、桂林、柳州的自来水厂均属其分厂。

14. 广西电力厂。总厂设桂林,分厂设梧州、南宁、柳州、贵县、龙州、桂平及八步。

15. 迁江合川煤矿股份有限公司。1936 年收购民营煤矿设立。

16. 硫酸厂。1927 年筹办,聘请德国技师数人设计并勘厂址,计划结果,定厂址于梧州对河三角咀。1929 年 3 月竣工投产,但因经费和交通问题,工厂开开停停,不能稳定生产。1932 年春,广东省政府愿意出资合办,企业改名为"两广合办硫酸制造厂",委马君武博士为厂长,于 1932 年 11 月复工生产。工厂每日出品 8 吨,两广当局轻其税,同时增加外国输入硫酸的关税 3 倍,因而企业一度成长势头很旺,每月在广东可销 100 吨,广西也出现 10 余家以硫酸为原料土法提炼火油的工厂,硫酸因之供不应求。但随即英美两国的火油公司削价竞争,复夺土制火油市场,广东输入的外洋硫酸也大举减价,使两广硫酸厂的产品滞销。所以这家硫酸厂还是处于开开停停之中。[1]

总的来说,广西的这些省营企业规模都不大,也不成体系。1934 年广西省政府"实行统制全省电力事业,准广西电力厂向广西银行透支巨款,遂即进行筹

---

[1] 覃炽昌:《广西硫酸酒精机械三大工厂实况调查》,《工商半月刊》6 卷 22 号,1934 年 11 月 15 日,调查,第 71—73 页。

办新厂",梧州电厂、柳州电厂、贵县电厂、龙州电厂、桂林电厂等原来都系民营,而由省政府接手的。锡矿等亦复如此。[1]

(三)福建

福建省政府提出本省经济计划的时间较晚,1937年被陈仪主政的省政府确定为"经济建设年",制订了5年经济建设纲要[2]。

1931年12月,福建省政府欲"接收"民营的福州电气公司,遭抵制。[3]1935年,福建省政府发行地方建设公债300万元,用于多项用途。福建省政府财政拮据,筹资空间有限,难有作为。省银行于1935年筹备设立,设立后先要整理纸币,逐步恢复信誉,很难马上发行新币。唯一的办法就是通过苛捐杂税盘剥百姓,这是驾轻就熟的把戏。1936年4月,福建茶业不振,省政府仍在征收茶业特税,茶商请愿免税,省政府只肯略微减低而不肯免除,称:"现为维护生产奖励推销起见,对于茶之税率,业经核定减轻办法两点:(一)采办茶业之商客应完税款,暂照旧税率减轻五分之一,凡内地茅茶每百斤原征二元,现减为实征一元六角,出洋箱茶每百斤原征一元七角,现减为实征一元三角六分,外省进口茶每百斤原征五角四分,现减为实征四角三分;(二)各县地方收入之茶税及附加,已列入二十四年度预算者,暂照旧征收,但编造二十五年度预算时,应一律删免。"[4]同样,1936年4月,因征税太重,福建上杭纸业式微,纸厂代表请愿蠲免,但省政府只肯略微减低。[5]

1937年6月,福建省政府实施糖业统制,设立省产贸易公司,在涵江设立蒲仙糖业管理所,并在仙游枫亭、郊尾等地设立分所,专以评定糖价、检验糖质、监秤、包装、发给运照、取缔私运劣质土糖。并拟在涵江设立官商合办的蒲仙糖业有限公司,资本50万元,分成5 000股,官方任250股,糖商任4 750股。[6]

〔1〕 陈真编:《中国近代工业史资料》(第三辑),生活·读书·新知三联书店1961年版,第1222—1226页。

〔2〕 潘健:《1930年代福建"经建学台湾"的三次考察》,《闽台文化交流》2010年3月(季刊),总第23期,第40页。

〔3〕 陈真编:《中国近代工业史资料》(第三辑),生活·读书·新知三联书店1961年版,第1314页。

〔4〕 实业部通知,商字第42757号,1936年4月11日;《实业公报》第276期,1936年4月25日,公牍,第40页。

〔5〕 实业部通知,商字第42910号,1936年4月16日;《实业公报》第277期,1936年5月2日,公牍,第67—68页。

〔6〕 陈真编:《中国近代工业史资料》(第三辑),生活·读书·新知三联书店1961年版,第1314页。

（四）云南

全面抗战前,云南出现了两个垄断性的官商系统:一是 1934 年成立的以缪云台为首的经济委员会辖下的投资企业系统;二是 1935 年成立的以陆子安为首的云南企业局所投资和经营的企业系统。这两个企业系统涵盖了云南的金融、工矿、贸易、交通、合作事业、农田水利等各个部门。前者辖下有富滇新银行,后者辖下有兴文银行、云南矿业银行、劝业银行、益华银行、中国侨民银公司和云南信托局。[1]

其他有些省份也着意于省级经济和省营企业的经营,但由于受财政、地理位置、资源禀赋等多种原因的制约,很难形成气候。

五、不强调省本位的江苏、浙江和江西

凡中央政府能够比较有效地实施控制的省份,一般是不会提出省本位的建设计划的,而是会配合中央政府的经济计划,做好辅助工作。在这方面,江苏、浙江、江西三省是最具有代表性的。

（一）江苏

1933 年 10 月至 1937 年 11 月,陈果夫主政江苏。陈果夫是国民党中央的重要人物,与蒋介石关系密切,自然不会从省本位的角度考虑经济问题。陈果夫主政江苏后,为复兴农村经济,大力发展先前已成立的江苏银行和江苏农民银行,建立农业仓库,推进合作经济,疏浚六塘河,兴办导淮入海工程,并推进教育文化事业。[2]

江苏省的财政和经济均服从于国民政府中央,1930 年江苏省财政厅厅长张寿镛称:"年来苏省以军事及岁俭之故,而碍及种种计划,原定之施政大纲,未能一一实现。"[3]这说明江苏省并不坚持自己的独立计划,而是以国民政府统一的军事和经济需要而做出调整或"牺牲"的。1930 年 7 月,江苏省政府发行建设公债 700 万元,用于筑路浚河。[4]上海华界属于江苏省,华界上海市财政局局长唐乃康在 1931 年的一次会议上称,1930 年上海市政府发行的 300 万元公债

---

〔1〕 陈真编:《中国近代工业史资料》(第三辑),生活·读书·新知三联书店 1961 年版,第 1237—1238 页。

〔2〕 李国瑞:《陈果夫主政江苏研究(1933.1—1937.11)》,南京师范大学 2012 年硕士学位论文,第 15—26 页。

〔3〕 《过去三年之苏省财政》,《银行周报》14 卷 11 号,1930 年 4 月 1 日,杂纂,第 6—7 页。

〔4〕 《江苏省建设公债条例》,《银行周报》14 卷 29 号,1930 年 8 月 5 日,杂纂,第 7 页。

中,100万元办市银行、120万元建筑街道、30万元整理旧公债、50万元收买市中心土地,且以房捐作抵,"此为市府第一期发行之公债。现在照'总理大上海计划',建设需费约五千万。故为建设市中心区域起见,尚须发行公债,现在拟先发行一千万,以营业税作抵"[1]。但囿于国民政府的财力和省市财政,"总理大上海计划"后来被搁置起来了。江苏省和上海市并未打着"总理"旗号自搞一套。

1930年,江苏省9县已有长途电话,"近拟扩充线路,由武进经无锡而达苏州,并定于本年九十月间工竣通话,现正积极敷设"[2]。1931年,上海市(华界)实行统一电厂计划,"其第一步办法,即为嗣后各小电厂如需要增加有扩充设备之必要时,令其改变方针,与就近大电厂接通电线,向其购电转售。此项第一步计划,至民国二十年五月全部完成"[3]。1932年10月,沪杭公路建成通车。此路的修筑系以全国经济委员会牵头,江浙两省建设厅和沪杭两市政府全程参与而得以完成。宋子文曾筹备100万元筑路基金供建筑全国道路之用,贷借各省市政府修筑公路。可见,公路建设的主体还是省市政府。沪杭公路通车后,江浙两省内共有已筑成的汽车路1 225公里,正在建筑中的汽车路320公里,可与上海连接。[4]截至1934年12月,江苏省完成六大干线公路,计长793.12公里,建筑中313.50公里,计划中220.90公里,总长1 327.52公里;完成支线公路1 245.28公里,建筑中1 025.23公里,计划中464.15公里,总长2 734.66公里;完成县道914.46公里,建筑中1 754.92公里,计划中116.48公里,总长2 785.86公里。合计干线、支线和县道,完成公路之里程2 952.89公里,建筑中合计3 093.65公里,计划中801.53公里,总长6 848.07公里。[5]1934年7月,上海市政府为改良道路桥梁,建设博物馆、图书馆、医院、体育场、屠宰场及改进闸北区和市中心区起见,发行市政公债350万元,半日之内,认购款项多达2 000多万元,超过定额6倍有余。[6]1935年,江苏省计划改良棉业,把植棉区划分为中棉和美棉两大区域,分别制订改良棉作品种及栽培方法的实施计划。

---

〔1〕《上海市财政最近状况》,《银行周报》15卷5号,1931年2月17日,国内要闻,第9—10页。

〔2〕《苏锡电话积极进行》,《工商半月刊》2卷16号,1930年8月15日,工商消息,第10页。

〔3〕《沪市公用局完成统一市内电厂第一步计划》,《工商半月刊》3卷14号,1931年7月15日,国内经济,第1页。

〔4〕《沪杭公路举行通车典礼》,《工商半月刊》4卷19—24号合刊,1932年,国内经济,第30页。

〔5〕《苏省公路六大干线完成》,《工商半月刊》6卷24号,1934年12月15日,交通,第118页。

〔6〕《上海市政公债之畅销》,《中国经济月刊》1934年第8期,第9—10页。

改良主导机关有:江苏省立棉作试验场、江苏省立棉作改进所、江苏省立农作试验场、产棉县份各县农业推广所、南通学院、中央大学农学院、金陵大学农学院等。[1]

1935 年,上海市政府所从事的市政工程建设项目有:开筑沪苏公路沪昆段工程、疏浚吴淞江及虞姬墩裁湾取直、修筑车塘、扩辟龙华飞机场、建筑体育场、建筑图书馆及博物馆、建筑医院及卫生试验所、增设市中心小学、改建棚户区、改筑水电路翔殷路柳营路西宝兴路及运动场四周干道等。[2]

1935 年的江苏建设集中在 5 个方面:第一,水利建设的四大工程,动员了 50 万人参与其中,挖出土方达 6 000 余万公方,其中两项工程的投入就超过 1 000 万元;第二,公路建设;第三,电讯建设,完成江北通榆电话干线建设等工程,至年底,江苏省已成长途线路共为 1 998 公里,建筑经费投入为 51.57 万元;第四,农林建设,如稻作改进、麦作及杂谷改进、棉作改进、林业和渔业改进、农村副业之提倡等;第五,蚕桑改进与统制,制定茧行、茧种统制办法;第六,推进合作事业。[3]

总之,江苏省的经济建设着力于基础性投资方面,如道路、市政、通讯、水利、农业等,而不是致力于建设一个省本位的经济体系。浙江省的情况大致上类似。

(二)浙江

发表于 1930 年 12 月的《调查浙江省财政报告》,对浙江省的财政状况做了详细的分析,认为浙江省财政是在中央政府的完全控制之下的。报告称:“浙省财政行政系统,可谓完整无阙,绝无军队干涉之情事。各国税机关用人行政,概由中央主持,省府并不过问。所有税款,直接汇解中央,财政特派员公署向未设立。类似厘金之捐税,则由财政厅代征。除代付一部分之国家支出外,认解中央之款,每月叁拾万元。”由于浙省前两年大荒,财政收不抵支,缺额很大,各机关经费积欠三月有余,“而建设事业,随地皆有,如公路铁路长途电话等,犹其彰明较著,人民增加负担,直接虽受损害,而交通便利,间接受莫大之利”[4]。我们可以从中看出:第一,浙江省并没有独立的省本位建设计划,而是在中央政府

---

〔1〕《苏省计划改良棉业》,《工商半月刊》7 卷 10 号,1935 年 5 月 15 日,国内经济,第 105—106 页。

〔2〕吴铁城:《一年来之上海市政工程纪要》,《中国建设》1936 年第 1 期,第 25—32 页。

〔3〕沈百先:《一年来之江苏建设》,《中国建设》1936 年第 1 期,第 33—48 页。

〔4〕杨绰庵:《调查浙江省财政报告》,《银行周报》14 卷 49 号,1930 年 12 月 23 日,第 35 页。

的控制之下行事;第二,浙江省的经济建设侧重于基础性投资;第三,浙江省的建设经费多出自苛捐杂税,直接加重了百姓负担。

1931 年 8 月,浙江因财政竭蹶,发行清理公债 800 万元,1931 年度财政入不敷出额多达 400 多万元。[1]但浙江对于基础性建设还是有一定投入的。如在电话事业方面,浙江省政府特设有电话局主导其事,1931 年在杭州市内电话和长途电话的建设方面均有推进。[2]同江苏省一样,浙江省的公路建设推进很快,一些公路建成后,迅速形成运输能力。1931 年 1—10 月,由浙江省公路局直辖的 8 条公路,客运总人数 208.4 万人,营业总收入 87.8 万元。[3]1932 年又完成 16 条省级公路建设。[4]

(三)江西

另一个由国民政府有效控制的省份是江西省。1931—1941 年,蒋介石的亲信熊式辉主政江西,当然不会在经济领域"离心"中央政府,另搞一套省本位经济。即便是经济计划,也是配合中央政府币制改革的。江西省政府致力于改良农业和公路建设。1935 年和 1936 年,江西省政府启动了两大项目,即南昌水电厂和光大瓷业公司,但由于后来全面抗战爆发,前者未及验收,后者投产不久即遭拆毁。[5]

1937 年,江西省政府提出经济建设 5 年计划。但与广东、山西等省不同,江西省的计划是在与中央政府密切磋商后提出来的。江西省的建设厅长"曾与中央各关系当局接洽关于本省经济建设一切事宜"后才回省制订江西省经济建设5 年计划。该计划 5 年共需经费 6 000 余万元。[6]

综上所述,在全面抗战前的几年中,一些省份提出了省本位的经济建设计划,似乎想要独立提升一个省的经济;而另一些省份则并无这方面的追求。省经济的"独立性"是与国民政府中央政权控制力的有效性成反比的,即经济"独立性"强的省份,意味着中央政权对其的控制力弱;反之,经济"独立性"弱的省份,则意味着中央政权对其的控制力强。省本位经济建设的实施需要大量资

〔1〕《浙省财政竭蹶情况》,《钱业月报》1931 年 8 月,经济纪闻,第 12 页。

〔2〕《浙江之电话事业》,《工商半月刊》3 卷 1 号,1931 年 1 月 1 日,调查,第 57—78 页。

〔3〕《浙省公路营业状况》,《工商半月刊》3 卷 10 号,1931 年 5 月 15 日,调查,第 29—33 页。

〔4〕《浙省公路建筑近讯》,《工商半月刊》4 卷 19—24 号合刊,1932 年,国内经济,第 32—34 页。

〔5〕董千萍:《熊式辉督赣时期的江西经济建设(1931—1941)》,东华大学 2013 年硕士学位论文,第 28、36、41 页。

〔6〕《赣省经济建设五年计划》,《银行周报》21 卷 17 号,1937 年 5 月 4 日,国内要闻,第 6—8 页。

金,而所有省份都不是财政富裕的,有的省份甚至数度财政破产,过量发行的省纸币和省公债都需要反复整理。但就是这样一些省份,为了获取所谓建设经费,故伎重演,对百姓进行敲骨吸髓的搜刮:他们通过省银行发行大量不兑现纸币,滥征捐税,偷逃或截留中央税款,对国外和省外的输入产品高树起关税壁垒,把自己的省搞成一个独立王国。他们的省本位经济必然是封闭的。如果把国民政府在全国所搞的统制经济称为"大统制经济",而把一些省的统制经济称为"小统制经济"的话,那么,在"大统制经济"中出现"离心"的"小统制经济",则是当时中国很奇特的一种经济现象。

全面抗战时期的中国经济之一：
后方工业及上海的一度"孤岛繁荣"

一、内迁

近代中国经济的地区分布很不均衡，现代工商业主要集中在上海、天津、汉口、广州等少数几个大城市中，东部沿海地区的经济比较发达，西部落后。有人根据国民政府经济部 1932—1937 年办理的工厂登记做过下列统计：位于西南、西北地区的四川、西康、云南、贵州、广西、陕西、甘肃、青海、宁夏、新疆 10 个省份，合乎工厂法规定条件进行登记的工厂，一共只有 182 家，仅占全国工厂总数的 4.6%；资本合计 1 047 万元，仅占全国工业资本的 2.8%；工人数合计 25 562 人，仅占全国工厂工人总数的 5.6%。实际上，这只是四川、云南、贵州、广西、陕西、甘肃 6 个省份的数字，并主要集中在四川一省。西康、青海、宁夏、新疆 4 省的近代工业，在战前基本上是一片空白。[1]

抗战全面爆发以后，内地各省预计将成为抗战的大后方。内地各省过于薄弱的经济状况很不利于持久战争。1937 年 7 月 28 日，资源委员会派林继庸等到上海，同上海工商各界接洽，希望将上海的 2 000 台工作母机以及炼钢、化工、轮胎等机器设备迁往内地。此举得到了上海工商界部分爱国人士的响应，如颜耀秋、胡厥文、支秉渊、吴蕴初等，一部分工厂迁往内地，到 11 月 12 日上海撤守，共迁出工厂 146 家、技工 2 500 人，器材安抵武汉者 1.46 万吨。其中，有顺

---

〔1〕 李紫翔：《抗战以来四川之工业》，《四川经济季刊》第 1 卷第 1 期；转见黄逸峰、姜铎、唐传泗、徐鼎新：《旧中国民族资产阶级》，江苏古籍出版社 1990 年版，第 472 页。

昌、上海、新民等 66 家机器厂,三北等 4 家造船厂,天原等 19 家化工厂,以及大鑫钢铁厂、龙章造纸厂等,而棉纺织、面粉等工厂则无一家迁出。[1] 上海一部分工商业者没有当机立断将工厂迁往内地,他们主要顾虑内地的交通条件、贸易条件、原材料采购条件等不能尽如人意,如刘鸿生所说:"故将上海大多数工厂,若使之迁入内地,犹如鱼入枯井,无以为生矣。"[2] 所以,内迁工厂在上海还只占少数。

上海华界沦陷后,国民政府工矿调整处协助苏州、无锡一带的工厂内迁。苏锡厂家同上海的情况相似,一部分厂商持观望态度。国民政府江苏省主席陈果夫提出对无力自迁者"由政府按其设备实值予以收购,统筹迁运"的意见,但并未得到众多响应,结果只有无锡公益铁工厂和常州大成纱厂部分设备迁出。杭州有 5 家机器厂迁出。南京永利硫酸铔厂因赶制军需,仅迁出小部分设备。华北方面有郑州豫丰纱厂、青岛华新纱厂、济南陆大铁工厂、太原西北制造厂等自行迁出。广州迁厂则未有进展。内迁的工厂约 170 家,以武汉为中转站。武汉本地的工厂约 150 家也迁往内地,其中有恒顺铁工厂、申新四厂、裕华纱厂、震寰纱厂、福新面粉厂等。内迁工厂大部分迁往四川,部分迁往湖南、广西、陕西等地。[3] 荣氏的申新四厂和福新五厂都在 1938 年 8 月开始由武汉内迁,申新四厂的 2 万纱锭迁至宝鸡、6 千纱锭迁至四川重庆。1939 年 1 月申四重庆厂建成开工,全厂设备有纱锭 5 500 枚、布机 80 台、工人 550 名,每月出纱约 220件。1939 年 5 月 1 日,福五重庆厂建成开工,全厂工人 35 名,每月出粉约 1.4万包。[4] 汉口震寰纱厂迁至重庆的设备,途中遭敌机轰炸损毁,运至西安的设备因工厂主无力建厂投产,只得租与裕华、大华纱厂。[5]

据国民政府经济部统计,到 1938 年底,内迁工厂共 304 家,1939 年再迁出114 家,到 1940 年安置就绪。其总体情况如表 1 所示:

---

〔1〕 许涤新、吴承明主编:《中国资本主义发展史》(第三卷),人民出版社 1993 年版,第 534 页。

〔2〕 上海社会科学院经济研究所编:《刘鸿生企业史料》(下册),上海人民出版社 1981 年版,第 5页。

〔3〕 许涤新、吴承明主编:《中国资本主义发展史》(第三卷),人民出版社 1993 年版,第 534－535页。

〔4〕 上海社会科学院经济研究所编:《荣家企业史料》(下册),上海人民出版社 1980 年版,第 197－198 页。

〔5〕 刘寿生、刘梅生:《震寰纱厂遭受帝国主义掠夺记》,载中国人民政治协商会议全国委员会文史资料委员会编:《文史资料选辑》(第 44 辑),文史资料出版社 1964 年版。

表1　　　　　　　　　　　　抗战时期民营工厂的内迁

最后迁往地	四川	湖南	广西	陕西	其他省区	合计	内迁工厂数B	内迁技工数B
内迁工厂数A	250	121	25	42	14	452		
冶炼	1	—	—	—	—	1	1	360
机械	103	50	14	8	6	181	181	5 986
电器	18	6	1	—	—	25	29	744
化学	40	9	2	3	6	60	56	1 408
纺织	28	53	3	19		103	97	1 688
饮食品	10	1	1	8	1	21	22	580
文教用品	32	1	3	—	1	37	37	635
杂项工业	14	—	1	3		18	17	404
矿业	4	1	—	1	—	6	8	377
内迁器材吨数A	90 000	10 000	4 000	15 000	1 000	120 000		
内迁工厂数B	254	121	23	27	23	448		
内迁技工数B	8 105	2 777	532	432	318	12 164		

原注:A为林继庸:《民营厂矿内迁纪略》,1942年版,附表。系1940年6月统计。器材数据根据文内所述,湖南、广西为推算数。

B为经济部:《经济统计月报》第4期,1947年版。系1940年统计。原表技工数分业相加为12 182人,与分地区相加数不一致。

资料来源:许涤新、吴承明主编,《中国资本主义发展史》(第三卷),人民出版社1993年版,第535页。

　　内迁工厂虽然不是很多,但在战时还是发挥了重要的作用,成为战时后方经济的新动力。至于国营厂矿,在"七七"事变后不久,资源委员会就开始将山东的中兴,安徽的淮南、大通、六河沟,河北的怡立,江西的萍乡、高坑等煤矿,湖北的扬子、大冶、汉阳三铁厂,以及湖南的铅锌厂的全部或一部分机械,先后拆运西迁。建设委员会的首都电厂、句容分厂和戚墅堰电厂的部分机件,也拆往内地。[1]

二、战时后方工业

　　在后方经济建设之初,国民政府除了延续战前趋势,着力于公营经济之外,

_____

〔1〕史全生主编:《中华民国经济史》,江苏人民出版社1989年版,第425页。

对于民营经济也多有扶植。因为这涉及后方的民生和后方的巩固与否。国民政府开发后方工业的措施主要有4项：一是制定奖励工业发展的法规。1938—1939年，国民政府先后颁布了《非常时期工矿业奖励暂行条例》《经济部工矿调整处核定厂矿请求协助借款原则》《奖励工业技术暂行条例》《经济部小型工业贷款暂行办法》等奖励工业和提倡发明创造的法规，奖励项目有保息、补助现金、减免捐税等9项。二是资金协助。截至1941年6月底，国民政府对内迁民营厂矿的各种放款总计达到2 003万元，并对后方原有的新式工业凡有关国防民生、营业有发展希望的，也一律给予贷款，据1938年的统计，这种放款总计达到630万元。三是帮助各工矿企业购备材料。当时后方各厂所需要的材料、工具等需向国外采购，国民政府制订工矿调整处拟定购储材料工具计划，统筹筹购，材料运入后方后，按一定比例分存于指定地点，然后按临近各厂矿之实际需要作价借给，定期偿还。四是帮助招募技术员工。经济部工矿调整处制定了《技工征募办法》，在沿海各省，特别是上海，广泛征集技术员工迁往内地。到1940年底，工矿调整处协助迁往内地的技术人员及技工达到12 164人。[1]

由于全面抗战初期，国民政府在一定程度上对民营企业的扶持，后方民营工业获得了一定程度的发展。这在表2的统计中能够显示出来：

表2 抗战后方的民营工业（1944年）

(A)按设立年份分类

年份	厂数（家）	资本额（百万元）	折战前币值（百万元）	平均每厂资本（万元）
1936年以前	270	91.3	91.3	33.8
1937	60	21.9	21.3	35.5
1938	182	91.4	69.7	38.3
1939	346	118.2	53.7	15.5
1940	496	155.6	30.3	6.1
1941	738	280.8	21.7	2.9
1942	1 077	331.7	8.5	0.8
1943	977	1 149.3	9.2	0.9
1944	533	809.8	1.9	0.4

〔1〕 史全生主编：《中华民国经济史》，江苏人民出版社1989年版，第430—431页。

续表

年份	厂数 (家)	资本额 (百万元)	折战前币值 (百万元)	平均每厂资本 (万元)
年份不明	85	75.3	8.4	9.9
合计	4 764	3 125.3	316.1*	

(B)按设厂地区分类

地区	厂数 (家)	资本额 (百万元)	折战前币值 (百万元)	工人数 (人)
重庆	1 461	819.4	101.0	64 701
四川	813	858.6	93.7	52 146
贵州	183	100.1	6.0	6 314
云南	142	246.6	21.5	9 277
广西	343	202.2	12.7	13 613
湖南	870	415.4	23.7	48 400
陕西	325	217.6	28.7	23 112
其他	627	265.4	28.8	37 034
合计	4 764	3 125.3	316.1	254 597

(C)按经营行业分类

经营行业	厂数 (家)	资本额 (百万元)	折战前币值 (百万元)	工人数 (人)
冶炼	136	136.2	18.1	19 263
机器	965	418.7	32.4	33 425
五金	326	110.1	11.9	11 178
电器	104	100.3	16.3	3 563
化学	1 353	1 112.7	110.8	64 530
纺织	880	560.1	58.9	79 877
服饰品	173	61.9	5.2	11 964
伙食品	588	427.4	31.1	17 254
印刷文具	144	79.9	16.2	9 004
杂项工业	95	118.0	15.2	4 539

续表

经营行业	厂数 （家）	资本额 （百万元）	折战前币值 （百万元）	工人数 （人）
合计	4 764	3 125.3	316.1	254 597

注：* 因进位关系，与分年数之和有 0.1 的差额。

资料来源：许涤新、吴承明主编，《中国资本主义发展史》（第三卷），人民出版社 1993 年版，第 537—538 页。

　　大后方的民营工业，在厂数上占 82.5％，工人数占 68％，但全部资本额却只占 30.42％，远远落后于官办工业。[1] 仅就资源委员会一个机构，在整个抗战期间投资于石油、钢铁、电力、电工、金属、机械、煤炭、化工等领域总共7 181.5 万元（1936 年币值）。[2] 其重工业投资比重占 95％以上。[3] 但重化工业的投资周期长、见效慢，在全面抗战的前期，截至 1942 年，民营工业在后方工业生产方面的优势十分明显，水泥、硫酸、盐酸、碱、机制纸、面粉、棉纱等工业产品，全部或绝大部分是由民营工厂生产的；电力、煤、铁、钢、工具机，民营工厂生产的数量多数年份在 80％以上，只有 1942 年的钢产量，民营工厂占的比重缩小，其优势地位被资源委员会及兵工署所经营的规模较大、设备较优的钢厂所取代。酒精的生产，民营工厂占 65％—85％的比重。[4]

　　到抗战后期，民营工业的优势渐渐丧失，官办工业重新占据明显优势。据统计，在煤、生铁、钢、有色金属、石油及其制品、电力、酒精、代用油、酸、碱、水泥、机器电器、棉纱、棉布、面粉、火柴、纸等 17 种主要生产资料和生活资料的全部产值中，民营企业所占比例从 1938 年的 78.8％逐渐降至 1945 年的48.4％。[5] 从表 3 中也可以看出，在后方工业中，随着时间的推移，公营经济膨胀，民营经济逐渐委缩：

---

　　〔1〕 国民政府经济部：《后方工业厂数、资本、工人及动力设备统计，1942 年》。第二历史档案馆藏档案，档号：28—1244。

　　〔2〕 程麟荪：《论抗日战争时期资源委员会的企业活动及其历史作用》；载中国近代经济史丛书编委会编：《中国近代经济史研究资料》（5），上海社会科学院出版社 1986 年版，第 6 页表二的数据。

　　〔3〕 薛毅：《国民政府资源委员会研究》，社会科学文献出版社 2005 年版，第 297 页。

　　〔4〕 黄逸峰、姜铎、唐传泗、徐鼎新：《旧中国民族资产阶级》，江苏古籍出版社 1990 年版，第 527—528 页。

　　〔5〕 吴太昌：《抗战时期国民党国家资本在工矿业的垄断地位及其与民营资本比较》，《中国经济史研究》1987 年第 3 期，表 7—2。

表3　　　　　　　　　　　　　后方工业生产指数

年份	经济部编生产总指数	产值指数		
		合计	公营	民营
1938	100.0	100.0	100.0	100.0
1939	130.6	116.1	129.1	112.6
1940	185.9	144.5	188.9	132.6
1941	243.0	191.7	325.2	155.9
1942	302.2	213.4	433.7	154.3
1943	375.6	204.2	477.6	130.7
1944	351.6	184.0	467.1	108.0
1945	316.8	166.5	405.6	102.4
平均年增长率				
1938—1942	31.8	20.9	44.3	11.4
1942—1945	1.6	−7.9	−0.2	−12.8
1938—1945	17.9	7.6	22.1	0.3

资料来源:许涤新、吴承明主编,《中国资本主义发展史》(第三卷),人民出版社1993年版,第547页。

从表3可以看出,民营企业的生产于1942年停滞,1943年起明显萎缩。而公营企业的生产在抗战前期发展得特别快,而从1943年起,实际上也有一定程度的减少。相比之下,民营企业的变化更大。究其原因,大致有以下几项:

其一是高通胀和资金枯竭。太平洋战争以后,物资供应更加紧张,物价上涨,通货膨胀,政府经过几年的战争,财政困难越来越大。在这样的大背景下,无论是官办银行还是民营银行,信用的收缩是必定的。高通胀意味着人们不再选择存款,在黄金和外汇被管制的情况下,只能选择购物保值。银行在客观上没有充裕的资金去放贷款,主观上则认为在高通胀的情况下放贷款,则无异于送钱给人家。国民政府发放支持工业的所谓工贷资金,主要由官营企业受惠,民营企业很难得到。1943年实际工贷数额7亿元,其中钢铁工业应为5.1亿元,书面计划中归民营钢铁厂所得应为2.7亿元,但受孔祥熙直接控制的中国兴业公司竟冒称"民营工厂",独得贷款1.68亿元,占62%强,而真正的民营钢铁厂只能分得一点余沥。而且有幸获得工贷的民营工厂,领取手续非常繁复,费时甚久,期限又甚短,还规定必须扣除旧欠,所以实际上并没有真正受惠。顺昌机器厂经理马雄冠说："今天工贷已经不足以救济了。"[1]而后方银行业在高通胀的情况下，不愿扩大对工业的放款，至多提供少量的短期融通资金，据调查，1943年间，重庆民营银行的商业放款占放款总额的97%，而工业放款的比重还不到1%；湖南、广西两省民营银行的商业放款占放款总额的96%，工业放款不足0.5%。而且放款利率非常高，各地放款利率通常高达7—8分，甚至10分以上；也就是说，民营工业企业是很难从银行那里得到贷款的。

其二是物资短缺和物资统制。确定为国民政府经济部管制的物资分为三类：第一类是日用必需品，包括棉花、棉纱、棉布、煤焦、食油、纸张等；第二类是工业器材，包括工业机器、钢铁、水泥、烧碱、漂白粉、盐酸、染料等；第三类是出口矿产物，包括钨、锑、锡、鉒、铋、铜等。确定为国民政府财政部管制的物资分为两类：第一类是专卖物品，包括盐、糖、烟草、火柴等；第二类是出口外销物品，包括桐油、生丝、羊毛、猪鬃、茶叶、药材等。凡属上述被管制的物资，民营工业企业必须向国民政府有关机构提出申请，经过核准，然后统一分配。[2]

1942年春，政府统收棉纱后，即采用以纱控布的政策，由农本局将棉纱发给各机户，织成后以布易纱。之后每次都是以纱易布，仅由农本局给予织布工资而已。所以棉纱的生产由政府全盘控制，而棉布的生产则通过棉纱的供应加以控制。1943年春，经济部物资局撤销，农本局改为财政部花纱布管制局，该局继续执行物资局的章则办理花纱布的管制事项。1943年夏，该局因棉花价格无从统制，乃从事于棉花的统收，产地生产的棉花，全由花纱布管制局统购。自后纱厂所用的棉花也由该局供给，"纱厂已无营业，仅代政府纺纱，取得必需之工资以及其他费用。自后，政府统购棉花，以花控纱、以纱控布，战时之衣料问题，可因此政策之成功而解决矣"[3]。

民营工业企业完全失去了组织生产的独立自主性。一般认为，人们对国民党腐败的抨击以及"官僚资本"概念的提出，正是对于国民政府在金融经济的管理中营私舞弊现象的反弹，时间上大致从1940年开始。物资管制滋生了大量腐败行径，受害的当然是民营企业和广大消费者。物资短缺使后方工业开工不足。1943年，由于原棉短缺，后方的棉纺织厂开工不足，许多民营纱厂被迫停工

〔1〕 黄逸峰、姜铎、唐传泗、徐鼎新：《旧中国民族资产阶级》，江苏古籍出版社1990年版，第540页。

〔2〕 同上，第541—542页。

〔3〕 上海社会科学院经济研究所编：《荣家企业史料》(下册)，上海人民出版社1980年版，第224—225页。

减产。重庆最大的 3 家纱厂申新、裕丰和豫丰,其开工的纱锭织机数量都在锐减。重庆各纱厂每月平均可产纱 4 000 余件,实际只能生产 3 000 余件。1944年纱厂的原料危机更加严重。[1]申四宝鸡厂也同样处于萎缩之中。[2]

限价和专卖对于民营企业的伤害是毁灭性的。列入专卖物品清单的盐、糖、卷烟、火柴等日用消费品,一律由专卖事业管理局及其下属机构实行限价收购,厂家不得自行销售。而这些专卖机构在核价时,总是不顾厂家的生产成本,竭力压低收购价格。1944 年 3 月,四川自流井盐的收购价每斤仅 8 元,而生产成本至少需要 20 元。又如食糖,川康区专卖机构在 1943 年 6 月核定的收购价格为每万斤 14.4 万元,而成本却要 18.6 万余元。[3]表 4 是关于火柴的收购价与成本以及专卖机构收购之后发售时的价格三者之间的比较:

表 4　　　　　**"钟楼""雁塔"火柴的成本、收购价与发售价三者比较**
(1943 年 10—12 月)　　　　　　　　单位:法币元

	单位	1943 年 10 月		1943 年 11 月		1943 年 12 月	
		钟楼火柴	雁塔火柴	钟楼火柴	雁塔火柴	钟楼火柴	雁塔火柴
生产成本	箱	3 677	4 456	4 470	5 122	3 731	4 438
收购价格	箱	1 333	2 146	1 960	2 560	1 960	2 560
发售价格	箱	4 800	4 800	4 800	4 800	9 600	9 600

资料来源:青岛市工商行政管理局史料组编,《中国民族火柴工业》,中华书局 1963 年版,第 144 页。

从表 4 可以看出,专卖机构对于火柴的收购价大大低于生产成本,其调整的幅度既小,时间上也落后于生产成本的提升,而专卖机构的发售价则几倍于收购价,行政性物资统制的弊病于此凸显。在这种情况下,民营企业是很难长久维持下去的。在棉纺织业方面,管制机关所定的收购价低于生产成本的问题同样突出,如表 5 所示:

〔1〕 陈真、姚洛编:《中国近代工业史资料》(第一辑),生活·读书·新知三联书店 1957 年版,第146—147 页。

〔2〕 上海社会科学院经济研究所编:《荣家企业史料》(下册),上海人民出版社 1980 年版,第 245页。

〔3〕 黄逸峰、姜铎、唐传泗、徐鼎新:《旧中国民族资产阶级》,江苏古籍出版社 1990 年版,第 545—546 页。

表 5　　　　　　　　　20 支棉纱每包核定价与成本比较　　　　　　单位:法币元

时间	项目	数目	项目	数目
1942 年 2 月	核定价	6 900	黑市价	10 000
1942 年 8 月	核定价	8 589	生产成本	12 920
1942 年 11 月	核定价	12 500	生产成本	14 200
1943 年 5 月	核定价	15 600	棉花成本	33 750
1944 年 3 月	工缴费	12 000	工缴实支	15 000

资料来源:许涤新、吴承明主编,《中国资本主义发展史》(第三卷),人民出版社 1993 年版,第 551 页。

棉纱的核定价低于生产成本,工厂不能长期维持,结局只可能是压缩生产或停工歇业。

其三是国家垄断资本主义经济成分的挤压。公营经济发展,民营经济被挤压,这是后方经济整个结构态势变化的大趋势。在战时后方工矿业的政府投资中,资源委员会的投资是最主要的一家。到 1942 年底,资源委员会的投资约占当时后方近代工业资本(不包括军需工业)的 40%,占后方公营工业资本的55%。[1] 战时资源委员会的企业投资集中在重工业领域,到 1944 年止,资源委员会在汽油、煤油、柴油、天然气、钨砂、锑、锡、汞等领域的投资占后方投资的100%;钢铁投资占 56.9%,生铁占 31.2%,电力占 33.8%,煤占 13.7%。[2] 到1945 年底,资源委员会共有附属企业 125 家,其中独资经营者 70 家,投资并主办者 38 家,投资不主办者 17 家;这 125 家企业中生产性企业 110 家、非生产性事业单位 15 家。[3] 职工从 1939 年的 1 万多人,增加到最多时 8 万余人,1945年为 6.3 万余人。[4]

后方工业中的政府投资,不止资源委员会一家。在中央政府方面,还有财政金融系统、交通部系统、经济部系统等的政府投资。财政金融系统的投资主要经营印刷、造币和外贸物品加工等。国家银行除了大量投资于工矿企业外,还直接经营了一些企业,如 1940 年中国银行投资 2 000 万元设立雍兴实业公司,该公司下属 18 家企业,以棉纺织业为主,拥有纱锭 32 万枚,占大后方纱锭

----

〔1〕 史全生主编:《中华民国经济史》,江苏人民出版社 1989 年版,第 464 页。
〔2〕 严中平等编:《中国近代经济史统计资料选辑》,科学出版社 2016 年版,第 158 页。
〔3〕 陈真编:《中国近代工业史资料》(第三辑),生活·读书·新知三联书店 1961 年版,第 845 页。
〔4〕 史全生主编:《中华民国经济史》,江苏人民出版社 1989 年版,第 465 页。

总数的三分之一,是仅次于资源委员会的工业垄断机构。[1]交通部和经济部也都拥有自己系统的一些政府企业。此外,地方政府也投资和经营一部分公办企业。所有这些公营企业,与政府其实是一家,近水楼台先得月,在资金、资源、政策等各个方面独占先机,民营企业无法与之公平竞争,走下坡路是必然的结果。

三、上海一度的"孤岛繁荣"

"八一三"淞沪抗战,中国军队撤退后,日军占领上海华界,到太平洋战争爆发,上海的公共租界和法租界成为尚未被日军占领的所谓"孤岛"。由于大量人口密集于上海租界,消费需求提升,而且国内资金也集中于上海租界,因此上海租界地区一度呈现所谓"繁荣"现象,生产发展,贸易兴旺。百业似有恢复战前水平的迹象。但这种所谓的"繁荣",只是一种在国家被侵略阴影下的本质上是畸形的暂时的经济回升。

据上海公共租界工部局统计,上海华界沦陷初期,复工的工厂很少,1937年底,复工的工厂只有422家,但到1938年底,公共租界的工厂总数猛增至4 709家,产业工人达到约23.7万人。[2]不但原先在租界里的工厂选择复工,而且原先在租界之外的,或外地进入上海的工商业者也在租界择地建厂,从事生产。但1940年公共租界工部局工业处的调查显示,工厂总数已有大幅度减少,为1 705家,比战前增加400余家。[3]

其中,棉纺织业是"孤岛繁荣"期间的重要产业。上海各大纺织厂如申新、永安、鸿章等因受战事影响,曾减低生产;后因沪市人口增加,棉布用途较广,且因客销畅旺,以至各纱厂营业倍增。所有开工纱厂全部获利极丰,纱价涨得比花价快,表6是1939年上半年纱价的上涨趋势:

表6　　　　　　　　棉纱价格的上涨(1939年1—6月)　　　　　　单位:元/件

月份	上海	天津	青岛
1	333	335	340
2	333	347	355

[1] 史全生主编:《中华民国经济史》,江苏人民出版社1989年版,第465页。
[2] 《上海公共租界工部局年报》,1938年,第36页。
[3] 田和卿:《上海之战时工业》;载朱斯煌编:《民国经济史》,银行学会编印,1948年版,第476页。

续表

月份	上海	天津	青岛
3	335	405	416
4	395	495	520
5	380	465	500
6	430	505	520

资料来源：《日本在华纱厂之现状及其原棉问题》，《经济丛报》1939 年 1 卷合订册（6—12 月），第 199 页。

以 1939 年 6 月 20 支纱原棉每担平均市价 100 元计，每件原棉价 350 元，加上制造费 30 元，则每件成本 380 元。这与 1939 年 6 月平均纱价相比较，上海每件可获利 50 元、天津 125 元、青岛 140 元。[1] 这样的利润是极其丰厚的。问题主要在于原棉的供应。战时，沦陷区的棉产被敌伪统制，无法运到上海，所以只能购买外棉。1939 年 1—6 月，根据海关统计，外棉进口额高达 8 700 余万元，是 1938 年同期 660 万元的 13.18 倍。[2] 中国的外汇基金有限，如此进口，殊非长久之策。

上海日商纱厂，战前共有纺机 135.8 万锭、织机 17 400 台，战时损失甚微，经整理后，1939 年下半年共有纺机 130.8 万锭、织机 18 200 台，并且几乎都在开工运转中。至于英商纱厂则毫无损失，也在全部开工中。1939 年下半年，上海开工的 230 万纱锭，每月约可生产棉纱 12 万包。日商纱厂的产品大多转销中国内地的沦陷区；而华商及英商纱厂的产品，除在上海本地销售外，还有一部分运往河内，转至桂林、昆明，以应云南、贵州、湖南、广西等省的需要。[3]

西南各省每年缺少棉纱 12 万件、棉布 400 万匹，大部分需要仰赖上海方面供给。因此，上海的华纱市价比日纱要高出两成，获利更丰。在这样的高利润刺激下，华商纱厂就迅速地发展起来。[4] 除了原有纱厂复工和增加设备以外[5]，新厂的建立也很多，这种情况见表 7 所示：

---

〔1〕《日本在华纱厂之现状及其原棉问题》，《经济丛报》1939 年 1 卷合订册（6—12 月）第 199 页。

〔2〕《战时我国棉纺织业之现状》，《经济丛报》1939 年 1 卷合订册（6—12 月），第 452 页。

〔3〕 同上，第 451—452 页。

〔4〕 上海社会科学院经济研究所编：《荣家企业史料》（下册），上海人民出版社 1980 年版，第 71 页。

〔5〕 郑克伦：《沦陷区华商纺织业之回顾与前瞻》，《中国工业》第 10 期，1940 年 10 月 25 日。

表 7　　　　"孤岛"时期上海华商纱厂棉纺织业设备增长统计(1938—1941 年)

厂名	创立年月	开工年月	纱锭(枚)		布机(台)	
			成立时设备	1941 年设备	成立时设备	1941 年设备
荣丰	1938 年 6 月	1938 年 10 月	11 000	20 032	—	427
安达	1938 年 7 月	1938 年 10 月	14 400	30 000	—	—
信和	1938 年	1938 年 10 月	26 000	36 120	—	210
合丰	1938 年 8 月	1939 年 1 月	4 602	4 602	—	—
新生	1938 年 3 月	1939 年 2 月	14 000	24 500	—	—
保丰	1938 年 11 月	1939 年	11 500	15 120	—	372
中纺	1939 年 1 月	1939 年 3 月	13 720	46 900	200	1 142
德丰	1939 年 1 月	1939 年 4 月	10 000	12 320	128	132
肇新	1939 年	1939 年 6 月	11 200	12 800	—	116
昌兴	1940 年	1940 年	11 400	11 400	—	320
公永	1941 年	1941 年	14 256	14 256	—	—
合计			142 078	228 050	328	2 719

资料来源:王菊,《近代上海棉纺业的最后辉煌(1945—1949)》,上海社会科学院出版社 2004 年版,第 263 页表 4。

除了棉纺织业发展迅速外,机器工厂也开得很多,从 1938 年起的 4 年中,租界中新开设的机器工厂多达 412 家,复业的 120 家;此外,由战区迁入上海租界设厂的有 204 家,设在战区遭劫后修复的有 48 家,合计 784 家。但新设的厂大多规模比较小。[1] 其他发展较快的工业也大抵是与人们的日常生活消费相关的行业,见表 8:

表 8　　　　　上海租界若干主要工业行业生产指数(1936—1941 年)

业别	1936 年	1937 年	1938 年	1939 年	1940 年	1941 年
棉纺织	100.0	69.8	81.7	104.5	99.0	63.3
缫丝织	100.0	72.6	95.4	116.8	104.2	97.3
面粉	100.0	77.5	72.5	112.1	49.0	22.3

---

〔1〕 上海市工商行政管理局、上海市第一机电工业局机器工业史料组:《上海民族机器工业》,中华书局 1979 年版,第 622—623 页。

续表

业别	1936 年	1937 年	1938 年	1939 年	1940 年	1941 年
毛纺织	100.0	89.1	59.5	164.8	173.1	149.5
橡胶	100.0	65.9	29.3	42.1	45.9	50.9
染料及木业	100.0	81.9	73.0	213.9	231.9	196.0
机器	100.0	99.6	56.0	121.1	153.9	123.0
造纸	100.0	115.6	147.4	242.5	380.5	390.4

资料来源：田和卿，《上海之战时工业》；载朱斯煌编，《民国经济史》，银行学会编印，1948
年版，第 476 页。

发电量也能显示工业生产的规模和状况，见表 9：

表 9 　　　　　　　　　　　**上海租界工业用电指数（1936—1943 年）**

年份	工业用电量指数
1936(基期)	100.0
1937	82.4
1938	72.5
1939	102.9
1940	105.5
1941	80.0
1942	50.0
1943	40.0

资料来源：田和卿，《上海之战时工业》；载朱斯煌编，《民国经济史》，银行学会编印，1948
年版，第 477 页。

在国际贸易方面，上海口岸在"孤岛"时期有着独特的优势，因而特别能够
在进口方面维持一种比较兴旺的局面。形成这种独特的优势有 3 个方面的原
因：一是当时中国政府无法在上海租界执行其在内地颁行的贸易管制法令，"孤
岛"商人经营进出口业务，不受牵制；二是国民政府虽然对"孤岛"停止了供应官
价汇率的外汇，但仍通过英商汇丰银行继续维持"市价"外汇，使进出口商可以
继续进行外汇的买卖；三是"孤岛"地区的内贸方面，几成"商业自由市"，不受任
何管制，而去国外的海轮又照常行驶，进出口全无阻滞。因而上海比其他口岸

经营进出口业务更具有利条件。[1]上海口岸历年进出口贸易值情况如表 10
所示:

表 10　　　　　　　上海口岸历年进出口贸易值统计(1936—1941 年)　　　　单位:千美元

年份	出口贸易值		进口贸易值		进出口贸易总值	
	金额	比数	金额	比数	金额	比数
1936	107 639	100	164 956	100	272 595	100
1937	118 589	110	149 693	91	268 282	98
1938	46 863	44	80 756	49	127 619	47
1939	67 064	62	179 141	109	246 205	90
1940	82 959	77	189 717	115	272 676	100
1941	108 250	101	196 770	119	305 020	112

资料来源:根据历年《海关贸易统计报告》综合编算。引自上海社会科学院经济研究所、
上海市国际贸易学会学术委员会编著:《上海对外贸易》(下册),上海社会科学院出版社 1989
年版,第 3 页。

从表 10 可以看出,1938 年是进出口贸易的低谷,然后便迅速回升,特别是在
进口方面。"孤岛"时期上海在全国对外贸易中的比重是非常高的,如表 11 所示:

表 11　　　　　　　　　　1939 年上海在全国对外贸易中的比重

城市	进口额(百万元)	占进口总额比重(%)	出口额(百万元)	占出口总额比重(%)	差额(百万元)
上海	528.0	45.2	418.4	54.1	−109.6
天津	302.5	25.9	85.7	11.1	−216.8
青岛	99.2	8.5	46.5	6.0	−52.7
秦皇岛	55.7	4.8	29.9	3.9	−25.8
烟台	25.7	2.2	9.4	1.2	−16.3
汕头	32.1	2.8	32.7	4.2	0.6
龙州	29.7	2.5	34.8	4.5	5.1
拱北	22.3	1.9	16.6	2.2	5.7
蒙自	18.8	1.6	31.2	4.0	12.4

---

〔1〕　上海社会科学院经济研究所、上海市国际贸易学会学术委员会编著:《上海对外贸易》(下册),
上海社会科学院出版社 1989 年版,第 2 页。

续表

城市	进口额 (百万元)	占进口总额 比重(%)	出口额 (百万元)	占出口总额 比重(%)	差额 (百万元)
雷州	10.1	0.9	13.7	1.7	3.0
北海	1.6	0.1	15.5	2.0	13.9

注:除了这些商埠,应该还有若干陆上通道的贸易额未计算在内。

资料来源:武堉干,《一年来之中国国际贸易》,《日用经济月刊》1940年1月,第344页。

1939年上海"孤岛"的对外贸易额占了全国外贸总额的大约一半。外棉是"孤岛"时期最重要的进口商品。表12是1936年至1939年1—9月份上海外棉进口的统计:

表12　　　　　　　　　　上海外棉进口统计

(1936年至1939年1—9月份同期比较)

时间	外棉进口数量 (单位:英担,即112磅)	折合英镑数
1936年1—9月	339 676	1 755 854
1937年1—9月	140 635	899 743
1938年1—9月	72 750	321 577
1939年1—9月	2 001 342	7 971 224

资料来源:《九月份上海外棉之进口统计》,《经济丛报》1939年1卷合订册(6—12月),第23页。

上海外棉进口,1938年最低,1939年呈井喷状。主要原因有:一是国产棉进沪难;二是"孤岛"棉纺厂的生产能力得到恢复和发展;三是生产棉纱的利润丰厚。上海进口的外棉中一直以印度棉为最多,美棉和埃及棉次之。巴西棉则在战时有进口增加的趋势,1939年1—9月,巴西棉的进口数量超过了美棉和埃及棉,仅次于印度棉而居于第二位。[1]

此外,"孤岛"时期最主要的进口商品还有粮食和煤炭。就粮食而言,1937年和1938年粮食进口数量还不是很大,在上海各项进口商品的价值排序中,排在第10位以下,而从1939年起,由于日本人加紧掠夺我沦陷区的粮食,"孤岛"粮食就只能更多地依靠进口。1939年粮食的进口价值跃升为第3位,1940年和1941年更是升至第2位和第1位。上海口岸历年粮食进口数量如表13所示:

---

〔1〕《九月份上海外棉之进口统计》,《经济丛报》1939年1卷合订册(6—12月),第24页。

表13   **1937—1941年上海口岸历年粮食进口数量**   单位:千公担

年份	进口洋米	进口小麦	进口面粉	合计	
				数量	指数
1937	308	296	61	665	100
1938	645	—	78	723	109
1939	458	4 225	458	5141	773
1940	3 922	1 335	224	5481	824
1941	6 389	522	883	7 794	1 172

资料来源:上海社会科学院经济研究所、上海市国际贸易学会学术委员会编著,《上海对外贸易》(下册),上海社会科学院出版社1989年版,第31页。

1938—1941年,上海共计进口各类粮食19 139千公担,价值7 990万美元。[1] 即便进口了如此多的粮食,仍然供不应求,粮价几度暴涨,百姓叫苦连天。

煤炭的情况相类似。从1938年起,由于日本人对我沦陷区煤矿的统制,国产煤运沪困难,只能多进口洋煤。1938—1941年的4年内,上海口岸共计进口外煤535万公吨,占全国进口外煤564.6万公吨的95%,耗用外汇3 229.6万美元。[2]

在出口方面,"孤岛"时期上海的主要出口商品大致上可分为3类,即农副产品、轻工业品和手工业品。这3类商品的历年结构变化如表14所示:

表14   **"孤岛"时期上海口岸出口商品前10位历年结构变化**   单位:%

商品类别	占上海出口总值的百分比					
	1936年	1937年	1938年	1939年	1940年	1941年
第一类:农副产品(包括桐油、生丝、茶叶、皮毛、蛋品、猪鬃、肠衣、杂粮)	53.43	53.44	31.67	41.07	35.33	23.38
第二类:轻工业制成品(包括棉纱、棉布、针棉织品、绸缎。其他不在内)	5.40	2.12	19.17	17.77	17.22	23.56

---

〔1〕 上海社会科学院经济研究所、上海市国际贸易学会学术委员会编著:《上海对外贸易》(下册),上海社会科学院出版社1989年版,第31页。

〔2〕 同上,第34页。

续表

商品类别	占上海出口总值的百分比					
	1936 年	1937 年	1938 年	1939 年	1940 年	1941 年
第三类：手工业品(包括草帽、花边)	4.44	4.66	10.95	6.55	5.34	4.09

资料来源：上海社会科学院经济研究所、上海市国际贸易学会学术委员会编著，《上海对外贸易》(下册)，上海社会科学院出版社 1989 年版，第 36 页。

农副产品的出口比重仍占据第一位。例如，生丝出口的规模还是很大的，1939 年 1—9 月的生丝出口量 445.5 万公斤，比上年同期增加 280 万公斤，是上年同期的 2.8 倍；出口值 7 028.2 万元，比上年同期增加 6 042 万元，是上年同期的 6.1 倍。[1] 1939 年起，轻工业制成品的出口增长较为突出。其中各类纺织制品占据重要地位，例如毛巾、袜子、手绢、各种针织物等。全面抗战前夕上海有各种生产纺织品的工厂 433 家，雇用工人约 17 800 名，战争爆发，一些工厂受损，但过了一两年，上海租界内的纺织品工厂又慢慢恢复到战前水平。[2]

进口的消费品能够维持"孤岛"人民各方面的生活需求。加上内贸不受管制，所以造成商业的繁荣。据统计，百货商店在 1938—1940 年间增设了 500 多家。[3] 各大百货公司营业兴旺，经常延长营业时间以满足顾客需求。表 15 是上海四大百货公司 1937—1941 年间的营业额和利润额统计：

表 15 **永安、先施、新新、大新四大百货公司营业额和利润额**

(1937—1941 年) 单位：法币万元

年份	永安		先施		新新		大新		物价指数[d]
	营业额	利润额	营业额[a]	利润额	营业额	利润额[b]	营业额	利润额	1937 年=100
1937[c]	842.4	82.1	673.9	5.1	335.3	—4.6	379.5	7.2	100
1938	1 044.8	156.2	835.8	42.3	529.3	40.6	577.3	77.7	128.6
1939	1 821.6	314.1	1 457.3	75.2	815.0	11.3	886.8	176.8	209.2
1940	3 468.5	457.0	2 774.8	92.7	1 580.8	36.9	1 755.9	402.7	455.9

---

〔1〕《上海生丝与日本生丝之出口贸易》，《经济丛报》1939 年 1 卷合订册(6—12 月)，第 664—665 页。

〔2〕《上海一般纺织制品之出口贸易》，《经济丛报》1939 年 1 卷合订册(6—12 月)，第 688 页。

〔3〕上海社会科学院经济研究所：《上海资本主义工商业的社会主义改造》，上海人民出版社 1980 年版，第 21 页。

续表

年份	永安		先施		新新		大新		物价指数d
	营业额	利润额	营业额a	利润额	营业额	利润额b	营业额	利润额	1937 年=100
1941	6 895.9	1 724.5	5 516.7	220.7	3 866.5	154.7	3 926.0	1 150.0	985.2

注:a. 先施公司各年营业额是按永安公司同年营业额的 8 折估计。

b. 新新公司各年利润额参见《上海之金融市场》第 63—75 页。

c. 1937 年先施公司、大新公司利润少的原因是:先施公司受香港国民银行倒闭影响;大新公司 1936 年开幕后,受三大公司竞争影响所致,而其 1941 年利润又显过高,与营业额不相适应,但现无资料可查核,仅供参考。

d. 物价指数根据中国科学院上海经济研究所、上海社会科学院经济研究所编《上海解放前后物价资料汇编》(上海人民出版社 1958 年版)中的数据。

资料来源:上海百货公司、上海社会科学院经济研究所、上海市工商行政管理局编著,《上海近代百货商业史》,上海社会科学院出版社 1988 年版,第 116 页。

这些大公司的附属企业也营业兴旺、利润丰厚。例如,上海永安公司附属的天韵楼游乐场和大东旅社在"孤岛"时期的营业都十分发达,1938—1941 年,大东旅社共获利 81.9 万元,而天韵楼游乐场则获利 102.6 万元。[1]

集聚在上海的游资寻求获利机会,便造成投机之风盛行。投机的目的物,首先是外汇、黄金及外商股票,继及进口的金属和化学品,又继及于大众消费品,如米、煤、纱布之类。为投机服务的银行、钱庄及商号应运而起,1940 年前后上海的大小银行、钱庄共增至 420 家,其中银行 208 家,较战前增加 134 家;钱庄 212 家,较战前增加 120 家。上海其他各行业在这个时期也增加了不少投机商号。[2]如荣氏家族的荣德生、荣鸿元、荣一心、杨通谊等在 1939 年组织成立广新银公司,资本 100 万元,荣德生自任董事长,杨通谊任总经理,原英商麦加利银行买办王叔麟任经理,吸收公众存款,做"商业"营运。荣一心、唐熊源等开设大新贸易公司,囤积物资,买卖华、洋股票。申新二厂、九厂利用银行贷款,大量购囤外棉,操纵栈单,获取暴利。[3]

抗战开始后,上海纱布交易所停市,由原来的棉纱掮客十数人组织了所谓"执中社",在北京路同和古里代客买卖棉纱现货和栈单,这就是所谓的棉纱现

---

〔1〕 上海社会科学院经济研究所:《上海永安公司的产生、发展和改造》,上海人民出版社 1981 年版,第 158 页。

〔2〕 中国科学院上海经济研究所、上海社会科学院经济研究所编:《上海解放前后物价资料汇编》,上海人民出版社 1958 年版,第 27 页。

〔3〕 上海社会科学院经济研究所编:《荣家企业史料》(下册),上海人民出版社 1980 年版,第 79—87 页。

货市场。后来敌伪势力进入租界，汪伪特工头子吴世宝、潘三省等又组织了"双马市场"，专营"双马"栈单对敲交易（不以栈单作交割的期货交易），这样，同和古里就成为上海棉纱投机市场的中心。申新九厂除了在这个市场装置对讲电话外，还选定几个捐客作为自己的代理人，同时派出专职人员在市场中进行活动，收集市场情报，并根据申新九厂的指示进行交易。[1]

证券市场也是投机的重要场所。外商企业的上市股票很早就在上海的股票市场交易，但每天的成交量并不大。战前上海的证券市场主要是政府的公债市场。但战争一起，投资于政府公债的人就不多了，而投资外商企业股票和中国大企业股票的人陡然增加。上市交易股票的公司从五六家增加到 70 余家。[2] 在众业公所上市交易的外商股票多达 96 种，公司债券 10 种以及其他债券，合计多达 150－160 种。[3] 汉口路证券大楼的各个营业房间，都被投机字号所占满。1939—1940 年间，每天的股票交易额动辄以两三千万元计。上海租界的房地产市场也是投机资金的活跃场所。1939 年的房地产交易额达到5 565 万元，而上年只有 1 400 万元，1940 年更是增加到 10 120 万元[4]，虽然有通胀因素在内，但战争期间房地产交易居然如此活跃，也是一种奇异现象。

但太平洋战争开始，日军进驻上海租界，上海租界的"孤岛繁荣"就此结束。

四、全面抗战时期日本人对关内沦陷区资源和企业的掠夺概况

在关内沦陷区，日本帝国主义采取各种手段掠夺我国的资源和产业，其手段包括：一是军管理。这是日本侵华军队直接夺占和控制产业的方式，业务经营则委托日本企业代管。二是委任经营。这是日本国策企业在日本侵略军的支持下，在中国夺占和控制产业的方式。三是"中日合办"。这类企业同过去相比，更加有名无实。过去，中日合办是日本人向内地渗透势力和突破中国对外人经营某些事业所加限制的手法；如今，在日本的军事占领下，这些都不成其为问题了，日本人之所以还要搞所谓"中日合办"，主要是为了掠夺和控制中国的

---

〔1〕　上海社会科学院经济研究所编：《荣家企业史料》（下册），上海人民出版社 1980 年版，第 85 页。

〔2〕　俞寰澄：《民元来我国之证券交易》；载朱斯煌主编：《民国经济史》，银行学会编印，1948 年版，第 143 页。

〔3〕　冯子明：《民元来上海之交易所》；载朱斯煌主编：《民国经济史》，银行学会编印，1948 年版，第 153 页。

〔4〕　王季深：《上海之房地产业》，上海经济研究所 1944 年版，第 6－7 页。

资金。四是"租赁"。这与"中日合办"一样,是有名无实的,因为这种"租赁"既无须得到原主的同意,又不可能制定和履行合理的租借条件。五是收买。根据敌伪方面公布的资料,除了矿业、电业、缫丝及石景山炼铁厂等为敌伪所夺占者不计外,日本以军管理和委任经营方式掠夺中国的工业企业共 316 家,其中面粉厂 59 家、纺织厂 58 家、棉花打包厂 9 家、毛织厂 6 家、丝织厂 8 家、染织厂 12 家、绒布帽纽和针织厂 5 家、火药厂 4 家、酸碱化工厂 7 家、酒精厂 5 家、精盐厂 2 家、制药厂 2 家、火柴厂 28 家、肥皂厂 1 家、油漆厂 4 家、榨油厂 6 家、制糖厂 2 家、造纸厂 13 家、卷烟厂 10 家、皮革厂 2 家、印刷厂 3 家、机器翻砂厂 19 家、金属制品厂 8 家、电器厂 1 家、水泥厂 7 家、树胶厂 11 家、砖瓦厂 4 家、造船厂 11 家、其他厂 9 家。[1] 这些被掠夺的企业在民族工业中属于资本较多并且对于日本同类企业具有一定竞争力的企业,也就是沦陷区民族工业的精华部分。

在上海,从日本侵占到 1940 年 2 月,日本人在上海新设的企业 65 家,恢复的企业 34 家,共计 99 家,而委任经营的中国企业却有 90 家,所谓"中日合办""租赁"及收买的企业 113 家,合计掠夺的企业共 203 家,超过其自设的 1 倍多。[2]

由于中国民族资本主义相对集中的地区基本上都陷于敌手,所以中国的资本主义经济基本上为日本人所掠夺。

太平洋战争爆发后,日本接管了在华的英美企业,其中在上海接管的工业企业计有纺织厂 18 家、毛纺厂 12 家、机械厂 7 家、木材和印刷厂各 2 家,以及火柴、造纸、烟草、酒精、玻璃、皮革厂各 1 家。[3] 从上述统计中的纺织厂和毛纺厂的数量看,估计以英美籍注册的中国企业也是包括在内的。

---

〔1〕 郑伯彬:《日本侵占区之经济》,重庆资源委员会经济研究处 1945 年版,第 73—77 页。

〔2〕 郑克伦:《沦陷区的工矿业》,《经济建设季刊》第 1 卷第 4 期,1943 年 4 月,第 255 页。

〔3〕 郑伯彬:《日本侵占区之经济》,重庆资源委员会经济研究处 1945 年版,第 99 页。

全面抗战时期的中国经济之二：各业状况

一、棉纺织业

有人估计 1937 年战前中国棉纺织业设备数字,计有:华商方面,纱锭 268.5 万枚、线锭 16.9 万枚、织机 2.5 万台;日商方面,纱锭 231.9 万枚、线锭 40.1 万枚、织机 3.4 万台;英商方面,纱锭 22.1 万枚、线锭约 0.9 万枚、织机 0.4 万台。合计纱锭约 522.5 万枚、线锭 57.9 万枚、织机 6.3 万台。这些设备最主要的分布区域是上海和江苏的若干城市。抗战爆发,上海和江苏地区的 16 家华商纱厂被炮火全部损毁或严重损毁,包括上海的 7 家厂、无锡的 6 家厂和常州的 3 家厂,受损纱锭总计 52.3 万枚、线锭 4.7 万枚、织机 0.6 万多台。此外,在华日商纱厂在战争初期也多有损毁,把日商和华商纱厂被损毁的设备数字合计起来,大约纱锭共有 121 万枚、线锭 13 万枚、织机 2 万台。这些设备在总设备中(包括在建设备)的比例是纱锭约占五分之一、线锭约占四分之一、织机约占三分之一。[1]上海"八一三"淞沪抗战,沪郊外围各厂首当烽火,均被迫停工,上海战前华商共有 111.4 万枚纱锭,战争爆发后仅剩租界的 35 万枚纱锭继续开工。1937 年战区扩大后,仅上海租界、天津及内地后方地区尚有华商纱厂继续营业,余皆损毁或被敌侵占。[2]

---

〔1〕 陈真编:《中国近代工业史资料》(第四辑),生活·读书·新知三联书店 1961 年版,第 234—238 页。

〔2〕 冯叔渊:《民元来我国之棉纺织业》;载朱斯煌主编:《民国经济史》,银行学会编印,1948 年版,第 336 页。

　　东南沿海大城市的棉纺织工厂之所以没有积极内迁,主要有 3 个原因:第一,战端一起,战区交通封锁,运输困难,且有遭到轰炸的危险;第二,一时没有理想目的地,且拆运机器费用很大,很多工厂资力不逮,当时政府虽有资助运机之举,但数额不大,无济于事;第三,上海各纺织厂的机器动力全部依赖电厂,一旦迁往内地,内地没有大规模电厂,动力就可能产生问题。由于这 3 个原因,纱厂就不可能不顾一切地内迁。青岛华新有 2 万纱锭拆运至上海租界,郑州的豫丰、武汉的裕华、申新四厂及沙市的工厂迁至川陕内地,总锭数不过 10 余万枚,此外还有战前的一批订货,大约有 5 万枚,经香港转辗内运,连内地原有纱锭,总计约 26.3 万枚。此后,大型纱厂设备因交通困难无法转运,只能寻求设立小型纱厂,设备也更为简陋,其由上海制造或内地制造者,分设川、陕、滇各省 20 余厂,纱锭共达 3 万枚。总计在川、陕、滇、桂、湘五省,共有纱锭达 30 万枚之谱。[1]

　　在沦陷区,日本人劫夺华商纱厂,到 1938 年,通过所谓委托经营等方式,日商经营华厂 50 家,纱锭 154 万枚(内损坏有 21.8 万枚,实际共 132.9 万枚),连日商原有设备(除破坏 86 万余枚)共达 259.7 万余枚;同时,全国华商除被侵占外,尚有纱锭约 120 万枚,然而以拆运或停顿的原因,实际在运作的设备不足百万枚,而其中半数以上仍在沦陷区域。[2]

　　上文曾述及上海"孤岛繁荣"时期的外棉输入,就全国的统计,1938—1941年,外棉的进口数量是很大的。这种情况见表 1 所示:

表 1　　　　　　　　　　　　上海外棉输入(1938—1941 年)　　　　　　　单位:司马担

年份	进口数量	出口数量	净进口量
1938	242 816	194 084	48 732
1939	3 832 746	102 297	3 730 449
1940	3 805 797	36 338	3 769 459
1941	2 550 364	358 864	2 191 500

　　资料来源:冯叔渊,《民元来我国之棉纺织业》;载朱斯煌主编,《民国经济史》,银行学会编印 1948 年版,第 338 页。

---

　　〔1〕冯叔渊:《民元来我国之棉纺织业》;载朱斯煌主编:《民国经济史》,银行学会编印,1948 年版,第 336 页。

　　〔2〕冯叔渊:《民元来我国之棉纺织业》;载朱斯煌主编:《民国经济史》,银行学会编印,1948 年版,第 337 页。

1938 年进口外棉甚少，但由于 1937 年工厂开工甚少，各厂都有大量库存原棉，所以足够生产所需。而纱价相比花价涨得更多，刺激各纱厂扩大生产规模。

表 2　　　　　　　　　战时上海棉制造品与原料品的相对价格

年份	花价指数除纱价指数	纱价指数除布价指数
1936	100.0	100.0
1937	131.9	103.3
1938	163.0	106.8
1939	127.4	84.0
1940	124.5	83.3
1941	135.4	90.2
1942	119.8	103.5

资料来源：陈真编，《中国近代工业史资料》(第四辑)，生活·读书·新知三联书店 1961 年版，第 240 页。

战争期间日商方面外汇有限，不能大批进口外棉，而在中国内地采购棉花，又受到中国民众的抵制，所以从 1940 年下半期开始，日本军方协助日商在中国产棉区搜刮中国棉花，但数量不大，不能维持其原有的生产率，只得逐渐减工。而华商纱厂从 1941 年起生产也节节下滑，原因有三：一是黑市外汇之难得；二是交通运输困难重重，国内销路越来越狭小；三是电力供应出现问题。太平洋战争爆发后，外棉绝迹，生产率下跌，到 1943 年棉纱生产跌至 5%，棉布生产跌至 13%，见表 3：

表 3　　抗战期间上海中外棉纺织厂纱布生产指数(1937—1943 年，1936 年＝100)

年份	项目	总指数	华商	日商兼管华厂	英商
1937	纱	65.0	65.0	65.0	65.0
	布	65.0	65.0	65.0	65.0
1938	纱	45.4	42.4	43.6	94.1
	布	48.6	16.0	50.1	143.9
1939	纱	82.3	68.2	91.8	88.8
	布	86.9	28.3	100.8	128.7

续表

年份	项目	总指数	华商	日商兼管华厂	英商
1940	纱	78.6	73.9	79.2	111.9
	布	78.2	48.0	83.5	121.3
1941	纱	49.2	65.5	33.2	100.2
	布	41.4	47.3	43.0	82.0
1942	纱	14.3	9.1	19.2	—
	布	23.5	8.7	29.9	—
1943	纱	5.1	4.3	6.2	—
	布	13.1	5.8	16.4	—

资料来源:冯叔渊,《民元来我国之棉纺织业》;载朱斯煌主编:《民国经济史》,银行学会编印,1948 年版,第 338—339 页。

战争必然会影响到消费品生产,交通阻隔,物资管制,外汇无着,外棉断绝,棉纺织业的萎缩,直至萧条,是必然的结果。

二、面粉业

中国面粉工业战前多集中于交通口岸或大都市,后方各省原来仅有机器面粉厂 6 家,计重庆、西安各 2 家,成都、三原各 1 家。抗战以后,到 1943 年为止,后方各省共增设新厂 43 家,其中四川省 15 家,计重庆及江北共 7 家,成都 2 家,其余 6 家则散在南充、合川、泸县、万县、綦江、长寿一带;陕西省共有 12 家,计西安 8 家,宝鸡 2 家,渭南、褒城各 1 家;湖南省共有 3 家,分设安化、零陵两地;甘肃省 3 家,分设兰州、天水两地;广西省 2 家,分设梧州、桂林两地;贵州省 1 家,设遵义;福建省 1 家,设南平;广东省 1 家,设乐昌;新疆省 1 家,设伊犁。[1]

后方各省机器面粉厂所生产面粉之销售,均以民用为主,部队及公教机关的配销次之。政府统制之面粉,以重庆及江北各厂的代理加工制的管制办法最为彻底,各厂每月约生产面粉 7 万袋,均由重庆民食供应处收回统筹配销,1943年度供应机关团体的数量约占总产量的三分之一,其他三分之二概系平价供应市民。后方各省面粉的需要量与日俱增,而面粉工业大多集中在小麦产区。各厂需要的原料,所占各地小麦总产量的比例甚小,原料供应不成问题,但各地的

---

〔1〕 陈真编:《中国近代工业史资料》(第四辑),生活·读书·新知三联书店 1961 年版,第 408 页。

实际面粉产量只占各厂生产能力的百分之六七十。重庆及江北各厂所需的小麦统由政府统筹按月配给,尚不成问题,而其他各厂则需自己采购原料,但因资金缺乏,金融机关放款很少,不能采购到充足的原料,因而设备利用率低。[1]

在华北华中沦陷区,战前原有华商机器面粉厂 91 家,战争损毁不大,内迁仅见 1 厂。部分厂被日军军管理、委任经营、合办或收买。沦陷区新开 31 家厂,老厂歇业 9 家。具体情况可见表 4:

表 4 　　　　　　　　　　**沦陷区的华商机器面粉厂**

项目	厂数	资本(万元)	日生产能力(包)
1. 1936 年原有	91	3 760.2	325 918
2. 战时减少	55	1 864.8	148 610
内:炸毁及内迁	3	42.8	6 010
军管理	26	872.0	58 960
委任经营	9	387.0	43 400
日本人收买合办租用	13	383.0	35 240
日本人接办	4	180.0	5 000
3. 1937—1945 年新开	31	466.0	38 830
4. 1937—1945 年歇业	9	119.8	8 590
5. 留存华商厂	58	2 241.6	207 548

注:表中第 5 项数字为第 1 项减第 2 项加第 3 项减第 4 项。

资料来源:许涤新、吴承明主编,《中国资本主义发展史》(第三卷),人民出版社 1993 年版,第 439 页。

全面抗战时期中国机器面粉工业总的发展状况有如下的 3 个特点:[2]

第一个特点:行业中出现工厂小型化与分散落后的状态。这一时期全国各地新设近代机器面粉厂总计 110 家(包括日商收买的工厂在内),日生产能力共计 15.9 万余包,平均每家 1 448 包,与战前的实存厂 170 家、日生产能力 51.1万余包、平均每家 3 007 包相比,新设厂规模较战前已设工厂相差悬殊,绝大多数向中小型转化。沦陷区内的新设厂,大多是日人本收买无意继续经营的华商

---

[1] 陈真编:《中国近代工业史资料》(第四辑),生活·读书·新知三联书店 1961 年版,第 408—409 页。

[2] 上海市粮食局、上海市工商行政管理局、上海社会科学院经济研究所经济史研究室编:《中国近代面粉工业史》,中华书局 1987 年版,第 72—75 页。

厂改设,设备多有损毁,沦陷区机器面粉工业的总规模相较战前是下降的。同时,出现了大量简易小厂和机器磨坊,计 423 家,合计生产能力 39 091 包,平均每家 92 包。这些简易小厂和机器磨坊大多数分布在关内沦陷区,一部分新设于后方省市,见表 5:

表 5　　　　　　　1937—1945 年新设面粉企业分类统计表

生产方式	类别	厂数	日生产能力(包)	平均每厂(包)
机器面粉工厂	合计	122	166 442	1 364
	1.民族资本	67	81 372	1 304
	其中后方省市	19	17 110	900
	2.官僚资本	15	7 820	521
	3.外国资本	40	77 250	1 903
	其中日资	32	62 850	1 096
简易小厂和机器磨坊	合计	423	39 101	92.4
	1.民族资本	421	39 061	92.8
	其中后方省市	65	11 888	183
	2.官僚资本	2	40	20

资料来源:上海市粮食局、上海市工商行政管理局、上海社会科学院经济研究所经济史研究室编:《中国近代面粉工业史》,中华书局 1987 年版,第 72—73 页。

第二个特点:日资工厂的势力迅速扩张。这一时期,日本国内面粉工业的大资本已经控制我国东北的面粉工业,随着日军向关内推进,日商势力随军南下,在日军的武力胁迫下,以各种方式劫夺一大批民族资本面粉厂。到 1945 年日本投降止,日商在沦陷区(包括东北)经营和控制的近代机器面粉厂共计 76 家,日生产能力 21 万余包,其中日商直接投资经营的 41 家,日生产能力约 10.8 万包,军管理、委托经营及租用的 35 家,日生产能力约 10.2 万包。日本人又通过粉、麦统制的方法,对尚未直接控制的中国民族资本面粉工厂加强控制。

第三个特点:以国民政府面目出现的官僚资本加入面粉工业。在本阶段以前,曾在东北、华北有过极少几家地方军阀资本开办的面粉厂,还没有国民政府官僚资本开办的面粉厂。1939—1944 年间,国民政府的机关、部队、企业、事业等单位,在重庆、西安、兰州等处,先后创办近代机器面粉工厂和简易小厂共 17 家,日生产能力合计 7 860 包。据统计,官僚资本面粉厂年产量为:1941 年约 15

万包,1942 年约 40 万包,1943 年达到 100 万包左右,约占当时国统区面粉工厂年产总量的四分之一。

三、卷烟业

卷烟工业是中国近代主要的轻工业之一,就从事于卷烟业的工人来说,全国达到 8 万人以上,仅次于棉纺织业和面粉业,居中国近代轻工业的第三位;就从事种植烟草的农民来说,全国各省多达 200 万人;就卷烟工业所缴的税款来说,更远超其他一切工业,经常占全国货物税总数 50％左右。[1]

在抗战以前,卷烟厂限设在上海、天津、青岛、汉口、沈阳、广州这几个统税区,其中上海是全国卷烟工业的重心。抗战爆发,上海和各地的卷烟工厂中有相当一部分或遭战火损毁,或被日军劫夺,损失惨重,见表 6。著名的南洋兄弟烟草公司,在 1937 年被宋子文所控制,抗战初期其在上海的总厂毁于炮火,损失达到 537 万余元,此外在南京、镇江、徐州、重庆等地的损失为 247 万余元,合计损失达到 785 万元。[2]战时的营业重心就迁到了重庆和香港。孔祥熙在后方搞了家华福卷烟厂,也具有一定的规模,与南洋一起,成为战时后方的主要卷烟厂。[3]“八一三”淞沪抗战中,上海另一家重要的卷烟厂华成也损失惨重,据统计,华成在战事中除厂内机器设备全部被毁、厂房部分毁损外,烟叶被焚约 6 000 桶,损失铝箔 400 余箱、纸圈 600 箱,以及其他辅助材料,共计损失达 500 万元以上,已超过该公司的资本总额。[4]抗战初期上海华商烟厂损失情况参见表 6:

表 6　　　　　　抗战初期上海华商烟厂损失程度统计(1937—1938 年)

损失类别	厂数	资本(千元)	卷烟机数(台)
完全被毁	6	880	50
严重损失	3	15 250	165
轻微损失	8	1 995	57
合计	17	18 125	272

资料来源:方宪堂主编,《上海近代民族卷烟工业》,上海社会科学院出版社 1989 年版,第 165 页。

---

〔1〕 陈真编:《中国近代工业史资料》(第四辑),生活・读书・新知三联书店 1961 年版,第 455 页。
〔2〕 方宪堂主编:《上海近代民族卷烟工业》,上海社会科学院出版社 1989 年版,第 162 页。
〔3〕 陈真编:《中国近代工业史资料》(第四辑),生活・读书・新知三联书店 1961 年版,第 445 页。
〔4〕 方宪堂主编:《上海近代民族卷烟工业》,上海社会科学院出版社 1989 年版,第 163 页。

　　被毁的工厂谋求重建需要时间,一般以委托代卷作为过渡阶段。南洋兄弟烟草公司先后委托大东南、大幸等8家工厂代卷,从1937年10月到1943年底,其委托各厂代卷纸烟合计10.5万余箱,平均每年代卷1.7万余箱,获利丰厚。[1]华成厂自1938年2月至1942年2月新厂建成开工的4年时间内,委托瑞伦、德隆、利兴等厂代卷纸烟共计14.2万箱,其中德隆占近50%、利兴占38%、瑞伦和大东合计占12%。从代卷的牌号来看,金鼠占三分之二、美丽占三分之一。营业情况良好,除1938年外,获利可观。其他受损各厂也大多委托代卷,并谋求恢复工厂。[2]从1938年起,在上海租界内新的卷烟工厂也陆续设立,计1938年2家、1939年4家、1940—1943年14家、1944年19家。[3]

　　在太平洋战争爆发前,上海租界的烟厂可以利用国外烟叶,以后便大量减少;国内烟叶则从1939年起就大量减少。以华成烟厂为例,由于烟叶来源减少,其产量从1939年起逐年递减,而从1942年起产量减少幅度更大,见表7:

表7　　　　　　　　华成烟厂收购和耗用烟叶统计(1937—1945年)

年份	出品箱额 (5万支大箱)	进口烟叶(千磅)		国产烟叶(千磅)	
		收购量	耗用量	收购量	耗用量
1937	90 628	5 207	5 271	7 683	7 845
1938	28 334	1 834	1 803	2 587	2 189
1939	55 678	4 995	4 562	172	3 340
1940	36 015	3 892	3 726	243	1 248
1941	20 860	4 269	1 522	570	466
1942	5 085	106	841	110	362
1943	4 892	15	228	604	490
1944	3 626	49	85	972	401
1945	3 443	253	52	647	399

资料来源:方宪堂主编,《上海近代民族卷烟工业》,上海社会科学院出版社1989年版,第196页。

　　从华成烟厂的产品销售来看,由于生产总量下降以及交通阻塞,其产品在

---

〔1〕　中国科学院上海经济研究所、上海社会科学院经济研究所:《南洋兄弟烟草公司史料》,上海人民出版社1958年版,第521页。

〔2〕　方宪堂主编:《上海近代民族卷烟工业》,上海社会科学院出版社1989年版,第166-170页。

〔3〕　同上,第171页。

上海本地销售的比重越来越大,而在外地销售的比重则越来越低,见表8：

表8　　　　　华成烟厂的产品销售(1936—1945年)　　　单位:箱(5万支)

埠别	1936年		1938—1941年(平均)		1942—1945年(平均)	
	销售量	占比(%)	销售量	占比(%)	销售量	占比(%)
上海本埠	20 037	19.0	20 725	59.0	3 769	87.0
杭州分公司	30 750	30.0	7 302	21.0	88	2.0
广州国香公司	16 452	15.4	3 964	11.0	165	3.8
汉口分公司	6 030	5.7	6	—	0	0
天津分公司	5 097	4.9	194	0.5	0	0
宁波货仓	6 135	5.8	596	1.6	0	0
四川	7 703	7.3	0	0	0	0
大连	1 187	1.1	0	0	0	0
沪宁路沿线	4 432	4.2	944	2.7	9	0.2
江苏省长江两岸	4 169	4.0	828	2.4	18	0.4
其他	2 700	2.6	616	1.8	249	5.7
合计	104 692	100.0	35 175	100.0	4 298	100.0

资料来源:方宪堂主编,《上海近代民族卷烟工业》,上海社会科学院出版社1989年版,第203页。

南洋兄弟烟草公司在1937—1942年间,其营业大致能够维持盈利,从1943年起亏损。而华成烟厂则在1937—1938年亏损,之后年份均能盈利。[1]

四、缫丝业

全面抗战爆发,我国的苏、浙、皖、鲁、粤、鄂大片蚕丝产区沦陷,桑田和缫丝业遭到严重破坏。据统计,被毁桑园218万亩,受损桑园536万亩,桑株损失总共20亿株,受害蚕农达到260万户,丝车损失4.5万部,全部损失估计达到3亿元。[2]战时中国生丝产量萎缩,约为1936年产量的二分之一,而生丝总产量中厂丝产量还不足四分之一,见表9：

─────────

〔1〕　方宪堂主编:《上海近代民族卷烟工业》,上海社会科学院出版社1989年版,第212、214页。

〔2〕　谭熙鸿、夏道湘:《十年来之蚕丝事业》;载谭熙鸿主编《十年来之中国经济(1936—1945)》,中华书局1948年版,第C9页。

表 9　　　　　　　　　**战时中国生丝平均年产量估计(1937—1946 年)**

生产区域	生丝平均年产量(公担)	厂丝平均年产量(公担)	厂丝占总产量(%)	土丝平均年产量(公担)	土丝占总产量(%)
江苏	10 000	3 150	31.50	6 850	68.50
浙江	4 230	1 550	36.64	2 680	63.36
安徽	1 209	—	—	1 209	100.00
四川	21 167	3 000	14.17	18 167	85.83
广东	6 048	3 000	49.60	3 048	50.40
广西	1 210	—	—	1 210	100.00
河南	605	—	—	605	100.00
其他	605	—	—	605	100.00
合计	45 074	10 700	23.74	34 374	76.26

资料来源:徐新吾主编,《中国近代缫丝工业史》,上海人民出版社 1990 年版,第 367 页。

日本侵占我国蚕丝业生产销售系列垄断权的国策会社是华中蚕丝公司(其前身是中支蚕丝组合),该公司的总公司设在上海北京路 2 号,分公司设在东京蚕丝会馆,并先后在苏州、无锡、南京、嘉兴、杭州等地设立支店,在其他很多地方设出张所(办事处)。总分支机构共 44 处,伸入我国江、浙、鄂等省的 30 个县市,霸占我国 53 家丝厂,直接控制开工 22 家厂、丝车 6 974 部;种场和冷库 14 处,绢纺织厂 6 家,把江浙两地及上海租界外的蚕丝业一网打尽。[1]

"八一三"淞沪抗战中,上海有 30 家丝厂被敌军炮火完全损毁,4 家部分损毁,在 44 家丝厂中幸存者只有 10 家;被全毁的丝车将近 6 500 部,半毁者约 1 000 部,幸免于难者不足 3 000 部。据估计,仅就缫丝车、锅炉、厂房等损失就达 1 000 万元以上,其他如原料、成品等损失尚未计算在内。[2]

1938 年,出口的高级丝的丝价每担回升到 750—800 元,内销用户丝每担也回升到 660—700 元,而茧价未涨,每担改良茧只有 24 元。丝贵茧贱,丝厂获利丰厚,自然刺激上海租界及沪西界外马路如西康路、胶州路、安远路一带的丝厂的复业或增设。当时苏、浙、皖沦陷区的大量游资集中于上海租界寻找出路,设立丝厂便成为其选择之一。他们或租地自造厂房,或租借普通市房稍加改造,

─────────────

〔1〕　徐新吾主编:《中国近代缫丝工业史》,上海人民出版社 1990 年版,第 373 页。
〔2〕　同上,第 384—385 页。

丝车则向机器厂定制。1938年,上海公共租界西区新设丝厂5家。1939年春,丝价继续上升,20/22规格厂丝每担售价已达1 500元左右,这一年的上半年上海租界丝厂增加到36家。1939年全年丝厂增加到43家。但由于日军占领者对原料和交通的管制,以及国统区对原料和外汇的管制,这些丝厂渐渐都无法正常开工生产。1943年,日本人放松了对我国蚕丝业的统制,这时出现了有金融业人士参与的大利丝业股份有限公司和中国丝业股份有限公司,规模比较大。此外,还有多家丝厂复业或新设。[1]

　　无锡丝厂遭战火完全损毁者7家、丝车2 434部,部分损毁者9家、丝车2 438部,另在黎花庄的丝厂也有724部丝车被毁或被劫掠。无锡城乡丝车设备被损毁的数量占70%以上。无锡的茧农也牵连受害。1938年,小型丝厂在无锡应运而生,小型丝厂从1938年的10余家发展到1939年9月的256家、丝车3 824部。小型丝厂一般是合伙组织,其中资本在法币1万元以下的占84%。由于日、伪法令的限制,每户小型丝厂的缫丝车不超过20部(釜),生产规模很小,即使有些较大的企业,也往往分别列为若干小厂,同在一个大车间内合用动力设备和煮茧机,分别出面登记。这种情况在江浙两省各地都有存在。1939—1940年是小型丝厂的全盛时期,从江苏省的无锡发展到吴江、江阴、常州等地以及浙江省的杭、嘉、湖地区。据日本人估计,1939年底江浙两省的小型丝厂已发展到489家、丝车9 699部,全年产丝12 750关担,大部分是通过丝商运至上海,卖给洋行出口。由于日占当局对丝业的严格管制和对中国丝厂的压制,中国丝厂从1940年底开始转衰。[2]江浙两省生丝产量情况见表10:

表10　　　　　　　　　　江浙两省生丝产量估算(1939—1942年)

年份	合计 (关担)	华中蚕丝公司 (关担)	占比 (%)	小型丝厂 (关担)	占比 (%)	土丝 (关担)	占比 (%)
1939	44 801	17 276	38.56	12 750	28.46	14 775	32.98
1940	57 948	26 448	45.64	11 250	19.41	20 250	34.95
1941	42 364	15 298	36.11	6 754	15.94	20 312	47.95
1942	27 323	6 953	25.45	4 235	15.50	16 135	59.05

资料来源:渡边辖二编,《华中蚕丝股份有限公司沿革史》(日文本),第230—236、262、274页;转见徐新吾主编,《中国近代缫丝工业史》,上海人民出版社1990年版,第398页。

---

〔1〕 徐新吾主编:《中国近代缫丝工业史》,上海人民出版社1990年版,第387—391页。

〔2〕 同上,第393—398页。

　　蚕农自己养蚕、自缫土丝,比出卖蚕茧有利,因而土丝始终占有相当份额。1941 年起比重加大,这从土丝价与茧价之比可以看出来,见表 11:

表 11　　　　　　　　　　土丝价与茧价比(1939—1943 年)

年份	每担土丝价(元) (1)	每担改良春 蚕价(元)(2)	土丝价折算 茧价(元)(3)	每担茧差价(元) (4)=(3)-(2)	差价(%) (4)/(2)
1939	980	70	91.9	21.9	31.29
1940	2 450	227	229.7	2.7	1.19
1941	4 350	177	407.8	230.8	130.40
1942	7 400	554	693.8	139.8	25.23
1943	32 500 中储券元	2 850 中储泉元	3 046.9 中储券元	196.9 中储券元	6.91

　　注:缫折按 10 斤鲜茧缫土丝 15 两计算。
　　资料来源:渡边辖二编,《华中蚕丝股份有限公司沿革史》(日文本),第 263－264 页;转见徐新吾主编,《中国近代缫丝工业史》,上海人民出版社 1990 年版,第 398 页。

　　在广东,1939 年日本人为了独占出口创汇利益,强迫 40 余家中国丝厂、2万部丝车开工生产,日本人限价收购。到抗战后期,这些丝厂多处于瘫痪状态。[1]

五、丝织业、毛纺织业和染织业

　　在纺织工业大类中,除了棉纺织业和缫丝业,还有很多门类,这里说一下丝织业、毛纺织业和染织业。

　　丝织业主要集中在江南地区的上海、苏州、盛泽、杭州、湖州一带,其他如南京、丹阳、镇江、无锡等地也有一些工厂。江南丝织业在日本人发动全面侵华战争的初期损失惨重,据当时的同业估计,被毁织机共达 4 000 台,其中电力机1 800 台,手拉机和木机 2 000 多台,加上相应的辅助机械和成品绸缎被损毁的价值,共约合 350 万元(1937 年币值),整个行业除了上海在"孤岛"时期之外,生产日益萎缩。1941 年后,更是全面衰落。据日本人本经祥男等调查,1942 年江南各地的丝织设备(包括电力机和手织机)共 2.23 万台,开工的却只有 7 891台,占 35.4%。[2] 参见表 12:

---

　　[1] 徐新吾主编:《中国近代缫丝工业史》,上海人民出版社 1990 年版,第 400 页。
　　[2] 徐新吾主编:《近代江南丝织工业史》,上海人民出版社 1991 年版,上海人民出版社 1991 年版,第 207 页。

表 12			江浙两省的丝织机		单位:台
年份	设备数	开工数	年份	设备数	开工数
1938	26 845	9 390	1941	22 339	12 450
1939	25 586	15 765	1942	22 266	7 891
1940	23 971	14 173			

资料来源:彭泽益,《中国近代手工业史资料》(第四卷),中华书局1962年版,第97页。

上海"孤岛"时期,因有消费和出口的需求,停工的丝织厂在1938年以后纷纷复工,到1938年底,复工的丝织厂已有106家,织机1 500台左右。从1938年到1941年底太平洋战争爆发,上海"孤岛"时期还新开出丝织厂46家,其中织机50台以上和20台以上的大中型厂有十多家,规模较前期增大。[1]上海"孤岛"时期丝织业发展有如下几点原因:其一是电力供应正常。上海租界在1943年前能够正常供电,这是其他很多城市所不具备的。其二是工资低廉。因为失业工人众多,工人工资并没有按照物价指数上涨的比例增加,这使工厂主降低了生产成本。其三是内外销市场活跃。南洋各地华侨抵制日货,争购中国货,因此上海丝织品在南洋一带销售情况很好;而中国广大西南地区所需绸缎仍仰赖江南地区尤其是上海丝织工业的供应。其四是易于筹集资金。"孤岛"时期,各地游资集中于上海租界,设厂易于筹措资金。[2]

1944年以后,上海一切工业生产大部分宣告停业,丝织业除了美亚等少数几家厂自备木柴引擎发电维持生产外,极大部分厂停业了。

毛纺织业是战时的新兴工业。战前很多所谓毛纺织厂只生产技术含量低、资金需求比较少的骆驼绒,中高档的毛纺织品则主要依赖进口。欧洲爆发战争以后,毛纺织品进口绝迹,本国毛纺织厂应运而生,到太平洋战争爆发之前达到顶点。1940—1941年,上海全区共有毛纺织厂达到42家之多,每月生产约20万磅。1942年起因原料受到严格统制,毛纺织厂日渐式微。[3]

刘鸿生的章华毛纺厂在战前就添设德国哈德门梳毛纺锭2 000枚,织机120余台,整理染色机全套,锐意织造梳毛织物。"八一三"淞沪抗战发生,章华

[1] 徐新吾主编:《近代江南丝织工业史》,上海人民出版社1991年版,上海人民出版社1991年版,第212—213页。

[2] 同上,213—214页。

[3] 田和卿:《上海之战时工业》;载朱斯煌主编:《民国经济史》,银行学会编印,1948年版,第478页。

厂的 1 200 枚精纺锭、60 台织机、几套整染设备以及大部分毛料和半成品设法从浦东租界外运至浦西租界设立分厂,一部分后来运到重庆去投资中国毛纺织厂。[1]章华厂在浦西租界设厂后又添设法式纺锭 2 000 枚等设备,成为规模最大的精纺毛纺厂。无锡协新毛织染厂是唐君远等在 1936 年创设的颇具规模的精纺毛纺厂。"八一三"淞沪抗战后,无锡沦陷,协新厂乃在上海戈登路和小沙渡路建造新厂,置办英国梳毛纺锭 1 600 枚、法国纺锭 1 600 枚和织机 40 余台、整理机全套等精纺设备,复工生产。又有实业家王禹卿、王云程在 1937 年创办寅丰毛纺织染厂,拥有法式纺锭 2 000 枚、织机数十台、整理机全套和日本造的精纺设备。1940 年,唐晔如创设元丰毛纺织染厂,采办美国柏林司纺锭 1 000 枚、织机 20 台、整理机全套,也是纯粹的梳毛织物工厂。此外,华商毛织厂利用租界特殊地位而设立,其规模较大者,计有华纶毛纺织染厂、美纶毛纺织呢厂、唯一毛绒纺织厂以及大陆、大业、大成、润丰、新华等毛织厂,拥有织机数台至数十台不等,都是以织造梳毛或纺毛织物为主。[2]从上海工业行业生产指数(本书第 228 页表 8)可以看出,毛纺织业曾经在上海"孤岛"时期是有过一段"繁荣"的。

在上海"孤岛"时期,毛纺织业仅次于造纸业和染料及木业,成为最兴旺的 3 个产业之一。这同样是因为市场需求大、游资充沛、在太平洋战争爆发前尚能从国外进口原料。

全面抗战时期,由于工厂内迁,1940 年后,后方共有动力机器毛纺织厂 8 家,其中四川 5 家(4 家在重庆,1 家在乐山),雅安、兰州、西安各 1 家,除兰州那家系全面抗战前设立外,其他均为迁建,这 8 家工厂共有纺锭 6 600 枚(1 家未计入)。至于手工毛纺织厂则不下数十家,多集中在陕甘两省,川康绥宁等省也有设立。此外,还有西北各地民生工厂及毛纺织合作社等,亦从事毛纺织事业。[3]

刘鸿生的章华毛纺织厂的部分浦东工厂的机器运到重庆,1940 年 1 月正式成立中国毛纺织公司,又从国外添购设备。由于资金不足,官股乘机加入,并掌握了公司的主导权。根据刘鸿生之子刘念智回忆,政府出资帮助刘鸿生有 4 个条件:"(1)工厂必须在一年内开工,否则全部财产将由财政部处理;(2)开工后

---

〔1〕 上海社会科学院经济研究所编:《刘鸿生企业史料》(下册),上海人民出版社 1981 年版,第 26—27 页。

〔2〕 陈真编:《中国近代工业史资料》(第四辑),生活·读书·新知三联书店 1961 年版,第 346—347 页。

〔3〕 同上,第 348—349 页。

若产品为市场需要,以国货银行为主的官僚资本集团有优先投资权;(3)董事长由官僚资本集团的代表宋子良担任;(4)刘鸿生担任总经理,副经理由官僚资本集团派代表担任,并规定财政权由官僚资本集团的代表掌握。"刘念智说:"这4个条件,对我父亲来说,确是当头一棒。但是他没有别的办法可想,也不得不接受下来。所以我父亲常说,'在上海我是大老板,到重庆变成小伙计了'。"[1]由于具有政府背景,公司资本中有经济部的投资,中国毛纺织公司在1943年11月变为特种股份有限公司[2],其生产、销售和盈利情况都比较好。该公司生产的产品和销量如表13所示:

表13　　　　　　　中国毛纺织公司各类产品的销量(1943—1945年)

产品类别	1943年		1944年		1945年	
	销量(公尺)	占比(%)	销量(公尺)	占比(%)	销量(公尺)	占比(%)
哔叽	7 680	4.1	29 497	9.8	19 120	6.4
制服呢	83 801	44.6	112 334	37.2	138 484	46.8
西装呢	16 517	8.8	6 112	2.0	9 564	3.2
薄大衣呢	68 766	36.6	136 059	45.0	116 651	39.4
厚大衣呢	7 478	4.0	15 059	5.0	4 541	1.5
其他呢	3 485	1.9	3 106	1.0	7 884	2.7
合计	187 727	100.0	302 167	100.0	296 244	100.0

资料来源:上海社会科学院经济研究所编,《刘鸿生企业史料》(下册),上海人民出版社1981年版,第198—199页。

产品质量尚佳,在1943年向一批政府要员和实业界巨头赠送样品,国民政府主席林森和实业巨头杜月笙的反馈均对产品质量赞许有加。[3]

在染织业方面,战前上海市共有染织企业270家,资本额1 000万元,织布机1 000余台。"八一三"淞沪抗战中损毁约半数。以后渐次恢复开工者约200家,1938年新设20家。到1939年底,上海的产量约为每月白布130万匹、色布140万匹,见表14:

---

[1]　上海社会科学院经济研究所编:《刘鸿生企业史料》(下册),上海人民出版社1981年版,第184—185页。

[2]　同上,第195页。

[3]　同上,第198页。

表 14   上海染织业概况(1937—1939 年)

时间	家数	资本额(万元)	织机数(台)
1937 年底	225	830	5 125
1938 年底	265	877	7 039
1939 年底	414	1 300	12 582

注:原表中 1939 年底的织机台数为 2 582,明显有误,引者根据家数和资本额等资料,改为 12 582 台。

资料来源:田和卿,《上海之战时工业》;载朱斯煌主编,《民国经济史》,银行学会编印,1948 年版,第 478 页。

六、造纸工业

1937 年全面抗战爆发,中国原有各造纸厂,有的被炮火摧毁,有的被日本人掠夺侵占(包括被抑价收买或合作),有的被拆走设备,有的被封闭停顿,总计 32 家老厂中(东北地区除外)遭遇厄运的达 18 家厂之多,约占厂数的 56.25%,被破坏的年生产能力约 46 387 吨,占总数的 70.88%,沦陷区中原有机器造纸工业的大部分已被掠夺破坏,残余的年生产能力仅为 19 060 吨。[1]

全面抗战爆发后,进口洋纸数量减少而价格抬升,因此沦陷区和后方对纸张的需求无法得到满足,见表 15:

表 15   进口洋纸数量和价值(1937—1940 年)

年份	数量(吨)	指数	价值(千元)
1937	208 076	100.00	47 249
1938	101 748	48.90	35 742
1939	129 864	62.41	45 902
1940	92 223	44.32	53 133

资料来源:上海社会科学院经济研究所、轻工业发展战略研究中心编,《中国近代造纸工业史》,上海社会科学院出版社 1989 年版,第 179 页。

进口洋纸量减价增,刺激国人投资经营的新厂纷纷设立。在上海,有新建的造纸厂 16 家,另有 3 家在建成投产后不久被日本人吞并。在青岛,有新建厂

---

[1] 上海社会科学院经济研究所、轻工业发展战略研究中心编:《中国近代造纸工业史》,上海社会科学院出版社 1989 年版,第 163 页。

9家。在后方，除了2家老厂恢复生产外，另有9家新厂投入生产，而在这9家新厂中，有官营资本工厂5家，以官府资本为主少量民间资本加入的具有官商合办性质的工厂2家，这7家厂占新厂总数的77％强，占产量的90.9％。总计各地新建34家造纸工厂的年生产能力只有2.3万多吨。[1]

由于日本人对原料的管制以及电力供应的日渐短缺，从1943年起，沦陷区的造纸工业日渐衰落。而在后方，造纸厂的规模一般都比较小，有些厂的机器设备是利用内迁的陈旧机件拼凑而成，简陋落后。需要提一下的是国民政府战前筹建的温溪造纸厂，厂未建成而战争爆发，于是当局将温溪厂的所有制浆机器设备移设于四川，又经各种波折，于1944年3月1日在四川宜宾设立官商合办的中国造纸厂，资本定为1亿元，由经济部、中国银行、交通银行、农民银行、中央信托局、邮政汇业局、七家书局联合处以及企业家童国华分认。董事14人，监察人4人，除商股代表童国华列名监察人外，其余都是国民政府的显要人物。董事长由交通银行总经理赵隶华担任。[2]后方机制纸产量见表16：

表16　　　　　　　　后方机制纸产量（1938—1945年）　　　　　　　单位：吨

年份	1938	1939	1940	1941	1942	1943	1944	1945
产量	492	526	660	4 200	4 250	3 580	3 669	3 900

资料来源：上海社会科学院经济研究所、轻工业发展战略研究中心编，《中国近代造纸工业史》，上海社会科学院出版社1989年版，第207页。

后方造纸工业的发展遇到不少困难，大致有以下一些[3]：

其一是原料短缺。破布是当时纸张的主要原料。在上海时，龙章造纸厂每月出纸450吨，所用破布并不感到缺乏。据调查，上海、浙江、铁路京沪线和沪杭甬线两路沿线所有破布，每月可有千余吨，当时龙章厂月用450吨、天章厂月用200吨，始终未感到原料方面有什么问题。此外，当时还可以向国外购买纸浆。但重庆等地的战时后方工厂很难得到足够的破布，重庆市面每月只能得到数吨破布，原料最大来源是军政部军需署下属的被服厂，每月有剪碎的零布四五百担，大约10吨。后方的多家造纸厂当然是不够分配的，所以又做了种种试

〔1〕上海社会科学院经济研究所、轻工业发展战略研究中心编：《中国近代造纸工业史》，上海社会科学院出版社1989年版，第164—166页。

〔2〕同上，第204—205页。

〔3〕陈真编：《中国近代工业史资料》（第四辑），生活·读书·新知三联书店1961年版，第572—574页。

验,把荻芦花、线条、纱头、水渍棉花,甚至甘蔗皮充作原料。试验的结果虽然可以用来造纸,但有些东西成本太高,很不经济。

其二是器材缺乏。后方的造纸机器大多陈旧,有一部分是有消耗性而需要适时更换的,如橡皮辊、羊毛毯、钢丝网等。但后方这些器材严重缺乏。

其三是化学品缺乏。生产纸张需要用烧碱,特别是生产白报纸。但后方化工厂生产烧碱严重不足。主要的烧碱生产厂家是上海迁建的天原化工厂,在供电不足时,每月生产烧碱四五十吨,而仅中央造纸厂一家,每月就需要烧碱 50吨。在工矿调整处的协助下,每月仅得烧碱 15 吨,严重制约了白报纸的生产。此外,还有硫黄短缺问题。

其四是机工缺乏。

由于存在以上问题,特别是化学品缺乏问题难以解决,所以出现成品纸价格不及化学品原料的现象,一些工厂的生产难以为继。

七、机器工业

我国机器工厂集中在沿海的一些城市,如上海、青岛、天津、济南、无锡、杭州等地,其他地区比较少,西南各省尤其落后。欲求长期抗战,必须保全生产能力。机器为生产事业之母,所以在"七七"事变之后,就有人提出拆迁各厂机器的主张。1937 年 8 月 10 日,行政院会议正式通过拆迁上海工厂的计划,自此到12 月 10 日镇江放弃以前,在为时 4 个月的时间内,上海共迁出工厂 146 家、器材 14 600 余吨,技工 2 500 人;在这 146 家工厂中,机器工厂计 66 家,占 45%以上。8 月 27 日第一批迁出的机器工厂有顺昌、新民、合作五金等 4 家机器厂,8月 28 日第二批迁出的有大鑫钢铁厂、启文、新中、利用、姚兴昌等工厂,其后有中国建设工程公司、慎昌铁工厂、康元制罐厂、中国窑业公司、中华铁工厂、益丰搪瓷厂、镐錩铁工厂、汇明电池厂、三北造船厂、铸亚铁工厂、中国机器厂、美艺钢铁厂、达昌机器厂等陆续迁出。这些从上海迁到后方的机器厂成为全面抗战时期后方机器工厂的中坚。其他城市也有一些机器厂内迁,无锡有公益铁工厂,青岛有冀鲁制针厂,南京有永利公司机器厂和京华印书馆,济南有陆大铁工厂,山西太原有西北制造总厂所属的机器冶炼等厂,杭州也有机器厂的部分设备。总计内迁工厂 343 家中,有 181 家是机器工厂,迁于四川者 103 家,迁于湘西者 50 家,迁于广西者 14 家,迁于陕西者 8 家,迁于鄂西者 3 家,迁于贵州者 2

家,迁于云南者 1 家。[1]

大后方各省在 1937 年全面抗战之前,机器工业欠不发展,重庆仅有机器工厂 10 余家,其中以华兴和民生较具规模,其他均不足道。成都有机器厂 23 家,西安数家。全面抗战爆发,上海等地一些重要的机器工厂内迁,后又经过 8 年的努力,在 1945 年底后方共计有机器工厂 903 家。后方机器工厂的地区分布可见表 17:

表 17　　　　　　　后方机器工厂的地区分布(1945 年)

地区	厂数	地区	厂数
重庆	349	江西	9
安徽	3	四川	70
浙江	22	贵州	16
福建	6	云南	26
广东	2	陕西	49
广西	91	甘肃	18
湖南	236	河南	5
湖北	1	共计	903

资料来源: 欧阳崙,《十年来之机器工业》;载谭熙鸿主编,《十年来之中国经济(1936—1945)》,中华书局 1948 年版,第 F8—9 页。

工具机的数量根据当时的统计,国营各厂约有 760 部,民营各厂约有 3 432 部,总计约 4 192 部。国营各厂为数较少,但设备较优,民营各厂规模较大者有数十家,均以制造弊部机器为业务重点。[2] 这与中国民族机器工业发展早期的情况已有很大不同,也是中国民族机器工业的精华部分及时内迁的结果。

1938—1939 年间,后方机器工厂的生产主要是承接生产军用器材的任务,由军事机关颁布规格,商订价格及数量,各厂根据本身的设备情况分别承制。当时每天可以制造手榴弹 30 万枚,迫击炮弹 7 万枚,各式炸弹、炮弹、引信 7 万枚,飞机炸弹 6 000 余枚,机枪零件千套,大小圆锹 30 余万把,大小十字镐 20 余万把,水雷引信千余个,军用纽扣 500 万个,以及陆军测量仪器、军用炮表、子弹

---

〔1〕 欧阳崙:《十年来之机器工业》;载谭熙鸿主编,《十年来之中国经济(1936—1945)》,中华书局 1948 年版,第 F4—6 页。

〔2〕 同上,第 F9 页。

机等项。[1]从1939年起,各厂除一部分继续承制军用物品外,还抽出相当一部分能力从事动力机、工具机、作业机的制造或研究。这方面的成果可以见表18:

表18 后方机器工厂重要产品产量统计(1938—1944年)

品名	1938年	1939年	1940年	1941年	1942年	1943年	1944年
蒸汽机		559	2 949	4 476	3 491	2 788	3 608
内燃机	550	831	2 910	3 885	3 933	2 788	2 754
发电机	229	163	2 788	4 144	4 001	3 552	5 158
电动机	84	8 703	12 449	21 890	10 359	11 451	6 178
工具机	332	679	984	1 220	1 121	1 729	1 392
变压器	4 575	3 758	5 850	10 846	16 136	12 486	11 200
纺纱机					248	266	440
面粉机					11	25	60
球磨机					8	19	12
蒸汽抽水机					439	143	694
起重机					20	25	6
其他					1 725	1 556	2 068

资料来源:欧阳崙,《十年来之机器工业》;载谭熙鸿主编,《十年来之中国经济(1936—1945)》,中华书局1948年版,第F12—13页。

太平洋战争爆发后,从国外采购某些国内无法生产的原材料的途径被阻隔,后方机器工业的生产变得艰难起来。

在沦陷区,上海是机器工业的集中地。"八一三"淞沪抗战中,设在上海租界外的机器工厂受到炮火影响,损失严重,据统计,毁损较严重的机器厂竟达360多家[2],各厂总的损失达到一百四五十万元以上。[3]常州、嘉定等地的机器厂也都受到不同程度的战争损毁。

在上海"孤岛"时期,各种工厂纷纷创设或复业,市场对机器的需求激增,但

---

〔1〕欧阳崙:《十年来之机器工业》;载谭熙鸿主编:《十年来之中国经济(1936—1945)》,中华书局1948年版,第F9页。

〔2〕上海市工商行政管理局、上海市第一机电工业局机器工业史料组编:《上海民族机器工业》(下册),中华书局1966年版,第607—608页。

〔3〕陈真编:《中国近代工业史资料》(第四辑),生活·读书·新知三联书店1961年版,第830页。

若从国外进口机器，不仅价格昂贵，而且需要很长的时间，在战争的背景下，又平添了各种不确定性。所以，在可能的情况下，向本地机器厂订购机器成为首选。这刺激了上海机器工业迅速恢复和发展起来。1938—1941 年间，老厂复业和新设的机器厂共有 784 家，其中新设厂有 412 家之多。[1] 这些工厂中的一部分具有相当实力，可以从过去以修配为主的业务转变为制造各种机器设备。但这个行业在上海遇到的问题与其在后方遇到的问题是类似的，在世界战争愈演愈烈的情况下，进口机器工业所必需的某些原材料和零部件成为难题，这个行业也就不可能持续"繁荣"。此外，太平洋战争爆发后，日军侵占全上海，上海的机器工业就被日寇管制或劫夺了。

战时江南的无锡、常州等地，华北的天津、北平、青岛、济南、潍县等地的机器厂也有继续开工生产的。[2]

八、钢铁冶炼及非铁冶炼业

全面抗战爆发后，我国的新式钢铁厂，如本溪湖、鞍山、大冶、龙烟等各厂先后沦陷，而战前计划中的各厂如中央钢铁厂、西北炼铁厂、广东炼铜厂等，亦无由实现或生产，而钢铁为抗战所必需，不可一日或缺，于是在国民政府经济部的主导下，西南各省的小型炼炉蓬勃发展。除由钢铁迁建委员会所建的大渡口钢铁厂规模较大、着手最早外，小型炼炉遍地开花，先后建成者计有 21 家，完全是因地制宜而求速效的权宜之计。迁建委员会的 20 吨炼铁炉于 1940 年出铁，矿冶研究所主办的试验炼铁炉及人和炼铁厂于 1941 年建成开工；其他如大昌、永川、荣昌、中国兴业等厂，均次第于 1941 年或 1942 年开工出品。其中因经费困难及种种关系，中途改组者，亦有数家，如新威更名威远，改由资源委员会接办，于 1942 年底开工；协和更名资和，由资源委员会加入资本，于 1943 年 5 月开工；迁建委员会的百吨大炉，亦于 1943 年底完成出品。资源委员会主办的云南钢铁厂及八步炼铁厂，亦于 1943 年度先后完成开工。总计各厂每日能生产生铁 200 余吨，不仅对军工生产有莫大的帮助，而且对于五金市场及机器工业都起到了重要的作用。如果以资本雄厚、设备完善论，当首推大渡口钢铁厂和中

---

　　[1]　上海市工商行政管理局、上海市第一机电工业局机器工业史料组编：《上海民族机器工业》（下册），中华书局 1966 年版，第 622 页。

　　[2]　陈真编：《中国近代工业史资料》（第四辑），生活·读书·新知三联书店 1961 年版，第 832—833 页。

国兴业公司;如果以工作效率高、费用经济、生产计划配合论,当首推试验炼铁炉及人和炼铁厂两家(试验炼铁炉后加入资源委员会股本改名陵江)。至于炼钢方面,最早出品者为渝鑫钢铁厂和中国兴业之电炉。1941 年度大华的贝色麦炉开工,1943 年度中国兴业及大渡口的马丁炉先后出品。为解决生铁销路,资源委员会所创办的资渝炼钢厂于 1943 年完成出品。其他如纯铁的冶炼、矽铁的增产、合金钢的制造,都取得了一定的成绩和进步。[1] 后方钢铁历年产量统计见表 19:

表 19 　　　　　　　后方钢铁历年产量统计(1938—1945 年) 　　　　　单位:吨

品名	1938 年	1939 年	1940 年	1941 年	1942 年	1943 年	1944 年	1945 年	合计
生铁	41 000	41 466	55 182	66 836	77 499	70 000	40 130	20 867	412 980
钢品	900	1 944	1 500	2 011	5 793	7 707	13 361	12 048	45 264

注:生铁包括白口铁与灰口铁。

资料来源:陈真编,《中国近代工业史资料》(第四辑),生活·读书·新知三联书店 1961 年版,第 765 页。

钢品生产的增加比较明显,而生铁从 1944 年起有明显的下降。

从产权结构角度来分析,据 1942 年统计,后方共有炼铁厂 114 家,其中国营 16 家、民营 98 家,其资本总额为 12 478 万元,内国营 10 590 万元、民营 1 908 万元;动力设备合计 5 069 匹马力,内国营 4 089 匹,民营 980 匹。[2]

炼钢方面,据 1942 年统计,共有炼钢厂 10 家,其中国营 6 家、民营 4 家;资本总额 9 570 万元,内国营 8 755 万元、民营 815 万元;动力设备合计 2 628 匹马力,内国营 2 307 匹,民营 321 匹。10 家炼钢厂中,四川占 8 家,云南占 2 家。[3]

除了钢铁冶炼外,还有非铁金属冶炼也是战时经济的重要组成部分。铜铅锌的重要性仅次于钢铁。"七七"事变后,铜铅锌在军工上的需要愈益迫切,在长沙设立临时炼铜厂及重庆炼铜厂,以复炼过去收购的废旧铜元,与川康一带所收购的废旧存铜。1938 年着手云南境内铜铅锌矿之开发,1939 年组织滇北

---

〔1〕 朱玉崙:《十年来之冶炼事业》;载谭熙鸿主编:《十年来之中国经济(1936—1945)》,中华书局 1948 年版,第 G3—4 页。

〔2〕 陈真编:《中国近代工业史资料》(第四辑),生活·读书·新知三联书店 1961 年版,第 768 页。资本数字,国营加民营与合计数不符,原文如此。

〔3〕 同上。

矿务局,一方面勘探东川一带原有的矿区,准备大规模的开发;另一方面管制云南省铜铅锌的产运销事宜,以供兵工厂及电工原料之急需;同时将计划在长沙建立的中央炼铜厂迁至昆明,建立设备完善的昆明炼铜厂,配合滇北矿务局所产收的粗铜原料,以精炼电铜。在川康境内,同时成立川康铜业管理处,一方面收购川康境内之存铜,以供重庆炼铜厂之精炼;另一方面在西康的宁雅一带,成立勘探队及矿厂,以勘探川康境内的铜铅锌矿资源。1943年川康铜业管理处改为川康铜铅锌矿务局,放弃管制,专事生产。重庆炼铜厂更于1942年改组为电化冶炼厂的一部分。[1]

　　冶炼事业需要耐火材料。全面抗战前,我国经营耐火材料生产的工厂共有10家,总产量为3万吨,所生产的品种仅普通火砖一种;特种用砖,如井陉煤矿焦炉用的矽砖是从日本进口的,耀华玻璃公司所用的矽砖是从欧洲进口的。中国10家耐火材料生产厂中最大的是开滦厂,其产品除行销全国外,还出口菲律宾。其次为西北实业公司窑厂,其产品除行销山西本省外,还远销至南京。而制造耐火砖的原料,以东北及冀鲁为佳。长江流域缺少好的耐火砖原料。战时后方共有耐火材料制造厂15家,除1家系原有的外,内迁工厂4家,新建独立机构4家,附属工厂6家。这15家厂年生产能力为9 000吨,与"七七"事变前相比,产量仅及三分之一弱;但也有进步,除生产一般的耐火砖外,还能生产过去所不能生产的矽砖、白云石砖及附带产品陶瓷器具。[2]

九、酸碱化工业

　　化学工业包含很多门类,这里只讲一下基本化学工业之一的酸碱工业。我国的制酸工业以1927年天津渤海化学公司为发端;1928年广西省政府拨款建设铅室硫酸厂于梧州,中因粤桂战争,致厂务停顿两年有奇,到1932年春恢复整顿后,即于秋季正式出货,并采用国产硫矿原料,产品供应国内市场。之后天津、上海等地多家制酸厂先后成立,生产品种和生产方法也呈现多样化。全面抗战前夕,除兵工厂外,我国的制酸工厂共有15家,每年可生产硫酸54 950吨、硝酸5 506吨、盐酸3 706吨,产生一定的进口替代效应。[3]

---

〔1〕 朱玉崙:《十年来之冶炼事业》;载谭熙鸿主编:《十年来之中国经济(1936—1945)》,中华书局1948年版,第G6—7页。

〔2〕 同上,第G12—14页。

〔3〕 陈真编:《中国近代工业史资料》(第四辑),生活·读书·新知三联书店1961年版,第508—511页。

用路布兰法制造纯碱的工厂,最早为山东的鲁丰化工机器制碱厂,该厂创办于民国初年,但不久停顿。用路布兰法之下半段,利用天然芒硝做原料,开办最早且最有成效者,首推四川彭山的同益碱厂,该厂于前清末年由官商合办,民国初年改为商办的股份有限公司,年产纯碱 350 吨。用电解方法制造烧碱的,首推上海天原化工厂,年产 2 200 吨。采用氨法大规模制造的,当推塘沽永利化学公司制碱厂,该厂设立于 1917 年,资本初仅 30 万元,经十数年之惨淡经营,设备技术日臻完善,每日产量达到 200 吨,大受社会各界欢迎,其所生产的纯碱、烧碱、洁碱,行销全国,并出口日本、南洋等地。继起者,又有渤海化学工厂,产泡花碱和硫化碱,以及四川乐山嘉裕碱厂制造纯碱。全面抗战前夕,我国较大的制碱工厂计有 9 家,每年总产量为纯碱 72 950 吨、烧碱 9 460 吨、硫化碱 8 041 吨以及泡花碱若干吨。由于纯碱的产量比较大,因此纯碱进口逐渐有减少之趋势。[1]

全面抗战爆发后,天原电化厂、永利化学公司等一部分厂迁至内地开设,此外内地还新开了一些工厂。以酸碱化学工厂的数量计,制酸厂战前 15 家、战后 19 家;制碱厂战前 9 家、战后 12 家。但大多规模较小,因此以产量计,则远远比不上全面抗战之前。究其原因,是战时物资条件不够、机器设备缺乏。[2]

上海在"孤岛"时期,以及太平洋战争之后,由于运输困难等多种原因,酸碱等化学原料成为紧缺物资,价格上扬,制造酸碱的电化工业应运而生,一时风起云涌。小型电化厂纷纷设立,最多时有二三十家之多,其中十余家规模稍大,电槽总数有 300 多具。[3]

十、电力事业

发电行业是一项重要的基础工业。为了对这个行业有一个完整的认识,我们从全面抗战前的一些统计数字开始讲述。以往的出版物关于全面抗战前中国电力工业发展状况的描述不太系统,所以本部分尽可能地展示一些资料,以供参考。表 20 反映了全面抗战前 5 年的中国电业概况:

〔1〕陈真编:《中国近代工业史资料》(第四辑),生活·读书·新知三联书店 1961 年版,第 512—513 页。

〔2〕同上,第 515 页。

〔3〕顾葆常:《十年来之化学工业》;载谭熙鸿主编:《十年来之中国经济(1936—1945)》,中华书局 1948 年版,第 D19 页。

表 20　　　　　　全面抗战前 5 年的中国电业概况（1932—1936 年）

年份	厂数	发电容量（千瓦）	发电度数（千度）	投资总额（千元）	每人每年销电度数
1932	452	478 750	1 195 059	281 577	2.72
1933	448	496 140	1 411 816	269 252	3.09
1934	450	542 399	1 541 375	295 680	3.35
1935	446	584 914	1 568 737	301 647	3.77
1936	460	631 165	1 724 305	307 731	4.98

资料来源：朱大经，《十年来之电力事业》；载谭熙鸿主编，《十年来之中国经济(1936—1945)》，中华书局 1948 年版，第 J14 页。

从表 20 可以看出，在全面抗战前 5 年中，中国发电厂是逐步发展的，尽管厂数没有明显增加，但规模扩大了。其间，发电容量增加了 32%，发电度数增加了 44%，投资总额增加了 10% 左右，每人每年销电度数则增加了 83.1%。1936年中国发电厂概况如表 21 所示：

表 21　　　　　　　　1936 年中国发电厂概况

省份	厂数	总发电量(千瓦)	发电度数(千度)
江苏	107	125 740	318 326
安徽	25	4 644	9 533
浙江	109	30 908	50 566
福建	29	11 555	23 783
广东	36	86 060	102 631
广西	12	2 846	5 423
云南	3	1 614	6 166
贵州	2	165	367
湖南	12	7 074	18 108
江西	13	3 792	6 045
湖北	18	20 427	67 604
四川	22	5 172	10 381
西康	1	25	40
甘肃	3	141	337

续表

省份	厂数	总发电量(千瓦)	发电度数(千度)
宁夏	1	100	200
陕西	1	709	682
山西	6	5 572	7 434
河南	7	2 110	3 474
山东	23	52 044	82 543
河北	17	44 079	57 247
察哈尔	1	385	726
绥远	2	608	2 179
西藏	1	100	158
外资经营者	10	275 295	951 352
合计	460	631 165	1 724 305

资料来源:朱大经,《十年来之电力事业》;载谭熙鸿主编,《十年来之中国经济(1936—1945)》,中华书局1948年版,第J15—16页。

从表21中可以看到,1936年全国各省电业的发电容量和发电度数以江苏规模最大,广东、浙江次之;厂数则以浙江为最多。中国的电厂大多分布在沿海沿江城市,内地则寥寥无几。而外资经营的电厂虽然只有10家,但其发电容量占全国的43.6%,发电度数更是占到全国的55.2%。

根据1936年国民政府建设委员会统计,除东北外,外资经营的电厂计有:上海2家、九龙1家、汉口3家、天津4家,共10家。其1936年底的投资总额达到约18 800万元。而美商上海电力公司的资力和规模尤为雄厚。具体情况可见表22:

表22　　　　　　　　**1936年在华外资电业概况(除东北地区)**

地点	公司名称	发电容量(千瓦)	发电度数(千度)	投资总额(千元)
上海公共租界	美商上海电力公司	183 500	812 507	144 502
上海法租界	上海法商电车电灯公司	28 320	46 525	20 000
九龙	九龙中华电力公司	19 500	31 489	8 500
汉口特三区	英商汉口电灯公司	5 750	5 616	1 282[a]

续表

地点	公司名称	发电容量（千瓦）	发电度数（千度）	投资总额（千元）
汉口特一区	汉口美最时洋行电厂b	820	1 199	—
汉口日租界	汉口日租界工部局电灯厂	505	572	—
天津市	天津比商电车电灯公司	21 900	28 959	4 100c
天津英租界	英国驻津工部局电务处	7 000	14 185	—
天津法租界	天津法国电灯房	6 000	6 100d	2 981
天津日租界	天津日租界电灯厂	2 000	4 200d	—
合计		275 295	951 352	188 000d

注：a. 根据 1 英镑＝16.5 元折合成中国元。

b. 于 1937 年收回，由汉口既济公司供电。

c. 即 625 万金比法郎。

d. 系估计的数字。

资料来源：朱大经，《十年来之电力事业》；载谭熙鸿主编，《十年来之中国经济(1936—1945)》，中华书局 1948 年版，第 J17—18 页。

这几家公司的简况如下：上海电力公司原来是公共租界工部局电气处自营的电厂，成立于 1893 年，于 1929 年以 8 100 万两的价格转售于美国电力企业，1931 年又发行优先股 2 200 万元，营业区域为上海公共租界，并趸售电力与上海华商电力公司、闸北水电公司及沪西电力公司，在美国注册，除函送年月报外，未向中国政府注册。上海法商电车电灯公司成立于 1906 年，法资 1 亿法郎，包括电车和自来水在内，营业区域在上海法租界，未在中国政府注册。天津比商电车电灯公司成立于 1904 年，经营电车电力，营业区域包括天津市，仅英、法、日租界及特一区除外。其他英租界电厂由工务局管理，成立于 1906 年。法租界电灯房由法商经营，成立于 1903 年。日租界电灯房由工务局管理，成立于 1908 年。这些厂均未向中国政府注册。汉口英商电灯公司成立于 1906 年，营业区域为特三区，于 1940 年满期。日租界电灯房的营业区域为日租界，在 1937 年全面抗战爆发后，资产由市政府管理，停止发电，由汉口既济公司供电。特一区原有德商美最时洋行电厂，于 1937 年满期，已收回，由既济公司供电。以上三厂,均未向中国政府注册。[1]

　　除外资电厂之外,还有 4 家中外合资电厂,也颇为重要,见表 23:

表 23　　　　　　　　　　1936 年中外合资经营电业概况

地点	公司名称	发电容量(千瓦)	发电度数(千度)	投资总额(千元)
上海	沪西电力公司	—	157 391[a]	7 470
青岛	胶澳电气公司	43 800[b]	64 152	2 000
北京东郊民巷	北京电灯公司	700[c]	—	450
河北滦县	开滦矿务局秦皇岛电厂	2 000	3 487	849
合计		46 500	225 030	10 760

注:a. 向上海电力公司购电,经向中国政府注册给照。

b. 根据 1937 年月报。

c. 根据 1935 年统计。

资料来源:朱大经,《十年来之电力事业》;载谭熙鸿主编,《十年来之中国经济(1936—1945)》,中华书局 1948 年版,第 J19 页。

　　上海沪西电力公司为中美合办,美股占 51%,华股占 49%,向中国政府注册给照,营业年限 30 年。该公司成立的起因,是上海电力公司对租界以外的区域供电,中国政府为了防止垄断供电,授权上海市政府,主持商定,另立中外合资经营的公司,专供沪西一带电力。胶澳电气公司成立于 1923 年 5 月,特许营业期限 20 年,供电区域为青岛市区,资本 200 万元,华股占 54%,日股占 46%,实权操于日本人。向中国政府注册给照。北京电灯公司为中英合资,供电使馆区域,成立于 1903 年,未向中国政府注册。开滦矿务局秦皇岛电厂为中英合办,未注册。[2]

　　"七七"事变发生后,少部分电厂设备内迁,汉口、沙市、宜昌、长沙、湘潭、常德等地的发电设备共计 25 470 千瓦,拆迁至后方各地。杭州和广州两家电厂的发电设备则由国民政府的军队在撤退时自行炸毁,免落敌手。其他如戚墅堰、上海华商、闸北、浦东等电厂的发电设备和输电杆线器材等,多有被日本人拆迁

───────────

〔1〕　朱大经:《十年来之电力事业》;载谭熙鸿主编,《十年来之中国经济(1936—1945)》,中华书局 1948 年版,第 J18—19 页。关于法商电车电灯公司,原资料中称其资本为"一百兆法郎",引者以 1 兆为 100 万,故称其总资本为 1 亿法郎。

〔2〕　朱大经:《十年来之电力事业》;载谭熙鸿主编,《十年来之中国经济(1936—1945)》,中华书局 1948 年版,第 J20 页。

移用。总体来看,中国电业在战争中损失相当巨大。日本人在沦陷区内,将各地电业划成大规模的营业范围;华北地区设有华北开发公司以控制平津一带的电业;华中地区设有华中水电公司;东北地区则设有汉州电业公司。其对于中国电厂,凡国营的则没收,凡民营的则任意估价,强行合资或收买。1938 年,后方各电厂的发电容量仅有 35 509 千瓦,发电度数仅为 73 622 千度,可见在全面战争初起时中国电业损失的程度。[1] 具体情况参见表 24:

表 24   后方电厂历年发电容量和发电度数(1936—1945 年)

年份	发电容量(千瓦)			发电度数(千度)		
	合计	官营	民营	合计	官营	民营
1936	631 165	28 352	602 813	1 724 305	61 239	1 663 066
1937	50 826	62	50 764	59 922	1 533	58 389
1938	35 505	2 340	33 165	73 622	4 056	69 566
1939	40 376	8 970	31 406	91 494	9 609	81 885
1940	40 722	10 536	30 186	111 931	11 117	100 814
1941	44 313	10 988	33 325	127 302	17 517	109 785
1942	49 826	12 657	37 169	136 850	24 618	112 232
1943	64 131	17 424	46 707	146 437	35 208	111 229
1944	69 917	21 170	48 747	154 220	52 115	102 105
1945	73 577	23 821	49 756	196 695	70 568	126 127

注:官营包括国营、省营、县营及其他公营在内。
资料来源:朱大经,《十年来之电力事业》,载谭熙鸿主编,《十年来之中国经济(1936—1945)》,中华书局 1948 年版,第 J24－25 页。

1937 年的发电容量比 1936 年减少 91％、发电度数减少 96％。1938 年发电容量更是降至谷底。之后慢慢有所增加,但增加有限,即便拿 1945 年与 1936 年相比,后者发电容量也仅及前者的 11.7％、发电度数仅及 11.4％。中国电业大部分处在沦陷区,被日本人所控制(上海"孤岛"时期除外)。

为了适应后方工业发展和城市人口增加所带来的对电力需求的增加,后方电业通过整理旧厂和建设新厂来增加发电。在新厂建设方面,资源委员会所起

[1] 朱大经:《十年来之电力事业》;载谭熙鸿主编:《十年来之中国经济(1936—1945)》,中华书局 1948 年版,第 J21 页。

作用较大,到战事结束为止,资源委员会共参与后方 19 个单位 27 家电厂的建设。其中,由资源委员会独资经营者,计有四川的龙溪河等 13 个单位;与地方合资经营者,计有万县等 6 个单位。共计发电容量 27 899 千瓦。[1]

---

〔1〕 朱大经:《十年来之电力事业》;载谭熙鸿主编:《十年来之中国经济(1936—1945)》,中华书局1948 年版,第 J22—23 页。

全面抗战时期的中国经济之三：财政、货币与金融

一、财政与货币

财政问题一直是国民政府最为基本的问题之一。在全面抗战前,收不抵支的问题长期困扰着国民政府。1931—1936 年的 6 年中,债款收入平均占岁入总额的 30％左右,1935 年度高达 60％,因为这一年的关税收入跌到了谷底。全面战争爆发后,收入锐减而支出锐增,财政困难更加尖锐而突出。

全面抗战前,国民政府的财政收入主要是依靠关税、盐税和统税这三项消费税。这三项税收都是间接税,这些税较为固定,缺乏弹性,不能因为战争需要而扩大税收。相反,随着沦陷区的扩大和对外贸易的困难,这三项税收肯定会相应减少。财政当局鉴于这样的考虑,在全面抗战前就开始创办直接税,于 1936 年 7 月 21 日公布《所得税暂行条例》,于同年 11 月 1 日起先征公务人员薪给报酬所得,其余从 1937 年 1 月 1 日起开征。

战时财政收支严重不平衡的情况如表 1 所示:

表 1　　　　　**全面抗战时期国民政府的财政收支(1937—1945 年)**　　单位:法币百万元

时间	1937.7—1938.12	1938.7—1938.12	1939	1940	1941	1942	1943	1944	1945
1.财政收支									
财政收入	815	315	740	1 325	1 310	5 630	20 403	38 503	1 241 389
财政支出	2 091	1 169	2 797	5 288	10 003	24 511	58 816	171 689	2 348 085

续表

时间	1937.7—1938.12	1938.7—1938.12	1939	1940	1941	1942	1943	1944	1945
赤字	1 276	854	2 057	3 963	8 693	18 881	38 413	133 186	1 106 696
2.实际收入									
税收总数	451	211	483	266	666	4 163	15 326	34 651	102 253
内:间接税	427	200	451	190	500	1 165	4 299	20 932	79 234
专卖	—	—	—	—	—	1 357	3 157	3 504	2 270
直接税	24	11	32	76	166	1 641	7 870	10 215	20 749
出售公债	256	18	25	8	127	363	3 886	1 989	62 823
银行垫款	1 195	854	2 310	3 834	9 443	20 081	40 857	140 090	1 043 257
3.财政支出									
军事费	1 388	698	1 601	3 912	6 617	15 216	42 939	131 080	2 049 878
经济建设	168	136	368	557	992	2 563	4 056	17 513	126 877
内:工矿	104	71	—	122	96	1 226	501	552	1 643
交通	57	61	238	439	712	1 905	2 951	14 341	109 939

资料来源:许涤新、吴承明主编,《中国资本主义发展史》(第三卷),人民出版社1993年版,第468页。

　　从表1可以看出,国民政府每年的财政赤字十分庞大,基本上靠银行垫款解决。直接税的收入渐有起色,从1942年起有了专卖收入,而在战争的条件下,公债收入的作用不大。在经济建设方面,对交通的投入比工矿投入更大。

　　表2为财政支出结构。从表中可以看出,随着战争的进展,军费支出的比重逐步增加,而债务费支出的比重则逐步减少,这是因为在通货膨胀的条件下,债务总量会随通货膨胀而缩小,有利于债务人而不利于债权人。

表 2　　　　　　　战时财政支出结构(1937—1945 年 6 月)　　　　　　单位:%

年份	军事费支出占比	建设费支出占比	债务费支出占比	政务费支出占比
1937	34.23	21.14	23.37	21.26
1938	31.07	21.77	25.42	21.74
1939	29.08	27.20	27.93	15.79
1940	47.47	23.56	12.82	16.15
1941	48.08	25.94	8.35	17.63

续表

年份	军事费支出占比	建设费支出占比	债务费支出占比	政务费支出占比
1942	54.62	6.77	7.93	11.24
1943	20.24*	31.28	9.65	12.72
1944	15.54 47.73*	18.13	缺	18.10
1945 上半年	61.05*	2.52	缺	34.93

注:* 为紧急命令拨支。

引者注:1944 年和 1945 年上半年的数字因有缺漏,各项相加不到 100,1942 年和 1943 年各项相加也不到 100,原文如此,待考。至少 1943 年的军事费支出仅有紧急命令拨支,而没有计划支出,明显是不合理的,应大大高于表中数字。1942 年的建设费则过低。

资料来源:邹宗伊,《我国之战时财政》;载朱斯煌主编,《民国经济史》,银行学会编印,1948 年版,第 414 页。

关盐统三税收入不能适应战时需要,而直接税虽然开征,但数目也有限,特别是在开始的几年中。1937 年度直接税收入是 2 000 万元,当时仅有所得税一项,以后各年陆续提高税率、扩大征课范围,直接税收入也与年俱增,到 1944 年增加至 80 亿元,但按照不变价格计算,只合 1937 年战前法币 1 800 万元,还不及 1937 年所得税一项的收入,这样,赤字自然就占据很大的比例,见表 3。

表 3　　　全面抗战时期租税收入和赤字对岁出的占比(1937—1943 年)　　单位:%

年份	租税收入对岁出的占比	赤字对岁出的占比
1937	67.19	32.81
1938	56.21	43.79
1939	26.91	73.09
1940	12.73	87.27
1941	16.00	84.00
1942	30.00	70.00
1943	64.14	35.86

资料来源:邹宗伊,《我国之战时财政》;载朱斯煌主编,《民国经济史》,银行学会编印,1948 年版,第 415 页。

表 3 中赤字占比如此之高,1940 年达到顶峰,1942 年起才开始有较为明显的下降。而且,这里的租税收入和赤字是根据预算计算的,在战争条件下,租税

收入是否能够完成预算数字是很难说的,所以实际上的赤字比重可能还要高一些。虽说财政赤字是战争条件下不可避免的事情,但为了不使通货膨胀过快过烈地爆发,以致后方的经济完全崩溃,因此有必要控制赤字、增加政府收入。

募集战争经费的主要方法不外是增税、募债和发行货币3种。

增税是国民政府最为稳健的增加收入的方法。增税的途径表现为调整旧税和创设新税两个方面。

其一是调整旧税。对于间接税的调整方法有以下3项:

1. 扩充征税品目

扩充征税品目也分为两个方面:一是扩大转口税征课范围。1937年10月1日,国民政府明令调整转口税,其征课范围向两方面扩充,过去的转口税只对新式交通工具(以轮船和飞机为主)征收,自后凡民船、铁路、公路、轮船、航空、邮政等运送之货,除扣征统税及烟酒税之外,均需征收转口税;过去的转口税只对往来通商口岸的货物征收,自后所有在国内运送的土货,无论自何处启运、何处到达,均需缴纳转口税。二是扩大统税征收范围,原来统税课征的商品包括卷烟、棉纱、火柴、水泥、麦粉、薰烟、火酒、洋酒、啤酒9种,战时先后把饮料、手工卷烟、食糖、茶、竹木、毛皮、陶瓷、纸箔等商品列入统税征收范围,并将统税与烟酒税合并,改称货物出厂税或货物取缔税。在实际征收过程中,货物统税的征课对象几乎扩大到了无物不征的地步。统税征收地域扩大到云南、新疆、西康、青海等省。

2. 改订征课标准

我国统税及烟酒税向来采取从量课税制度,如卷烟以每5万支为单位、棉纱以每包为单位、火柴以每箱为单位、水泥以每桶为单位,但在物价上涨很快的情况下,从量征收使收入锐减,所以国民政府于1941年7月7日颁行《货物统税暂行条例》,将各项统税一律改为从价征收,并将烟酒类税也改为从价征收。

3. 增加旧税率

如印花税加倍征收等。至于关税税率的调整,主要目的不是增加关税收入,而是调整进出口货物的结构以适应战事的需要。所以,凡军事上急需的物资和日用必需品,分别以减免税或全税记账、半税记账等办法处理,鼓励进口;而对非必需品进口,则予以禁止。在出口方面,扶持能够给予国家银行以创汇收入的商品。

其二是创设新税。其举措表现在以下4个方面:

1. 完成直接税体系

1936 年创设所得税。在全面抗战爆发后,国民政府将直接税的税种扩大,1939 年 1 月 1 日起开征非常时期过分利得税,规定凡资本超过 2 000 元的企业或个人,其利得超过资本额 20% 及财产租赁之利得超过财产价额 15% 者,按超过额课以 10%—50% 的超额累进税。以后又予以修订,进一步提高了税率。1940 年正式开征遗产税,采用总课制,凡遗产在 5 000 元以下的免税,5 000—50 000 元的征 1% 的遗产税,50 000 元以上的征超额累进税,最高达 50%。1943 年开征财产出卖租赁所得税,并修正营业税法。

2. 举办战时消费税

这项税收其实是过去所废除的厘金的恢复,只是税率最低 5%(工业原料和普通日用品),以上为 10%(非必需品)、15%(半奢侈品)和 25%(奢侈品),共 4 档。1942 年 4 月 15 日起由各海关征收。

3. 田赋收归中央接管并改征实物

这是战时国民政府租税改革中最重要的一项改变,是保证国统区持久抗战的物质基础。1941 年 7 月和 8 月,在国统区各省陆续成立田赋管理处,接管田赋,改征实物,并办理土地陈报。田赋征实是按照各省原田赋正税和附加税总额,每元征稻谷 2 斗,非产稻区折征麦及杂粮。1942 年征额提高 1 倍,同时随赋征购粮食,价款的 70% 付给粮食库券,但之后并没有兑现库券。1943 年起改征购为征借,但只借不还,实际上是变相加重征实。

4. 专卖事业的开办

1941 年起,先后实行对烟类、火柴、食糖和食盐的专卖。

战时募债也是增加政府财政收入的途径之一。募债分为内债和外债两个方面。表 4 是战时内债发行统计表:

表4　　　　　　　　战时内债发行统计(1937—1944 年)

债券名称	币种	债额	利率	折扣
1937 年救国公债	国币	500 000 千元	4%	0
1937 年整理广西金融公债	国币	17 000 千元	4%	0
1938 年国防公债	国币	500 000 千元	6%	0
1938 年金公债	英镑	10 000 千英镑	5%	0
1938 年金公债	美元	50 000 千美元	5%	0

续表

债券名称	币种	债额	利率	折扣
1938 年金公债	关金	100 000 千单位	5%	6*
1938 年赈济公债	国币	30 000 千元	4%	98
1939 年建设公债	国币	600 000 千元	6%	0
1939 年军需公债	国币	600 000 千元	6%	0
1940 年军需公债	国币	1 200 000 千元	6%	94
1940 年建设金公债	英镑	10 000 千英镑	6%	98
1940 年建设金公债	美元	50 000 千美元	6%	98
1941 年军需公债	国币	1 200 000 千元	6%	0
1941 年建设公债	国币	1 200 000 千元	6%	0
1942 年同盟胜利美金公债	美元	100 000 千美元	6%	0
1942 年同盟胜利国币公债	国币	1 000 000 千元	6%	0
1943 年同盟胜利公债	国币	3 000 000 千元	6%	0
1943 年整理省公债	国币	175 000 千元	6%	0
1944 年同盟胜利公债	国币	5 000 000 千元	6%	0
总计:1.国币		15 022 000 千元		
2.英镑		20 000 千英镑		
3.美元		200 000 千美元		
4.关金		100 000 千单位		
合计国币		22 306 000 千元		

引者注：* 此处疑为 96 折之误。

资料来源:邹宗伊,《我国之战时财政》;载朱斯煌主编,《民国经济史》,银行学会编印,1948 年版,第 421－422 页。

　　1937 年 9 月发行救国公债 5 亿元,并设立劝募委员会于上海,设分支会于各省市,国内各界人士和海外侨胞踊跃认募。1938 年 4 月发行金公债,分英镑、美元和关金 3 种,国民可用关金、生金、各种金币、各种外汇及外国有价证券折价购买,政府以此将法币改革时未充分回笼的民间及金融机构所存的外汇、金货等进一步回笼,作为对外购买战争物资的基础。1938 年 5 月又发行赈济公债,专供赈济委员会救济、运输、收容、给养难民之需。几次建设公债的发行收入大多用于国防工业建设方面,而军需公债的收入则用于军需工业方面。1940

年发行的建设金公债,国民可以用外币外汇换购,也可以用法币按商汇牌价折购金公债。1942 年美国 5 亿美元借款成立,但因海口封锁,此项大宗借款难觅有效用途,财政部决定以这项借款的一部分作基金,在国内发行同盟胜利美元公债 1 亿元,于 1942 年 5 月 1 日发行,同时发行同盟胜利国债国币 10 亿元,到期本息也由上项美元贷款项下拨存中央银行,按期换成国币支付。1943 年发行整理省公债 1.75 亿元,因为当时省财政收支已并入国家财政收支,所以原来各省已经发行的省公债一律归并中央政府接受,而以整理省公债换偿。1944 年发行同盟胜利公债 50 亿元,自此到抗战结束就不再发行公债了。

在外债方面,各项资料出入颇多,现据《中国资本主义发展史》(第三卷)的统计如表 5 所示:

表 5 　　　　　　　　 战时国民政府的外国借款(1938—1944 年)

借款项目	协议年月	金额	利率	担保品或说明
苏联第一次易货借款	1938 年 3 月	50 000 千美元	3%	农矿产品
英国信用借款	1938 年 3 月	(188 千英镑)	5%	计入第 7 项
苏联第二次易货借款	1938 年 7 月	50 000 千美元	3%	农矿产品
美国第一次进出口银行借款	1939 年 2 月	25 000 千美元	4%	桐油
英国平准基金借款	1939 年 3 月	5 000 英镑	3.5%	农矿产品
苏联第三次易货借款	1939 年 6 月	150 000 千美元	3%	农矿产品
英国信用借款	1939 年 8 月	3 047 千英镑	5%	信用
美国第二次进出口银行借款	1940 年 4 月	20 000 千美元	4%	锡
美国第三次进出口银行借款	1940 年 10 月	25 000 千美元	4%	钨
美国平准基金借款	1941 年 4 月	50 000 千美元	4%	矿产品
英国平准基金借款	1941 年 4 月	(5 000 千英镑)		计入第 13 项
美国财政借款	1942 年 2 月	500 000 千美元		政府担保
英国财政借款	1944 年 5 月	50 000 千英镑		政府担保
合计		870 000 千美元 58 047 千英镑		

资料来源:许涤新、吴承明主编,《中国资本主义发展史》(第三卷),人民出版社 1993 年版,第 459 页。

在一些记载中,有些借款,如法国的 4 笔铁路和金融借款,捷克、比利时、德国的借款实际未执行,或只少量垫付;苏联的第四、第五次易货借款也未执行;美英借款中也有未执行或合并者。表5是以实际执行者为准的。合计战时外债合计11.3亿美元,几乎等于自清政府借外债以来84年的总数。[1] 苏联的借款都用于进口武器、坦克、卡车等军用物资,美国的三次进出口银行借款和英国的两次信用借款也用于进口军用物资。平准基金借款则用于试图维持法币与英镑和美元之间的汇率,借款是用上了,结果却未获成功。

即使国民政府想出种种增加收入和借债的方法,但财政收入还是远远不够支出。"七七"事变后至抗战胜利止,国民政府发行的国内公债,除了1937年的救国公债是向广大民众发行、响应者众多外,其余各次虽经公债劝募委员会的广泛动员,但成绩都很差,大部分公债是靠国家银行承接的,这些公债留存在国家银行的库房中,甚至不必印制公债票,只需印一种公债预约券即可,以节省手续和印制费,这种公债预约券可以代替公债券行使诸如抵押等金融职能。而且,公债数量不能满足战时需要。所以,剩下唯一的办法就是靠银行垫款,所谓银行垫款,并没有真实存款作基础,而是银行用发行货币的方法来帮助政府解决收支不平衡的问题,见表6:

表6　　　　　战时国家银行对政府垫款指数与法币发行指数
(1937—1945年6月,1937年6月＝100)

时间	中中交农四行对政府垫款指数	法币发行指数
1937年12月	152	117
1938年12月	351	164
1939年12月	652	305
1940年12月	1 152	560
1941年12月	1 927	1 076
1942年12月	4 678	2 442
1943年12月	10 242	5 357
1944年12月	27 855	13 464
1945年6月	47 907	28 289

资料来源:邹宗伊,《我国之战时财政》;载朱斯煌主编,《民国经济史》,银行学会编印,1948年版,第423页。

---

[1] 许涤新、吴承明主编:《中国资本主义发展史》(第三卷),人民出版社1993年版,第458—459页。英镑折合美元数按上海法币汇率计算,1939年3月约4.7,1939年8月约3.5,1944年5月约4.5。

货币发行过多，自然会引起物价的高速上涨。在太平洋战争爆发之前，1937—1939 年的 3 年间，上海的物价高于重庆的物价，无论就趸售物价或 22 种主要商品的物价相比都是如此，而 1940 年和 1941 两年，重庆的物价高过上海。表 7 是上海和重庆 22 种主要商品物价指数的比较：

表 7　　上海和重庆 22 种主要商品物价指数比较(1937—1941 年)

时间	上海(1937 年 1—6 月＝100)	重庆(1937 年＝100)
1937 年 12 月	124.1	98
1938 年 12 月	114.6	104
1939 年 12 月	307.5	177
1940 年 12 月	652.8	1 094
1941 年 12 月	1 597.8	2 848

资料来源：中国科学院上海经济研究所、上海社会科学院经济研究所编，《上海解放前后物价资料汇编(1921—1957 年)》，上海人民出版社 1958 年版，第 24 页。

太平洋战争爆发，日军进驻上海租界，国民政府经济势力退出上海，1942 年 6 月日伪强制将伪中储券以 1∶2 的比例调换法币，并引发物价进一步疯狂上涨。指数从 1 774.6 上升到 9 740 247.7，即上涨约 5 490 倍。米价从每石 238 元上涨至 150 万元，约上涨 6 300 倍。物价的上涨率逐年加大，按年平均指数计算，1942 年上涨 214％，1943 年上涨 315.9％，1944 年上涨 601.4％，而 1945 年 1—8 月上涨 2 476.1％。[1] 重庆物价 1942 年指数还高过上海许多，1943 年涨幅与上海接近，1944 年起物价涨幅远低于上海。[2]

二、外汇管理与平准基金

"七七"事变和"八一三"淞沪抗战爆发后，中国政府并没有对外汇实行管制政策。由于上海租界的所谓治外法权，中国政府的行政和司法力量难以在租界施展，日本当时正在攻占各大港口，中国政府无法控制进口货物，不可能强迫出口商把外汇交给政府，另外还缺少实行管制政策的人才，所以政府仍实行无限制的外汇自由出售政策，维持法币 1 元兑换 1 先令 2.5 便士或 29.5 美分的汇

---

〔1〕　中国科学院上海经济研究所、上海社会科学院经济研究所编：《上海解放前后物价资料汇编(1921—1957 年)》，上海人民出版社 1958 年版，第 28 页。

〔2〕　同上，第 163－168、195－198 页。

率。但由于外汇出逃严重,政府采取一种外汇配给制度,规定凡需要外汇者,都要通过银行向中央银行总行或其香港办事处提出申请,获得批准以后才能换汇。实行的结果是,批准的数目大约是申请数目的一半。[1]之后配额逐步缩小。

1938 年 6 月,中国银行与汇丰银行合作,开始展开平准外汇行动。在之后的 10 个月中,为维持汇率,或不让汇率过快下降,中国银行总共花费了 1 200 万美元的代价。[2]

1939 年 4 月,中英平准基金成立,总额 1 000 万英镑,中英各半,英方的 500 万镑由汇丰和麦加利两家银行提供,中方的 500 万英镑则由中国和交通两家银行提供。尽管中英平准基金在成立后的 3 个月内,为了支持法币的汇率,不仅消耗了全部 1 000 万英镑,中国方面还追加了投入 80 万英镑,大概折合 4 300万美元[3],但还是有研究者认为,它的运作是成功的:国民政府军事上的溃败并未对法币的稳定产生太大的影响,从 1939 年 4 月到 1941 年 7 月,平准基金采取了两种政策。首先,从长远来看,基金尽可能保持被高估的汇率,以便降低国内物价并控制通货膨胀。其次,也尽可能缓和由于大量发行货币所带来的汇率急剧下降走势,使之平稳下降。[4]

由于 1939 年起欧洲发生大规模战争,英美货币的汇价时有下降,法币有时也会相对升值,所以平准基金适时地买回一些英镑和美元。当然,买回的要比卖出的少。

至于在中国的日本人,他们不可能持续和大量地买进外汇,他们主要是外汇的卖方,而不是买方。他们必须维持近百万的在华军队,在财政上支持与其勾结的伪政权,还要做买卖和购买日本国内需要的货物,为应付这些需要,他们必须部分地依靠法币。由于上海和华北等地的民众和市场不支持日本的军用券和伪币,而支持法币,所以日本人很难推广在华伪币和军用券的发行。他们需要法币比需要外汇更为迫切。根据驻上海的美国商务参赞估计,1939 年年中,约有一半的法币是在沦陷区内流通或被持有。各政府银行发行钞票总数为

---

[1] [美]阿瑟·N.杨格著,陈冠庸等译校:《中国的战时财政和通货膨胀,1937—1945》,(出版社不明)1965 年版,第 147-148 页。

[2] 同上,第 156 页。

[3] 同上,第 161 页。

[4] [韩]禹济昌:《英国战时金融政策与中国四十年代恶性通货膨胀的成因》,《上海经济研究》2001 年第 11 期,第 72 页。

27 亿元,加上国统区其他银行发行的 5 亿元,合计约为 32 亿元。伪联合准备银行发行的联银券为 2.64 亿元,日元和军用券的总数估计为 2 亿元。这样,日伪在 1939 年年中在中国(除中国东北地区)发行的钞票约占总流通额的 13％,占沦陷区流通总额的 26％。珍珠港事件之后,日本人接管了上海和天津的租界,这使得推行伪钞和军用券比较容易一些。伪钞最后代替了法币,迫使法币退回到非沦陷区内,这也是 1941 年以后通货膨胀步子加快的一个原因。[1]

1941 年 7 月 26 日,美国总统罗斯福应中国国民政府的特别要求,决定冻结中国在美国的资产,同时冻结日本在美国的资产。根据 1941 年 6 月 14 日的统计,中国在美国的资产总额为 3.56 亿美元,香港地区在美国的资产为 0.84 亿美元,而日本在美国的资产为 1.61 亿美元。这大致上就是 6 个星期以后宣布冻结时的状况。[2]

1941 年 8 月 12 日,中英美平准基金成立,美方提供 5 000 万美元,英方提供 500 万英镑,中方出资 2 000 万美元,设立由三方代表组成的中美英平准基金会,管理平准基金,以维持上海法币的汇价。[3]这个平准基金委员会由陈光甫任主席,中央银行的席德懋、中国银行的贝祖诒以及由美国财政部和英国财政部各推荐 1 人任委员。1941 年 8 月 18 日,基金会开始工作,由汇丰银行挂牌供应外汇,英汇价格为 3 便士 15 625,美汇价格为 5 元 3 125。[4]平准委员会在上海租界对购汇实行审核和管制措施,严格外汇用途,与工部局合作,对外贸也实行管制,即便如此,在到 1941 年 12 月 1 日为止的 3 个多月时间里,平准委员会共卖出约 2 300 万美元。总计以前从 1938 年 6 月到 1941 年 8 月共三年两个月的时间里,平准基金会共卖出 4 600 万美元,平均每个月 120 万美元,而 1941 年 8 月以后的 3 个半月中,共卖出 2 300 万美元,平均每个月卖出约 660 万美元,是过去的 5.5 倍。[5]

太平洋战争爆发,中美英平准基金会撤到昆明、重庆,到抗战结束,维持法币 20 元兑换 1 美元的官方汇率,但能够换到外汇的只是政府机构和极少数特

---

〔1〕 [美]阿瑟·N. 杨格著,陈冠庸等译校:《中国的战时财政和通货膨胀,1937—1945》,(出版社不明)1965 年版,第 176 页。

〔2〕 同上,第 185 页。

〔3〕 宋佩玉:《抗战前期上海外汇市场研究(1937.7—1941.12)》,上海人民出版社 2007 年版,第 41 页。

〔4〕 《论平准基金会的新措施》,《中央银行月报》第 10 卷第 8 期,1941 年 8 月。

〔5〕 [美]阿瑟·N. 杨格著,陈冠庸等译校:《中国的战时财政和通货膨胀,1937—1945》,(出版社不明)1965 年版,第 188、193 页。

别用户,所以售出外汇总数并不多,到 1944 年 3 月约 1 500 余万美元。[1] 由于不是自由兑换,所以美元的官方汇率与市场汇率相差很大,见表 8:

表 8　　　　　1937—1945 年美元官方汇率和市场汇率指数及物价指数

时间	美元的官价汇率	有补贴的官价汇率	美元的平均市场汇率(1937 年 6 月=1)	平均零售物价(1937 年 1—6 月=1)
1937 年 12 月	1.00	—	1.01	1.18
1938 年 12 月	1.00	—	1.82	1.76
1939 年 12 月	1.00	—	3.98	3.23
1940 年 12 月	1.00	—	5.23	7.24
1941 年 12 月	5.60(自 8 月 18 日起)	—	8.65(11 月)	19.77
1942 年 12 月	5.95(自 7 月 10 日起)	—	14.5	66.20
1943 年 12 月	5.95	8.93[a]	25	228
1944 年 12 月	5.95	11.90[b]	170	755
1945 年 7 月	5.95	11.90	870	2 593
1945 年 12 月	5.95	11.90	392	2 491

注:外汇汇率是高汇率和低汇率的平均指数,来自中央银行;物价是国统区各城市的平均零售价格,来自农民银行。

a. 国民政府决定自 1943 年 4 月 13 日起,以 50% 的外汇贴补给予外国大使馆和领事人员,并从 5 月 1 日起将这项规定扩展到救济和慈善团体。对于救灾捐款,外汇贴补为 100%。

b. 从 1944 年 1 月 20 日起,外汇普遍实行贴补 100%。

资料来源:[美]阿瑟·N.杨格著,陈冠庸等译校:《中国的战时财政和通货膨胀,1937—1945》,(出版社不明)1965 年版,第 198 页。

美军在中国修建机场等设施,由中国政府垫付法币 1 500 亿元,后来按法币 50—60 元折 1 美元向美国结算,获得外汇 4 亿美元。[2]

三、战时金融业

我们先分阶段来看一下战时中国银行业的整体变化状况。1937 年全面抗战前,中国所有注册银行共计 164 家,分支行总数 1 627 家,实收资本总额为

---

〔1〕许涤新、吴承明主编:《中国资本主义发展史》(第三卷),人民出版社 1993 年版,第 461 页。
〔2〕同上。

43 430 万元。从"七七"事变到太平洋战争爆发，为战时第一阶段。据银行学会的调查，在第一阶段新设银行已设立及先已营业之新银行共计 108 家，当时在上海筹备中的银行 41 家及详情不明的四川县立银行 57 家尚未包括在内。这 108 家新银行中，以类别区分，以商业储蓄银行为最多，占 62 家，省立县立银行次之，占 19 家，农工银行又次之，占 15 家；若以地域区分，以上海、四川为最多，上海 37 家，四川 21 家；以设立年份区分，以 1941 年最多，为 28 家；以资本区分（姑且将法币与各种伪币混合计算），以 100 万元以上、150 万元以下者为最多，占 27 家，200 万元以上、300 万元以下者次之，占 18 家。全国新银行资本约 51 000 万元，旧银行增加资本约 3 050 万元，合计银行新兴资本约 54 050 万元。至于全国银行新增设的办事处，在上海有 20 余所，在各埠及海外达 1 000 余所之多。1942 年以后为第二阶段，这一时期通货膨胀、物价腾贵、投机盛行，各地银行在经济畸形的状态中纷纷设立，银行设立的势头更是强过第一阶段。就上海而论，1937 年上海各总行家数为 54 家，其后增设，以 1942 年和 1943 年为最多，1942 年 24 家，1943 年 58 家，以后陆续有增设。上海银行公会的会员银行，从 1941 年的 54 家增加到 1945 年胜利前夕的 193 家。后方银行的增设情况与上海类似，后方川康滇黔陕甘宁青桂及重庆 9 省 1 市，全面抗战前所有银行的总分支行一共不过 254 家，仅占全国总数的 14.8%，而截至 1941 年 6 月，9 省 1 市陆续增设的总分支行计 543 家，除旧有者裁并 33 家外，新旧合计总分支行共有 764 家，为全面抗战前的 3 倍。又重庆一地，全面抗战前银行钱庄合计不过 20 余家，而到 1945 年 8 月底止，除四行两局及小四行共 10 家外，省市县地方银行 26 家、商业银行 57 家，合计 93 家，此外如外商银行 2 家，银公司、银号、钱庄等犹未计入。[1] 大后方经营银钱业务机构分类情况见表 9：

表 9　　　　　大后方经营银钱业务机构分类统计（截至 1945 年 8 月底）

省份	总计			银行								银号		钱庄	
				国营		省营		县市营		商营					
	合计	总机构	分支机构	总	分	总	分	总	分	总	分	总	分	总	分
总计	3 107	611	2 491	7	853	20	925	284	193	105	595	77	17	118	12
四川	1 257	297	960	7	276	2	117	123	181	83	347	24	14	58	12

〔1〕邓翰良：《十年来之商业》；载谭熙鸿主编：《十年来之中国经济（1936—1945）》，中华书局 1948 年版，第 L44－46 页。

续表

省份	总计			银行								银号		钱庄	
				国营		省营		县市营		商营					
	合计	总机构	分支机构	总	分	总	分	总	分	总	分	总	分	总	分
浙江	128	41	87	29	1	57	1			2	1			37	
安徽	73	10	63	11	1	46		9	1	5					
江西	167	11	156	47	1	95	4			4	14	1		1	
湖北	85	23	62	20	1	37		22	2	3					
湖南	141	2	139	41	1	81	1		4	13					
西康	58	8	49	15	1	11		4		2	23	1			
福建	172	7	165	80	1	79		2	2	2	5			2	
广东	175	4	171	66	1	96		3		9					
广西	55	2	53	19	1	53	1								
云南	122	13	109	60	1	6		3	7	19	92				
贵州	123	10	113	59	1	24		5	1	2	29	2			
河南	90	49	41	6		32		49			1			2	
陕西	231	122	109	58	3	67		56			33	49	1	14	
甘肃	151	9	142	48	1	75		1	1	1	18			6	
青海	4		4	4											
宁夏	18	1	17	8	1	7					2				
绥远	7	1	6	2	1	4									
新疆	46	1	45	4	1	41									

资料来源:邓翰良,《十年来之商业》;载谭熙鸿主编:《十年来之中国经济(1936—1945)》,中华书局1948年版,第L47页。

在沦陷区,敌伪开设的银行有:(1)1939年5月在上海成立华兴银行,资本5 000万元,由伪维新政府与日本三井、三菱、住友、正金、朝鲜、台湾等银行组成的银团各出资一半,发行华兴券,初与法币联系,后名义上改为与英镑联系,每元合6便士。(2)由伪政府另设中央储备银行,总行设南京,成立于1941年1月,资本1亿元,发行中储券,流通于上海以及津浦、京沪、沪杭铁路线、长江华中区及广州等地。中储券发行后,华兴券即告收回。(3)1938年2月,华北伪临时政府和华北各华商银行各出资一半,成立中国联合准备银行,资本5 000万元,发行联营券,与日元等价联系,流通于平津、青岛、济南一带。(4)蒙疆银行,总行设在张家口,成立于1937年12月,资本1 200万元,由察南、晋北、蒙口各所谓"自治政府"分别出资 400 万元,发行蒙银券,与日元等价联系。(5)1936 年 1 月在长春设立伪满洲国中央银行,资本 300 万元,为伪满洲国政府所办,发行满银券,也与日元等价联系。由此可见沦陷区金融混乱割裂的状态。[1]

全面抗战发生后,上海的银钱业务一度趋于萎缩,一些行庄停业。但随着战事内移,上海租界的人口骤然增加,市面畸形繁荣,银钱业的业务也开始兴旺起来。到太平洋战争爆发,英美银行停业,外商银行的存款流入华商银行,华商银行和钱庄的存款大增。一班富人鉴于游资充斥、吸收存款容易,相继开办银行钱庄,当时大小银行钱庄共有 420 家,其中银行 208 家、钱庄 212 家,较全面抗战前银行多了 134 家、钱庄多了 120 家。[2]这么多的银行和钱庄往往不去从事正当的存放款业务,而是随大流,参与很多投机活动,所以根基很不稳定。

太平洋战争爆发后,日本占领上海租界,实施金融统制政策,其要点可以归纳为 4 个方面:第一,在 1942 年 11 月公布金融机关资敌行为取缔办法,严禁上海对非日占区公私汇兑,防止上海资金外逃;第二,实行所谓特别圆汇兑,华中对华北、华南分别办理,以官营方式办理物物交换,禁止商营贸易,对民间少数汇款,申请限制极严;第三,攫取伪币发行权,在伪政府没有成立前,滥发军票,以充军费,伪政府开张后,伪中储行发行伪币,日方则又借监督之名,行掌理发行之实,在日方和伪中储行同时发行的情况下,伪中储券究竟发行了多少,甚至伪中储行都不知确数;第四,统制金融机关,伪中储行于 1943 年 6 月 1 日勒令同业存款集中该行,并将票据交换所各行庄交换头寸移存该行,开立交换清算户,以控制全市金融力量,同年 10 月 21 日又发表强化金融业务纲要,以加强对上海金融的控制。[3]

对战时后方的一些金融业务,在此做一些介绍:

1. 贴放

1937 年 8 月 26 日,国民政府核定中中交农四行联合贴放办法,以谋内地金融及农矿工商各业资金的流通。四行在上海组设四行联合贴放委员会,另设四行联合办事总处,并在各地组设联合办事分处,先后达 50 余处之多,同时在各重要地点,如南京、汉口、长沙、南昌、重庆、济南、郑州、广州、杭州等地,组织贴

〔1〕 邓翰良:《十年来之商业》;载谭熙鸿主编:《十年来之中国经济(1936—1945)》,中华书局 1948 年版,第 L48 页。

〔2〕 孙瑞璜:《上海之战时金融》;载朱斯煌主编:《民国经济史》,银行学会编印,1948 年版,第 439 页。

〔3〕 同上,第 440 页。

放分会,嗣因武汉弃守,总处又西迁至渝,整个贴放组织体系和格局有所变化。从 1937 年 8 月到 1939 年 10 月,联合贴放工作异常松懈。1939 年 10 月,经改组后的四联总处改订贴放原则 4 项如下:第一,应趋重于转抵押和转贴现;第二,应以直接放与农工商各业者为限;第三,应注重抗战必要与生活必须之各业与物品;第四,应减少地方政府机关非生产之借款。这 4 项原则看似严厉,但操作性仍不强,如对转抵押和转贴现未经审核,仍给一般商业银行和省银行套取头寸留下了空间。所以四联总处于 1942 年 2 月重新做出 6 项颇具操作性的规定:第一,放款应以协助国防有关及民生必需品之生产事业为主,所有普通放款及不急需的投资,应暂行停止,并不必单独承做;第二,放款之事前审核应严,但办理手续应力求简便;第三,工矿事业的借款须用途正当、出品优良,并已正式开工;第四,国营事业在政府预算以内的借抵备用,应由财政部保证,其在预算之外的借款,应由中央最高机关保证;第五,押款不得超过 6 个月,并不得展期;第六,贷款利率按照市场情形,随时酌定。在贴放政策紧缩的同时,国家银行也做了业务分工,根据 1942 年 2 月的规定:凡政府机关的贷款,由中央银行承做;凡内地及进出口贸易及其有关的工矿事业的贷款,由中国银行承做;凡交通运输公司及一般工矿事业的贷款,由交通银行承做;凡农业贷款,由农民银行承做。[1]四联总处联合贴放比例见表 10:

表 10 四联总处联合贴放比例(1942 年 3 月—1942 年 12 月)   单位:%

项目	比例	项目	比例
盐务	29.63	交通运输	2.94
工矿	20.41	建设大重庆	1.00
平价运销	16.05	其他	12.20
粮食存储	8.99	总计	100.00
省政府及金融机关	8.78		

资料来源:朱祖晦,《抗战期中我国金融之流动情形》;载朱斯煌主编,《民国经济史》,银行学会编印,1948 年版,第 434 页。

2. 农贷

政府在 1937 年 8 月 26 日公布四行联合贴放办法中涉及农贷问题。1938

---

[1] 朱祖晦:《抗战期中我国金融之流动情形》;载朱斯煌主编:《民国经济史》,银行学会编印,1948 年版,第 433—434 页。

年 8 月 24 日公布扩大农村贷款办法,说明农业各项放款应尽量利用合作社组织。1942 年 4 月,政府公布土地债券法,其目的在于便利中国农民银行土地金融处的筹集资金,以办理土地业务。自此项办法实行以后,我国农业贷款更从短期及中期贷款进而注重长期贷款。

3. 普通存款

虽然国民政府早就规定一般的企业和商店不能经营存款业务,但还是屡禁不止。1940 年 10 月,财政部代电各省,重申禁令。更进而于 1941 年 11 月,财政部规定各省地方银行的驻渝办事处也不得吸收存款,唯有正式银行才能吸收存款。关于存款准备金,国民政府在 1940 年 8 月颁布《非常时期管理银行暂行办法》,规定银行经收存款除储蓄存款应照储蓄银行法办理外,其普通存款应以所收存款总额的 20% 为准备金,转存当地的中中交农四行中的任何一行,并由收存行给予适当存息。所谓普通存款,是指储蓄存款以外的其他所有活期和定期存款,同业存款不包括在内。自 1942 年 6 月起,存款准备金收存机关改由中央银行集中办理。在战时,银行的活期存款比例远远大于定期存款,从各年的平均数来看,大约为 873.5 对 100.0。[1]

4. 储蓄存款

战时局势动荡,人们自然不愿意多储蓄。为了鼓励储蓄,各金融机关数度提高利率,1940 年 9 月 4 日,四联总处理事会决议提高储蓄存款利率,以后各银行会根据通胀情况加息。除了普通储蓄外,在抗战时期,还有节约建国储蓄券、外币定期存款储蓄以及美金节约救国储蓄券等,都是为了吸收游资。此外,在中央信托局下,设有中央储蓄会,从 1936 年起办理按月储蓄的有彩储蓄存款,按月开奖,在抗战期间,仍继续办理,1940 年 10 月又增办特种有奖储蓄券。

战时利率波动比较大,表 11 是重庆等 5 个后方城市的利率统计:

表 11 战时后方 5 大城市商业银钱行庄利率统计 单位:月息(%)

年份	重庆	成都	西安	昆明	贵阳
1937	10.0	13.6	14.0	10.7	15.0
1938	12.0	12.0	13.5	10.4	15.0
1939	13.0	12.0	19.2	17.5	19.2

[1] 朱祖晦:《抗战期中我国金融之流动情形》,载朱斯煌主编:《民国经济史》,银行学会编印,1948 年版,第 435 页。

续表

年份	重庆	成都	西安	昆明	贵阳
1940	15.0	12.0	25.0	24.2	25.0
1941	19.2	26.8	51.7	28.9	30.0
1942	28.0	36.6	57.6	34.3	33.9
1943	60.0	40.1	82.3	40.1	37.5
1944	84.0	80.2	82.2	80.1	66.0
1945 年 1—8 日	112.0	99.7	128.0	137.0	159.0

资料来源:李荣廷,《我国后方之战时金融》;载朱斯煌主编,《民国经济史》,银行学会编印,1948 第 425 页。

从 1937 年到 1940 年,利率的上升相对还不是太快,如重庆 1937 年的月息是 10.0%,到 1940 年的月息是 15.0%,成都则基本稳定在月息 12.0%的水平上。1940 年起后方各地物价上涨加速,特别是粮价的上涨尤为迅速,1941 年国民政府实施田赋征实,控制大量粮食,更使市面的粮价上涨,抬高物价和利率。上海钱业的拆借利率如表 12 所示:

表 12   上海钱业历年平均拆借利率(1936—1945 年)   单位:%

年份	每千元日息(元)	年份	每千元拆息(元)
1936	0.10	1941	0.22
1937	0.18	1942	0.25
1938	0.28	1943	0.45
1939	0.27	1944	0.72
1940	0.27	1945 年 1—8 月	最高 0.65,最低 0.05

资料来源:《上海市银钱业利率表》,《银行周报》31 卷 18 期,1947 年 5 月 5 日。

上海的利率从 1943 年起加速上涨。

就国民政府控制的四行二局金融体系而言,根据 1942 年 6 月 15 日财政部核准颁布的《中中交农四行业务划分及考核办法》,四行原先共同履行的央行职能改由中央银行一家担任,其他三行也都明确了专业分工。这样在形式上进一步改革了中央银行制度。政府及其各机关和国营企业在战时的资金进出全由四行二局承担,其相对实力当然远高于商业银行。

第五编

恶性通胀下的中国经济

恶性通胀时期的中国经济之一：
国家垄断资本主义膨胀

一、官营工矿业和交通运输业

全面抗战胜利后，官营工矿业居于无可争辩的垄断地位。其垄断地位的来源主要有两个：一个是在战时形成的后方工矿业中官营工矿业的压倒优势地位；另一个是战后对敌伪产业的接收。前者在前文中已有叙述，本文说一下战后对敌伪产业的接收。

为了接收敌伪产业，1945 年底国民政府在敌伪产业较为集中的地区分别成立了苏浙皖区、河北平津区、粤桂闽区、山东青岛区敌伪产业处理局，同时设立处理敌伪产业审议委员会协调工作。敌伪产业较少的武汉、河南等地设特派员办公处，湖南、江西由省政府处理。东北设敌伪产业处理局，台湾则设日产清理处。据简锐研究，南京国民政府总共接收敌伪产业 9 345 个单位(包括东北和台湾地区在内)，折合战前法币币值共 230 155 万元，其中工矿产业资产为 114 569 万元，占 49.8％。而其中由资源委员会接收的敌伪产业资产折合战前币值为 24 216 万元。[1] 郑友揆等人则不同意简锐关于资源委员会所接收产业的币值估算，认为其错将关内各地企业接收值都按 1946 年 9 月的物价指数折成战前币值，事实上，简锐所引用的档案中表明，仅东北地区是按 1946 年 9 月的时价估值，其余各地区均另有标准。所以，简锐所得出的接收值(战前币值)"显而易

---

〔1〕 简锐：《国民党官僚资本发展的概述》，《中国经济史研究》1986 年第 3 期，第 108 页。

见与实际情况不符,且过于悬殊"[1]。兹将郑友揆等统计的资源委员会接收状况如表1所示:

表1　　　　　　　　　资源委员会接收日伪企业资产总值　　　　　单位:法币千元

	东北	台湾	华北	华中	华南	合计	总值(%)
电力	190 596 803	46 790 049	9 700 251	970	555 891	247 643 964	21.4
钢铁	230 652 835	—	8 261 361	3 098 059	6 321 107	248 333 362	21.5
煤矿	190 516 559		8 486 236	—	—	199 002 795	17.2
机械	30 283 593	3 329 514	775 963	1 363 070		35 752 140	3.1
化工	10 253 568	4 954 945	410 115	1 040 339		16 658 967	1.4
水泥	6 312 073	8 929 000	—	—		15 241 073	1.3
电工	2 864 931	—	405 027	1 700 234		4 970 192	0.4
金属矿	17 254 688	13 860 762	181 697	2 448 745		33 745 892	2.9
石油	—	5 742 476	544 748	1 353 693	242 353	7 883 270	0.7
糖业	—	103 785 023	—	—		103 785 023	9.0
纸业	195 383 520	12 763 511	5 277 840	—		213 424 871	18.5
其他	24 550 384	—	5 172 889	607 969		30 331 242	2.6
总计	898 668 954	200 155 280	39 216 137	11 613 079	7 119 351	1 156 772 801	100.0
总值(%)	77.7	17.3	3.4	1.0	0.6	100.0	

资料来源:郑友揆、程麟荪、张传洪,《旧中国的资源委员会——史实与评价》,上海社会科学院出版社1991年版,第155页。

郑友揆等人也将资源委员会所接收的敌伪资产折算成战前的币值,其估值超出简锐估值的10倍以上,见表2:

表2　　　　　　　资源委员会接收敌伪资产折合战前币值数

	接收值 (法币千元)	物价指数	战前币值数 (法币千元)	总值(%)
东北	898 668 954	335	2 682 594	82.1
台湾	200 155 280	386	518 497	15.9
华北	39 216 137	854	45 921	1.4
华中	11 613 079	993	11 695	0.4

[1] 郑友揆、程麟荪、张传洪:《旧中国的资源委员会——史实与评价》,上海社会科学院出版社1991年版,第156页。

续表

	接收值 (法币千元)	物价指数	战前币值数 (法币千元)	总值(%)
华南	7 119 351	993	7 170	0.2
合计	1 156 772 801	—	3 265 877	100.0

资料来源:郑友揆、程麟荪、张传洪,《旧中国的资源委员会——史实与评价》,上海社会科学院出版社 1991 年版,第 157 页。

从表 2 可以看出,由资源委员会接收的敌伪资产折合战前币值高达约 32.7 亿元,郑友揆等认为与实际数字相比,还是低估了的。

简锐对国民政府接收敌伪产业处理情况经调整后的研究结果表明:在经济部处理的 1 460 个单位中,移转处理 1 219 个,占 83.5%,发还 127 个,占 8.7%,标卖 114 个,占 7.8%;而在各区接收处理的 7 725 个单位中,移转处理 4 541 个,占 58.8%,发还 319 个,占 4.1%,标卖 2 865 个,占 37.1%。[1] 这就是说,发还的企业占少数,大部分做移转处理,也就是由政府机构官办了。由于接收敌伪产业,以及战时已经形成的官办企业主导的趋势,战后许多工矿行业形成了官营企业的垄断地位。

为接收敌伪纺织产业,国民政府专门成立了官办的中国纺织建设公司,分三批接收敌伪纺织厂。[2] 接收的数字,各种统计来源稍有出入,现依据中国纺织建设公司自己公布的资料如表 3 所示:

表3　　　　　　　　　中国纺织建设公司接收的设备统计(1946 年)

地区	厂数	纱锭(枚)	线锭(枚)	布机(台)
上海	18	897 328	238 852	18 195
青岛	8	324 524	35 964	7 262
天津	7	332 872	50 756	8 640
东北	5	223 208	13 420	5 330
合计	38	1 777 932	338 992	39 427

资料来源:彭敦仁,《纺建要览》,中国纺织建设公司 1948 年印行,第 54-55 页。

该公司以棉纺织为主体,它的生产设备和生产能力在全国棉纺织业中占很

---

[1]　简锐:《国民党官僚资本发展的概述》,《中国经济史研究》1986 年第 3 期,第 109 页。

[2]　[韩]金志焕:《中国纺织建设公司研究(1945—1950)》,复旦大学出版社 2006 年版,第 48-49 页。

大比重。到1947年,它有纺锭177万枚、线锭33万余枚、布机4万余台,分别占全国纺锭的39.26%、线锭的70.7%和布机的60.9%。1946年生产棉纱42.6万件,1947年增加到74.5万件,分别占全国棉纱产量的32%和39%;1946年生产棉布955万匹,1947年增加到1 612万匹,分别占全国棉布产量的29%和40%。此外,全国毛纺业有纺锭6万枚、绢纺锭1万枚,该公司都各占半数。该公司的职工多时有8.5万人,少时也有6万人,是一家规模巨大的轻工业官营垄断企业。[1]

如表4所示,战后国营企业在很多重要的工矿行业形成垄断。

表4　　　　　　1947年国营资本厂矿产品占国统区工业比重　　　　　单位:%

产品名称	比重	产品名称	比重
钢铁	98	烧碱	65
机械(1942年资本数)	72	硫酸	80
电	78	纺锭	60
煤	80	机制糖	90
钨、锡、锑、汞、电冶铜、石油	100	肥料	67
水泥	67	盐酸	45
机制纸	50	出口植物油	70

资料来源:陈真编,《中国近代工业史资料》(第三辑),生活·读书·新知三联书店1961年版,第1446页。

在东北地区的敌伪产业接收方面,打击关东军的苏联军队拆走了很大一部分工矿设备,国民政府接收的只是余下的部分。关于苏军拆走的设备价值,1945年11月美国政府战争赔偿顾问鲍莱(E. W. Pauley)做过一个估计,总额为89 503万美元;另外,1946年中国政府委托日侨善后联络处也做过一个估计,总额为12亿余美元。两者的估计可见表5所示:

表5　　　　　　　苏联军队拆走的东北工业设备价值估计

	1945年11月鲍莱调查估计		1946年日侨善后联络处调查估计	
	万美元	占生产能力(%)	万美元	占生产能力(%)
电力	20 100	71	21 954	60

---

[1] 简锐:《国民党官僚资本发展的概述》,《中国经济史研究》1986年第3期,第111页。

续表

	1945 年 11 月鲍莱调查估计		1946 年日侨善后联络处调查估计	
	万美元	占生产能力(%)	万美元	占生产能力(%)
钢铁	13 126	50—100	20 405	60—100
煤矿	5 000	90	4 472	80
铁路	22 139	50—100	19 376	50—100
机器	16 300	80	15 887	68
液化燃料	1 138	75	4 072	90
化工	1 400	50	4 479	33
水泥	2 300	50	2 319	54
非铁金属	1 000	75	6 081	50—100
纺织	3 800	75	13 511	50
纸及纸浆	700	30	1 396	80
交通	2 500	20—100	459	30
食品			5 905	50
合计	89 503		120 316	

资料来源:Kungtu C. Sun, *The Economic Development of Manchuria in the First Half of Twentieth Century*, Harvard University Press, 1973, p. 88。

接收敌伪交通运输业资产的情况如下:

1. 铁路

接收日本人在华建筑的部分铁路 7 006 公里,计东北 4 536 公里、华北 1 200 公里、台湾 981 公里和海南岛 289 公里;接收"九一八"事变后东北陷敌铁路 5 311 公里,接收关内沦陷区陷敌铁路 8 943 公里。共计 21 260 公里,资产 189 214 万元。

2. 公路

接收敌伪在台湾的公路 3 690 公里,在东北的公路 8 448 公里和关内沦陷区陷敌公路 24 544 公里。共计 36 682 公里,资产 15 114 万元。

3. 航运

1945 年招商局接收敌伪船舶 314 艘、吨位 81 297 吨,省级官营航运部门接收敌伪船舶 226 艘、63 192 吨。共计 144 489 吨,资产 8 375 万元。

4. 空运

估计 11 架飞机,资产为 385 万元。

5. 邮电

接收邮政局 35 845 所、员工 14 000 人,估计资产 388 万元;接收电信局 245 所、员工 8 043 人,估计资产 5 308 万元。邮电共计 5 696 万元。

以上接收的敌伪交通运输业资产共计 218 784 万元。[1]

接收敌伪产业是战后国家垄断资本主义形成的重要原因之一。据统计,接收敌伪工矿业和交通运输业产业合计 323 252 万元,占 1947 年国家垄断资本主义高峰时期资产总额 508 118 万元的 64%,其中工矿业占 62%、交通运输业占 65%。[2]

二、官营金融业

抗战胜利后,金融方面的两大课题是货币的整理和金融机关的复员。国民政府划分为京沪区、辽吉黑区、冀鲁察热区、晋豫绥区、鄂湘赣区、粤桂闽区、台湾区 7 个大区分别进行。1945 年 9 月公布《收复区敌伪钞票及金融机关处理办法》《伪中央储备银行钞票收换办法》《伪中央储备银行清理办法》《收复区商营金融机关清理办法》《收复区商业银行复员办法》等条例,以伪中储券 200 元折合法币 1 元兑换伪币。未经正式登记注册的银行、钱庄、信托公司等,一律停业清理。1945 年 11 月公布《中央银行东北九省流通券发行办法》和《东北九省与内地汇兑管理办法》;同月公布《伪联银券收换办法》,以伪联银券 5 元折换法币 1 元。台湾方面,由中央银行监理台湾银行发行新台币。1945 年 12 月公布《票据承兑贴现办法》,1946 年 3 月公布《财政部管理银行办法》,均以代替前颁之战时办法。[3] 1946 年 2 月 25 日公布《进出口贸易暂行办法》并附表,及《中央银行管理外汇暂行办法》,指定中外银行 27 家可以经营外汇(后又增加法商银行 3 家),将进口商品分为自由进口类、许可进口类和禁止进口类 3 种。3 月 4 日中央银行开出美汇汇价为 1 美元合法币 2 020 元。8 月 18 日调整外汇汇价,1 美元折合法币 3 350 元。但对外贸易仍无所补。于是在 11 月 17 日公布《修正进

---

〔1〕 简锐:《国民党官僚资本发展的概述》,《中国经济史研究》1986 年第 3 期,第 110 页。已剔除少量民营资本,数据为战前法币币值。

〔2〕 同上,第 118 页。以上数据均为战前法币币值。

〔3〕 朱斯煌:《民元以来我国之银行业》;载朱斯煌主编:《民国经济史》,银行学会编印,1948 年版,第 45 页。

出口贸易暂行办法》,对于进口货物的分类更加详密统制。[1]

战后对敌伪银行和其他金融机构进行了接收。京沪区财政金融特派员办公室接收的敌伪银行共 9 家,其中德国 1 家,其余 8 家都是日本的。这 9 家银行的附属事业主要是保险公司和仓库等,计有 12 家,也一并接收。伪政权所设立的银行等金融机构,包括伪中央储备银行、伪华兴银行、伪满洲国银行的机构,也都予以接收。同时,协助英美荷比等国银行接收被劫资产,先后办妥接收和移交的这类外商银行有 11 家,包括英国的汇丰银行、麦加利银行、有利银行、沙逊银行、通济隆银行,美国的花旗银行、大通银行、友邦银行,荷兰的安达银行、荷兰银行,比利时的华比银行。[2]

在接收敌伪金融机构和整理民营金融机构的过程中,官营的金融机构包括四行二局的分支机构以及地方银行,迅速发展起来。四行二局的分支机构数已由 1937 年 6 月的 491 处增加到 1946 年末的 846 处,增幅为 72%,省银行的分支机构增加更多,由 464 处增加到 1 064 处,而民营银行则相对增幅较小。[3]

四行二局势力的扩张和商业行庄实力的衰微形成鲜明的对比。这从表 6 的统计中可以看出来:

表 6　　　　　　　　　　四行二局与商业行庄存放款统计

时间	存款(亿元)					放款(亿元)				
	合计	四行二局		商业行庄		合计	四行二局		商业行庄	
		金额	占比(%)	金额	占比(%)		金额	占比(%)	金额	占比(%)
1946 年 6 月	32 479	30 173	92.9	2 306	7.1	44 320	43 392	97.9	928	2.1
1946 年 12 月	56 736	51 765	91.2	4 971	8.8	82 209	79 928	97.2	2 281	2.8

注:商业行庄放款没有全国数字,选上海区商业行庄数字(包括外商银行放款数)。

引者注:没有把地方银行的存放款统计在内,此表只是反映四行二局与商业行庄的相对实力消长。

资料来源:根据《中央银行月报》相应各期公布的数据编制;转见黄鉴晖,《中国银行业史》,山西经济出版社 1994 年版,第 226 页。

如果将所有银行包括进来,1946 年、1947 年和 1948 年上半年四行二局的

〔1〕 朱斯煌:《民元以来我国之银行业》;载朱斯煌主编:《民国经济史》,银行学会编印,1948 年版,第 46 页。

〔2〕 洪葭管:《中国金融通史》(第四卷),中国金融出版社 2008 年版,第 477－479 页。

〔3〕 同上,第 480－481 页。

放款余额分别是全体银行放款总额的 77.8％、76.0％和 89.0％。[1] 按照中央银行的规定,对国家行处为执行国家政策承做的春秋茧贷款、缫丝贷款、茶叶贷款、棉染织业贷款、食盐贷款、国内埠际押汇、出口物资押汇以及民生日用必需品的生产贷款和工矿贷款,可以由央行给予转抵押、重贴现、转押汇及临时短期拆款的便利。[2] 商业银行符合政策规定的放款和贴现也可以要求中央银行予以转抵押或重贴现。

中国银行的放款分为专业放款和普通放款两类,其中主要是专业放款,如 1947 年度专业放款占放款总额的 92％。专业放款又分为国际贸易放款、国内运销放款和国内工矿业放款。以 1947 年度为例,在国际贸易放款业务方面,截至 1947 年 11 月底,国外行处承做 8 301 亿元,国内行处依照规定承做进口结汇贷款 550 亿元,国内行处承做出口物资贷款 6 016 亿元,出口结汇总额合美金 3 200 余万元。国内运销贷款主要是协助盐、棉、糖及其他日用必需品的运销,截至 1947 年 11 月底,贷款总额 4 307 亿元。而国内工矿贷款,除继续协助面粉、煤矿、石油等工业增产外,并以棉织、针织等日用必需品,可以运销南洋,为增辟南洋市场,对于各工业的增产,尤为注意贷助,俾于供应国内需要之外,再以一部分产品,运销南洋,争取外汇收入。截至 1947 年 11 月底,国内工矿贷款总额 12 104 亿元,其中占第一位的是棉纺织工业贷款,为 3 227 亿元,占总额的 26.7％,石油贷款 1 353 亿元,占总额的 11.2％。[3]

三、外汇管理

1946 年 2 月 25 日由国民政府国防最高委员会通过的《中央银行管理外汇暂行办法》,其附则第二十九条规定:"黄金得自由买卖,中央银行并得察酌市面情形,随时买卖之。"[4] 这一文件的实行意味着外汇市场和黄金市场的开放。法币对外汇率,由战时后期固定在 20 元法币兑换 1 美元改为 2 020 元法币兑换 1 美元,并由政府拨出 5 亿美元作为法币发行准备金,另由中央银行在外汇储备中

〔1〕 张公权:《中国通货膨胀史(1937—1949 年)》,文史资料出版社 1986 年版,第 127 页。

〔2〕 中国银行行史编辑委员会:《中国银行行史(1912—1949 年)》,中国金融出版社 1995 年版,第 642—652 页。

〔3〕 中国银行总行、中国第二历史档案馆合编:《中国银行行史资料汇编》(上编),档案出版社 1991 年版,第 2357—2360 页。

〔4〕 中国第二历史档案馆、中国人民银行江苏省分行、江苏省金融志编委会合编:《中华民国金融法规选编》,中国档案出版社 1989 年版,第 1030—1036 页。

划出一定数量作为平准基金之用。[1]但此时的法币黑市汇率,已为 2 700∶1,而且法币贬值速度很快,所以市场认为法币被高估,于是买入外汇和黄金的力量远大于卖出外汇和黄金的力量。

据中央银行自 1946 年 3 月 4 日《中央银行管理外汇暂行办法》实施之日起至 1947 年 1 月 27 日止,共 10 个多月的时间里买卖外汇的统计:(一)卖出总额美金 27 160 余万元,英金 728 万余镑(折合美金 2 910 万余元),总计美金 30 070 余万元。均系卖给指定银行,转售进口商,以棉花、化学原料、液体燃料、纸张、烟草、粮食为大宗。(二)买入总额美金 3 250 余万元、英金 674 万余镑(折合美金 2 690 余万元),总计美金 5 940 余万元。大多系指定银行缴售之出口商结汇,以及进口商因取消开出之信用书而退回之外汇。(三)买卖两抵,净卖出美金 24 130 万余元。这是在外贸方面的外汇支出,加上政府机关结汇支出等项,其间中央银行共支出外汇美金 31 260 余万元。[2]8 月 18 日调整外汇售价,提高 65%,但在外贸逆差的情况下,仍不能坚持长久。

在此期间,中央银行还曾希望通过抛售黄金来回笼法币,以此稳定法币的外汇汇率。黄金抛售前后有数百万两之多,见表 7:

表 7　中央银行逐月出售黄金数额及同期黄金市价(1946 年 3 月—1947 年 2 月)

时间	出售黄金数额(两)	上海每 10 两黄金市价(万元)
1946 年 3 月	40 900	156.2
1946 年 4 月	6 740	155.3
1946 年 5 月	113 300	176.2
1946 年 6 月	195 980	189.9
1946 年 7 月	127 210	198.8
1946 年 8 月	373 390	203.1
1946 年 9 月	207 760	213.7
1946 年 10 月	181 880	223.1
1946 年 11 月	538 020	236.4
1946 年 12 月	762 500	316.4

---

〔1〕《开放外汇市场案》,1946 年 2 月 25 日公布;载朱斯煌主编:《民国经济史》,银行学会编印,1948 年版,第 630 页。

〔2〕洪葭管主编:《中央银行史料》(下卷),中国金融出版社 2005 年版,第 990-991 页。

续表

时间	出售黄金数额(两)	上海每10两黄金市价(万元)
1947年1月	627 970	282.2
1947年2月	158 690	609.7(1—10日平均数)
合计	3 334 340	

资料来源:洪葭管,《中国金融通史》(第四卷),中国金融出版社.2008年版,第503页。

我们从表7中可以看出,在1947年2月之前,黄金价格虽有上涨,但还是有节制的,1947年1月的黄金价格比1946年12月有所下降。转折点发生在1947年2月10日。这一天的金价由每10两600万元一下子猛涨至960万元,上涨60%,而这时中央银行的黄金库存只有120余万两了。黄金价格的猛涨带动物价猛涨,2月10日那天,白米市价由每担10万元涨到每担16万元,涨幅也是60%。[1]国防最高委员会紧急开会,于2月16日通过《经济紧急措施方案》,禁止黄金买卖,禁止外币流通。中央银行不再出售黄金,而只回购黄金。法币与美元的汇率从先前的法币3 350元兑换1美元,调整到法币12 000元兑换1美元。[2]

---

〔1〕 洪葭管:《中国金融通史》(第四卷),中国金融出版社2008年版,第504页。
〔2〕 中国人民银行总行参事室编:《中华民国货币史资料》(第二辑),上海人民出版社1991年版,第556—557页。

恶性通胀时期的中国经济之二：
美货倾销与各业状况

一、美货倾销

战后中国经济的一大特点是美国货在华倾销。

战后美国为了排斥其他国家的在华势力，独占中国市场，与国民政府签订了许多实质上不平等的条约，其经济势力迅速向中国渗透。这些条约中最主要的是于 1946 年 11 月签订的《中美友好通商航海条约》。该条约共 30 条，强调美国国民在中国享有同中国国民一样的办企业、纳税等方面的权利，从事一切经济活动的权利，享有一切知识产权和从事一切文学艺术活动的权利。中国给予任何第三国的优惠权利，美国也同样可以享受等。[1] 由于中国当时是一个弱国，资本输出和商品输出的能力很弱，所以，尽管这个条约说中国国民在美国也可以享受同等权利，但实际上，这个条约所规定的那些权利都是让美国人在中国享受的，中国国门大开，在当时的历史条件下，对美国人不设卡、不设防。可以说，美国人在中国经商，可以比中国人获得更多的便利、缴更少的税。

抗战胜利后，国民政府因战时以法币垫付的美军在华开支得以美元结还，持有 6.16 亿美元外汇，加上由美运来和接收敌伪的黄金、白银等，共值 8.58 亿美元，为中国政府前所未有的巨额储备。[2] 所以，战后一开始国民政府将对外

---

〔1〕 王铁崖：《中外旧约章汇编》(第 3 册)，生活·读书·新知三联书店 1982 年版，第 1429－1449 页。

〔2〕 张公权：《中国通货膨胀史(1937—1949 年)》，文史资料出版社 1986 年版，第 193 页。

贸易政策定在"鼓励输入"上,它把全国人民的衣食住行都寄托在向美国进口上面。1946年3月22日,行政院长宋子文在出席参政会第三次会议做政治报告时称:在衣的方面,已与美国"订定美金3200万元贷款协定,以供购棉之用,同时又向美国、墨西哥订购大量布匹";在食的方面,"现蒋廷黻署长及粮食部代表赴美,即在争取增加接济";在住的方面,"政府已向美洽购已制成之房屋一万座,并向加拿大等地购买大批材料";在行的方面,"政府购买大批卡车……向各国订购各式船舶"。[1]

由于政府当局这时在外汇和经济上的盲目乐观,采取"鼓励输入"的政策,因而在1946年2月25日公布的《开放外汇市场案》和《中央银行管理外汇暂行办法》以及3月1日公布的《进出口贸易暂行办法》这3项法令中,突出表现了进口管制极松、外汇管理很烂以及"钉住制"外汇汇率太低的问题。[2]据海关统计,1946年全国进口总额6.53亿美元,入超4.74亿美元,为战后历年之最,是与当时鼓励进口有关。1947年起虽然限制进口,但仍然主要从美国进口。1947年进口总额4.42亿美元、入超2.14亿美元,1948年进口总额2.11亿美元、入超0.41亿美元,加上1949年的前几个月,战后几年进口总额14.01亿美元,入超总额7.32亿美元,而大部分通过上海口岸入超,上海入超总额达到6.95亿美元。[3]

表1   中国商业性进口及全部进口(包括外援)的来源(1946—1948年)

地区	1946年		1947年		1948年	
	商业性进口	进口总值	商业性进口	进口总值	商业性进口	进口总值
总值(千美元)	560 555	716 139	451 031	608 552	211 028	331 044
美国占比(%)	57.2	61.4	50.2	57.0	48.4	66.5
英国占比(%)	4.6	6.5	6.9	8.5	8.1	5.5
日本占比(%)	0.4	0.3	1.7	1.2	0.9	0.6
东南亚占比(%)	4.1	3.2	6.8	5.0	7.9	5.1
印度占比(%)	8.7	7.0	9.0	6.9	10.6	6.8

---

〔1〕 上海社会科学院经济研究所、上海市国际贸易学会学术委员会编著:《上海对外贸易(1840—1949)》(下册),上海社会科学院出版社1989年版,第143—144页。

〔2〕 同上,第144页。

〔3〕 同上,第139页。

续表

地区	1946 年		1947 年		1948 年	
	商业性进口	进口总值	商业性进口	进口总值	商业性进口	进口总值
香港占比(％)	4.5	3.5	1.8	1.4	1.5	0.9
其他(％)	20.5	18.1	23.6	20.0	22.6	14.6

　　注：联合国善后救济总署的援华物资包括在该时期的"进口总值"中；各国间的分配比例是根据《联合国救济总署财务报告》(1949 年 3 月，第 16—17 页)所载各国的捐款比例而定的，即美国为 76.5％、英国为 13.2％、印度为 0.7％、其他各国合计为 9.6％。1948 年《援华法案》所提供的商品援助，则全部来自美国。

　　资料来源：郑友揆著，程麟荪译，《中国的对外贸易和工业发展(1840—1948)》，上海社会科学院出版社 1984 年版，第 228 页。

　　美货对华倾销主要通过 4 个渠道：第一是通过美国控制的"联合国善后救济总署中国分署"和美国自设的"经济合作总署中国分署"进行，这两个机构挂着"救济"和"援助"的招牌，大量推销美国军用和民用的剩余物资。据估计，这批剩余物资的价值共达 25.3 亿美元。第二是通过美国在华设立的公司直接推销。1946 年 7 月，美商在上海设立的分支机构有 115 个，其中由美国总公司分设的 40 个，委托设立代办所 75 个。第三是通过国民党四大家族投资经营或与美商合资经营的各种商业公司大量推销。例如，1946 年度美国输华钢铁限额的 90％就是由宋子文的孚中公司一家承揽；孔祥熙的扬子建业公司与美国 16 家企业订有总经销合同。宋美龄与美国军人陈纳德合办的中美实业公司，利用陈纳德空运大队的飞机，大量装运美国剩余物资进口。第四是通过各种方式走私。走私规模之大，当时各报均有揭露。1947 年 10 月中美签订的《国际关税与贸易一般协定》，对美国最主要的 110 项商品减低了进口税，减少的比重从二分之一到六分之五，从而大大有利于美国商品的进口。外汇官价定得低，也有利于美国商品的进口。[1]

　　美国商品铺天盖地而来，最受冲击的当然是中国的民族资本主义经济。据统计，上海原有 200 多家制药厂，在美国药品的大量倾销下，1946 年先后倒闭了 160 家；上海原有袜厂 240 余家，抗战结束不久，就有 172 家受美货尼龙丝袜倾销的打击而被迫停业；上海的乳品厂及牧场，由于美国奶粉泛滥的结果，关门的

---

　　〔1〕　黄逸峰、姜铎、唐传泗、徐鼎新：《旧中国的民族资产阶级》，江苏古籍出版社 1990 年版，第 585—586 页。

也达到三分之二。[1] 1946 年由美国进口上海的纸张达到 8 万多吨,迫使全市民营造纸厂纷纷停工减产,连实力比较雄厚的民丰造纸厂也在当时走投无路,发出"国产卷烟纸每箱成本 80 余万元,而进口美国货每箱只售 30 万元,无法竞争,亏本过巨,停闭在即"的呼救声。1946—1948 年的 3 年间,上海进口面粉每年平均 444 万包,最多的 1947 年进口 685 万包,相当于那一年国产面粉总量的 70%,严重威胁了民族面粉工业的生存。在上海市场销售的美国水泥每袋售价只合美金 1.8 元,而刘鸿生经营的上海水泥厂生产的水泥,每袋成本高达美金 3 元,所以上海水泥厂只得关门停产,改为存放美国水泥的仓库。[2] 1946 年在天津市场销售的美国水泥的售价每包 5 000 余元,而启新洋灰公司的产品,每包成本达到 9 000 多元,无法与之竞争。[3] 其他许多行业和城市的情况是类似的。中国成为美国产品的倾销市场,国民政府毫无保护可言,反而敞开大门,在不适当的历史条件下,以"平等""互惠"的名义引入铺天盖地的美货,严重动摇了民族产业生存的基础,而这本来应该是中国民族产业需要休整和恢复元气的阶段。

二、棉纺织业

抗战胜利以后,随着交通的逐渐恢复,价廉物美的外棉源源不断地进口,中国的棉纺织工业也逐渐恢复,并有过两年多的看似顺利的进展。这种表面顺利的背后是外棉挤掉了国产棉,中国棉农因无法生产而纷纷破产。在华倾销的外国棉花价格便宜,呈现出"花贱纱贵"的格局,有利于棉纺织业的生产。

在 1946 年进口的外国棉花中,美棉占 38.4%,印度棉占 27.6%,巴西棉占 20.7%。[4] 美棉和巴西棉的质量比国产棉花好,纤维长,可以纺高支纱,价格却比国产棉花便宜。由于进口到中国的棉花得到美国政府给予的出口补贴,所以美棉的上海市价甚至比纽约的价格还要便宜。而印度棉类似国产棉,纤维

〔1〕 上海社会科学院经济研究所:《上海永安公司的产生、发展和改造》,上海人民出版社 1981 年版,第 209 页。

〔2〕 黄逸峰、姜铎、唐传泗、徐鼎新:《旧中国的民族资产阶级》,江苏古籍出版社 1990 年版,第 588 页。

〔3〕 南开大学经济研究所、南开大学经济系编:《启新洋灰公司史料》,生活·读书·新知三联书店 1963 年版,第 119—120 页。

〔4〕《海关中外贸易统计年刊》,1946 年,第 20 页。

短,适合某些华商纱厂的生产需要。[1]

1936 年棉纱与棉花的比价是 5.326[2],战后这一比价大大提升,见表 2。

表 2　　　　　　　　　上海市场花纱比价(1946 年 1 月—1947 年 6 月)

时间	20 支棉纱(法币千元/件)	棉花(法币千元/担)	比价(棉花＝1)
1946 年 1 月	655.0	72.50	9.03
1946 年 2 月	1 000.0	96.00	10.42
1946 年 3 月	1 095.0	89.50	12.23
1946 年 4 月	1 107.5	78.00	14.20
1946 年 5 月	1 260.0	89.00	14.16
1946 年 6 月	1 373.0	97.41	14.10
1946 年 7 月	1 347.9	107.04	12.59
1946 年 8 月	1 446.9	118.60	12.20
1946 年 9 月	1 646.0	170.54	9.65
1946 年 10 月	2 282.0	192.50	11.85
1946 年 11 月	2 313.5	165.55	13.97
1946 年 12 月	2 411.0	177.25	13.60
1947 年 1 月	2 403.3	180.00	13.35
1947 年 2 月	4 130.0	350.00	11.80
1947 年 3 月	3 920.0	373.75	10.49
1947 年 4 月	5 380.0	697.00	7.72
1947 年 5 月	6 850.0	962.50	7.12
1947 年 6 月	9 437.5	1 162.50	8.12

资料来源:上海棉纺织工业同业公会筹备会,《中国棉纺统计史料》,1950 年印行,第 124—127 页。

1946 年的纱花比价如此之高,极大地激励了棉纺织工厂的生产,1947 年仍能维持高比价。而中国的棉农难有生机。按理说,中国的棉纺织业至少可以有

---

[1]　王菊:《近代上海棉纺织业的最后辉煌(1945—1949)》,上海社会科学院出版社 2004 年版,第 88—89、93 页。

[2]　中国科学院上海经济研究所、上海社会科学院经济研究所编:《上海解放前后物价资料汇编》,上海人民出版社 1958 年版,第 229 页。

一段"辉煌"的前程,但始料未及的是,纺织业家的兴奋没能持续多久,就被国民政府的管制浇灭了。

1946年8月,政府提高外汇牌价,从法币2 020元兑换1美元提高到法币3 350元兑换1美元,为了避免因此而刺激物价上涨,所以首先对棉纱采取限价政策。政府设立的纺织事业管理委员会,责令苏浙皖京沪区同业公会依照限价和管制规则督促各厂执行。1947年1月起,依照各厂存棉数量以低价收购产品半数连续达3个月,同时又限制上海生产的纱布南运。1947年6月,纺织事业管理委员会改组为纺织事业调节委员会(简称纺调会),除继续对棉纺织业施行限价政策外,并依照各厂所得第一季限额进口棉花,按成本收购半数棉纱,第二季限额进口棉花则全部在纺纱后按照成本缴交政府。由于政府的成本价和收购价定得低,在通胀迅速的时期,工厂很难在这样的体制下获利。1947年2月,政府收购棉纱价格经核定20支纱最高价格为250万元,其余各纱照比例推算。但据第六区棉纺公会提出的20支纱成本计算表,售价应为412.4万元,议定价仅为合理价格的60.6%。[1]这种格局并未得到及时纠正,见表3:

表3　　　　　纺调会议定的20支棉纱价格(1947年8—12月)

时间	议定平均价格 (法币千元/件)	市场平均价格 (法币千元/件)	议定价/市场价 (％)
1947年8月	10 225	10 725	95.3
1947年9月	12 100	13 650	88.6
1947年10月	17 988	20 830	86.4
1947年11月	24 413	28 650	85.2
1947年12月	29 520	32 421	91.1

资料来源:王菊,《近代上海棉纺织业的最后辉煌(1945—1949)》,上海社会科学院出版社2004年版,第163页。

纺调会对棉纱的议定价总是低于市场价,而且产品不能自由寻找销售市场,工厂变成政府的加工厂,还是很难通过正当途径盈利的加工厂。政府为了降低市价,要求公营的中国纺织建设公司的售价低于市场价格,作为纺织业的表率。但随着通货膨胀的加剧,纺建公司产品的售价与市场价格的差距越拉越大,以20支纱为例,1946年初的差距不到10％,1946年10月的差距扩大到

---

〔1〕　上海社会科学院经济研究所编:《荣家企业史料》(下册),上海人民出版社1980年版,第485—486页。

30％,而到了 1947 年 6 月,差距更是扩大到 40％,以至于企业不能承受。[1] 平价出售的棉纱转手间就成为投机商盈利的筹码。

限价之外,还有重税的打压。1946 年元月,荣德生感慨于税收的重负,说"最高所得税累进至百分之八十五,如此重税,各厂毁损部分永远无法修复,更何从扩大再生产";"如果一味只知取财于民,不啻'竭泽而渔''杀鸡取卵',使百工百业皆抱消极主张,无意进取,国何能裕? 民何以安?"[2] 1947 年,上海各棉纺织厂所利得税总额达 800 亿元,缴纳方法按纱锭计,每千锭缴纳 4 000 万元,此外,20 支纱每件的货物税 1947 年 9 月为 72 万余元,12 月增加到 164.2 万余元,占全部工缴的 17％。[3]

全面抗战之前的上海工业,包括棉纺织业在内,之所以发展得相对比较好,充分的电力供应是一个重要原因。战后电力供应不足,常常停电,这与设备在战争时期的损坏和煤的供应不充足密切相关。由于经常停电,严重影响了棉纺织厂的生产。据统计,1947 年申新二厂总停电时数达到 1 484 小时,占一年总小时数的 16.9％;申新五厂总停电时数达到 1 272 小时,占一年总小时数的 14.5％。[4]

1947 年底,纺调会又改为花纱布管理委员会(简称纱管会),对于棉花、棉纱和棉布,也就是从原料到成品、从生产到消费、从先前的局部管制进而改为全面管制。全面管制的要点有两个:其一是"统购国棉",此"为实施全面管理之骨干","实行之初先行举办存棉登记,由该会[按:指纱管会]按市价予以收购,同时委托中国纺建公司暨有组织之棉商,代为收购";其二是"代纺代织",即"采取'以花纺纱,以纱织布'之实物交换原则。凡三千锭以上之纱厂,及布机三十台以上之布厂,均须遵照该会规定,为政府代纺棉纱或代织布匹"。[5] 这就回到了战时体制。

申新纺织公司总经理荣鸿元对这项全面管制政策表示高度怀疑。他认为,政府加强花纱布管制,实行完全代纺代织政策,如果原棉能够源源供应、资金能

---

〔1〕 王菊:《近代上海棉纺织业的最后辉煌(1945—1949)》,上海社会科学院出版社 2004 年版,第145—146 页。

〔2〕《乐农自订行年纪事续编,1946 年》;载《荣德生文集》,上海古籍出版社 2002 年版,第 181 页。

〔3〕 上海社会科学院经济研究所编:《荣家企业史料》(下册),上海人民出版社 1980 年版,第 487 页。

〔4〕 同上,第 489 页。

〔5〕 陈彪如:《战后棉纺织业之管理》,《中央银行月报》新 4 卷第 4 期,1949 年 4 月,第 30—31 页。

够及时融通,未尝不可推行,但政府是否具有足够的资力和专门人才则颇可怀疑。抗战时期后方也有花纱布管制局的设立,管辖纱锭仅10万余枚,尚且管得一塌糊涂,现时全国纱锭400余万枚,如管理不善,后果不堪设想。[1]但尽管荣鸿元等民营企业家对于花纱布全面管制的政策存在疑虑,但这项全面管制政策还是执行了。

1946年大量外国棉花进口,中国棉农收缩生产,棉田面积减少,产量下降,但随后外汇头寸锐减,外棉进口受到限制,国产棉又一时不能满足填补缺额的需求,原料问题就成为棉纺织业的一个大问题。这就必然引起开工不足等一系列问题。甚至为了换回一定数量的印度棉,制定了将棉纱和棉布出口换回印度棉花的策略。1948年还进口了一部分美援棉花。

全面管制政策产生的一个老问题就是:在高通胀的情况下,政府定价的调整赶不上实际物价的上涨,因此生产企业生产得越多,损失就越大。表4是申新六厂棉纱成本与售价的比较表。

表 4 　　　　　　　　　　**申新六厂棉纱成本与售价的比较**

月份	每件纱的平均成本 (按20支计算)			每件纱的平均售价 (按20支计算)			成本增加超过货价增长的比例 (%)
	1947年 (法币千元)	1948年 (法币千元)	1948年为1947年的倍数	1947年 (法币千元)	1948年 (法币千元)	1948年为1947年的倍数	
1	1 302	26 594	20.4	2 108	25 515	12.1	68.6
2	1 316	31 234	23.7	2 264	29 547	13.1	80.9
3	1 911	44 888	23.5	2 529	39 998	15.8	48.7
4	2 867	88 105	30.7	3 073	48 703	15.8	94.3
5	3 344	116 352	34.8	4 345	163 005	37.5	—7.2
7	5 786	667 948	115.4	7 545	762 460	101.1	14.1
平均	2 754	162 520	59.0	3 644	178 205	48.9	20.7

注:6月份因资料不全,不便比较,故未列入。

资料来源:上海社会科学院经济研究所编:《荣家企业史料》(下册),上海人民出版社1980年版,第596页。

---

[1] 上海社会科学院经济研究所编:《荣家企业史料》(下册),上海人民出版社1980年版,第583—584页。

管制的结果为：一是必然增加腐败的产生，二是企业在生产的正途不能得利，必然借助于旁门左道，诸如虚报成本、代纺抛空、贿赂官府、投机收入设暗账隐藏等。到恶性通胀来临时，生产则完全被破坏了。

在此期间，中国纺织建设公司还经历了一场国营民营之争以及随后的改组。中纺公司成立之初就曾宣布将在两三年之后出售民营。从 1947 年起，针对中纺公司的民营化问题，社会舆论展开了争论。支持中纺公司民营的意见认为，通过中纺公司民营，可以吸收大量游资以安定通货。而且，通过民营化，中纺公司可以实现完全商业化的经营方式，脱离政府机关的作风等。此外，一般中纺公司工人的待遇比民营纱厂低，因此，通过民营化可以提高中纺公司工人的待遇。不仅如此，如果采用发行股票的办法来实现民营化，还可以健全证券交易所的业务，并为 1947 年 2 月的经济紧急措施造成的游资找到正当的出路。反对中纺公司民营的意见则认为：中纺组织为一内部紧密联系的整体，从生产和经营效率的观点来看，不应拆散；这样一批巨大资产的出售，平民无力承受，必然落到官僚豪门手里，结果以豪门独占代替国家独占；纺织业为国计民生所关，如目前中纺公司的统购统销均为政府必须管理掌握的事情，不可放松。[1]

经反复讨论和估价，1948 年 4 月，国民政府财政部表示将"出售中纺公司资产中划出 2 亿美元，一律由财政部于接管产业凭证后，交由中央银行作为法币准备金的一部分"。8 月 19 日，国民政府正式宣布进行币制改革，发行金圆券，以中纺公司等国营企业的资产为发行准备金。1948 年 9 月 4 日，中纺公司举行了公司最后一次董监事联席会议，决定将公司改组为股份有限公司继续营业。会议通过了新公司的组织章程草案，还决定商股股息比官股股息增加 1 倍以保护商股利益，借以激起人民购买兴趣；同时，议决股票的出售办法如下："本公司全部资产除东北分公司外，共计一亿四千万元。但政府为鼓励人民争购股票计资本总额定为 8 亿金圆券，分为 800 万股。每股 100 元，分 5 股、10 股、100 股。其中 560 万股移充金圆券发行准备，240 万股（资产总额百分之三十）定于 9 月 10 日起公开出售，或委托中国银行、交通银行及中国农民银行三银行销售。"[2]在公开销售的 240 万股中，40 万股系指定由该公司内部员工集资购买。

1948 年 9 月 10 日，中纺公司股票正式上市，但发行情况很差。从 9 月 10

---

〔1〕 ［韩］金至焕：《中国纺织建设公司研究（1945—1950）》，复旦大学出版社 2006 年版，第 217—221 页。

〔2〕 同上，第 232—234 页。

日到 10 月 6 日,共售出中纺公司股票 36 908 股(主要在上海售出 35 850 股),仅占 200 万股的 1.85%。因金圆券贬值,11 月 7 日,中央银行决定停售中纺公司股票。[1]

中纺公司改组为股份有限公司后于 1948 年 9 月 20 日举行的第一次董监事联席会议做出的决议强调"新公司成立后业务方针应力求商业化"[2]。但是可以说,这一宣言只可能停留在纸面上。我们可以从这次改组中得出几点结论:第一,这次改组与民营化问题毫无关系,在新公司中,即使 240 万股股票全部售出,政府也还是占有 70% 的股份;第二,政府这次对于中纺公司进行股份化改组,只是为了移花接木,用中纺公司的股票去做金圆券的发行准备,而不是让公司性质有什么改变;第三,如果政府对企业的控制没有改变,整个经济和社会的大环境没有改变,那么所谓新公司力求商业化的想法是不可能实现的。

三、面粉工业

抗战胜利以后,从 1945 年冬到 1946 年底,上海各面粉工厂因外国面粉大量进口,兼以国产小麦不足,所以主要业务是为"善后救济总署"代磨美麦。但这个代磨业务主要集中于几家大厂,如福新、阜丰等。此外,福新等厂还为国民政府代磨军粉、代办小麦。福新等厂家在代磨救济总署美麦时,各厂联合向救济总署的高级人员和管事人打交道,串通作弊牟利。办法有:降低出粉率、用国产小麦调换大约二三成洋麦、降低粉色以提高出粉率等。为国民政府后勤部代磨的货色也是美麦,作弊的手法雷同。[3]

1946—1949 年间,时局动荡,物价飞涨,面粉也成为市场囤积和投机的对象。在上海、武汉、重庆、西安等游资充斥的大城市,新设立了许多小型面粉工厂。据统计,从 1946 年到 1949 年上半年,全国(未包括台湾省)共新设面粉厂 189 家,日生产能力 3 万包,平均每家只有 158 包左右。而日生产能力达到 1 000 包及 1 000 包以上的只有十几家,还不到总数的百分之五。这其中官营资

---

〔1〕 [韩]金至焕:《中国纺织建设公司研究(1945—1950)》,复旦大学出版社 2006 年版,第 238—239 页。

〔2〕 同上,第 238 页。

〔3〕 上海社会科学院经济研究所编:《荣家企业史料》(下册),上海人民出版社 1980 年版,第 462、467 页。

本企业约有 14 家,生产能力 46 903 包,占当时生产能力总额的十分之一左右。[1]

据不完整统计,1948 年(未包括台湾省),民族资本企业实存约 173 家,生产能力 46 万余包,相比 1945 年的 147 家工厂和 44 万余包生产能力,厂数增加了 18%,而生产能力则增长不到 5%,具体情况可参见表 5。由于原料、交通、政府统制等多方面的原因,这阶段生产能力的增加与工厂数的增加不相匹配,说明工厂规模有小型化的趋势,而实际产量更趋萎缩,说明许多工厂是停工或开工不足的。

表 5　　　　　　　　面粉产量比较(1936 年、1946—1948 年)

年份	实存厂数(家)	日生产能力(包)	年产量(万包)	指数
1936	152	452 268	10 916	100.00
1946	148	429 775	7 719	70.71
1947	168	479 125	5 565	50.98
1948	173	481 975	3 600	32.98

资料来源:上海市粮食局、上海市工商行政管理局、上海社会科学院经济研究所经济史研究室编:《中国近代面粉工业史》,中华书局 1987 年版,第 82 页。

机器面粉厂的地区分布与战前相似。日生产能力在三四千包以上的大厂仍集中在上海、无锡、天津、济南、汉口等几个大城市中,如上海 11 家厂,日生产能力 10.8 万包,平均每家近 1 万包;无锡各厂总计日生产能力 4.57 万包。上海、无锡两处合计,占全国生产能力总数的三分之一。[2]上海的面粉工业形成了以福新为首的"八大厂集团",所谓"集团",不是指企业组织,而是指它们常常一致行动。这"八大厂集团"占上海生产能力的 90% 以上,拥有工厂 12 家、新式钢磨 417 部,仓库可容 180 万担小麦和 120 万包面粉,职工近 3 000 人,占全市面粉工业职工总数的 90% 以上。"八大厂集团"在市场上居于垄断和操纵的地位:它抛售,粉价跌;它囤积,粉价涨。不仅上海面粉市场如此,其他各大城市的面粉市场也是如此。凡依靠上海面粉供应的城市,当地市场价格大多是被上海八大厂操纵的。[3]

---

〔1〕　上海市粮食局、上海市工商行政管理局、上海社会科学院经济研究所经济史研究室编:《中国近代面粉工业史》,中华书局 1987 年版,第 81 页。

〔2〕　同上,第 83 页。

〔3〕　陈真编:《中国近代工业史资料》(第四辑),生活·读书·新知三联书店 1961 年版,第 427 页。

机器面粉工业企业开工不足的问题十分严重,一般的开工率 1946 年为 50％左右,1947 年和 1948 年更是下降到 30％左右,到 1949 年上半年则基本上处于停工歇业的瘫痪状态。[1]

四、缫丝工业

抗战期间沿海桑田被毁 70％,加上物价高涨、育蚕收入低微,不够维持生活。战前 1 担鲜茧可换米七八担,而 1946 年 7 月间只能换米 2 担。蚕农砍伐桑树改种杂粮,桑田面积逐年减少,因此造成桑叶供不应求的现象。[2]

战后世界生丝市场萎缩,中国生丝出口量大幅度下降,1946—1948 年中国生丝与丝织品输出的年平均量与 1936 年的输出量相比,分别只有 15％和 20％左右。[3]与 1936 年相比,全国生丝产量严重下滑。具体情况可参见表 6:

表 6　　　　　　全国厂丝、土丝产量比较(1936 年、1946—1949 年)

年份	生丝总产量 (公担)	厂丝产量 (公担)	厂丝占总产量 (％)	土丝产量 (公担)	土丝占总产量 (％)
1936	116 831	70 971	60.75	45 860	39.25
1946	30 850	11 655	37.78	19 195	62.22
1947	46 600	14 776	31.71	31 824	68.29
1948	43 250	16 440	38.01	26 810	61.99
1949	26 750	5 830	21.79	20 920	78.21

资料来源:徐新吾主编,《中国近代缫丝工业史》,上海人民出版社 1990 年版,第 423 页。

中国的缫丝业在 1912—1931 年间,特别是 1927—1931 年间,产量由减退转变为逐年增进。但 1931 年后丝价惨跌、产量大减。据估计,1931 年中国生丝产量达到 158 600 公担,桑地面积 796 万余亩,其中苏浙皖区 83 500 公担、402.8 万余亩,广东区 41 900 公担、约 155.6 万亩,川滇区 17 600 公担、134 万亩,其他则少量分布在山东、两湖、陕、豫、新疆等地区。战后的中国缫丝工业已一落千丈,1946 年全国缫丝工业的产量仅 25 789 公担,其中苏浙区 14 540 公担、广东区 3 326 公担、川滇区 7 318 公担、其他 605 公担。全国的产量仅及

---

〔1〕 上海市粮食局、上海市工商行政管理局、上海社会科学院经济研究所经济史研究室编:《中国近代面粉工业史》,中华书局 1987 年版,第 85 页。

〔2〕 陈真编:《中国近代工业史资料》(第四辑),生活·读书·新知三联书店 1961 年版,第 144 页。

〔3〕 徐新吾主编:《中国近代缫丝工业史》,上海人民出版社 1990 年版,第 418 页。

1931 年产量的 16.3%。在缫丝工业的地域分布上,在 1931 年前,缫丝工业的中心是上海。苏浙皖三省的干茧原料多半运到上海缫丝,上海的丝厂数在民初仅有 46 家、丝车 13 298 台,到 1930 年增加到丝厂 107 家、丝车 25 395 台。但上海丝厂与原料产区并不接近,乃形成茧行竞购、包烘、余茧、抛茧等不良制度,使优良原料未能合理利用。丝价惨跌以后,上海丝厂大部分倒闭,上海开工丝厂减少至 30 家、丝车 3 097 台,而江苏省蚕丝业中心的无锡的丝厂,利用原料取给便利等优势,相机发展起来。1937 年无锡一带有丝车 15 548 台,多于上海的 11 111 台,且上海的丝车当时大多停工。[1] 根据 1946 年的统计,无锡的相对优势非常明显。苏浙沪丝车数量统计见表 7 所示:

表 7　　　　　　　　　　　　苏浙沪丝车数量统计　　　　　　　　　单位:台

地区	1937 年丝车数	1946 年丝车数
上海	11 111	712
江苏无锡	15 548	6 472
江苏其他地区	1 350	628
浙江	7 472	4 228
合计	35 481	12 040

资料来源:孙伯和,《民元[以]来我国之蚕丝业》;载朱斯煌主编,《民国经济史》,银行学会编印,1948 年版,第 316 页。

　　抗战胜利以后,国民政府"苏浙皖蚕丝复兴委员会"接收敌伪中华蚕丝公司上海总公司及其苏州、无锡、嘉兴、杭州四支店和公大实业公司,伪实业部日华兴业丝织厂、华新纺织厂、华兴株式会社、日华洋行染绸厂、三和洋行绢纺厂,以及江商洋行、阿部市洋行、岩尾洋行、丸山洋行等单位所属丝绸工厂及仓库,并于 1946 年 1 月 1 日成立官营统制蚕丝业的机构中国蚕丝公司。[2]

　　中国蚕丝公司设总公司于上海中山东一路 17 号,由农林部部长兼任董事长,董事会董事葛敬中、汤锡祥分别任正、副总经理。公司本部设置了 4 个处 13 个课,科级以上干部共 94 人,公司及附属机构的职员共计 576 人。高层干部大多是葛敬中和汤锡祥安插的亲信。中国蚕丝公司在嘉兴、苏州和顺德办了 3 个

---

〔1〕 孙伯和:《民元[以]来我国之蚕丝业》;载朱斯煌主编:《民国经济史》,银行学会编印,1948 年版,第 312、315 页。关于 1946 年缫丝工业的产量,孙伯和的文章与徐新吾主编的《中国近代缫丝工业史》不同,估计是统计口径不同。

〔2〕 徐新吾主编:《中国近代缫丝工业史》,上海人民出版社 1990 年版,第 424—425 页。

实验桑蚕场,平均每年制种约 4 万张;在工厂方面,办了 1 家丝厂、3 家绸厂和 2 家绢纺厂。它将接收的敌产苏州丝厂改为第一实验丝厂,上海延平路及白利南路的两家绸厂改为第一和第二实验绸厂,青岛日华兴业丝织厂改为第三实验绸厂,嘉兴钟渊公大第八厂改为第一实验绢纺厂,青岛三和绢纺厂改为第二实验绢纺厂。实验丝厂有丝车 416 部,3 年内共生产外销生丝 2 200 公担,但该公司在此 3 年内以实验丝厂的名义超额贷款收购鲜茧共达 4.2 万余公担,远远超过其本厂生产能力的需要,这是因为中国蚕丝公司享有特权的国营企业,贷款既不受生产设备的限制,又无须缴纳“贷款垫头”,通过“贷款购茧委托厂商代缫”的途径,转手之间,可以在货币贬值的情况下取得大量贷款的贬值利益。其所收购的 4.2 万公担鲜茧,自用仅 1 万公担,3.2 万公担委托厂商代缫。[1]

　　根据中国蚕丝公司章程第 5 条的规定,公司营业年限为两年,在必要时可以延长一年,但以一次为限。[2]

　　中国缫丝业者的经营历来是资金靠银行、销售靠洋行。政府管制当局深得其中要诀,以江浙沪丝厂为重点,先放款收茧,再付款收丝,实际演变为“放款收丝”,以此控制民营缫丝工业。1946—1948 年,政府对江浙沪丝厂共贷款33 942.12 亿元,收购鲜茧 25.91 万公担;中央信托局收购生丝 13 325 公担。具体可见表 8 所示:

表 8　　　国民政府管制当局对江浙沪丝厂贷款购丝情况(1946—1948 年)

时间	贷款家数	贷放购茧金额(亿元)	开设茧行数	收购鲜茧量(公担)	缫工贷款	中信局收购丝量(公担)
1946 年春	53	169.44	352	71 937	57.78 亿元	4 034
1946 年秋	47	105.09	205	24 972	16.40 亿元	403
1947 年春	70	2 519.99	317	96 456	940.00 亿元	5 966
1947 年秋	43	147.60	149	5 197	8.25 亿元	399
1948 年春	76	31 000	353	60 563	281.73 万元金圆券	2 523
合计		33 942.12		259 125	1 022.43 亿元 281.73 万元金圆券	13 325

资料来源:徐新吾主编,《中国近代缫丝工业史》,上海人民出版社 1990 年版,第 441 页。

---

〔1〕 徐新吾主编:《中国近代缫丝工业史》,上海人民出版社 1990 年版,第 426—427 页。
〔2〕 章程原文见徐新吾主编:《中国近代缫丝工业史》,上海人民出版社 1990 年版,第 437 页。

政府管制当局控制丝业贷款,受害最深的是蚕农,因为厂商贷款收茧的前置条件是统一茧价,而统一茧价对蚕农来说是很大的伤害。以蚕丝产销协导委员会规定的标准茧价而论,名义上每担改良茧的价格为 4 石中粳米,土种鲜茧的价格为 2.5 石米,厂商支付时以米价折算成货币支付,实际操作时由于时滞等原因,每担改良茧的价格只在 3 石米上下,土茧则只有 1 石米多些。〔1〕

政府管制当局通过贷款茧缫丝来控制缫丝工厂。中央信托局在 1946—1948 年间共收购生丝 14 673 公担,占贷款茧缫丝量的 72.31%,见表 9:

表 9　　　中央信托局收购丝量占贷款茧缫丝量的比重(1946—1948 年)

年份	贷款茧缫丝量（公担）	中央信托局收购丝量（公担）	占贷款茧缫丝量（%）
1946	5 857	4 437	75.76
1947	9 189	7 278	79.20
1948	5 246	2 958	56.39
3 年平均量	20 292	14 673	72.31

资料来源:徐新吾主编,《中国近代缫丝工业史》,上海人民出版社 1990 年版,第 458 页。

从全国范围看,政府统制机构(中央信托局和中国蚕丝公司)所掌握的厂丝量,在 1946 年和 1947 年平均占全国厂丝产量的半数以上,1948 年因外销不利,主动压缩,才下降到五分之一,3 年平均占全国厂丝产量的 41%。〔2〕

政府统制机构不仅通过贷款控制了缫丝工厂的生产,而且所规定的收购价常低于实际成本价。由于时滞的原因,在高速通货膨胀的情况下,这种情况是很容易发生的。而丝厂业者之所以还能接受这样的收购价格,是因为其"茧本"和"缫工"原本就是向银行借来的贷款,经过数月的周转,法币早已经贬值,损失转嫁给了银行。但如此定价,使得很长时期以来原本就对技术进步没有兴趣的丝厂业者,变得更加功利和投机了。

从国民政府的统制经济体系来看,在价格上,缫丝业可能是衰落得比较迅速的一个行业,我们可以看一下生丝价格与米价、棉纱价的比较,见表 10:

---

〔1〕 徐新吾主编:《中国近代缫丝工业史》,上海人民出版社 1990 年版,第 452—453 页。
〔2〕 同上,第 459 页。

表 10　　上海生丝(20/22D 级)与米(中白粳)纱(20 支)比价表(基期＝1936 年)

年份	生丝价	米价	丝米交换律	指数	棉纱价	丝纱交换律	指数
1936	1 124 元	13.38 元	84.0	100.0	120.9 元	9.30	100.0
1946	2 945 千元	57.7 千元	51.1	60.8	813.2 千元	3.62	38.9
1947	32 874 千元	506.3 千元	64.9	77.2	6 916.8 千元	4.75	51.1
1948 年 1—8 月	957 734 千元	26 825 千元	35.7	42.5	271 826 千元	3.52	37.8

资料来源:徐新吾主编,《中国近代缫丝工业史》,上海人民出版社 1990 年版,第 462 页。

中国的缫丝工业在 20 世纪二三十年代就呈现颓势,此时变本加厉。缫丝工厂难以维系,纷纷歇业和减产,土缫丝反而相对有所增加。

五、丝织业、毛纺织业和染织业

(一)丝织业

抗战胜利前,江南丝绸产品实为囤户所吸收。抗战胜利后,囤户将囤货竞相抛售,一时间绸价暴跌达五六成,江南各地绸厂和机户蒙受巨大损失。1946年,上海丝织业共有大小丝织厂 368 家及 1 家专织领带的手工工场,共有电力丝织机 6 561 台及 5 台手拉机。1946 年上半年遇到持续 4 个月的工潮,下半年营业内外销均呆滞,内销因原料价高,外销因美汇牌价偏低,售出结汇就要亏本,无法开展。[1]

1946 年是江南丝织业最为困难的一年。全年出口量仅 2 123.19 公担,折合 3 512.4 关担,仅及 1931 年出口量的五分之一左右。这使仰赖出口的上海丝织工业难以为继。经上海丝织同业公会呼吁,国民政府决定由中央银行、中国银行、交通银行、中央信托局、中国蚕丝公司 5 个国家机构组织"丝织品外销协导委员会"开展外销业务,同时授意上海市丝织工业同业公会筹组上海丝织产销联营公司负责管理生产。"上海丝织产销联营公司"由上海丝织同业投资组成,由中央信托局贷给人造丝,中国蚕丝公司以每斤 7 美元作价贷给厂丝,中国、交通两银行贷给工缴,成品经联营公司检验后,汇交"丝织品外销协导委员会"外销。上海丝织产销联营公司额定资本为法币 5 亿元,根据当时全市各厂织机台数,可以半数认购入股,每股法币 20 万元。联营公司于 1947 年 1 月 15

---

〔1〕　徐新吾主编:《近代江南丝织工业史》,上海人民出版社 1991 年版,第 288 页。

日正式成立。董事长由时任上海通商银行总经理的骆清华担任,中国蚕丝公司的王大纲为6名常务董事之一,总经理为蔡昕涛。公司设在中山东一路18号二楼。公司成立后,随即向中国蚕丝公司和中央信托局洽领原料。联营公司到1947年10月止,陆续交付丝织品外销协导委员会各种绸缎10万多匹,但输出并不顺利。输往印度的9.9万匹绸缎,因印度内乱而只销出5 000匹。[1]正当的内外销受阻,产品却成为投机囤积的筹码。真丝、人造丝、交织被面、格子碧绉、电力纺、大纬呢等,均被视作投机囤积的热门货。宁波路绸业市场内外,人声鼎沸,街道阻塞,美亚、华强、大诚等绸厂的真丝被面和格子碧绉成为热门的投机对象。市场内现货交易较少,大多以"存厂栈单"为筹码,买进抛出。存厂栈单交易,各种被面以100条为单位,格子碧绉以5匹(290码)为单位。[2]

除上海外,苏州丝织业也曾在1947年联合无锡、盛泽两地同业,组织产销联营,成立"江苏丝织产销联营股份有限公司",总公司设在苏州,无锡、盛泽两地设分公司。但实际效果很差,只购进了一批原料,生产和销售远离设想。所谓产销联营以失败告终。[3]

杭州丝织业在抗战胜利后,向同业公会登记的有织机6台以上的绸厂90家,机户2 209户,织机共有5 580台,其中电力机3 000多台。1947年上半年,在囤积投机之风的刺激下,织机总数一度增至8 000多台,但由于原料厂丝和人造丝被政府统制机关控制,价格被限制,产品卖出不够原料成本。[4]

(二)毛纺织业

战后大批进口呢绒在华倾销,价格下跌,国货毛纺织厂深受影响。这种情况一直延续到1947年夏季才有所改变。1947年4月以后,由于上海毛纺织工业同业公会等组织一再呼吁反对呢绒大量进口,获得社会舆论支持,国民政府在各方面的压力下,提高了进口税率,限制外国呢绒进口;同时,外国呢绒,特别是美国呢绒,经过将近一年的倾销,已把战时剩余下来的货物在中国等市场上销售得差不多了。由于这两方面的原因,进口呢绒的数量在1947年4月以后有所减少。[5]中国进口主要毛织品的数量情况如表11所示:

---

〔1〕徐新吾主编:《近代江南丝织工业史》,上海人民出版社1991年版,第244—245页。

〔2〕同上,第239—240页。

〔3〕同上,第247页。

〔4〕同上,第240页。

〔5〕上海社会科学院经济研究所编:《刘鸿生企业史料》(下册),上海人民出版社1981年版,第270页。

表 11   中国进口主要毛织品的数量(1946—1949 年 3 月)   单位:公斤

年份	绒线	大衣呢	直贡呢	薄花呢
1946	218 583	1 156 469	119	63 526
1947	480 293	886 617	2 140	121 152
1948	84 951	53 503	1 286	10 309
1949 年 1—3 月	5 141	5 363	62	1 407

资料来源:上海社会科学院经济研究所编,《刘鸿生企业史料》(下册),上海人民出版社1981 年版,第 269、275 页。

1948 年到 1949 年上半年,外国呢绒进口的数量进一步明显下降,国产呢绒的销售市场有所扩大;同时,由于通货膨胀愈演愈烈,到处重物轻币,呢绒也成为保值的手段和市场交易的筹码,投机商则把呢绒当成囤积居奇的对象。

1948 年,上海的毛纺织工业企业包括国营和民营,共计 83 家,这 83 家企业的纺锭总数为 148 131 枚,其中细纺锭 85 240 枚、绒线锭 22 744 枚、粗纺锭6 241 枚、粗纺坯锭 11 906 枚。然而,由于原料供应不足,各厂都部分地停工或减工了,其实际开工的锭数计细纺锭 52 588 枚、绒线锭 15 989 枚、粗纺锭25 216 枚、粗纺坯锭 10 667 枚,合计 104 460 枚[1];开工的纺锭约占全部毛纺锭的 70.5%,停工减工的纺锭占 29.5%。由于政府管制当局的限价,在高速通货膨胀的背景下,产品的成本常常赶不上原料的涨价,因此生产难以为继。

刘鸿生战时在重庆开设的中国毛纺织公司是赚钱的,到胜利时,厂房扩大了 1 倍,职工也增加到 800 多人。胜利后,一度因美国呢绒在华倾销而经历困难,但 1946 年 8 月政府调整外汇后即有起色。其销售数量大体仍能维持相当水平,1947、1948 两年逐年增加。具体情况可参见表 12:

表 12   重庆中国毛纺织公司历年各类呢绒产品销量(1944—1948 年)

年份	销售数量(公尺)	增减(%)
1944	302 167	
1945	296 243	−2.0
1946	279 727	−5.6
1947	429 639	53.6

---

〔1〕 陈真编:《中国近代工业史资料》(第四辑),生活·读书·新知三联书店 1961 年版,第 350 页。

续表

年份	销售数量(公尺)	增减(%)
1948	495 703	15.4

资料来源:上海社会科学院经济研究所编,《刘鸿生企业史料》(下册),上海人民出版社1981年版,第344、347、353页。

1947年,囤积居奇之风盛行,毛织品成为囤积和投机的筹码,十分畅销。重庆中国毛纺织公司的经营呈现产销两旺的畸形发展。这时,该公司在国外订购的一批制造绒线的机器也运到了,该公司代总经理徐谟君从善后救济总署弄到大量澳毛作原料,于是又开始生产绒线,绒线一出厂就受到市场追捧。1948年通货膨胀愈演愈烈,囤积投机更加盛行,因此中国毛纺织公司销售了更多的产品。但这种虚假的市场需求是基于投机,而不是基于正常的市场消费,所以到了1949年,投机大户消失,该厂的生产和经营就困难重重。[1]

1946年4月,刘鸿生在兰州收购西北毛纺织公司。通过接受国民政府的军呢订货,青海马步芳以呢易毛的交易,工厂步入正轨。[2]刘鸿生又收购了毗邻西北毛纺织公司的西北洗毛厂[3],使毛纺织业的投资更为系统。但这些厂在1948年以后遭遇的命运是相似的。

(三)染织业

在抗战沦陷时期,由于敌伪的摧残和强迫收买纱布,上海染织业的损失几乎达到总资本额的60%以上。抗战胜利以前,织布机总数约1.5万台。胜利后陆续增加,1948年初达到约4万台。其他如染整企业也是如此。但战争以及伴随而至的高通胀和恶性通胀使染织业一度美好的前景化为乌有。而政府的管制使企业的生产难以为继。根据上海市机器染织业公会1947年底的统计,加入该公会的会员共计441家,拥有织机24 790台,每月可生产布匹约158.6万匹,每台织机平均织约64匹。其中,织机在100台以下者共378户,拥有织机9 522台;100台以上者63户,拥有织机15 268台。织机在500台以上的有4户:光中机器染织厂(1 270台)、申新纺织印染第六厂(628台)、华丰染织厂(512

---

[1] 上海社会科学院经济研究所编:《刘鸿生企业史料》(下册),上海人民出版社1981年版,第353—355页。

[2] 同上,第360—361、363页。

[3] 同上,第367页。

台)和申大染织公司(509 台)。[1]

六、火柴工业

1946—1949 年新设了不少火柴厂,上海 25 家,青岛 16 家,广州、西安各 13 家,昆明 10 家。新厂大多设备简陋,各厂多以栈单投机交易,实际产量并不比战前增加多少。1947 年以后,氯酸钾等原料进口困难,通货膨胀使各厂难以补进物料,1948—1949 年上半年,上海倒闭 6 家,广州倒闭 12 家,西安倒闭 11 家,昆明倒闭 6 家,余亦陷入停工半停工状态。[2]

刘鸿生的大中华火柴公司在 1946 年 3 月收回了战时在上海和镇江等地被日本人通过强行合资予以劫夺的工厂,大中华火柴公司还经政府部门批准,代售敌遗火柴原料,并得优先承购。1946 年间,大中华火柴公司曾以低价向善后救济总署购到一些卡车和发电机等。当时刘鸿生是国民政府行政院善后救济总署的执行长兼上海分署署长,其子刘念智是该署储运所的顾问,他们消息灵通,一发现有应需购买的东西,就赶紧申请。同时,救济总署内各部门的负责人都同刘氏父子熟悉,所以一申请就批准。刘氏买进的物资都价格便宜,一般只有市价的十分之四,有的甚至只有十分之一。[3]

1946 年,大中华的 4 家火柴厂次第开工生产,大中华公司的总经理为刘鸿生的儿子刘念义。该公司 1945 年度的产量是 13 095 箱(每箱 7 200 盒),1946 年度的产量为 40 817 箱,1947 年度的产量达到 81 265 箱,销售情况良好。1947 年因政府管制输入,原料和外汇来源困难,又因时局关系,销路颇受影响,但即便这样,1947 年度的产销也达到 8 万箱以上,是 1946 年度的 2 倍。[4]

在大中华核心企业恢复经营的过程中,刘氏企业秉承其一贯的运营作风,积极投资,既有横向的,也有纵向的,扩张经营范围和经营规模。1947 年 5 月 9 日,大中华火柴公司第五届第四次董事会议通过了 3 项与投资相关的决议:其一,对炽昌新牛皮胶股份有限公司的投资约占资本总额的三分之一,所以任命刘念义担任该公司的经理职务;其二,投资华业和记火柴股份有限公司,投资额

---

〔1〕 陈真编:《中国近代工业史资料》(第四辑),生活·读书·新知三联书店 1961 年版,第 324—325 页。

〔2〕 许涤新、吴承明主编:《中国资本主义发展史》(第三卷),人民出版社 1993 年版,第 661 页。

〔3〕 上海社会科学院经济研究所编:《刘鸿生企业史料》(下册),上海人民出版社 1981 年版,第 280、283 页。

〔4〕 同上,第 284—285 页。

约占资本总额的五分之二,也任命刘念义担任该公司的经理;其三,投资香港大中国火柴股份有限公司,投资额约占资本总额的四分之一。1947 年 10 月 31 日,大中华火柴公司第五届第八次董事会议通过决议,对战时投资的广西化学工业公司进行整理,谋求恢复生产。因当时政府实施输入限制,氯酸钾货缺价昂,该厂复工,生产氯酸钾,可以解决大中华所需的一部分原料。1948 年 4 月 28 日,大中华公司第六届第三次董事会议决定对华昌梗片厂追加投资。[1]

1946 年底至 1947 年初,大中华公司青岛敌遗厂青岛磷寸株式会社,成立青岛火柴公司,由大中华公司全额投资,但组织上并不是大中华的分公司,而是独立的股份有限公司。这么做的理由有三:其一,华北火柴工人的管理和待遇与华中不同,若青岛厂为大中华的直辖分厂,则工人难免要求与大中华其他分厂的工人同等待遇,如果应允,不但青岛厂无法维持,还会影响当地同业各厂;其二,青岛厂专制硫化磷火柴,技术和材料与大中华其他分厂不同;其三,青岛与上海的交通,不如京沪地区便利迅捷,且政府行政系统上又是分立,为应付税收机关及申请外汇的便利计,以采取独立的组织为宜。青岛公司于 1947 年 7 月 16 日在上海召开公司发起人会议,通过章程,选出徐士浩、刘鸿生、刘吉生、朱吟江、刘念义为董事,朱旭昌、王云甫为监督人,王雪年为候补董事,并互推徐士浩为董事长,聘刘念义为总经理。股本总额为法币 15 亿元。[2]

1948 年 4 月 28 日,大中华公司第六届第三次董事会议决定收购苏州民生火柴厂。这次收购行为是为了消除竞争对手。收购以后,不仅没有复工,而且立即把该厂可用的机器设备拆下,移交给苏州鸿生火柴厂使用。[3]同年 7 月 13 日,大中华公司第六届第四次董事会议决定设立福华梗片厂和中联化工厂,以便解决原材料的供应问题。[4]

尽管大中华火柴公司锐意进取,但覆巢之下安有完卵,在 1948 年到 1949 年恶性通货膨胀的大背景下,其原料、周转资金等各方面都遇到了难以自行克服的困难,生产也不得不收缩了。

---

〔1〕 上海社会科学院经济研究所编:《刘鸿生企业史料》(下册),上海人民出版社 1981 年版,第 285—287 页。

〔2〕 同上,第 288—289 页。

〔3〕 同上,第 290 页。

〔4〕 上海社会科学院经济研究所编:《刘鸿生企业史料》(下册),上海人民出版社 1981 年版,第 290 页。

七、卷烟工业

抗战胜利后不久,国民政府行政院从重庆发电报到上海,召集上海卷烟业主要代表赴重庆商谈有关该业前途的问题。1945 年 11 月下旬,华成烟公司董事长戴畊莘、南洋烟公司总经理程叔度、颐中烟公司董事沈昆三等数人奉召前往。宋子文的意思是,希望筹建一家全国性的类似托拉斯的官商合办烟草公司,资本额为 50 亿元,由政府出资一半,另一半则拟由华成、南洋等众多企业联合投资。但宋子文的计划遭到上海等地民族资本卷烟业者的群起抵制,他们对国民政府不信任,不愿意组织这样一家官商合办的托拉斯公司。戴畊莘代表民族资本烟厂多方斡旋,宋子文的这一计划才没有实施。[1]

抗战胜利后美国货充斥中国市场,卷烟也不例外。国民政府征收的进口卷烟税不合理,规定进口美烟不论等级高低,一律按最低税率征税。而当时国产卷烟缴税均高于进口的美烟,如美丽、白兰地牌纸烟均按中上等烟征税,且根据零售价抽税。这当然有利于美国卷烟在中国的倾销。据统计,1946 年中国进口外烟 40 360 箱,价值法币 168.5 亿多元;其中美烟 39 824 箱,占总量的98.67%,价值法币 165.5 亿多元,占总值的 98.21%。[2] 1947 年国民政府禁止外国卷烟进口,但没有禁止烟叶进口,因为许多中国卷烟厂是使用外国烟叶生产的。表 13 为战后各年外国烟叶的进口情况。

表 13　　　　　　　战后各年外国烟叶的进口(1946—1948 年)

年份	国产烟叶估计 (吨)	外国烟叶进口 (吨)	合计 (吨)	外国烟叶占比 (%)
1946	180 000	82 000	262 000	32.1
1947	190 000	41 000	231 000	17.7
1948	250 000	20 000	270 000	7.4

资料来源:陈真编,《中国近代工业史资料》(第四辑),生活·读书·新知三联书店 1961年版,第 463 页。

随着大批民族资本卷烟企业恢复或新建,上海等地的卷烟产量迅速增加。抗战胜利后的产业结构已不同于全面抗战前。1936 年和 1937 年,英美烟公司在中国的卷烟工业中占有寡头地位,其在华卷烟产量分别为 67.8 万箱和 87.3

---

〔1〕 方宪堂主编:《上海近代民族卷烟工业》,上海社会科学院出版社 1989 年版,第 242 页。
〔2〕 同上,第 250 页。

万箱,占中国卷烟总产量的 62.5% 和 66.3%;而 1946 年和 1947 年英美烟公司的产量分别为 16.9 万箱和 24.7 万箱,占总产量的 13.4% 和 17.7%。[1] 其在产业中的地位和作用明显下降。上海民族资本的卷烟工厂尽管有原料等各方面的困难,但总体上还是能够维持其卷烟产业的主要生产者地位的,具体产量情况可见表 14 所示:

表 14　　　　　　上海民族资本烟厂的产量统计(1946—1949 年)

年份	全市卷烟总产量 (5 万支装箱)	其中:民族资本烟厂产量 (5 万支装箱)	占比(%)
1946	917 401	738 383	80.49
1947	1 399 413	1 152 172	82.33
1948	1 279 095	1 100 717	86.05
1949 年 1—5 月	440 563	370 069	84.00

资料来源:方宪堂主编,《上海近代民族卷烟工业》,上海社会科学院出版社 1989 年版,第 257 页。原表中 1946 年的比重为 81.37%,现根据表中数据改正。

　　这里还需要介绍一下国营的上海中华烟草公司。中华烟草公司是抗战胜利后,由经济部苏浙皖区特派员办公室烟草组接管上海地区的 3 个敌伪产业后成立的,这 3 个敌伪产业是中支叶烟草株式会社、中华烟草株式会社和华中烟草配给组合,于 1946 年 1 月正式开工生产。该公司拥有 3 家分厂、卷烟机 65 台、工人 2 000 余名,每天工作 9 小时,月产卷烟 8 000—10 000 箱,约占产量的四分之三在外埠销售。[2] 在政府掌管该公司的 3 年多时间里,该公司前后换了四任经理,每任经理都会带来一批亲信,使得管理部门冗员充塞。许多人假公济私、营私舞弊,如腐败现象最为严重的购料委员会,他们在采购烟叶、纸圈、木箱等原材料时,惯用的手法是延迟付款、虚报价格、收取回扣、验收劣品,凡可贪污自肥的,无所不为。这使得公司日趋破落,其第三分厂自 1946 年开工后仅 3 个月就停工关闭,第一、第二分厂则产量日减,1946 年 10 月最高月产量达到 8 000 箱,到 1949 年 2 月降为 3 105 箱。堆放在仓库里的原料和成品霉烂变质,又因无力纳税而不能外销。企业处于山穷水尽的境地。[3]

---

　　〔1〕　上海社会科学院经济研究所编:《英美烟公司在华企业资料汇编》(第一册),中华书局 1983 年版,第 236—237 页。

　　〔2〕　方宪堂主编:《上海近代民族卷烟工业》,上海社会科学院出版社 1989 年版,第 240—241 页。

　　〔3〕　同上,第 270 页。

八、造纸工业

抗战胜利以后,国民政府接收敌伪产业,对日本人经营的几个大厂收归国营,在天津、沈阳、台湾设立了3个专业公司,由资源委员会经营,但实际产量并不大。其他的造纸厂,有的发还原主,有的优先承购,有的标卖,陆续处理。后来又新建了一些厂。据统计,不包括资源委员会所属各厂及东北地区和台湾地区的工厂在内,1937—1945年中国共有造纸工厂46家,总的生产能力为年3 271吨;而1945—1949年,工厂数增加到64家,生产能力增加到年102 120吨,是前阶段的3.12倍。[1]但实际产量远远低于其生产能力。

造纸工业在抗战胜利后经历了3个阶段[2]:

第一阶段是从1945年8月起到1946年3月止。在这个阶段,洋纸还没有大量进口,政府的管制和国营垄断体系还没有形成,通货膨胀还不十分严重,民族资本造纸工业企业获得了一定的恢复。

第二阶段是从1946年3月起到1947年3月止。这一阶段是美国纸张在华倾销阶段。洋纸倾销对中国民族资本造纸厂的冲击是巨大的,见表15:

表15　　　　　　　　　　　　　洋纸进口的数量与价值

年份	数量(吨)	价值
1946	100 607	8 604 479 法币万元
1947	84 233	54 748 866 法币万元
1948	75 547	72 872 189 金圆券

资料来源:上海社会科学院经济研究所、轻工业发展战略研究中心,《中国近代造纸工业史》,上海社会科学院出版社1989年版,第230页。

1946年洋纸进口的数量特别大,而且价格低、质量好,使中国民族资本的造纸厂难以承受,一些工厂本来已经转向生产洋式纸张,但因无法与价廉物美的进口货竞争,所以不得已又转回去生产机制土纸,这时候本应该筹划支持本国民族资本造纸厂的政府有关机构,却开始大量抛售所接收的库存成品,使民族资本企业雪上加霜。

---

〔1〕　上海社会科学院经济研究所、轻工业发展战略研究中心:《中国近代造纸工业史》,上海社会科学出版社1989年版,第226-227页。

〔2〕　同上,第228-241页。

第三阶段是从 1947 年 4 月起到 1949 年政权更迭。这是民族资本造纸工业挣扎图存濒于破产的阶段。

九、酸碱化工业

抗战胜利后,国民政府从日方接收了几家已具规模的电化工厂,计有:(1)台湾碱业公司,系由资源委员会与台湾行政长官公署合股经营,正式成立于1946 年 5 月 1 日。该公司合并了 3 家日本人公司,即南日本化学工业株式会社分设于高雄、安平、北门和布袋的 4 个工厂,旭电化工业株式会社以及钟渊曹达株式会社。(2)东北方面,日本人于 1936 年成立的满洲曹达株式会社在开原、大连、沈阳设立的工厂。(3)青岛的电解工厂由中国纺织建设公司接办经营。在日方赔偿工厂的第一批名录中,有电化工厂 2 个,其中的一个年产烧碱 4 500吨,另一个年产量为 6 000 吨,分别设于海州和海南岛,由天原化工厂和大中华火柴厂负责成立机构,筹划接收事宜。[1]

抗战胜利后,外货在华倾销,上海的电化工厂除天中一家继续开工外,余皆停工或关闭。1947 年 6 月后美国限制烧碱出口,上海的电化工厂纷纷开业复工,先后计有 7 家,每日烧碱总产量约为 21 吨。[2]

除了烧碱外,其他基本化学工业原料还有以下多种[3]:

一是硫酸。战后硫酸制造厂 30 余家,其中规模较大的约 20 家,分布于上海及全国多地,这些工厂如果全部开工,每年硫酸产量可达 20 万吨,足供全国需要而有余,但开工不足,产品供不应求。

二是硝酸。当时中国尚无制造硝化棉的厂家(除兵工署外),因此硝酸的用途比较窄,主要用于生产硫化元。硝酸的生产工厂主要为大利氮气厂。

三是盐酸。盐酸的制造多用电化法,其产品为盐酸(或漂白粉)和苛性钠两种。上海市的电化厂大多附设漂白粉制造工厂,但胜利后因漂白粉源源输入而市价低落,漂白粉生产大多停闭。天原及天中两家电化厂,因有盐酸合成设备,利益较大,是盐酸的主要生产厂家。上海市每年需要量大约在 15.7 万箱(每箱2 坛,净重 54 公斤),最高约 41.4 万箱,全国约需 22.3 万箱,最高 84.1 万箱。

---

〔1〕 陈真编:《中国近代工业史资料》(第四辑),生活·读书·新知三联书店 1961 年版,第 522 页。

〔2〕 同上,第 521—522 页。

〔3〕 顾葆常:《十年来之化学工业》;载谭熙鸿主编:《十年来之中国经济》,中华书局 1948 年版,第D22—40 页。

四是漂白粉。上海电化工厂 13 家,其漂白粉的年生产能力为 1.47 万吨。只是在 1947 年上半年之前,进口漂白粉过多,使其无法正常开工生产。

五是泡花碱。40°泡花碱多用于生产三夹板,56°泡花碱多用于生产肥皂。1946 年上海进口泡花碱约 1 万桶,足供上海 1 年之用,所以生产困难。1947 年进口库存的泡花碱逐渐用完,企业才能正常生产。上海生产泡花碱的工厂是大华泡花碱厂和丰余油脂厂。

六是沉淀碳酸钙。沉淀碳酸钙主要用于制造橡胶、化妆品及造纸。上海有美泰、大中华、肇新等工厂生产沉淀碳酸钙,因尚不足以供应全国的需要,所以肇新厂着手扩充设备,台湾地区工厂的产品也可供应大陆需求。

七是烧碱及纯碱。烧碱上文已述及,纯碱的制造主要以塘沽永利碱厂规模最大。

其他还有 14 种化学原料。

十、钢铁工业

国统区的钢铁厂主要有以下一些[1]:

(一)东北地区

一是鞍山钢铁有限公司。400－700 吨炼铁炉共 9 座,平炉 12 座,电炉 7 座,轧钢机 6 套,发电机 4 座,副产品炼焦厂有炼焦炉 17 组。产品有焦炭、生铁、钢锭、钢板、钢条、钢轨、角钢、锰铁、矽铁、钢管、钢丝绳及各种铸件。该厂规模宏大,在当时的中国首屈一指,在日本投降前夕,年产生铁能力 195 万吨、产钢能力 132 万吨。胜利后经整理恢复,1947 年可产生铁 3 万余吨、钢 7 万余吨、铁品 8 万余吨。

二是本溪湖煤铁公司。战前由日本人经营,年产生铁 46 万吨、钢品 4 000 吨,战后经整理恢复,1947 年可产钢品 800 吨。

三是抚顺特殊钢铁厂。生产工具钢及特殊钢,1947 年可产钢品 2 200 吨。

(二)华北地区

一是石景山钢铁厂。1947 年可产焦炭 6 万吨,生铁 3 万吨。

二是天津钢铁厂。1947 年可产钢锭 6 500 吨,再利用鞍山的钢锭、钢坯,1947 年共可生产钢品 1 万余吨。

---

〔1〕 陈真编:《中国近代工业史资料》(第四辑),生活·读书·新知三联书店 1961 年版,第 787—791 页。

三是唐山钢铁厂。1947年可产钢品及钢铸件共4 600余吨。

（三）华中地区

华中钢铁有限公司，地址在湖北省大冶。战后尚处于整理恢复之中。

（四）西南地区

一是钢铁厂迁建委员会，地址在重庆市近郊的大渡口。年产生铁2万余吨、钢锭900吨、钢条等500吨。

二是电化冶炼厂，地址在四川省綦江县三溪镇。专炼精铜，并炼少量合金钢，为汽车配件之用。

三是资渝钢铁厂，地址在重庆市。停办。

四是中国兴业公司，地址在重庆市。停办。

五是威远铁厂，地址在四川省威远。移交给四川省政府。

六是云南钢铁厂同，地址在云南省安宁。未生产。

（五）台湾地区

台湾钢铁机械公司所属第四钢铁厂，地址在台北与基隆之间。1946年产铁砂15 114吨、生铁1 326吨、钢铁制品8 439吨；1947年产铁砂8 994吨、钢铁制品16 835吨。

除此之外，上海也有若干钢铁企业。上面所说的各厂，主要为鞍山钢铁厂和本溪湖钢铁厂，这两家厂靠近煤铁矿，运输成本低，具备大规模生产的条件。而上海远离煤铁矿，发展大规模钢铁厂似乎成本太高，但上海的工业相对发达、门类众多，内在需要有适合的钢铁产品，所以上海的钢铁工业开始得比较晚，集中于轧钢生产。1933年上海设立炼钢工厂大鑫、新和兴、上海炼钢厂以及中央研究院钢铁试验厂，仅有轧钢设备的还有兴业和中华两厂。胜利后新设有电炉设备炼钢的工厂有亚细亚、丰田和大陆三厂，新设有马丁炉的有中华制钢会社（后改为上海钢铁公司）。[1]

十一、机械工业

全面抗战前中国共有机械工厂1 275家、雇用工人21 653人，平均每家工厂雇用工人仅17人，可见小厂居多。胜利前夕机械工厂比全面抗战前有所增加，见表16所示：

---

[1] 陈真编：《中国近代工业史资料》（第四辑），生活·读书·新知三联书店1961年版，第791—792页。

表16　　　　　　　　　抗战胜利前夕的机械工厂数(1945年)

类别	工厂家数	类别	工厂家数
机械厂	820	打铁炉	590
翻砂厂	180	电镀厂	200
金属用品厂	120	电机厂	30
印铁制罐厂	30	螺旋钉厂	30
汽车修理厂	30	合计	2 030

引者注:估计一些小厂尚不在此统计之内。

资料来源:田和卿,《上海之战时工业》;载朱斯煌主编:《民国经济史》,银行学会编印,1948年版,第479页。

抗战刚胜利时,工商各界期待物价下跌,所以各地意欲投资工厂、更新机器或修理设备的,如果已下订单,纷纷设法取消,未下订单的,则暂时观望。机器工业受此影响很大,许多厂竟然无法正常开工和维持。自1945年秋冬至1946年春,重庆的机器工厂出资遣散工人者达100多家。上海很多机器工厂的工人要求发给3个月的工资,以便回归原籍。胜利以后,上海敌伪的机器工厂完全停顿。据统计,在1945年底1946年初,上海有三分之一的机器工厂陷于停顿状态。[1] 之后,随着形势渐渐明朗、百废待兴,各行各业的发展都对机器工业有所需求,上海等地的机器工业便又经历了一段较为顺利的时光,技术工人供不应求,客户的订单源源不断。一些大厂的生产倒反而不太正常,如上海著名的大隆机器厂,厂主严氏家族于1947年9月赎回该厂,虽然得了许多便宜,但生产一直不正常,生产能力的利用一般不超过二分之一,低的时候只有四分之一。[2] 到了1948年春天,经济形势逐渐恶化,机器工业整体上也越来越难以支撑了。

十二、电力工业

胜利后,经济部将全国分为7个区,即东北区、冀热察绥区、鲁豫晋区、苏浙

---

〔1〕 陈真编:《中国近代工业史资料》(第四辑),生活·读书·新知三联书店1961年版,第836—837页。

〔2〕 上海社会科学院经济研究所:《大隆机器厂的产生、发展和改造》,上海人民出版社1980年版,第76页。

皖区、湘鄂赣区、粤桂闽区及台湾区，并厘定收复区电气事业处理办法，分别派员接收。对于敌伪经营的电业，经接收后，交予资源委员会接管经营，东北方面及锦州及小丰满水力发电厂等，也由该会接办；对于敌伪强占的民营及外国人经营的电业，如上海、汉口、南京、苏州、无锡、杭州、镇江、芜湖等电厂，经接收查明后，分别发还各该原业主继续经营。包括东北地区在内，全国发还原业主继续经营的电厂共有 88.36 万千瓦。[1]

在《中国资本主义发展史》(第三卷)中，第 646 页表 5－10 关于电力的数字如表 17 所示：

表 17　　　　　　　战后电力产量及产值估计(产值按 1933 年不变价格估计)

	1936 年	1946 年		1947 年		民营产量 1947 年比 1936 年 增长(%)
	华商	总数	内民营	总数	内民营	
产量(万度)	77 295	209 501	103 184	373 519	145 890	188.7
产值(万元)	7 730	20 950	10 318	37 352	14 589	

资料来源：许涤新、吴承明，《中国资本主义发展史》(第三卷)，人民出版社 1993 年版，第 646 页。

此表 1936 年的数据是不包括东北地区和台湾地区的，而 1946 年和 1947 年两年的数据是包括东北地区和台湾地区的，因此我们在这张表中看到 1946 年和 1947 年两年民营发电量和产值大于 1936 年。但这并不符合实际。内涵不同，不能简单比较。民营发电量 1946 年和 1947 年两年绝无可能超过 1936 年。表中 1946 年和 1947 年两年民营电厂的发电量绝大多数来自东北地区和台湾地区的民营电厂。战争大大破坏了中国的电业，1945 年民营电厂的发电量(不包括东北地区和台湾地区)是 12 612.7 万度[2]，是 1936 年的 16.3%。

---

〔1〕 陈真编：《中国近代工业史资料》(第四辑)，生活·读书·新知三联书店 1961 年版，第 895 页。
〔2〕 朱大经：《十年来之电力事业》；载谭熙鸿主编：《十年来之中国经济(1936—1945)》，中华书局 1948 年版，第 J24—25 页。

恶性通胀时期的中国经济之三：
恶性通胀摧毁经济

一、财政因持续军事投入而陷于困境

抗战胜利以后，在财政和货币方面经历了短暂的相对平稳期，这一相对平稳期大致上是到 1945 年底为止。从 1946 年开始，通货膨胀又加速了其进程。其直接的诱因一方面是伪币的兑换，另一方面是胜利后继续维持庞大的财政赤字。

胜利后，国民政府即饬令由原华中、华北沦陷区内各傀儡银行发行的伪钞必须以 200∶1 的兑换率换成法币，期限是 4 个月，每人限额兑换 5 万法币；在期限之内，伪钞还可以继续使用。200∶1 的兑换率是把伪钞的市场价格定得过低了，而兑换期又很长，这刺激了伪钞的流转和抢购物资，上海的物价因此上涨较快。另外，中央银行东北区分行发行的巨量东北流通券对关内的通胀也起了作用。东北流通券本来是在东北地区使用的，但被允许汇往关内地区，其与法币的比价是 1∶11.43，但不久又调整为 1∶10。[1]

1946 年政府支出增加了 3.2 倍，而在收入方面，尽管还抛售了大量黄金、外汇和变卖了没收的敌伪产业，但仍然仅够财政支出的 37%。军事开支占政府总支出的比重，1946 年为 60%，1947 年为 55%。行政开支方面，由于行政工作人员普遍的不满情绪，薪水必须按生活费指数予以调整，也大为增加了。1947 年

---

〔1〕 张公权：《中国通货膨胀史（1937—1949）》，文史资料出版社 1986 年版，第 48—49 页。

政府支出较 1946 年增长了 5.7 倍,而收入则降到仅够支出的 32%。这是因为此时政府已停售黄金、外汇和敌产而减少了收入。1947 年的财政赤字几乎达到政府支出的 70%。1948 年,由于军事开支达到政府总支出的 64%,因此财政情况进一步恶化。[1] 国民政府的支出、收入、赤字及田赋征实情况可参见表 1:

表 1　　　　**国民政府的支出、收入、赤字及田赋征实**
（1945—1948 年 7 月）　　　　单位:百万元法币

年份	现行钞票发行余额	政府支出数	政府收入数	财政赤字数	田赋征实折合法币的估计数
1945	1 031 900	2 348 085	1 241 389	1 106 696	188 604 （1945—1946 年）
1946	3 726 100	7 574 790	2 876 988	4 697 802	624 675 （1946—1947 年）
1947	33 188 500	43 393 895	14 064 383	29 329 512	3 015 899 （1947—1948 年）
1948 年 1—7 月	374 762 200	655 471 087	220 905 475	435 565 612	

资料来源:张公权,《中国通货膨胀史(1937—1949)》,文史资料出版社 1986 年版,第 50 页。

当时虽然在形式上还有所谓财政预算,但在财政上的实际支出是预算支出的两三倍,乃至三四倍的情况下,预算只是一纸虚文,不再反映财政收支的真实要求,已失去其控制或指导财政支出的意义。财政赤字占财政支出的比重之高,骇人听闻。国民政府实际财政收支及赤字统计情况可参见表 2:

表 2　　　　**国民政府实际财政收支及赤字统计(1946—1948 年 6 月)**

年份	岁出（法币亿元）	岁入（法币亿元）	短亏数	
			数额(法币亿元)	赤字占岁出的比重(%)
1946	71 969	21 519	50 450	70.2
1947	409 100	120 100	289 000	70.7
1948 年 1—6 月	3 400 000	800 000	2 600 000	76.5

资料来源:杨荫溥,《民国财政史》,中国财政经济出版社 1985 年版,第 172 页。

杨荫溥认为,表 2 中的赤字比重仍有可能是低估的。因为国民政府官方为了掩盖财政危机的严重性,往往有意夸大收入而压低支出,特别是军事费用的

---

[1]　张公权:《中国通货膨胀史(1937—1949)》,文史资料出版社 1986 年版,第 50 页。

支出,所以实际赤字占岁出的比重估计应该达到 80％左右。[1]

　　国民政府为了扩大收入,在税收方面形容其横征暴敛并不为过。其四大税系,即货物税、关税、盐税和直接税,1946 年实际征收为预算的 1.81 倍,1947 年更是上升为 3.11 倍,见表 3:

表 3　　　国民政府的四项主要税收的实收数及其所占百分比(1946—1947 年)

项目	1946 年			1947 年		
	数额(法币亿元)	占比(％)	实收为预算的倍数	数额(法币亿元)	占比(％)	实收为预算的倍数
总数	11 323	100.0	1.81	104 030	100.0	3.11
货物税	3 975	35.1	1.96	46 910	45.1	3.76
关税	3 166	28.0	3.17	23 370	22.4	3.76
盐税	2 323	20.5	1.16	17 830	17.1	3.33
直接税	1 895	16.4	1.51	15 920	15.4	1.69

资料来源:杨荫溥,《民国财政史》,中国财政经济出版社 1985 年版,第 176 页。

　　中国民族资本主义工商业者是国民政府租税政策的主要承担者。据统计,以工商业者为主要对象的货物税和直接税,其合计实收数,1946 年占四项主要税收的 51.5％,1947 年更是上升到 60.5％,再加上关税的一部分,特别是进口原料那部分,所占比重估计要在 70％以上。[2] 显然,这是对中国民族资本主义经济的摧残。这无异于杀鸡取卵。联想全面抗战前,与军阀为了内战可以在其势力地盘上横征暴敛、制造通货膨胀而不计后果的事例如出一辙。军阀统治的实质就一定是以政治利益为本位,以维系统治权力为本位,而不是以经济为本位,也不是以老百姓的利益为本位的。这是传统政治的故伎重演,也充分反映了传统政治与资本主义经济的不协调。另一方面,对于农民,仍沿用抗战时期的老办法,即田赋征实、征购、征借,这大大挤压了农民的生存空间。

　　农民经过抗战,基本上已经财尽力竭了,抗战胜利后竟然不与民休息,继续抗战期间不得已的挤压政策,农民已力不能支,所以胜利后两年田赋征实、征购、征借的数字小于胜利前两年,但已趋极限,具体情况可见表 4:

---

〔1〕　杨荫溥:《民国财政史》,中国财政经济出版社 1985 年版,第 172 页。

〔2〕　同上,第 188 页。

表4　　　　　　　抗战胜利前后两年国民政府田赋征实、
征购、征借预定额征数的比较

项目	胜利前两个年度(谷麦百万石)			胜利后两个年度(谷麦百万石)			后两个年度占前两个年度的比重(%)
	1943—1944 年	1944—1945 年	合计	1945—1946 年	1946—1947 年	合计	
征实	34.6	32.2	66.8	18.0	36.0	54.0	
征购	13.5	—	13.5	—	—	—	
征借	16.1	32.4	48.5	17.2	19.0	36.2	
合计	64.2	64.6	128.8	35.2	55.0	90.2	70

资料来源:杨荫溥,《民国财政史》,中国财政经济出版社1985年版,第196页。

　　此外,政府还通过接受敌伪产业、标售敌产、抛售黄金等途径为政府增加收入。而抗战胜利之后,国民政府从美国得到大量借款和物资援助,数量之大,前所未有。整个抗战时期,国民政府从美国得到的借款共8笔,总值705百万美元,物资援助845.7百万美元,合计1 550.7百万美元;而抗战胜利后,国民政府向美国借款14笔,总值918.2百万美元,各种名目的物资援助总值4 255.5百万美元,借款和物资援助加在一起共计51.7亿多美元。截至1948年6月,实际动用额约为42.6亿美元。[1]但这样规模巨大的借款和援助物资却很快消耗殆尽。大规模的长期战争是一个无底洞;行政垄断体系对财富的支配是另一个寻租的漏洞。钱越多,越不够花,需要一个更彻底的办法,那个办法就是通货膨胀。

二、通货膨胀政策

　　通货膨胀政策是劫夺民众财富最便利和最无情的手段,当然同时必须冒失去控制的风险。但集权者总是希望在失去控制之前解决问题,他们也自信能够在失去控制之前解决问题。

　　根据洪葭管的研究,南京国民政府时期的通货膨胀以1940年为界,1940年之前属于温和的通货膨胀阶段,1940—1941年属于过渡阶段,而1942年起则进入恶性通货膨胀阶段。[2]表5是历年法币发行额及指数:

---

〔1〕 杨荫溥:《民国财政史》,中国财政经济出版社1985年版,第205页。
〔2〕 洪葭管:《中国金融通史》(第四卷),中国金融出版社2008年版,第518页。

表 5　　　　　历年法币发行额及指数(1937 年 6 月—1948 年 8 月 21 日)

时　间	法币发行额(亿元)	指数(1937 年 6 月=1)
1937 年 6 月	14.1	
1937 年 12 月	16.4	1.16
1938 年 12 月	23.1	1.64
1939 年 12 月	42.9	3.04
1940 年 12 月	78.7	5.58
1941 年 12 月	151.0	10.71
1942 年 12 月	344.0	24.40
1943 年 12 月	754.0	53.46
1944 年 12 月	1 895.0	134.36
1945 年 8 月	5 569.0	394.84
1945 年 12 月	10 319.0	731.62
1946 年 6 月	21 125.0	1 497.76
1946 年 12 月	37 261.0	2 641.80
1947 年 6 月	99 351.0	7 096.53
1947 年 12 月	331 885.0	23 537.04
1948 年 6 月	1 965 203.0	139 376.09
1948 年 8 月 21 日	6 636 946.0	470 705.39

资料来源:吴冈编,《旧中国通货膨胀史料》,上海人民出版社 1958 年版,第 92—96 页。

　　从表 5 中可知,通货发行达到一定数量以后,就会呈现可怕的加速度。1942 年之后的法币发行量迅速递增,1947 年的增速尤甚,这一年物价经历了 6 次大涨。[1] 这意味着法币购买力的极度下跌,见表 6:

表 6　根据上海物价指数计算的法币购买力指数(1945 年 9 月—1948 年 8 月 21 日)

时　间	上海趸售物价指数 (1937 年 1—6 月=1)	法币购买力指数 (1945 年 9 月=1)
1945 年 9 月	346	1.000 00

　　〔1〕 中国科学院上海经济研究所、上海社会科学院经济研究所编:《上海解放前后物价资料汇编(1921 年—1957 年)》,上海人民出版社 1958 年版,第 36—38 页。

续表

时　间	上海趸售物价指数 （1937 年 1—6 月＝1）	法币购买力指数 （1945 年 9 月＝1）
1945 年 12 月	885	0.391 00
1946 年 6 月	3 724	0.092 91
1946 年 12 月	5 713	0.060 65
1947 年 6 月	29 931	0.011 53
1947 年 12 月	83 796	0.004 13
1948 年 6 月	884 800	0.000 39
1948 年 8 月 21 日	4 927 000	0.000 07

资料来源：杨荫溥，《民国财政史》，中国财政经济出版社 1985 年版，第 209 页。

有人将法币购买力的极速下跌形象地用所能买到的东西比喻出来，颇为生动，见表 7：

表 7　　　　　　　　　　　100 元法币的购买力变迁

年份	可购物	年份	可购物	年份	可购物
1937	两头牛	1941	一头猪	1945	一条鱼
1938	一头大牛，一头小牛	1942	一只火腿	1946	一只鸡蛋
1939	一头牛	1943	一只鸡	1947	三分之一根油条
1940	一头小牛	1944	一袋米		

资料来源：林和成，《民元[以]来我国之农业金融》；载朱斯煌主编：《民国经济史》，银行学会编印，1948 年版，第 114 页。

1948 年的贬值速度比 1947 年更快，100 元法币肯定连一口油条也吃不到了。法币体系已经难以维系，国民政府不得已实行了货币制度的改革，那就是金圆券改革。

三、失败的金圆券改革

1948 年 8 月 19 日，国民政府颁布《财政经济紧急处分令》，宣布实施金圆券改革，其要旨如下：[1]

---

[1] 中国人民银行总行参事室编：《中华民国货币史资料》（第二辑），上海人民出版社 1991 年版，第 574 页。

1. 自即日起,以金圆券为本位币,十足准备发行金圆券,限期收兑已发行之法币及东北流通券。

2. 限期收兑人民所有黄金、白银、银币及外国币券,逾期任何人不得持有。

3. 限期登记管理本国人民存放国外之外汇资产,违者予以制裁。

4. 整理财政,并加强管制经济,以稳定物价、平衡国家总预算及国际收支。

根据上述要旨的第 1 项所发布的《金圆券发行办法》有以下几个要点:一是规定了含金量,每圆法定含金量为纯金 0.222 17 公分;二是法币以 300 万元折合金圆券 1 元,东北流通券以 30 万元折合金圆券 1 元;三是金圆券的发行采用十足准备制,其发行准备中必须有 40% 为黄金、白银及外汇,其余以有价证券及政府指定的国有事业资产充之;四是金圆券的发行总额以 20 亿元为限;五是成立金圆券发行准备监理委员会,对金圆券的发行准备进行检查和保管。[1]

以法币 300 万元折合金圆券 1 元,等于发行了 300 万元面额的法币,而既然金圆券不能自由兑换黄金和外汇,规定其含金量无非只是糊弄人民的耳目,至于能不能实现发行限额 20 亿圆,则一要看其财政支出是否收敛,二要看其所称的十足发行准备是否真正实行。

根据《财政经济紧急处分令》的第 2 项要旨,国民政府于 1948 年 8 月 23 日到 10 月 31 日的两个多月时间中,在全国各地收兑黄金 166.3 万两、银块 893.7 万两、银元 2 403.8 万枚、银角 3 558.3 万枚、美钞 4 773.5 万美元、港币 8 732.5 万港币元。[2]这是一次明显的搜刮民间财富的行动。

根据《财政经济紧急处分令》第 3 项要旨,国民政府强迫各商业银行移存外汇资产。上海银行公会经商讨,决定按照各行实力,凑足 1 000 万美元移存中央银行。蒋介石对上海银行公会及其主席李铭这样的做法极为不满,威胁要吊销李铭所在的浙江实业银行的营业执照。蒋经国又找了上海银行界的领袖谈话,逼迫他们交出外汇。在这种情况下,各商业银行不得不倾其所有,将外汇资产移交政府。仅金城银行一家,就移交了七八百万美元的现金和证券。[3] 商业

---

〔1〕 中国人民银行总行参事室编:《中华民国货币史资料》(第二辑),上海人民出版社 1991 年版,第 574—576 页。

〔2〕 洪葭管主编:《中央银行史料》(下卷),中国金融出版社 2008 年版,第 1339 页。对于金圆券的兑换率为:黄金 1 两兑金圆券 200 元;白银 1 两兑金圆券 3 元;银币 1 元对金圆券 2 元;1 美元兑金圆券 4元。见洪葭管主编:《中央银行史料》(下卷),中国金融出版社 2008 年版,第 1281 页。

〔3〕 中国人民银行上海市分行金融研究室编:《金城银行史料》,上海人民出版社 1983 年版,第 882—885 页。

行庄总共移存美金证券约 3 110.4 万美元、现金 747.5 万美元。[1]

金圆券制度实行以后,财政支出并未收敛,在军事颓势下,财政赤字是不可能缩减的。而金圆券的所谓十足发行准备也只是蒙蔽民众的假面具。根据金圆券发行准备监理委员会的报告,在国内外寄存的黄金、白银、外汇等现金准备共有 8 亿美元,此外则是中纺公司、招商局、天津纸浆公司、台湾纸业公司、台湾糖业公司等国营企业的股票作为保证准备。[2]但所谓的发行准备项目并未真正落实,只是纸上谈兵和画饼充饥,在报告中以准备金正在"调拨中"相搪塞。[3]

金圆券 20 亿元发行限额很快被突破。于是,国民政府在 1948 年 11 月 11 日修正金圆券发行办法,取消发行限额,并且把所谓的金圆券含金量从 0.222 17 公分降低到 4.443 4 公毫。[4]不到 3 个月,民众对金圆券彻底失望。物价指数与金圆券发行指数如表 8 所示:

表 8 物价指数与金圆券发行指数

时间		物价指数	货币发行指数	物价指数与货币发行指数的比例(%)
1948 年	8 月底	1.64	1.00	
	9 月底	1.97	2.21	89.14
	10 月底	2.20	3.40	64.70
	11 月底	25.43	6.24	407.53
	12 月底	35.84	15.29	234.40
1949 年	1 月底	128.76	13.36	335.66
	2 月底	897.78	109.80	817.65
	3 月底	4 053.20	360.53	1 124.23
	4 月底	83 820.00	9 487.50	883.98
	5 月第 1 周	2 102 000.00	124 900.73	1 682.95

资料来源:季长佑,《金圆券币史》,江苏古籍出版社 2001 年版,第 165－166 页。

[1] 洪葭管主编:《中央银行史料》(下卷),中国金融出版社 2008 年版,第 1351 页。
[2] 同上,第 1314－1317 页。
[3] 张秀莉:《金圆券改革研究》,上海财经大学博士后研究工作报告,2012 年 12 月,第 45－47 页。
[4] 中国人民银行总行参事室编:《中华民国货币史资料》(第二辑),上海人民出版社 1991 年版,第 608－611 页。

南京国民政府的货币政策完全失败,是其丧失民心的重要方面之一。战争是财政支出的无底洞。老百姓承担了战争的费用和战争所带来的种种苦难。老百姓期待和平及安定的生活。